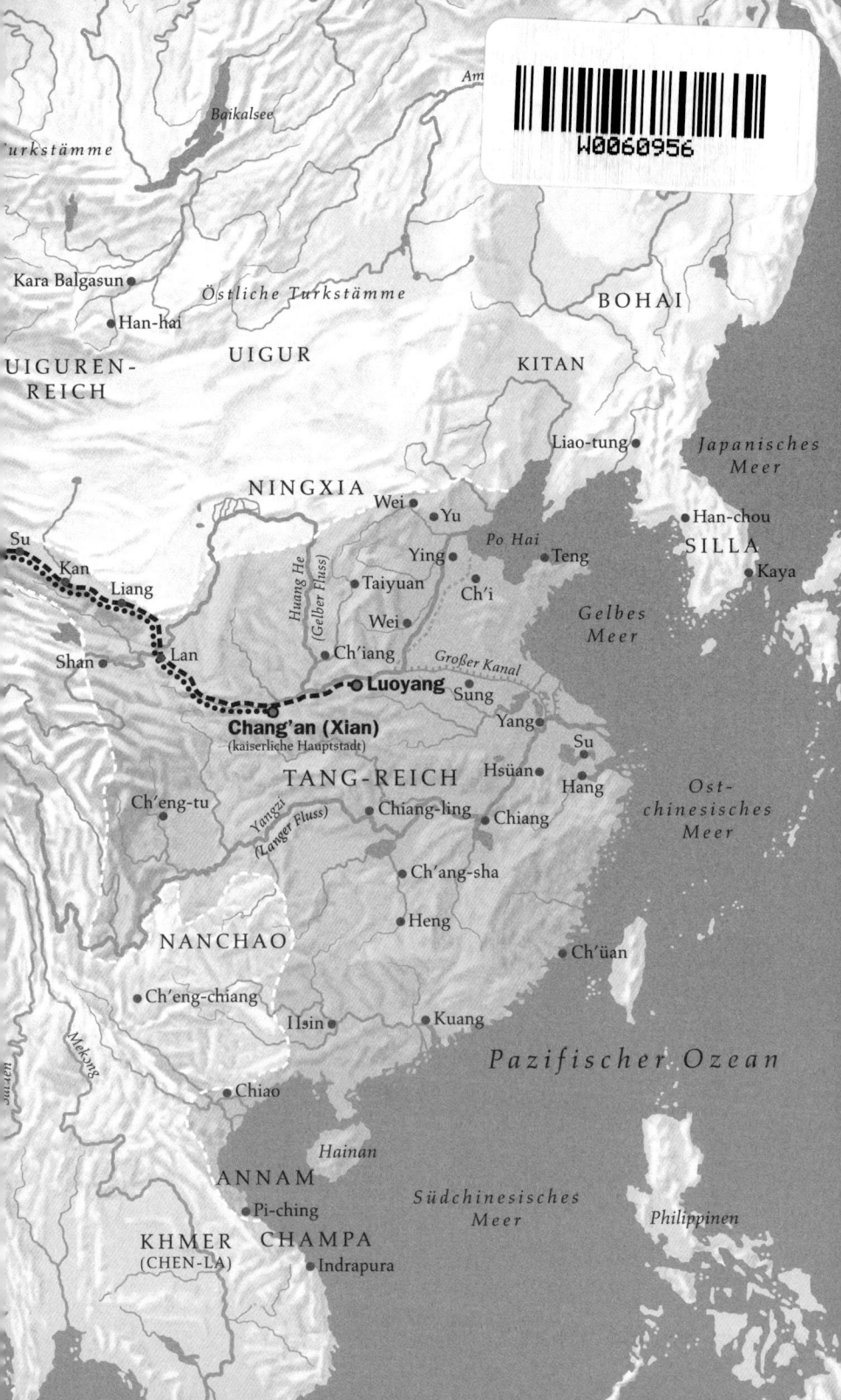

Erich Follath

SIDDHARTAS LETZTES GEHEIMNIS

Erich Follath

SIDDHARTAS
LETZTES
GEHEIMNIS

Eine Reise über die Seidenstraße
zu den Quellen des Buddhismus

Deutsche Verlags-Anstalt

Redaktionelle Mitarbeit: Marieanne Wolny-Follath

Sollte diese Publikation Links auf Webseiten Dritter enthalten,
so übernehmen wir für deren Inhalte keine Haftung,
da wir uns diese nicht zu eigen machen, sondern lediglich auf
deren Stand zum Zeitpunkt der Erstveröffentlichung verweisen.

MIX
Papier aus verantwor-
tungsvollen Quellen
FSC® C014496

Verlagsgruppe Random House FSC® N001967

1. Auflage
Copyright © 2018 Deutsche Verlags-Anstalt, München,
in der Verlagsgruppe Random House GmbH,
Neumarkter Str. 28, 81673 München
Umschlaggestaltung: Büro Jorge Schmidt, München
Covermotiv: Matteo Colombo/Getty Images
Karten: Peter Palm, Berlin
Typografie und Satz: DVA / Andrea Mogwitz
Gesetzt aus der Aldus nova
Druck und Bindung: GGP Media GmbH, Pößneck
Printed in Germany
ISBN 978-3-421-04783-0

www.dva.de

Dieses Buch ist auch als E-Book erhältlich.

INHALT

Kann es sein,
dass Gott nur stört?

Eine katholische Eminenz, ein muslimischer Großajatollah, ein hinduistischer Hohepriester und eine buddhistische Heiligkeit – vielleicht ist es im Verlauf eines langen Lebens als Auslandsreporter nicht ganz ungewöhnlich, dass man neben politischen Führern auch wichtige religiöse Autoritäten trifft. Es könnte aber auch sein, dass es sich um etwas anderes handelt als um eine Anhäufung von Zufällen. Ich denke manchmal, dass ich diese Bekanntschaften unbewusst gesucht habe. Als Ausgleich zu den Interviews mit den Berufspolitikern. Vielleicht auch aus einer mehr oder minder tief sitzenden spirituellen Neugier auf »alternative« Führungspersönlichkeiten. Auf die großen Repräsentanten ihres Glaubens, die tiefer gehende Antworten für uns haben.

František Tomášek, den Kardinal-Erzbischof von Prag, interviewte ich an einem Sonntag im Sommer des Jahres 1989. Er hatte gerade in der Privatkapelle des Veitsdoms auf dem Hradschin die Messe gelesen. Wir mussten nur ein paar Schritte gehen, der katholische Würdenträger bewohnte einen Flur des denkmalgeschützten Gebäude-Ensembles, keinen Steinwurf vom kommunistischen Staats- und Parteichef Gustáv Husák entfernt, dem unbestrittenen Herrscher auf dem Gelände des Hradschin. Aber auch das Empfangszimmer Seiner Eminenz im ersten Stock machte einen fürst-

lichen Eindruck, golden glänzende Barockengel, kostbare Intarsien-
möbel, schwere Gobelins.

Für Tomášek war es ein langer, steiniger Weg hierher gewesen:
In Olmütz als Sohn einer kinderreichen und wenig begüterten Familie aufgewachsen, hatte er sich sein Studium der Theologie hart
erarbeiten müssen, die Zeit unter den deutschen Besatzern im Protektorat Böhmen und Mähren konfrontierte ihn mit Grausamkei-
ten und Religionsfeindschaft; auch die von Moskau eingesetzten
lokalen Kommunisten, seit 1948 an der Macht, misstrauten dem
Katholizismus.

In seinem Allerheiligsten, seinem Arbeitsraum, türmten sich –
daran erinnere ich mich bis heute genau – überall Bücher, an allen
vier Wänden, sogar verstreut über den Boden. Auf dem Schreibtisch
aus dunklem Holz eine Schreibmaschine, Modell Monika.»Mit der
erledige ich meine ganze Korrespondenz, auch die mit dem Vatikan. Wie Sie ja wissen, habe ich zum großen Missfallen des Präsidenten gerade den Papst eingeladen«, sagte Tomášek mit einem
spitzbübischen Lächeln, als sei ihm damit ein Streich gelungen, und
nahm sein rotes Seidenkäppchen ab. Und natürlich war das auch ein
Scoop, eine ungeheure Provokation der Staatsmacht: Der KP-Chef
fürchtete den als polnischen KP-Kritiker bekannten Johannes Paul
II. (und hier trifft es einmal das sprachliche Klischee) wie der Teufel das Weihwasser.

Auch ohne das erzbischöfliche Ornat, ohne die Albe, das weiße,
bis auf den Boden herunterreichende Leinengewand, ohne das Zin-
gulum, sein Gürtelband, wäre der Kardinal eine eindrucksvolle Persönlichkeit gewesen: ein rüstiger, im wörtlichen wie im übertragenen Sinn höchst aufrechter Mann. Aber die Insignien der Kirche
verliehen ihm natürlich eine zusätzliche Autorität. Nach den ersten
Fragen und Antworten stand Tomášek auf und drehte das Radio auf
seinem Schreibtisch laut, ziemlich laut, offensichtlich, um es poten-
ziellen Mithörern unseres Gesprächs vom Geheimdienst schwerer

8

zu machen. Und er erzählte von seiner Gratwanderung – den Versuchen, die Gläubigen zum Kampf um mehr Freiheiten zu ermutigen, sie aber nicht allzu sehr in Gefahren zu verstricken. Dennoch wanderten Tausende ins Gefängnis, auch viele Christen, die sich auf ihre Kirche beriefen. »Es ist ein Balanceakt, bei dem ich nie richtig weiß, ob ich meiner Verantwortung gerecht werde.«

Über Risiken für seine eigene Person erzählte Tomášek nichts, er schob sie zur Seite. Er wusste, dass es sich die KP-Oberen kaum leisten konnten, ihn zu verhaften, und war entschlossen, seine Freiheiten bis zum Äußersten auszuloten. Einige Jahre nach unserem Interview hat sich der Kardinal dann noch weiter vorgewagt. Er kritisierte offen die Menschenrechtsverletzungen der Kommunisten, unterstützte die Samtene Revolution in seinem Heimatland. So wurde Erzbischof Tomášek neben Karol Wojtyła einer der entscheidenden Freiheitshelden in Osteuropa. Ihm war noch vergönnt, den Sieg der Männer um Václav Havel mitzuerleben und Papst Johannes Paul II. tatsächlich in Prag zu empfangen.

Großajatollah Hossein Ali Montazeri traf ich 2003 in Ghom, neben Maschhad der heiligsten Stadt des Iran. Er lud mich ein zu einem Gespräch in seine kleine, bescheidene Privatwohnung. Auf seinem Schreibtisch stapelten sich Schriften über den Islam, nicht wenige von dem Religionsgelehrten selbst verfasst. Auf einer Kommode, an einem höher gestellten Platz, thronte der Koran. Sonst war der Raum absolut schmucklos.

Wenn einer die Geschichte der iranischen Revolution von ihren Ursprüngen bis heute symbolisiert, dann ist es dieser Mann. Er wurde von den Schergen des Schahs wegen seiner aufrührerischen Reden gegen die korrupte Monarchie gefoltert; er dachte sich die Verfassung des Gottesstaates mit aus, die den Religionsführer zur entscheidenden staatlichen Instanz machte; er zog 1979 an der Seite des Großajatollah Ruhollah Khomeini im Triumphzug durch

9

Teheran. »Die Frucht meines Lebens« nannte der seinen »jüngeren Bruder« und designierte ihn zu seinem Nachfolger. Doch dann entzweiten sich die beiden. Montazeri kritisierte den Blutrausch der Revolution wie die Selbstherrlichkeit der Mullahs und weigerte sich, den Mordaufruf gegen den Schriftsteller Salman Rushdie zu unterstützen. Khomeini stellte ihn kurz vor seinem Tod 1989 kalt. Bis heute sitzt als Nachfolger der Scharfmacher Ali Khamenei auf dem Schild.

Als Montazeris Kritik an den Versäumnissen der Theokratie immer lauter wurde, verordnete der neue Religionsführer strengen Hausarrest für seinen Konkurrenten. Montazeris Lehrinstitut in Ghom wurde von islamistischen Schlägertrupps verwüstet. Allerdings wagte selbst Khamenei es nicht, den hoch angesehenen (und vom religiösen Status her deutlich überlegenen) Konkurrenten ins Gefängnis zu werfen. Ich konnte Montazeri durch die Vermittlung von Freunden unmittelbar nach der Aufhebung seines Hausarrests kennenlernen, er sei todkrank und dem Ende nahe, hieß es, die Freisetzung ein Gnadenakt. Er durfte jetzt wieder außer Haus, aber offiziell keine Besucher empfangen, Ausländer schon gleich gar nicht. Doch der Achtzigjährige dachte gar nicht daran, sich an irgendwelche Auflagen der Staatsmacht zu halten.

Sein früher rundes Gesicht war eingefallen, sein Händedruck, sagte sein besorgter Sohn, sei schlaffer geworden. Ansonsten machte der Greis, ganz in Blütenweiß gewandet, einen höchst vitalen Eindruck. Was er beim Interview sagte, war so radikal und revolutionär, dass es im Iran sonst keiner öffentlich zu äußern gewagt hätte. »Unser Gottesstaat ist gescheitert, wir haben durch unsere Exzesse die Achtung der Welt verloren. Khamenei hat schwere Fehler gemacht, er sollte alle politischen Gefangenen freilassen, auf Massenexekutionen verzichten und wirkliche Reformen einleiten.« Montazeri hatte klare Vorstellungen, wie diese Reformen aussehen müssten: Der Religionsführer sollte nur mehr repräsentative Aufgaben wahrnehmen, ähnlich einem konstitutionellen Monarchen. Das wirkliche Sagen sollten das gewählte Parlament und ein ihm verantwortlicher Regierungschef haben. Und auch mit Selbstkritik sparte der Großajatollah nicht; es sei schon richtig, sagte Montazeri, er trüge durch seine früheren Entscheidungen eine Mitschuld an den Fehlentwicklungen.

Der Großajatollah wurde zur hoch respektierten Symbolfigur aller Oppositionellen im Land, immer misstrauisch beäugt vom Religionsführer und den konservativen Rechtsgelehrten. Er hat dann über sechs Jahre in relativer Freiheit gelebt, konnte beobachten, wie seine Gedanken nach der offensichtlich manipulierten Parlamentswahl im Sommer 2009 von der studentischen Jugend aufgegriffen und verbreitet wurden. Er erlebte allerdings auch noch die weitgehende Niederschlagung der »Grünen Revolution«. Am 19. Dezember 2009 starb Hossein Ali Montazeri. Das Regime konnte nicht verhindern, dass ihm Hunderttausende Iraner das letzte Geleit gaben. Und viele fragten sich – und fragen sich bis heute –, was denn aus ihrem Land geworden wäre, hätte er es an die Spitze des Staates geschafft.

Den hinduistischen Hohepriester Veer Bhadra Mishra besuchte ich 2012 in der heiligen indischen Stadt Varanasi am Ufer des Ganges, die der Legende nach einst Lord Shiva selbst gegründet hat und in der sich eine ganze Sippschaft von Göttern austobte. Dort, wo das Sterben seine Angst verliert, weil die Erlösung vom Kreislauf der Wiedergeburten garantiert ist, wo Tausende täglich an den geweihten Treppen am Fluss verbrannt werden. Als Hüter des Sankat Mochan-Tempels genoss Mishra unter den Gläubigen höchste Autorität, das dem Affengott Hanuman geweihte Gotteshaus gehört zu den berühmtesten im ganzen Land. Pilger wie örtliche Gemeindemitglieder erhofften sich ein gemeinsames Gebet mit dem verehrten Priester – einem Mann, der beispielhaft die Widersprüche und die Ambivalenz, das Schizophrene und das Schöne an seiner Religion verkörpert.

Seit Generationen wurde das Amt des Hohepriesters an den Erstgeborenen der Familie weitergegeben. Aber um diese Rolle des »Mahant« ausfüllen zu können, musste jeder Auserwählte eine strenge und traditionelle Erziehung durchlaufen. So war auch Veer Bhadra Mishra von den besten Professoren der Stadt unterrichtet worden, lernte als Jugendlicher Sanskrit und die Verse der Veden, spielte Sitar und übte sich im Schauspiel wie im Ringen, das bei den Hindu-Traditionalisten weniger als ein Sport denn eine religiös-kulturelle Kraftprobe galt. Auf wissenschaftliche Fächer wurde weniger Wert gelegt. Nur weil sich Mishra als Jugendlicher so besonders für Mathematik interessierte, hatte man eine Ausnahme gemacht – der Hochbegabte durfte Ingenieurswesen studieren. Er bestand alle Prüfungen mit Auszeichnung und wurde, neben seinem spirituellen Amt und »aus Hobby«, wie er sagte, Professor für Wassermanagement und Hydraulik.

Die Kurta, das kragenlose gebleichte Hemd, fiel über seinen asketischen Körper, das schneeweiße Haar und der schlohweiße Schnurrbart verliehen ihm Würde und Gelassenheit, und er streckte mir die Hände entgegen, als wollte er nicht nur mich, sondern gleich die ganze Welt umarmen. Aber Mishra musste sich dabei stützen lassen, mit seiner Gesundheit ging es sichtbar abwärts. Wir nahmen Platz auf der schlichten Couch seines Arbeitszimmers, während draußen vor dem Fenster die Schimpansen spielten, kein Gläubiger wagte sie zu vertreiben, da sie als Nachfahren des Hanuman hier doch die eigentlichen Herrscher waren.

Der Wächter des Tempels verlor keine Zeit, sein Leid zu klagen. Denn der Hohepriester wusste nicht mehr so recht, wie er seine religiösen Überzeugungen mit seinen wissenschaftlichen Erkenntnissen zusammenbringen konnte – als Experte für heiliges Wasser wie Abwasser fühlte sich der Hohepriester Mishra schlicht überfordert.

Es ging um eine Gottheit seines Glaubens: um »Mutter Ganga«, den heiligen Fluss. »Ich nehme jeden Morgen mein Bad im Ganges, ich bin ja ein gläubiger Hindu und kenne die Vorschriften meiner Religion. Aber ich weiß als Naturwissenschaftler natürlich, dass das ein Fehler ist, nicht einmal meinen kleinen Zeh sollte ich in die Kloake stellen«, sagte er seufzend. Und dann zählte er auf, was so alles im Ganges schwamm: Fäkalien, Leichenteile von den zu hastig durchgeführten Verbrennungen und vor allem all die Industrieabfälle und Chemierückstände, die von den Fabriken ungefiltert in den Strom gepumpt wurden.

Die Hindu-Traditionalisten glauben an die Selbstheilungskräfte der Göttin Ganga, der Fluss sei nicht schutzbedürftig, da er doch von allen Sünden reinwasche. »Aber in meiner Eigenschaft als Wissenschaftler weiß ich natürlich, dass das Unsinn ist«, sagte mir der Hohepriester. Mishra kämpfte schon jahrelang gegen die Verschmutzung des Ganges, fest davon überzeugt, dass auch heilige Gewässer Umweltprobleme haben können. Er hat gemeinsam mit anderen Fachleuten Pläne zur Ganges-Rettung entworfen, die Vereinten Nationen ehrten Mishra mit einem wichtigen Preis, das amerikanische Nachrichtenmagazin *Time* ernannte ihn zu einem ihrer »Helden des Planeten«. Aber trotz fester Zusicherungen führender indischer Politiker kam das Reinigungsprojekt nie so recht voran. »Religiöse Ultras und die indische Bürokratie erstickten jeden Fortschritt im Keim.«

Mishra wurde an diesem Abend dann ein Zettel gereicht, ein Gläubiger hatte ein dringendes Anliegen. Jetzt war nicht mehr der Wissenschaftler, sondern der Seelsorger gefragt. Eine Prozession, eine Puja, stand an. Und wie selbstverständlich schlüpfte der Mann in Weiß von der einen in die andere Rolle. Ein Jahr nach meinem Interview verstarb der kluge alte Mann; seine Asche wurde in dem heiligen Fluss verstreut, dessen Säuberung er so tatkräftig vorangetrieben hatte und die doch an seinen Glaubensbrüdern scheiterte.

Den Kardinal habe ich bewundert, den Ajatollah respektiert, den Hohepriester sehr geschätzt – emotional nahegegangen sind mir ihre religiösen Botschaften nicht. Vielleicht, weil ich die Kirchenfürsten primär als Politiker sah: Tomášeks Agenda richtete sich gegen die alles beherrschenden Kommunisten, er kämpfte für den Aufbau einer Gegenmacht. Montazeris Hauptanliegen war das Wohl des Islamischen Staates beziehungsweise die Begrenzung seiner Auswüchse. Mishra konzentrierte sich auf Good Governance, er sah seinen Glauben im Alltag besonders durch Umweltprobleme herausgefordert. Sie alle waren eben auch und vor allem Funktionsträger, gefangen in Organisationen, die sich – was beispielsweise die Hierarchien anging – von politischen Parteien nicht allzu sehr unterschieden.

Wie alle Weltreligionen lehren das Christentum des Kardinals, der Islam des Großajatollah und der Hinduismus des Hohepriesters viel Positives, sie mahnen die Gläubigen zur Nächstenliebe, geben ihnen Kraft und Halt im Alltag und in schweren Stunden Trost. Aber sie predigen auch Ansichten, die mir teilweise rückständig und weltfremd vorkommen. Schlimmer noch, sie zwingen ihre Gläubigen von der Kanzel herab, diese Vorschriften bedingungslos einzuhalten, bei Androhung von Strafen – im äußersten Fall der Exkommunikation, dem Ausschluss aus der Gemeinschaft. Sie fordern Unterwerfung unter ein Dogma. Und sie zeigen sich nicht gerade flexibel darin, ihre Vorschriften den über die Jahrhunderte veränderten Lebensbedingungen der Menschen anzupassen.

Die katholische Kirche etwa verbietet bis heute Verhütungsmittel, obwohl sie damit die Überbevölkerung provoziert und vielen Familien in diversen Entwicklungsländern ein menschenwürdiges Leben unmöglich macht. Trotz eines Papstes, der liberale Ansichten propagiert, wurde das gerade zurückliegende »Jahr der Barmherzigkeit« auch durch christliche Intoleranz geprägt – etwa in Osteuropa, wo mehrere Kardinäle nicht christlichen Immigranten die Einreise verweigern wollten und, ganz im Sinne der nationalkonservativen Regierungen, in grellen Farben die Gefahr der »Überfremdung« an die Wand malten. In den USA haben die »Evangelikalen« die Republikanische Partei gekapert und bekämpfen an der Seite ihres Präsidenten Donald Trump liberale Grundwerte. Homosexuellen-Ehe und Abtreibung sind für sie Teufelswerk, Waffenbesitz ein göttliches Recht. Die orthodoxe Kirche Russlands geht mit ihrer Anbiederung noch weiter und propagierte 2017 sogar die »freiwillige Selbstversklavung« der Gläubigen unter einem Präsidenten Wladimir Putin, als sei der ein vom Himmel geschickter Messias.

Natürlich ist der Islam keine »extremistische politische Ideologie«, wie rechtspopulistische Demagogen à la Geert Wilders in den Niederlanden, Marine Le Pen in Frankreich, Viktor Orbán in Ungarn oder Alexander Gauland hierzulande glauben machen wollen. Sondern eine Weltreligion, die durch den Stammvater Abraham und den Glauben an den einen Gott eng verbunden bleibt mit Judaismus und Christentum. Ich habe auf den Spuren des mittelalterlichen Gelehrten und Abenteurers Ibn Battuta ein Jahr lang intensiv die meisten der muslimisch geprägten Länder der Welt bereist. Was ich da 2015 sah, war ein ganz überwiegend friedlich gelebter Glaube mit karitativem Akzent. Aber richtig bleibt auch, dass Frauen in den meisten dieser Staaten benachteiligt werden, Bürger zweiter Klasse sind. Dass ein strikt wörtlich genommener, nicht für eine zeitgemäße Interpretation freigegebener Koran die Muslime in ihrer wirtschaftlichen wie politischen Entwicklung behindert. Und dass die meisten Terroristen weltweit heute Islamisten sind, die – wie fehlgeleitet auch immer – glauben, sich bei ihren unmenschlichen Taten auf die Religion berufen zu können.

Der Hinduismus hat als eine mythologisch gewachsene Religion weder einen Gründer noch einen unveränderlichen Kanon. Die Urmutter aller Glaubensgemeinschaften hält eine verwirrende Vielfalt bewundernswert heiliger und schrecklich teuflischer Wesen bereit, die den Menschen begleiten und zu einem erbaulichen Leben anleiten, das in der nächsten Wiedergeburt eine bessere Existenz verspricht. Doch trotz der Vielfalt anerkennen die allermeisten Hindus ein gemeinsames Pantheon von Göttern, basierend auf Brahma, dem Schöpfer, Vishnu, dem Erhalter, und Shiva, dem Zerstörer. Und sie gründen ihre Gebete auf die Autorität der heiligen Veden, die traditionell eine strikte Einteilung der Gesellschaft in Kasten vorschreiben und damit bis heute gesellschaftliche Durchlässigkeit und sozialen Fortschritt erschweren.

Viele Jahrzehnte lang haben Sozialwissenschaftler erwartet, Religionen würden durch Globalisierung und Modernisierungsprozesse allmählich ausgezehrt. Doch alle großen Glaubensgemeinschaften wachsen heute wieder, ihre Bedeutung nimmt weltweit erkennbar zu. Experten sprechen vom »Ende der Säkularisierungsthese«. Umso wichtiger wird die Frage: Wie problematisch ist das Verhältnis der Weltreligionen zur Gewalt, welchen politischen – und realen – Sprengstoff bergen sie in sich? Wie gefährlich ist der Terror im Namen des Herrn?

Fanatismus und Wahn hat es zu allen Zeiten in allen Glaubensrichtungen gegeben, er ist gleichsam deren dunkle Seite, die »Rache Gottes«, wie es der französische Soziologe und Islamexperte Gilles Kepel einmal formuliert hat. Anhänger der militanten Strömung »Hindutva«, des Hinduismus-über-Alles, haben sich in Indien, Nepal und Bangladesch immer wieder zu Gewaltorgien gegen Andersdenkende hinreißen lassen. Verbreitet waren – und sind bis heute – fundamentalistische Strömungen aber auch in den drei monotheistischen Offenbarungsreligionen Judaismus, Christentum und Islam. Gemeinsam vertreten sie die Überzeugung, der Herr im Himmel habe jeder von ihnen allein die Wahrheit über sich, den Menschen und die Welt offenbart, niedergelegt in der Thora, dem Neuen Testament, dem Koran.

In den heiligen Schriften findet sich neben den überwiegend barmherzigen Botschaften auch die Aufforderung zum Missionieren.
Und wenn es sein muss, mit dem Flammenschwert, das nach man-
chem, zumindest missverständlichem Credo »Ungläubige« ebenso
wie »Verräter« an der Glaubensgemeinschaft richten darf. Jüdische
Extremisten begründeten so ihren Mord an Premierminister Jitz-
chak Rabin, katholische Extremisten ihre Bluttaten gegen Abtrei-
bungsärzte, muslimische Extremisten ihren »Dschihad« – ihrem
Terror fielen im vergangenen Jahrzehnt weitaus die meisten Menschen zum Opfer.

Und der Buddhismus?

Der Buddhismus fällt aus dem Rahmen. Anders als die anderen
Weltreligionen müssen und dürfen seine Gläubigen ohne Gott aus-
kommen. Es gibt in der über 2500 Jahre alten Lehre keine Erbsünde,
keinen Teufel, keinen Zwang zur Missionierung Andersdenkender,
keine hierarchisch strukturierte Gesamtkirche, kein allgemeingül-
tig verpflichtendes Dogma, keine authentische und einheitliche
»Heilige Schrift«. Der Glaube lehrt eine Lebensethik, die auf Gewaltlosigkeit, Mitgefühl und Achtung für die Natur basiert. »Mein
ist die Rache, spricht der Herr«, heißt es bei Mose. Anders als im
Alten Testament und im Koran finden sich im Pali-Kanon, den überlieferten Äußerungen Buddhas, keine Textstellen, die sich für blutige Feldzüge im Namen des Glaubens heranziehen ließen; ebenso
unbekannt ist ein Gott, den man zu fürchten hätte (was im Christentum einst zum Vornamen »Fürchtegott« führte, der heute – Gott
sei Dank – weitgehend ausgestorben ist).

Als Buddhist kann sich jeder bezeichnen, der anerkennt, dass
Siddharta Gautama die Erleuchtung erlangte und dann den Weg
zur Erkenntnis wies. Und wer überwiegend Gutes getan hat, darf
nach dem Tode auf eine angenehmere Daseinsform hoffen, auf eine
Wiedergeburt in besserer sozialer Stellung, letztendlich die Befreiung im Nirvana, dem Zustand, in dem alle falschen Vorstellungen

über das Ich »verwehen«. Dabei können ihm Lehrmeister helfen, beispielsweise die Bodhisattva genannten »Erleuchtungswesen«. Auch das Vorbild Siddhartas selbst, der vom Fürstensohn zum Asketen wurde und dann durch Meditationen zu seinem »Mittleren Pfad« fand. Aber letztlich muss sich jeder Mensch selbst von Unwissenheit und Leid, von Gier und Hass befreien.

Der Religionsstifter glaubte nicht an einen Schöpfer. »Er betrachtete metaphysische Spekulationen, wer die Welt geschaffen haben könnte und warum, als reine Zeitverschwendung«, sagte mir einmal der Düsseldorfer Indologe Hans Wolfgang Schumann, einer der besten deutschen Kenner des fernöstlichen Glaubens. »Der Ausgangspunkt, dass alles im Fluss ist und es keine ewige Seele gibt, dass das Weltall rotiert nach Gesetzen, die sich physikalisch und aus der Materie ergeben, ohne dass ein höheres Wesen dafür einen Plan gemacht hat – das verbindet den Buddhismus mit der Naturwissenschaft und macht ihn für viele Menschen gerade heute so modern.«

Das allein erklärt aber sicher nicht, warum der Buddhismus zumindest unter den westlichen Eliten zur »Religion à la mode« geworden ist. Attraktiv macht ihn, dass das Potenzial zur Erleuchtung nach den Lehren des Buddha in jedem Menschen angelegt ist. Und dass er zum Experimentieren anregt. Anders als die anderen Weltreligionen verordnet er keinen strikten Gehorsam, sondern lädt zur ständigen kritischen Nachfrage ein. Der Einzelne solle niemals etwas vorbehaltlos und blind glauben, lehrte Buddha, sondern die Lehren und ihre Gültigkeit für sich überprüfen – »so wie man Gold auf Echtheit prüft, indem man es schneidet, brennt und feilt«.

Der Buddhismus kennt keine Geschlechtsgrenzen, die Religion geht von der Autonomie des Individuums aus. Wer mit anderen meditieren will, darf das einzeln oder zusammen mit anderen Übenden tun. Dieser »Sangha« genannten Gemeinschaft können Mönche und Nonnen, aber auch Laien angehören, das Maß an Bindung kann jeder selbst wählen. Und er kann, anders als in anderen Weltreligionen, den Glauben, wenn er ihm denn nichts mehr sagt, und die Gemeinschaft auch wieder problemlos verlassen.

Aber wenn es (fast) keinen Zwang, (fast) kein Dogma gibt – ist der Buddhismus dann überhaupt eine Religion oder doch eher eine Feel-good-Philosophie? Lädt das Experimentieren, so sympathisch und zeitgerecht es auch erscheinen mag, nicht ein zur Beliebigkeit? Und gibt es das wirklich – eine »sanfte« Religion, die sich nicht als Begründung, als Blaupause für Gewalt missbrauchen lässt? Hat es nicht auch in der buddhistischen Geschichte zumindest vereinzelt Übergriffe gegeben, in denen sich brutale Herrscher mit skrupellosen Äbten zusammentaten, hatte der ceylonesische König Dutugamunu, als er im zweiten vorchristlichen Jahrhundert die Insel blutig vereinte, nicht mehrere Hundert Mönche in sein Heer integriert?

Fragen, die mich zum letzten und eindrucksvollsten meiner hochrangigen klerikalen Gesprächspartner bringen, zu einem Mann, gegenüber dem ich vor mehr als einem Vierteljahrhundert beim ersten unserer fast ein Dutzend Treffen erhebliche Vorbehalte hatte – sein Titel »Ozean der Weisheit« klang mir zu pompös, die Anrede »Eure Heiligkeit« zu ehrfurchtgebietend, sein Ruf als allseits verehrter und angebeteter »Gottkönig« zu aufgesetzt, manche seiner floskeldurchsetzten Reden über die Notwendigkeit der Mitmenschlichkeit zu nahe an Glückskeks-Banalitäten. Der Dalai Lama war doch eigentlich nur der Anführer der Gelugpa, der verhältnismäßig kleinen Glaubensgemeinschaft der »Gelbmützen«, und damit nicht einmal für alle Tibeter die wichtigste spirituelle Autorität, geschweige denn für alle Buddhisten weltweit. Und dass er auch im Westen als höchste moralische Instanz galt, bei Meinungsumfragen in Deutschland sogar Papst Benedikt XVI. als größtes aller Vorbilder hinter sich ließ, musste doch zumindest einige kritische Nachfragen aufwerfen.

Was für ein Leben! Als Tenzin Gyatso 1935 in einem unscheinbaren Bauerndorf auf dem Dach der Welt geboren; als Kleinkind von einem Suchtrupp hochrangiger Äbte als Wiedergeburt früherer Dalai Lama »erkannt« und nach Lhasa gebracht; mit neun Jahren die Krönung zum religiösen Oberhaupt der Tibeter im Potala-Palast; intensive Kurse durch buddhistische Lehrer; als Jugendlicher von Mao Zedong umworben, der ihn für seine Ziele instrumentalisieren wollte; mit vierundzwanzig Jahren die abenteuerliche Flucht über die Himalaja-Pässe, nachdem Chinas »Volksbefreiungsarmee« in Tibet einmarschiert war. Seine Karriere ging dann weiter im indischen Exil, als geistiger und politischer Führer seines Volkes, der den »Mittleren Weg« des gewaltlosen Widerstands predigte, ohne freilich den kulturellen Genozid in seiner Heimat aufhalten zu können. Dann als Krönung für den sanften Führer-ohne-Land, für den berühmtesten aller Buddhisten: der Friedensnobelpreis 1989.

Seitdem zieht der vierzehnte Dalai Lama noch rastloser durch alle Kontinente, trifft Politiker in der EU und in den USA. Er wirbt längst nicht mehr für eine vollständige staatliche Unabhängigkeit Tibets, sondern für einen »wahren« Autonomiestatus, der KP-Führung in Peking gilt er dennoch als Separatist und Staatsfeind Nummer eins. Vor allem aber reist der »Ozean der Weisheit« als spirituelle buddhistische Führungspersönlichkeit durch die Welt, füllt mit Vorträgen und Seminaren überall die Hallen und sogar ganze Stadien. Sind seine Reden eher allgemein gehaltene Appelle zum Weltfrieden und Aufforderungen zum ethischen Handeln im privaten wie im öffentlichen Leben, dienen die komplexen Kalachakra-Riten, denen er vorsteht, Buddhisten mit fortgeschrittenen Glaubenskenntnissen.

Wir trafen uns während der vergangenen dreißig Jahre in Leipzig und Lausanne, in München und Montreal. Aber meist sah ich den Dalai Lama in Dharamsala, dem kleinen Ort im indischen Himalaja-Vorgebirge, wo er nach seiner Flucht vor Maos Truppen 1959 Asyl fand und wo die tibetische Exilgemeinde ihr »Little Lhasa« auf-

gebaut hat. Mit kleinen Tempeln, Pilgerherbergen, Devotionalien-
läden – und dem schlichten, von einem Rosengarten eingerahmten
Amtssitz des vierzehnten Dalai Lama.

In den engen Gässchen des Ortes drängten sich neben etwa fünftausend Tibetern, von denen die meisten schon hier in Indien geboren wurden, manchmal fast genauso viele Sinnsuchende und Pilger
unterschiedlichster Provenienz.

Pensionierte Lehrerinnen aus Bay-
ern ebenso wie mittellose italienische Hippies, die zur Finanzierung
ihrer Yogakurse mit Marihuana handelten, französische Unternehmer, die in einem der Klöster Meditationsseminare besuchten, Vertreter von Umweltgruppen, die sich von den Lamas in ihrem an-
tikapitalistischen und »grünen« Weltbild Unterstützung erhofften.
Und abends begegnete man sich im Café Shambala, wo mehrmals
im Jahr auch Dalai-Lama-Fans aus Hollywood wie Richard Gere
und Sharon Stone zu Gast waren und sich wie die Rocksängerin
Tina Turner unter die weit gefasste spirituelle Gemeinde mischten.

Zu den prominenten deutschen Buddhisten zählten damals
schon Schauspieler wie Marie-Luise Marjan, Armin Rohde und
der später so jung verstorbene Jazzmusiker Roger Cicero. Unter
den Wissenschaftlern fühlten sich so bedeutende Gelehrte wie der
Physiker (und ältere Bruder des Bundespräsidenten) Carl Friedrich
von Weizsäcker und der Psychoanalytiker (und ursprünglich ka-
tholisch geprägte Theologe) Eugen Drewermann zu der sanften Religion hingezogen. Vom politisch ganz linken Spektrum bis zu den
Grünen und Wertkonservativen faszinieren gerade heute viele die
Lehren des Siddharta Gautama – sie stehen dabei in der großen
Tradition von so bedeutenden Denkern wie Arthur Schopenhauer,
Hermann Hesse und Dietrich Bonhoeffer.

Heute machen vor allem Topmanager aus der Industrie zwischen Berlin, Hamburg und München »Achtsamkeit« zum Wort
und Trend der Stunde: Pate stand ein Begriff aus der buddhistischen Literatur,»Satipatthana«, es geht darum, bewusst die eigenen

Empfindungen wahrzunehmen, das, was im Körper vorgeht und sich im Bewusstsein abspielt. Die neu entdeckte Innerlichkeit, in zahlreichen Seminaren gelehrt, soll helfen zu entspannen und sich dem Wesentlichen im Leben zuzuwenden, als Mittel gegen Burnout. Meditations-Apps sind zu einem Massenphänomen geworden, »Buddha to go« überschrieb das *ZEITmagazin* seine Titelgeschichte Ende Februar 2018.

»Warum begeistert der Buddhismus die Menschen im Westen so, weshalb versprechen die Menschen sich gerade von Ihnen persönlich so viel?«, habe ich den Dalai Lama einmal gefragt.

Er zögerte lange mit der Antwort. »Vielleicht glauben sie, ich könnte ihnen so eine Art Instant-Erleuchtung beschaffen«, sagte er. »Womöglich denken sie auch an tantrische Sexpraktiken.« Und dann prustete er los. Lachte sein dröhnendes, ansteckendes Lachen, das er manchmal wie eine Waffe einsetzt. Wenn er nicht weiterweiß, wenn er nicht wirklich antworten will.

Aber später kamen wir immer wieder auf das Thema zurück, und natürlich hatte sich der Religionsführer über das Phänomen seiner Beliebtheit und der Attraktion des Buddhismus ernsthafte Gedanken gemacht. »Den Menschen im Westen, gerade den Erfolgreichen, ist bewusst geworden, dass es jenseits aller materieller Errungenschaften, jenseits aller beruflicher Erfolge noch etwas geben muss. Der Kapitalismus, die Leistungsgesellschaft, der gesteigerte Lebensstandard mit all seinen Möglichkeiten zu immer mehr Konsum ersetzen nicht die spirituellen Werte. Sie erzwingen im Gegenteil die Suche nach ihnen.«

Und die Antworten auf diese Sinnleere hat ausgerechnet eine zweitausendfünfhundert Jahre alte Religion, deren Gründer aus einer Feudalgesellschaft stammte, als abtrünniger Fürstensohn jahrelang halbnackt und hungernd durch die Wälder und Sümpfe am Ganges zog, Welten und Lichtjahre von Europa und Amerika und deren heutigen Problemen entfernt?

Der vierzehnte Dalai Lama war sich da weniger sicher als viele seiner angereisten Anhänger. »Ich sage denen immer: Warum muss es ausgerechnet der Buddhismus sein, der ja bei näherer Beschäftigung ein durchaus komplexes und schwieriges Gedankengebäude darstellt? Schaut euch doch erst mal nach einem Glauben in eurem Kulturkreis um! Und muss es denn überhaupt eine formale Religionszugehörigkeit sein?«

Ähnlich verblüffend waren seine Aussagen zur eigenen Rolle. Wir unterhielten uns einmal lange über seine früheste Jugend, über die merkwürdigen Riten, durch die er nach dem Todes seines Vorgängers als der Auserwählte, als der wiedergeborene Dalai Lama gefunden wurde – Äbte aus Lhasa waren aufs Land gefahren und hatten ihn als Dreijährigen aufgrund von Tests mit einer alten Gebetstrommel und einem Perlenkranz »erkannt«. Er erinnere sich nicht an die Prüfungen, auch nicht an eines seiner Vorleben, sagte er mir. »Ich muss akzeptieren, dass ich mit allen meinen Vorgängern und auch mit dem Buddha selbst spirituell verbunden bin.«

Er hat mir wohl meine Skepsis angesehen. Wenn Menschen aus einem anderen Kulturkreis wie ich mit dieser Geschichte Verständnisprobleme hatten, leuchtete ihm das durchaus ein. »Aber glauben Sie mir, das mit der jungfräulichen Geburt ist für mich auch nicht so ohne Weiteres zu begreifen.«

Der Dalai Lama hält es für möglich, dass er der Letzte seiner Art sein könnte. Er sei sich völlig unsicher, ob es noch eine Wiedergeburt geben würde, geben sollte, sagte er mir bei einem unserer letzten Gespräche. Für seine eigene Zukunft habe er einen Traum: Er würde gerne nur Tenzin Gyatso sein, ein einfacher Mönch ohne politische Verpflichtungen, und als solcher seine Heimat wiedersehen. Ich habe das lange Zeit für ein reines Gedankenspiel gehalten, für einen geschickten Trick, die Tibeter noch mehr hinter sich zu scharen, für eine dieser Koketterien, zu denen der Dalai Lama durchaus fähig ist: Er verblüfft gerne einmal seine Gegner (»Ich bete täglich für die Erleuchtung der chinesischen KP-Führung«), aber auch seine Anhänger (»Das kann doch nicht so schwer sein, ohne mich auszukommen«) – wie ein weiser Clown kam er mir immer vor, ein bisschen Mahatma Gandhi, ein bisschen Groucho Marx. Aber 2011 zog sich der Dalai Lama tatsächlich aus allen seinen politischen Ämtern zurück. Er verzichtete im Exilparlament, dem er bisher vorstand, auf jeden Einfluss und wollte auch gegenüber Peking nicht mehr in offizieller Funktion auftreten. Stattdessen ließ er für seine Exilgemeinde freie Wahlen ausschreiben, schuf ein unabhängiges Parlament mit einem Ministerpräsidenten und damit demokratische Strukturen, wie es sie in seiner Heimat nie gegeben hatte (und derzeit unter Pekings Statthaltern in Lhasa natürlich auch nicht gibt). Als geistlicher Führer aber blieb der Dalai Lama seinem Volk erhalten, an seiner Bedeutung als Symbolfigur Tibets änderte sich wenig. Im Westen machten seine Schriften Furore: *Der Appell des Dalai Lama an die Welt* wurde ebenso zum Bestseller wie das mit dem südafrikanischen Friedensnobelpreisträger und Erzbischof Desmond Tutu gemeinsam verfasste *Buch der Freude*. Und nach wie vor – trotz aller Verbote, auch nur ein Bild von ihm zu besitzen – genießt er als »Ozean der Weisheit« in seiner Heimat große Verehrung.

Das hat offensichtlich auch das Zentralkomitee der Volksrepublik China erkannt. Kaum etwas fürchten die Mächtigen von Peking mehr, als dass der Dalai Lama noch zu Lebzeiten eine »Wiedergeburt« ernennt, einen charismatischen Nachfolger, womöglich in Lhasa ansässig, den sie schwer kontrollieren können. Deshalb ist die KP so weit gegangen, selbst das Recht auf die Feststellung einer Reinkarnation zu beanspruchen – ein einmaliger Vorgang für eine atheistisch geprägte Partei. Und dennoch: Der Dalai Lama ist fest davon überzeugt, dass nicht alles Show ist, was in China als »Buddhismus-Revival« daherkommt. »Viele der führenden Funktionäre der Partei sind doch selbst Buddhisten und praktizieren ihren

Glauben, darüber habe ich konkrete Informationen«, sagte er in einem unserer Gespräche und bekräftigte die Aussage, als er meinen zweifelnden Blick bemerkte. »Das können Sie recherchieren!« Auch weltweit sieht er seinen sanften Glauben auf dem Vormarsch, trotz oder gerade wegen des Verzichts auf Missionierung.

Selbstzweifel, Selbstbescheidung, Selbstironie – das alles sind Werte, für die der Dalai Lama steht. Nach Auffassung seiner Anhänger symbolisieren sie gleichzeitig weltweit einen durchgehend sanften und friedlichen Glauben. »Im Namen des Buddhismus wurden jedenfalls keine Kriege und Kreuzzüge geführt«, sagt Religionswissenschaftler Schumann. Dabei verdrängen viele Buddhisten, dass doch auch Vertreter dieser Religion heute in der Welt Verbrechen begehen: In Sri Lanka, wo Scharfmacher in safranfarbenen Roben Flüchtlingsunterkünfte zerstören. Vor allem aber in Myanmar, wo militante Mönche gegen die muslimische Minderheit der Rohingya hetzen, sich monatelang an der Seite des Militärs daran beteiligt haben, Dörfer niederzubrennen. Der Dalai Lama hat die Übergriffe im früheren Burma 2017 scharf verurteilt. Lebte Buddha heute, stünde er auf der Seite der verfolgten Muslime, schrieb er in einem offenen Brief. (Das Schlusskapitel dieses Buchs widme ich der Geschichte des Buddhismus, einschließlich seiner historischen und aktuellen Verfehlungen.)

Wer diese Religion, diese Philosophie wirklich kennenlernen und begreifen wolle, sollte zu den Ursprüngen zurück, meinte der Dalai Lama einmal zu mir, zu den Stätten aufbrechen, in denen Buddha gewandert ist. Sollte sich auch mit dem Mann vertraut machen, der China und Indien auf einzigartige Weise verbinde: einem Mönch namens Xuanzang alias Hsüan Tsang oder Hiuen Tsiang. Irgendwann bei meinen Gesprächen in Dharamsala fällt dieser Name. Und dann taucht er wieder auf. Und wieder.

Tibets Führer bewundert den chinesischen Mönch, der im frühen siebten Jahrhundert aus dem Reich der Mitte aufbrach, unter größten Gefahren durch Wüsten und über hohe Bergpässe über die legendäre Seidenstraße Richtung Westen zog, um am Ganges nach Originalspuren und authentischen Manuskripten des Siddharta zu suchen. Fast siebzehn Jahre und über fünfzehntausend Kilometer war der Pilger unterwegs, bevor er im Triumph in die Heimat zurückkehrte. Und je mehr ich mich mit dem Mönch beschäftigte, desto mehr konnte ich die Bewunderung des tibetischen Gottkönigs nachvollziehen.

Ich erfuhr dann auch von der ganz besonderen Beziehung, die den Dalai Lama mit diesem Xuanzang verbindet. 1954, als es bei einer kurzen Tauwetterperiode so aussah, als könnte sich der tibetische Führer mit dem Großen Vorsitzenden versöhnen, durfte der Dalai Lama dem indischen Premierminister Jawaharlal Nehru im Auftrag Maos eine Urne mit Reliquien des Mönchs übergeben: Es war als großzügige, entgegenkommende Geste Maos gegenüber dem Tibeter wie gegenüber dem Inder gedacht – aber beide stellten bald fest, dass der Politiker in Peking falschspielte: Mao Zedong dachte gar nicht daran, Tibets Autonomie zu respektieren. Enttäuscht musste sich der damals noch sehr junge und naive Dalai Lama von seinen Illusionen verabschieden.

Der Große Vorsitzende überfiel mit seiner Armee wenige Jahre nach der Unterwerfung Tibets auch seinen großen Nachbarn Indien wegen Grenzstreitigkeiten, fügte Nehru im November 1962 eine bittere militärische Niederlage zu. Sie wirkt bis heute nach, trotz verbesserter diplomatischer Kontakte und intensivierter Geschäftsbeziehungen haben sie viele Inder zumindest psychologisch noch immer nicht ganz verdaut. Und gerade in jüngster Zeit kommt es immer wieder zu Grenzscharmützeln zwischen den asiatischen Riesen, die doch mit ihren Gesellschaftsmodellen, mit allem, wofür sie stehen und kämpfen, einen scharfen Konkurrenzkampf ausfechten.

Xuanzangs sterbliche Überreste aber werden in China wie in Indien verehrt. Warum preisen gerade in diesen Tagen Chinesen wie Inder den Mönch so als »ihren« Helden, wieso entstehen in immer mehr Metropolen beider Staaten neue Denkmäler, Erinnerungsstätten und Museen? Warum haben chinesische und indische Regisseure, von ihren jeweiligen Regierungen animiert, einen gemeinsamen Film über Xuanzang gedreht – und kommentieren doch gleichzeitig eifersüchtig die angebliche »Vereinnahmung« des großen Pilgers und Abenteuerreisenden durch den jeweils anderen?

Wer ist dieser geheimnisvolle Xuanzang, der bis heute die beiden größten Völker der Welt mal eint, mal entzweit, wer ist dieser ganz besondere Heilige, der so viele Buddhisten weltweit fasziniert?

KAPITEL I

Der Mönch, die geheimen Schriftrollen und eine dramatische Reise

Dieser Mann hat alles gesehen, alles erlitten, alles genossen, was ein Chinese an Tiefen und Höhen in der Geschichte des großen Reiches erleben konnte: das turbulente Ende einer Ära, einen furchtbaren Bürgerkrieg, Aufstieg und Glanz eines Kaisers, der das Mandat des Himmels vorbildlich zu nutzen vermochte. Und all das, obwohl sich Xuanzang ein Drittel seines Erwachsenenlebens weit von seiner Heimat entfernt aufhielt, unter größten Gefahren durch fremde Länder zog und auf seiner Pilgerfahrt haarsträubende Abenteuer überlebte. Er war ein gelegentlich belächelter, lange verfemter und sogar steckbrieflich gesuchter Außenseiter und wurde gegen Ende seines Lebens doch zum Freund des ersten Mannes im Staate, bewundert und verehrt von Millionen seiner Landsleute. Heute gilt er der Geschichtsforschung als bedeutender Reisender und Religionswissenschaftler, als herausragender Forscher und Philosoph, dessen Vermächtnis bis in diese Tage reicht. Ein einmaliges Leben, ein unvergleichliches Schicksal.

Xuanzang kommt im Jahr 600 nahe Luoyang am Gelben Fluss in Zentralchina zur Welt, ein genaues Geburtsdatum gibt es nicht. Es lässt sich kaum behaupten, dass ihm eine große Karriere in die Wiege gelegt ist, jedenfalls keine, die von seiner Herkunft oder den finanziellen Möglichkeiten begünstigt wäre. Ganz im Gegenteil. Die Familie kämpft hart ums Überleben, es sind viele Mäuler zu stopfen. Xuanzang ist schon Sohn Nummer vier, und die Mutter weiß nicht, wie sie das alles mit den kärglichen Barmitteln und dem kleinen Garten schaffen soll. Ihr Mann gilt zwar als ein Gelehrter, bewandert in den klassischen Schriften wie in konfuzianischen Lehren, aber er schlägt aus seinen intellektuellen Fähigkeiten kein Kapital. Das mag an seiner schwächlichen Gesundheit liegen, vielleicht aber auch an seiner politischen Vorsicht: Er will in diesen chaotischen Zeiten nicht als Beamter in den Staatsapparat eintreten, er fürchtet, sich zu exponieren – und wie so viele im Kerker zu enden oder, noch schlimmer, vor einem Exekutionskommando.

Die Sui-Dynastie trägt damals schon alle Kennzeichen des Niedergangs in sich. Korruption, Willkür und Folter prägen das Land, und besonders schlimm wird es, als sich mit einem Brudermord im Jahr 604 ein neuer Kaiser an die Spitze des Reiches putscht. Dieser Yang nimmt selbst in der an grausamen und inkompetenten Herrschern nicht armen Geschichte Chinas bald eine Sonderstellung ein.

Er richtet das Land mit immer neuen aberwitzigen Mammutprojekten zugrunde. Über fünf Millionen Arbeiter werden zur Fron für den Bau des Großen Kaiserkanals gezwungen, überwacht und angetrieben von Schlägertruppen. Gleichzeitig befiehlt Yang, die Große Mauer auszubauen, und erweitert Luoyang mit riesigem Aufwand zu seiner zweiten Hauptstadt. Und der Despot belässt es nicht bei diesem mörderischen Größenwahn im Inneren und an der Grenze: Er führt auch noch Angriffskriege, schickt seine Truppen in fast alle Himmelsrichtungen. Vor allem der Feldzug gegen das Reich Koguryo (das heutige Korea) wird zum verlustreichen Fiasko. Viele Bauern weigern sich, ihre Söhne der kaiserlichen Armee zu opfern, Hungerunruhen und Aufstände brechen aus.

All das prägt die Jugend des Xuanzang, kostet ihn den größten Teil seiner Kindheit. Die Umstände zwingen ihn, zu schnell erwachsen zu werden. Gleichaltrige Freunde hat er nicht. Aber inmitten der Anarchie bietet ihm zunächst noch die Familie Halt. Die Mutter, wahrscheinlich von buddhistischen Lehren beeinflusst, sorgt für eine liebevolle Erziehung. Der Vater impft seinen Söhnen den strengen Konfuzianismus ein, die Achtung gegenüber den Älteren. Xuanzang lernt schnell und will den Eltern immer wieder beweisen, wie ernst er es mit seiner Sohnestreue nimmt. Übereifrig, bis zur Selbstverleugnung gehorsam, von Verlustängsten geplagt: Er muss schon in jungen Jahren gespürt haben, wie die Welt um ihn herum zusammenbricht.

Alle seine Albträume werden wahr. Zu den politischen Wirren kommen private Tragödien. Vater und Mutter sterben schnell hintereinander, die Kinder werden mehr schlecht als recht bei entfernten Verwandten untergebracht. Sie sind nun bei ihrer Zukunftsplanung auf sich alleine gestellt. Ein Bruder Xuanzangs entschließt sich, Mönch zu werden, er macht den Jüngeren mit den wesentlichen Schriften des Glaubens bekannt, holt ihn über Wochen zu sich. Gemeinsam studieren sie, in einer Zelle aneinandergekauert, lesen, beten und meditieren die Nächte durch.

Xuanzang ist gerade erst zwölf Jahre alt, als im berühmten Basma Si, dem »Kloster des Weißen Pferdes« von Luoyang, vierzehn neue Mönche gesucht werden. Sie sollen eines der damals sehr begehrten staatlichen Stipendien erhalten. Hunderte junge Männer bewerben sich, auch Xuanzang stellt sich an die Klosterpforte, um zur Aufnahmeprüfung zugelassen zu werden.

Der Emissär, der das Zulassungsverfahren leitet, fragt den Knaben erstaunt nach seiner Herkunft und nach seiner Motivation, alle anderen Kandidaten sind wesentlich älter. Xuanzang verblüfft ihn mit einer Mischung aus Selbstbewusstsein und Glaubensinbrunst. »Mein einziger Gedanke ist, das Licht der buddhistischen Religion zu verbreiten«, sagt der Knabe. Und da er auch alle inhaltlichen Fragen erstaunlich gut zu beantworten weiß, macht der Abt nach Rücksprache mit dem kaiserlichen Gesandten eine Ausnahme:

Xuanzang wird trotz seiner Jugend als einer der Novizen im Kloster aufgenommen. Er versenkt sich jetzt mit noch größerem Feuereifer in die komplizierten Schriften. Fünf glückliche Jahre lang ist das »Kloster des Weißen Pferdes« sein neues, geliebtes Zuhause. Eine geschützte Insel in dem erbarmungslosen Meer von Gewalt und Tod, das außerhalb der Mauern des Stifts tobt.

Aber der Bürgerkrieg wird immer schlimmer, und er kommt immer näher. Schilderungen von Historikern aus der Zeit zeichnen ein apokalyptisches Bild: Die Straßen von Luoyang sind von Leichen übersät, nachts übernehmen wilde Tiere die Stadt und machen auch nicht mehr halt vor den Mauern des Klosters. Truppen rivalisierender Rebellen bekämpfen sich gegenseitig, viele verbünden sich mit den Osttürken jenseits der Grenzen. Kaiser Yang flieht im Jahr 615, verschanzt sich mit den letzten Getreuen, ein machtloser Herrscher ohne Land, ein Kaiser a. D., über den langsam, aber sicher der Himmel einstürzt. Zwei Jahre kann er sich noch halten. Dann ermordet ihn einer seiner Generäle im Bad.

Das Reich zerfällt, aufgestückelt von marodierenden Bandenführern, die überall in Nord- und Zentralchina das Kommando übernehmen. Niemand ist mehr seines Lebens sicher, auch kein Mönch. Xuanzang entschließt sich schweren Herzens, von seinem Kloster Abschied zu nehmen. Er flieht mit seinem Bruder in den noch einigermaßen sicheren Süden, in das über tausend Kilometer entfernte Chengdu. Dort kommen sie in einer Abtei unter und können, einigermaßen geschützt, ihren Studien nachgehen. Xuanzang verblüfft seine Lehrer. Er brilliert in allen Fächern, und so erhält er schon ungewöhnlich früh, im zarten Alter von zwanzig Jahren, die Mönchsweihe. Ein sanfter, ein heiliger Mann – so ganz das Gegenteil des neuen Herrschers, der im Norden nach einigen erfolgreichen Feldzügen die Macht an sich gerissen hat.

Li Shimin heißt der Feldherr, der heimtückisch seine Verwandten aus dem Weg räumt und schließlich den Vater zwingt, zu seinen Gunsten auf das höchste Amt zu verzichten. Li lässt sich 626 zum Kaiser Taizong krönen. Wenig deutet angesichts dieser grausamen Vorgeschichte darauf hin, dass aus ihm einer der bedeutendsten Kaiser der chinesischen Geschichte werden könnte. Und doch führt dieser rücksichtslose und entschlusskräftige Regent sein Land zur Blütezeit der Tang-Dynastie – und er wird, mindestens ebenso erstaunlich, auf seine alten Tage auch zum besten Freund, Bewunderer und Gönner von Xuanzang.

Als der junge Mönch mitbekommt, wie sich die Lage in Zentralchina langsam beruhigt, verlässt er sein Refugium im südlichen Sichuan. Schweren Herzens nimmt er Abschied von seinem Bruder, der bleiben will. Xuanzang hat ermutigende Nachrichten über die neue Hauptstadt Chang'an gehört, die nur eine Tagesreise von seinem Heimatort Luoyang entfernt liegt. Schon ihr Name gefällt ihm, er bedeutet »Ewiger Friede«. Der junge Mann, nun Mitte zwanzig, findet in einem Kloster Unterkunft, wo er sich weiterbilden kann. Er vertieft sich weiter in die Studien, die religiösen wie die weltlichen. Er lernt Tocharisch, das auf den Märkten der Stadt von den aus Persien stammenden Händlern der Seidenstraße gesprochen wird; vor allem vervollständigt er seine Kenntnisse des Sanskrit, der wichtigsten Sprache im indischen Herzland des Buddha, der Sprache der heiligen Texte.

Mit diesen Schriften hat er so seine Probleme. Nicht dass er am Buddhismus als seiner Religion zweifeln würde, dafür gibt es keine Anzeichen. Er steht selbstverständlich zu den Grundsätzen seines Glaubens, zu der Ethik von Gewaltlosigkeit und Mitgefühl, zu der Verpflichtung, nicht zu töten, nicht zu stehlen, nicht zu lügen.

Buddhas *Vier edle Wahrheiten* bilden das Zentrum dieser Philosophie, für Xuanzang wie für alle seine Glaubensbrüder innerhalb und außerhalb des Klosters bindend. Da ist zum Ersten die Erkenntnis, dass alles auf Erden leidvoll ist, solange ein Mensch in

Unwissenheit lebt: Er bleibt ohne die höhere Erkenntnis in Frustrationen gefangen, weil ihm selbst Liebe und Glück als vergänglich erscheinen. Doch da ist zum Zweiten ein tröstliches Wissen, dass er diesem Leiden entkommen kann, wenn er dessen Ursprung erkannt hat, nämlich den Hass und die Gier und das Festhalten an so weltlichen Dingen und Gelüsten wie etwa der Macht über andere. Die daraus resultierenden menschlichen Taten – genauer gesagt, schon die Absichten – häufen das *Karma* an, eine Art Konto der Lebensführung. Die guten und schlechten Handlungen bestimmen im Kreislauf der Wiedergeburten die nächste Existenzform. Der Mensch kann in fünf verschiedenen Reichen wiedergeboren werden. Höchst unerfreulich bei den Höllenwesen und den Tieren, schon besser, aber keinesfalls perfekt bei den Geistern, den Menschen und den Göttern. Die Götter und Geister sind laut Buddhas Lehre mächtig, aber sterblich, und sie können nicht vom *Samsara*, dem ewigen Kreislauf, erlöst werden. Das kann nur der Mensch, dem als einzigem Lebewesen das *Nirvana* winkt, das Übergehen in den Zustand der letzten Läuterung, des Nichtleidens, des ewigen Glücks. Aber um dieses Ziel zu erreichen, muss der Mensch – edle Wahrheit Nummer drei – erst einmal Unwissenheit, Hass und Gier überwinden. Das ist, edle Wahrheit Nummer vier, nur möglich, wenn er den richtigen Weg zur Erlösung beschreitet.

Der *Achtfache Pfad* weist jedem Buddhisten die Richtung. Er besteht zunächst einmal aus der rechten Anschauung, nämlich der Erkenntnis, dass er mit den oben genannten »Wahrheiten« richtigliegt. Dann aus dem rechten Entschluss – du sollst dich freihalten von Habgier und Böswilligkeit; aus der rechten Rede – du sollst Verleumdungen und aufgebrachten Tonfall vermeiden; aus dem rechten Handeln – du sollst nicht stehlen und sinnliche Ausschweifungen meiden; aus dem rechten Lebensunterhalt – du sollst keinen Beruf ausüben, bei dem andere Wesen getötet oder gequält werden; dem rechten Streben – du sollst üble Gedanken vermeiden

und »heilsame« weiterentwickeln; aus der rechten Achtsamkeit –
du sollst die Kontrolle über alle Abläufe des eigenen Körpers und
des eigenen Geistes erringen; und zuletzt noch aus der rechten
Konzentration – du sollst dich in Meditation versenken und so den
Frieden der inneren Stille genießen und zu höheren Einsichten gelangen.

So weit, so gut, so schwierig. Aber Xuanzang muss feststel-
len, dass es in den Klöstern seiner Umgebung und mehr noch im
Kreis der Laien jenseits der allgemeingültigen Grundlagen wenig
Übereinstimmungen gibt. Der Buddhismus zerfällt in verschiedene
Schulen, die sich in ihren Auffassungen teilweise diametral wider-
sprechen.

Manche Mönche glauben, wahre Erleuchtung sei nur denen
möglich, die das weltliche Leben ganz aufgeben und in Klöstern
meditieren. Sie sehen sich als Bewahrer der ursprünglichen Lehre
und behaupten, ihre Schriften seien die ältesten und damit allein
gültigen, die strengstens zu befolgen seien. *Theravada* oder auch
Hinayana (»Kleines Fahrzeug«) nennt man diese Tradition, der zu-
folge sich jeder ohne Hilfsmittel auf den Heilsweg begeben muss.
Asketisch und elitär.

Xuanzang macht diese Lehrmeinung mal traurig, mal ärgerlich.
Tagelang grübelt er, ob es wirklich stimmen kann, dass die buddhistischen Schriften nur Mönchen die Erleuchtung verheißen – ihm
erscheint das ungerecht. Seiner Überzeugung nach sind andere
überlieferte Texte die gültigen, obwohl sie, zugegeben, aus späteren Jahren datieren. Das *Mahayana* (»Großes Fahrzeug«), dem er
nachhängt, betont das Mitgefühl und die Sorge um andere Menschen auf dem Erlösungsweg. »Groß« wird diese Strömung deshalb
genannt, weil der menschliche Geist hier zwar wie beim *Hinayana*
das »Fahrzeug« zur Erleuchtung ist, man aber bei der Buddhaschaft
nicht nur an sich selbst denkt, sondern auch anderen dabei hilft,
den ewigen Kreislauf der Wiedergeburten zu durchbrechen. Dazu

dienen die Bodhisattva, die Wesen der Barmherzigkeit, die ihren Eingang ins Nirvana selbstlos verschieben und die selbstverständlich auch Laien außerhalb der Klostermauern zur Verfügung stehen. Xuanzangs Glaubensvorstellungen sind nicht denkbar ohne aktive Tugenden, ohne Großzügigkeit, Mitgefühl und Wohltätigkeit für andere. Aber ihn plagen Zweifel. Meint es Buddha wirklich so? Und was ist mit all diesen anderen Schriften und Doktrinen, die da in manchen Klöstern kursieren, die seiner Meinung nach gar keinen Sinn ergeben? Was mit den richtigen Yogapraktiken, den Meditationsübungen?

Der Mönch kommt nach Jahren des intensiven Studiums zu dem Ergebnis, dass sich die Widersprüche nicht auflösen lassen. Er ahnt, warum es so viele Auslegungen des Glaubens gibt: Der Buddhismus hatte einen langen und steinigen Weg, bis er es von seinen Ursprüngen im indischen Ganges-Land nach China schaffte. Händler mit ihren Kamelkarawanen brachten den neuen Glauben im ersten Jahrhundert über die schwindelnd hohen Pässe des Karakorum und Pamir auf die Seidenstraße und dort von Zentralasien ins Reich der Mitte. Dabei machte die Lehre fast zwangsweise manche Wandlungen durch. Musste sie durchstehen, um im chinesischen Herzland Fuß zu fassen – ein schwieriger Prozess.

Die Idee von der Irrealität des Seins wirkte auf chinesische Politiker wie Gelehrte morbid, unrealistisch, widersinnig. Im konfuzianisch geprägten Reich der Mitte ging es immer um die ideale Ordnung des Diesseits. Das Streben nach einer Erlösung im Jenseits, die Idee von einem Kreislauf der Wiedergeburten und der Erleuchtung im fernen Nirvana passten nicht in die praktische Gedankenwelt der Menschen am Gelben Fluss und am Jangtse. Keusches Mönchsleben und Einäscherung der Toten widersprachen den chinesischen Vorstellungen von Familie, Sittlichkeit sowie Dienst an den Ahnen zutiefst.

Erst als sich der Buddhismus im fünften und sechsten Jahrhundert chinesischen Vorstellungen anpasste, als er sich in der Begrifflichkeit der mystischen Volksreligion des Daoismus anglich, konnte er in China populär werden. Zu Xuanzangs Zeiten ist das alles schon vollzogen. Aber Xuanzang will wissen, ob bei dieser Annäherung nicht Wesentliches verloren gegangen ist. Und je mehr er sich mit den klassischen Texten beschäftigt, desto mehr treiben ihn Sorgen um: Haben die verschiedenen chinesischen Übersetzer wirklich gut genug Sanskrit gekonnt? Haben sie unabsichtlich – oder gar mit vollem Bewusstsein – die wahre Lehre verfälscht?

Er hat bei den wenigen Originaltexten, die ihm vorliegen und bei denen er die Übertragung ins Chinesische verfolgen kann, viele Ungereimtheiten und Widersprüche gefunden. Er sieht nur einen Weg, um herauszufinden, was wahr ist. Er muss selbst an die Ursprungstexte herankommen. Er muss sie in Buddhas Heimat finden und dort lesen. Und sie dann in seine chinesische Heimat mitbringen, sie selbst übersetzen, um alle Zweifel auszuräumen. Er muss zu den Quellen seiner Religion reisen.

Xuanzang weiß, dass eine solche Expedition mit höchsten Gefahren verbunden ist – vor ihm liegen Tausende Kilometer hitzeflirrende Wüste, schneebedeckte, lawinenbedrohte Gebirgspfade, reißende, schwer zu überwindende Ströme. Und es drohen menschengemachte Gefahren: Regionen, die von Völkern bewohnt und von Regierenden beherrscht werden, die den Chinesen feindlich gesinnt sind, vor allem in den Gebieten der Osttürken; außerdem ganze Landstriche, die von marodierenden Räuberbanden kontrolliert werden. Der Kaiser hat sein Reich abgeschottet, die Armee überwacht von einer ganzen Reihe dicht gestaffelter, hintereinander liegender Wachtürme die Grenzen. So ist dafür gesorgt, dass China nicht von Feinden überrannt wird. Und dass keiner ohne Genehmigung von ganz oben das Land verlässt.

Der Mönch entschließt sich im Jahr 628, eine Petition an den Herrscher zu schicken und ihn um eine Sondererlaubnis zu bitten.

Ausführlich erläutert er seinen Wunsch, die buddhistischen Schriften in Indien zu erforschen und Kopien nach Hause zu bringen, er betont den friedlichen Charakter seiner Reise.

Taizong ist da gerade erst zwei Jahre an der Macht. Er hat in dieser Zeit Erstaunliches geleistet, der Bürgerkrieg ist beendet, die Wirtschaft in Schwung gebracht; die Hauptstadt Chang'an (das heutige Xian) erblüht. Manches deutet schon auf kommende Glanzzeiten hin. Doch der Kaiser ist sich seiner Macht offensichtlich noch längst nicht sicher, er will das Reich mit gezielten Angriffen nach außen konsolidieren. Was er am wenigstens gebrauchen kann, ist Unruhe und ein unreguliertes Regiment an den Staatsgrenzen.

Und was den Glauben betrifft: Taizong interessiert sich für den Buddhismus, aber ganz geheuer ist ihm die Religion nicht. Seine Berater am Hof warnen ihn, die Lehre mit ihrer fremdländischen Herkunft und ihrer potenziell subversiven Haltung gegenüber jedem weltlichen Herrscher könnte zu einer ernst zu nehmenden Herausforderung für den Staat werden. Da hält es Taizong in seinen frühen Regierungsjahren lieber mit der daoistischen Religion, die mit ihren naturreligiösen und mystischen Elementen einen ganz anderen, eher staatstragenden Charakter besitzt. Der Kaiser lehnt Xuanzangs Ansinnen, in den Westen zu reisen, nicht nur ab, sondern bekräftigt mit einem öffentlichen Dekret noch einmal ausdrücklich sein Reiseverbot.

Der Mönch ist verzweifelt – jetzt kann er nicht einmal mehr sagen, er hätte von einem solchen Verbot nichts gewusst. Er weiß, er begeht ein Verbrechen, wenn er seine Pläne weiterverfolgt. Aber Xuanzang ist zu seinem Vorhaben entschlossen, koste es, was es wolle. Und ein Traum bestärkt ihn noch in seiner Berufung: Da sieht er als Pilger den goldglitzernden, heiligen Berg Sumeru vor sich, der Überlieferung nach Mittelpunkt des Universums. Vor ihm liegt ein See. Lotosblumen tragen ihn über das Wasser. Als er den Berg besteigen will, rutscht er immer wieder an den steilen

Gletschern aus. Auf einmal trägt ihn ein mächtiger Wirbelwind zum Gipfel, vor seinen Füßen erstreckt sich die Welt mit all ihren Ländern, bis nach Indien und sogar darüber hinaus.

Xuanzang wacht auf und fühlt sich in seinem Entschluss noch gefestigter. Das große Abenteuer kann beginnen. Muss jetzt beginnen.

Man schreibt das Jahr 629, als es losgeht. Xuanzang hat gerade seinen achtundzwanzigsten Geburtstag hinter sich, er ist ein weit über sein Kloster hinaus geschätzter buddhistischer Gelehrter und auch äußerlich eine imposante Erscheinung. Ungewöhnlich groß für seine Zeit und sein Volk, so um die eins achtzig, federnder Gang, ebene Gesichtszüge, strahlende Augen, ein heller, gleichmäßiger Teint – all das vervollständigt das Bild eines Beaus. Er trägt gern weite Gewänder aus Baumwolle, zusammengehalten von einem breiten Gürtel; als Reisegepäck bevorzugt er eine Art Tornister, den er sich auf den Rücken schnallt. Sein schwärmerischer Biograf Huili beschreibt diesen Xuanzang geradezu als Lichtgestalt:»Er ist stets freundlich, aber nie anbiedernd, achtet sehr auf die Auswahl seiner Freunde, seine Sprache ist gebildet und gewandt, die Stimme sonor und voll. Er zeichnet sich gleichermaßen durch Würde, Eleganz und Harmonie aus, so dass seine Zuhörer nicht müde werden, ihm zu lauschen …«

Wir wissen das alles so genau, weil Xuanzang in späten Lebensjahren einem seiner Klosterbrüder für eine Biografie Rede und Antwort gestanden hat. Dieser Mönch namens Huili ist ein historischer Glücksfall: Er beschäftigt sich nicht nur mit dem Werk des Meisters und dessen Vermächtnis, sondern entlockt ihm auch persönliche Eindrücke über seine Pilgerfahrt, gelegentlich sogar Emotionen. Dann ist da noch Xuanzangs eigener, akribisch genauer politisch-geografischer Bericht über seine siebzehnjährige Reise zu den Quellen des Buddhismus. Die beiden Werke – in englischen

Übersetzungen erhältlich – ergänzen sich wunderbar (wenngleich man beim sehr von Verehrung geprägten Text Huilis gelegentlich den Eindruck hat, dass die »Wunderkräfte« des Freundes überstrapaziert werden). Aber alles in allem: zwei Bücher, die ziemlich präzise Auskunft darüber geben, was da vor etwa 1400 Jahren passiert ist.

Xuanzang ist trotz des kaiserlichen Dekrets entschlossen, sein Gelübde zu erfüllen. Er erreicht die Hochtäler und Schluchten der Provinz Gansu, die damals das westliche Ende des Reiches bildeten. Liangzhou, das heutige Wuwei, ist die letzte bedeutende Stadt vor der Grenze. Jenseits der Wachtürme beginnt die unwirtliche Steppe von Alashan und dann bald auch die noch schwerer zu durchdringende Wüste Gobi. Der Pilger hält sich einen Monat in der Grenzstadt auf, sammelt Informationen und legt sich Vorräte an. Um seinen Lebensunterhalt zu bestreiten, hält er buddhistische Vorträge für Mönche wie Kaufleute. Bald spricht sich herum, dass da ein brillanter Religionsgelehrter unterwegs ist – und wohl beabsichtigt, weiter Richtung Westen zu ziehen. Der Bürgermeister der Stadt lädt Xuanzang vor, drängt ihn, den kaiserlichen Erlass auf jeden Fall zu respektieren und in die Hauptstadt des Tang-Reichs zurückzukehren.

Der Mönch denkt nicht daran, sich von seinem Weg abbringen zu lassen. Doch er weiß jetzt, dass er sehr vorsichtig sein muss. Er beendet seine Predigten, bewegt sich nur noch nachts durch die Straßen Liangzhous. Zwei junge Mönche führen ihn bei spärlichem Mondlicht zum letzten Rastplatz, bevor er sich Richtung Feindesland und Wüste aufmacht – »traurig und schweigend«, wie sein Biograf notiert.

Bei der Auswahl seiner Führer an der Grenze zeigt der unerfahrene Weltreisende zunächst wenig Geschick und zahlt Lehrgeld. Er lässt sich mit einem Zentralasiaten ein, der großspurig anbietet, ihn bis jenseits der Festung Jadetor zu schleusen und ihn auch an den fünf Wachtürmen vorbeizubringen. Nach einem langen Ritt, den Xuanzang zudem noch auf einem eher klapprigen Gaul bewältigen muss, breiten sie nachts, in Sichtweite des Jadetors, ihre Matten auf dem Boden aus. Der Mönch fällt in einen tiefen Erschöpfungsschlaf. Doch plötzlich schreckt er aus seinem Traum auf – sein Führer steht mit gezücktem Dolch vor ihm. Im letzten Moment und ohne Erklärung steckt er die Waffe weg; Xuanzang wagt nun nicht mehr einzuschlafen, dämmert fiebrig dem Morgen entgegen. Und betet zum buddhistischen Erleuchtungswesen Guanyin, die »Mitleidvolle« möge ihn doch vor Meuchelmördern beschützen.

Bei Tagesanbruch schleicht sich sein dubioser Begleiter weg – eine gute und schlechte Nachricht zugleich. Der Mönch hat keinen mehr, der ihm etwas antun kann, aber er ist nun ganz auf sich allein gestellt. Und vor ihm liegt die menschenfeindliche Wüste.

Er sieht keine Lebewesen in dem Meer von Sand und Geröll, nur Knochen und Gerippe. Sie zeugen von all denen, die es nicht geschafft haben, lassen Leid und Verzweiflung erahnen. Plötzlich glaubt er am Horizont glühende Kohleberge zu erkennen, schwer bewaffnete Männer reiten auf ihn zu, rätselhafterweise mit dicken Felljacken bekleidet. »Vor seinem Auge taucht das Glitzern von Lanzen auf, die Gestalten nehmen Tausende neue Formen an und lösen sich dann in Nichts auf«, schreibt sein Biograf Huili. Offensichtlich hat der vom Durst geplagte Mönch Halluzinationen, in der flirrenden Hitze geht eine schreckenerregende Fata Morgana in die nächste über. Endlich dann ein Bild, das real ist, auch beim dritten und vierten Sehen nicht verschwimmt: Xuanzang sieht am Horizont den ersten Wachturm. Die Grenze zur Welt da draußen.

Er gräbt sich in einer Sandkuhle ein Bett, wartet das Verschwinden des Tageslichts ab, will sich nachts an den Wachen vorbeischleichen. Doch als er nahe der Befestigung einen Wasserplatz sieht, wird er unvorsichtig und will einen Schluck trinken. Ein Fehler, denn als er seine mitgebrachte Flasche mit dem kostbaren Nass auffüllen will, zischt ein Pfeil knapp an ihm vorbei. Dann noch einer. Xuanzang weiß, dass die Wärter ihn entdeckt haben. »Hört bitte auf zu schießen, ich bin kein Verbrecher, sondern nur ein Mönch auf Pilgerreise!« Man bringt ihn zum Chef der Garnison – und das hätte eigentlich das Ende seiner Pläne bedeuten müssen, seine Inhaftierung. Doch der Hauptmann ist selbst ein Buddhist, er lässt ihn nach zahlreichen Mahnungen und Aufforderungen zur Rückkehr kopfschüttelnd ziehen. Die nächsten vier Wachtürme passiert der Mönch nachts und ohne besondere Probleme. Dann verschwindet der letzte chinesische Posten hinter ihm im Morgengrauen: Vor Xuanzang liegt nun endgültig der weite, unbekannte Westen – Königreiche mit Herrschern, die den Chinesen nicht immer freundlich gesinnt sind, manche mit dem Tang-Reich sogar tödlich verfeindet.

Bis zur nächsten größeren Oase sind es noch einmal fast vierhundert Kilometer Wüste. Kein Vogel, kein Baum, kein Orientierungspunkt. Ein aufbrausender Sturm verweht die Sanddünen. Xuanzang weiß von einer Quelle, die er erreichen muss. Doch er läuft im Kreis, wird immer schwächer. Zu allem Überfluss entgleitet ihm auch noch die Wasserflasche. Das Nass versickert.

Vier Tage und fünf Nächte lang kämpft sich der Pilger immer weiter, weiß sein Biograf zu berichten. Dann bricht er zusammen. Fieberträume schütteln ihn, im Delirium betet er verzweifelt, ist fast schon bereit aufzugeben. Aber sein klappriges Pferd beweist die entscheidenden Überlebensinstinkte. Die Mähre trägt ihn in einem aufkommenden kühlenden Wind zu einer Wasserstelle. Gegen alle Wahrscheinlichkeit schafft es Xuanzang bis zur nächstgrößeren Stadt Hami. Er verschlingt die berühmten Melonen, die dort gedeihen, erholt sich von den Strapazen. Und zieht dann weiter zum ersten wichtigen Etappenziel seiner Reise gen Westen, Richtung Quellen des Buddhismus. Nach Turfan.

Die Spione des Herrschers von Turfan haben Chü Wentai berichtet, dass da ein merkwürdiger Heiliger auf dem Weg in sein Reich ist. Der König bringt auch bald in Erfahrung, dass es sich bei dem Reisenden um einen Mönch aus dem Tang-Reich handelt, der weiter nach Indien will und als brillanter Religionsgelehrter und Redner gilt. Er sieht dem Neuankömmling mit großer Spannung entgegen: Der Monarch ist selbst ein überzeugter Buddhist und fühlt sich den Chinesen von seiner Abstammung wie von seinen politischen Überzeugungen her verbunden. Als sich Xuanzang abends der Oasenstadt nähert, zieht er ihm persönlich mit Fackeln entgegen, geleitet ihn nach der Ankunft im Palast zu einem Sitzplatz an seiner Seite. Xuanzang ist müde, aber der König besteht darauf, noch in der Nacht mit ihm zu diskutieren und ihn mit religiösen Fragen herauszufordern. Die beiden verstehen sich prächtig.

Zwei Wochen schon hält sich Xuanzang in Turfan auf, der Herrscher zeigt ihm die Paläste und Klöster des nahe gelegenen Gaochang, die Festung Jiaohe, gemeinsam bewundern sie das Naturwunder der »Flammenden Berge«, die im Abendlicht feuerrot erstrahlen. Xuanzang kann auch die Höhlentempel von Bezeklik besuchen, wo die Mönchszellen hoch über dem Fluss mit spektakulären religiösen Höhlenmalereien ausgeschmückt sind – ein weiteres Prunkstück des blühenden Königreichs. Der Gast darf, ja muss auf Geheiß des Königs in der großen Buddha-Halle der Hauptstadt predigen. Die Mächtigen von Turfan, einschließlich der Minister und der Gemahlin des Monarchen, lauschen gebannt seinen Worten. Die Königstochter, besonders hübsch und sehr angetan von dem Fremden, wird dem Mönch als Ehefrau angetragen. Er lehnt ebenso geschmeichelt wie dankend ab.

Xuanzang genießt die Zeit, aber er wird langsam unruhig, möchte aufbrechen. Der König bittet den »Meister des Gesetzes«, wie er seinen verehrten Gast nennt, doch auf jeden Fall noch länger zu bleiben, er dürfe sogar das Amt eines Religionsministers übernehmen. Als der Mönch auf seinem Abschied besteht und auf die

Weiterreise drängt, wird der Monarch unangenehm. »Ich kann auch anders mit Euch umgehen«, brüllt er den Pilger an und droht, ihn mit Gewalt festzusetzen.

»Nichts anderes als meine Knochen wird der König dabehalten können, er hat keine Macht über meinen Geist und meinen Willen«, entgegnet Xuanzang. Die Situation eskaliert, nichts deutet daraufhin, dass sich der Herrscher umstimmen lassen wird. Es ist nun auch ein Prestigeduell, und das spricht sich bei den Untertanen herum. Der Mann auf dem Königsthron ist Widerspruch nicht gewohnt, er glaubt sich so etwas nicht bieten lassen zu können. Da begreift der Mönch, dass er zu ungewöhnlichen Mitteln greifen muss. »Er setzt sich aufrecht und bewegungslos hin, und drei Tage fließt nicht ein einziger Tropfen Wasser über seine Lippen«, berichtet der Biograf Huili. Der König bringt höchstpersönlich Speisen herbei. Auch sie rührt Xuanzang nicht an – es ist der wohl erste Hungerstreik der Geschichte. Am vierten Tag erkennt der Monarch, dass die Atmung seines Gastes schwächer wird. Den Tod des heiligen Mannes will Chü Wentai auf keinen Fall riskieren. Und so gibt er nach, allerdings nicht ohne einen gesichtswahrenden Kompromiss zu verhandeln. Xuanzang verpflichtet sich, noch genau drei Monate in Turfan Vorträge zu halten und nach seiner Rückkehr aus Indien als Gast ein Jahr lang im Königreich von seinen Erfahrungen zu erzählen.

Der Mönch willigt ein und wird vom König reich beschenkt. Goldmünzen, Silber und Seide sind unter den Dingen, die ihm mit auf den Weg gegeben werden; dreißig Pferde und vierundzwanzig Diener sollen ihn Richtung Westen begleiten; und für die kommenden Gebirgsetappen seiner Expedition erhält Xuanzang Lederstiefel, dicke Handschuhe und Mützen sowie Gesichtsmasken gegen die Kälte. Aber noch wichtiger sind andere Gaben des Königs von Turfan: Er schreibt zwei Dutzend Empfehlungsbriefe für die Herrscher umliegender Reiche, die ihm größtenteils freundschaftlich verbunden sind. Es ist ein Schatz an Goodwill, an »Soft Power«, die der Mönch auf seinem epischen Trip durch große Teile der Welt noch sehr zu schätzen lernen wird.

Er genießt die Gesellschaft der Männer, die ihm der König von Turfan als Begleiter mit auf den Weg gegeben hat. Es ist keine Pilgertruppe de luxe, die da in den Weiten Zentralasiens unterwegs ist, doch sie verfügt über gute Reittiere, ansprechende Vorräte und auch eine militärische Ausrüstung. Als Xuanzang zum ersten Mal einer Räuberbande begegnet, zeigen sich diese Vorteile: Die Gangster fühlen sich nicht stark genug für ein Gefecht, der Mönch kommt nach langen Verhandlungen mit dem Überreichen einiger symbolischer »Geschenke« davon. Auf einer Route an den Ausläufern des Tienschan-Gebirges entlang gelangt Xuanzangs Trupp schließlich nach Kucha. Dessen Herrscher entpuppt sich als ein begeisterter Buddhist und bereitet Xuanzang einen herzlichen Empfang.

Aber anders als der König von Turfan stammen er und seine Gemahlin nicht von Chinesen ab. Was die Äußerlichkeit der Menschen und ihre Gebräuche betrifft, hat der Mönch endgültig seine Heimat hinter sich gelassen. Hier sind die Haupteinflüsse persisch, indisch und griechisch-römisch – sehr, sehr fremd für Xuanzangs Augen. Und dass man dem »Kleinen Fahrzeug« des Buddhismus anhängt, der altväterlichen Glaubensvariante, die nur wenigen die Erleuchtung verheißt, macht es für ihn nicht besser.

Vielleicht ist er gegenüber dem König von Kucha deshalb etwas voreingenommen, beschreibt ihn in seinem Reisebericht als intellektuell eher schwachen Herrscher, der unter dem Einfluss seiner Minister steht. Aber Xuanzang ist ein viel zu ehrlicher und akribischer Beobachter, als dass er deswegen nicht die erstaunlichen Vorzüge dieser reichen Stadt und ihrer Region wahrnehmen würde. Der Glanz ihrer Zivilisation äußert sich in vielerlei Hinsicht: Da sind einmal die prächtigen Klöster, die mehr als fünftausend Mönche beherbergen und mit teils sehr freizügigen Tanzszenen ausgemalt sind. Dann die Gourmetspeisen, die von sorgfältig gekleideten und geschminkten, höchst attraktiven Frauen zubereitet und serviert werden – und vor allem die Musik.»Im Umgang mit Blas- und Saiteninstrumenten verfügen sie über ein großes Geschick«, schreibt der sonst so nüchterne Xuanzang, für seine Begriffe schon fast euphorisch. Bis heute sind die poetischen Titel mancher Lieder überliefert:»Der Tanz der fünf Löwen«,»Der Blumenwettstreit«,»Die Jadefrau lässt den Becher kreisen«.

Wie im Königreich von Turfan: Dem Mönch fehlt es auch in Kucha an nichts. Aber er will weiter. Diesmal hält ihn nicht ein besitzergreifender Herrscher auf, sondern die Natur. Sechzig Tage lang muss Xuanzang mit seiner kleinen Reisetruppe ausharren, es ist noch Winter, und über den Gipfeln, die er überqueren will, toben Schneestürme. Beim ersten Anzeichen des Frühlings drängt er zum Aufbruch – gegen den Rat der Ortskenner, die vor Lawinen und immer noch eisiger Kälte in den Regionen über viertausend Metern Höhe warnen. Es wird die erste bittere Lektion, die der Mönch aus dem Flachland lernen muss. Er bereut bald seine Ungeduld. Denn an den Berghängen und auf den Pässen lauern tödliche Gefahren.

Das Tienschan-Gebirge steigt steil in den Himmel, die schmalen Pfade führen die Reisenden bald durch das ewige Eis, Richtung Bedel-Pass.»Der immerwährende Schnee hat sich in Gletscher verwandelt. Verharschte und gleißende Schichten ziehen sich ins Unendliche und werden eins mit den Wolken«, schreibt ein noch im Rückblick schaudernder Xuanzang in seinen Erinnerungen.»Eisbrocken fallen manchmal herunter und legen sich quer über den Weg, die Augen werden vom grellen Weiß so geblendet, dass man sich abwenden muss. Windböen und Schneestürme können jederzeit hereinbrechen, so dass wir selbst in unseren gefütterten Schuhen und den pelzbesetzten Mänteln vor Kälte zittern …«

Und dann sind da noch die Lawinen. Vor Xuanzangs Augen sterben über ein Dutzend seiner Männer, kaum eines der Pferde schafft es. Auf dem Abstieg vom Bedel-Pass muss der Mönch eine bittere Bilanz ziehen – und er weiß, er trägt wegen seiner Ungeduld eine Mitschuld an der Katastrophe.

Sie kommen an einen riesigen, merkwürdigen grünlich-schwarzen See, hohe Berge umgeben ihn von allen Seiten, und sein Wasser ist salzig. Weil die Wellen des Yssykköl (im heutigen Kirgisistan gelegen und nach dem Titicacasee der zweitgrößte Gebirgssee der Welt) so wild sind, die Farben und die Konsistenz so verblüffend, sieht Xuanzang unheimliche Kräfte am Werk. Den Buddhisten schauert es, und er vergisst für einen Moment die Rationalität seines Glaubens und seinen eigenen, wissenschaftlichen Ansatz: »Manchmal steigen Drachen an die Oberfläche, Monster und Fische bewohnen den Yssykköl gemeinsam.«

Die dezimierte Karawane erreicht nach einem Ritt durch die Steppe schließlich Tokmok (nahe der heutigen kirgisischen Hauptstadt Bischkek), wo der Mönch von einem der mächtigsten Herrscher seiner Zeit erwartet wird, dem Großkhan der Westtürken.

Auch hier verfehlt das Empfehlungsschreiben des Königs von Turfan seine Wirkung nicht, der Empfang ist herzlich. Der Nomadenherrscher, dessen riesiger Staat sich vom Altai bis zum Oxus in die (heute pakistanische Provinz) Belutschistan erstreckt und an die anderen Riesenreiche von Persien und China grenzt, sucht gute Beziehungen zum Tang-Kaiser. Er ist aber kein Buddhist. Xuanzang beschreibt diesen Herrscher namens Tung als eine Art Nachfahr des Dschingis Khan, als eindrucksvoll, aber auch ein wenig unheimlich: »Er gilt als vortrefflich im Angriff und entschlossen in der Schlacht. Im Besitz dieses Herrschers der Barbaren befinden sich unendlich viele Pferde. Der Khan trägt einen Mantel aus grünem Satin, sein Haar ist offen, seine Stirn wird von einem langen Seidenband umrahmt. Mehr als zweihundert Offiziere in Brokatmänteln sind an seiner Seite. Der Rest der Truppe, in Felle gehüllt und mit Lanzen bewaffnet, reicht bis zum Horizont, unüberschaubar groß ist die Menschenmasse, unmöglich festzustellen, wo sie endet ...«

Wie sehr der chinesische Mönch als Gast geehrt wird, zeigt sich an dem vegetarischen Spezialmenü, das ihm gereicht wird. Während alle anderen Wein trinken und riesige Mengen an Kalbfleisch und Lamm verzehren, bekommt der »Meister des Gesetzes« Reiskuchen und Milch. Am Ende des Festmahls fordert der Türkenherrscher Xuanzang auf, doch einen Vortrag zu halten. Der Mönch spricht von den buddhistischen Werten, der Liebe zu allen Geschöpfen und der Erlösung von allem Leid – und erstaunlicherweise, glaubt man seinem Biografen, lauscht die weinselige Partygemeinde gebannt.

Wie so oft auf der Pilgerfahrt kann das gläubige Innehalten seiner Gastgeber aber auch einen politischen Hintergrund gehabt haben: Wer weiß, welche Nachrichten über das Treffen nach China dringen, der Großkhan möchte es sich mit seinem mächtigsten Nachbarn nicht verderben. Er kann sich nichts anderes vorstellen, als dass der Mönch im Auftrag des Kaisers reist. Tung versucht, den heiligen Mann zum Bleiben zu bewegen (»Indien ist extrem heiß, und da laufen nur Wilde herum«). Doch als er erkennt, wie sehr seinem Besucher daran liegt, das Ursprungsland des Buddhismus zu erreichen, lässt er ihn, beladen mit Geschenken, weiterziehen.

Nächste Station ist eine legendäre Oasenstadt, deren besonderer Klang damals wie heute fasziniert und zum Träumen einlädt: Samarkand, Perle der Seidenstraße.

Xuanzang ist überwältigt, begeistert, abgestoßen – alles zugleich. Er hat so etwas noch nicht gesehen. Karawanen aus dem Osten, die Seide, Papier und Keramik geladen haben, dazu noch Spezialitäten wie Lack, Zimtrinde und Rhabarber. Karawanen aus dem Westen, die Gold und Glas, Bernstein und Elfenbein in die Stadt bringen. Und überall auf den Märkten diese Geräusche, diese Gerüche: ein Gemisch von Kamelglocken und Pferdegetrappel, Zimt,

Weihrauch und Curry. »Hier finden sich ungeheure Mengen seltener und kostbarer Waren, und die Kunstfertigkeit der lokalen Handwerker scheint der aller anderen Länder überlegen zu sein«, notiert der Mönch. »Die Menschen von Samarkand verstehen sich ganz ausgezeichnet auf den Handel und vergöttern den Gewinn.« Weniger beeindruckt ist Xuanzang von der Spiritualität der Einheimischen. Gerade weil er weiß, dass über die Seidenstraße und ihren Knotenpunkt Samarkand neben all den Gütern auch die großen Gedanken gewandert sind, dass sich auch der Buddhismus seinen Weg geebnet hat, enttäuscht ihn der Zustand der hiesigen Klöster. Ganze zwei buddhistische Abteien zählt er in der Stadt, die Zahl der Mönche ist verschwindend gering. Stattdessen dominieren in Samarkand die persischen Sogdier, ihre Sprache, ihre manichäische Religion. Xuanzang muss konstatieren: »Der König und das Volk glauben überhaupt nicht an die Gesetze Buddhas, sie huldigen vielmehr ihrem Feuerkult.«

Hätte der Herrscher von Samarkand nicht von seinem Geheimdienst erfahren, wie entgegenkommend sich sein Nachbar, der mächtige türkische Großkhan, gegenüber Xuanzang verhielt, der Empfang wäre wahrscheinlich noch kühler, noch distanzierter ausgefallen. So darf er sich immerhin in der Stadt frei bewegen und einige Vorträge halten. Als zwei von Xuanzangs Begleitern in den buddhistischen Klöstern beten wollen, kommt es allerdings zu einem Eklat. Die Feueranbeter vertreiben die Buddhisten mit brennenden Holzscheiten. Dem König ist diese Intoleranz peinlich. Als er von dem Vorfall hört, befiehlt er, den Angreifern die Hände abhacken zu lassen. Xuanzang will nicht, dass sie verstümmelt werden. Auf seine Bitte hin mildert der Monarch die Strafe ab und belässt es dabei, die Delinquenten auszupeitschen und aus dem Stadtgebiet zu verbannen. Man scheidet in gegenseitigem Respekt.

Der Mönch muss weiter Richtung Süden. Durch Steppen, durch Wüsten zieht es ihn hinunter zum Fluss Oxus (später bekannt als

Amudarya), der Grenze zwischen dem heutigen Usbekistan und Afghanistan. Nach dem Furcht einflößenden Engpass zwischen den Bergen, dem »Eisentor«, erreicht er schließlich Termes. Dort erholt er sich erst einmal von den Strapazen. Sosehr Indien auch lockt – er ist ein erfahrener, besonnener Reisender geworden, der weiß, was es heißt, sich den Gefahren einer schwierigen Wegstrecke ungestüm auszusetzen. Außerdem stellt er zu seiner Freude fest, dass der Buddhismus in Termes wie in Kundus und Balkh, den nächsten größeren Orten, blüht und gedeiht; Tausende Mönche und schöne, reiche Klöster zeugen davon. Und ehrfürchtig nimmt der Pilger zur Kenntnis, dass in einigen der zum Lobpreis des Religionsstifters errichteten Stupas Reliquien Buddhas aufbewahrt sein sollen, mal ein Zahn, mal ein Haar.

Noch einmal steht dem Pilger und seinem kleinen Trupp eine Höllentour durch die Berge bevor. Sie kämpfen gegen die Schneeverwehungen des Hindukusch, quälen sich über schmale, schlammige Pfade. Hinter jeder Biegung lauert ein Abgrund. »Der angehäufte Schnee türmt sich, Berggötter und Kobolde schicken in ihrem Zorn unheimliche Erscheinungen. Unterhalb der Gipfel lauern überall Räuberbanden, die Erpressung und Mord zu ihrem Geschäft gemacht haben«, schreibt Xuanzang – und gibt so ein weiteres Mal preis, dass er im Angesicht der bedrohlichen Natur nicht aufgehört hat, an Monster zu glauben.

Xuanzang und seine kleine Karawane kommen auf ihrem weiteren Weg von Zentralasien nach Indien zu einer seiner Lieblingsstationen – nach Bamiyan. Wie so oft in seinem Reisebericht kleidet der Mönch seine Begeisterung in nüchterne Worte, als sei er nur als Kartograf unterwegs und dürfe seine Euphorie bei der Vermessung der Welt gar nicht zeigen. »Die Stadt lehnt sich an die Steilwand eines Berges und erstreckt sich entlang eines Tales, sie misst sechs bis sieben Li (etwa drei Kilometer) an Länge. Das Land hat Winterweizen, aber wenig Blumen und Früchte; es eignet sich aber für

Viehzucht und besitzt Schafe und Pferde im Übermaß. Die Menschen zeichnen sich aber durch ihre Liebe zum Glauben aus, bei ihnen herrscht die innigste Hingabe des Herzens.«

Besonders aber imponieren dem Reisenden zwei Buddha-Statuen außerhalb der Stadt, die in einen Fels gehauen sind: »Sie funkeln von allen Seiten in goldenen Tönen, und der prachtvolle Schmuck blendet das Auge mit seinem Glanz.« Er gibt die Höhe der Standbilder mit umgerechnet 42 beziehungsweise 45 Metern an (und verschätzt sich dabei nur leicht, sie waren 38 und 53 Meter hoch; sie überdauern nach Xuanzangs Besuch, freilich ohne Goldbezug und Juwelenschmuck, über 1370 Jahre, bevor sie von den islamistischen Taliban in die Luft gesprengt werden). Aber faszinierender noch: Für den Pilger aus China bedeuten die Statuen seine erste Begegnung mit der Gandhara-Kultur: Sie sind mit ihrer Kopfform, dem Faltenwurf der Toga und dem angedeuteten Hervortreten des linken Beines Zeugnisse des Hellenismus.

In den kommenden Monaten, auf dem Weg durch das heutige Afghanistan über Pakistan nach Indien wird er solche Zeugnisse noch öfter sehen – Erinnerungen an einen Weltreisenden, der allerdings mit ganz anderen Absichten und mit ganz anderem Gefolge neun Jahrhunderte vor ihm in diese Regionen vorstieß: an den Feldherrn und Eroberer Alexander den Großen. Und an seine von Griechen, Persern und Indern beeinflussten Nachfahren, die Gandhara zu einer Weltkultur machten – und zu einem Zentrum des Buddhismus.

Xuanzang ist jetzt über ein Jahr lang unterwegs. Als er Bamiyan hinter sich lässt, weiß er: Er steht an der Schwelle zum Reich seiner Träume. Langsam, fast tastend, bewegt er sich nun vorwärts, fast so, als habe er angesichts des nicht mehr allzu fernen Ziels Angst vor der eigenen Courage bekommen. Besucht andächtig eine Höhle, in der Buddha der Legende nach einen Drachen besiegt und seinen

Schatten zurückgelassen haben soll – und glaubt selbst Zeuge eines Wunders zu werden, als er in einem plötzlich aufscheinenden Licht die Umrisse des Erleuchteten erkennt. Trödelt weiter von Dorf zu Dorf, bis er in einem fruchtbaren Tal die berühmte Gandhara-Hauptstadt Peschawar erreicht. Er kommt mit großen Erwartungen, denn zwei der größten Philosophen des Mahayana-Buddhismus stammen von hier: Asanga und Vasubandhu sind die intellektuellen Vorbilder des Chinesen, denen er schon in der Heimat nacheiferte.

Aber Xuanzang erlebt eine Enttäuschung. Diesmal schickt kein König seine Empfangstruppen, die heiligen buddhistischen Stätten sind fast alle verwaist oder sogar zerstört. Gandhara hat seine Glanzzeit längst hinter sich. »Das königliche Geschlecht ist erloschen, an die tausend Klöster sind von Unkraut überwuchert, sie bieten nichts als triste Einsamkeit«, konstatiert der Gläubige trauernd. Und nicht viel besser ist die Situation in Taxila, einer weiteren berühmten Stadt der einstigen buddhistischen Hochkultur, die er nach einer gefährlichen Überquerung des reißenden Indus erreicht.

Umso positiver und überraschender ist Xuanzangs Erfahrung mit Kaschmir, seiner nächsten indischen Etappe. Die Straßen der Hauptstadt Srinagar sind zu Ehren des Gastes mit Blumen geschmückt. Xuanzang schwärmt von dem Ort, von den umliegenden Hochtälern und, mit einer kleinen Einschränkung, auch von den Menschen: »Das Land eignet sich hervorragend zum Anbau von Korn und Safran, es bringt Blumen und Früchte in Hülle und Fülle hervor. Die Bewohner haben schöne Gesichtszüge, ihr Naturell ist lebhaft – allerdings sind sie geradezu durchtrieben geschäftstüchtig.« Er ist auch voll des Lobes für den König, der ihn sehr zuvorkommend behandelt. Aber am meisten imponiert dem Mönch die intellektuelle Atmosphäre Kaschmirs, das Niveau der Gelehrsamkeit und der Diskussionen. Das Königreich ist überwiegend buddhistisch, es gibt mehr als fünftausend Mönche und hundert

Klöster, die allermeisten von der Glaubensrichtung des »Großen Fahrzeugs«, der auch Xuanzang anhängt. Und zum ersten Mal auf seiner Reise trifft er auf einen Lehrmeister, der ihn geistig herausfordert. Ein weiser alter Mann diskutiert mit ihm die klassischen Schriften und erläutert die Abweichungen wichtiger Glaubensschulen, führt ihn auch in die Kunst der Dialektik ein. Später wird Xuanzang die Logik der Argumentation, die Kunstfertigkeit der Debatte noch sehr zunutze sein – sie wird seinen Ruhm mitbegründen, ihm das Leben retten. So begeistert ist der Chinese von seinem Unterricht in der idyllischen Berglandschaft, dass er sein Reiseziel zurückstellt.

Zweiundzwanzig Monate bleibt Xuanzang in Kaschmir. Dann fühlt er sich gerüstet, die letzte entscheidende Etappe seiner Reise zu den Ursprüngen des Buddhismus in Angriff zu nehmen. Noch hat er mehr als tausend Kilometer schwierige Wegstrecke vor sich. Er geht behutsam vor, will nichts übereilen, nichts gefährden. Er verbringt die Regenzeit mit Exerzitien, bevor er sich dann, im Frühling 635, weiter vorwagt und endlich die Ufer des Ganges erreicht. »Die Wasser des Flusses haben einen süßlichen Geschmack, sie wechseln ständig die Farbe, und es wogen Wellen. Viele herrliche Geschöpfe tummeln sich im Fluss, aber keines tut dem anderen etwas zuleide«, notiert Xuanzang. Die Einheimischen nennen den Ganges »Wasser der Glückseligkeit«; doch dass alle, die in ihm baden, von ihren Sünden reingewaschen werden und als Glückliche wiedergeboren werden, das ist in den Augen des chinesischen Mönchs eine Form des Aberglaubens.

Xuanzang versteht vieles am Hinduismus nicht, er ist überzeugt davon, den »richtigen« Glauben zu haben. Aber er versucht, fair zu bleiben. Genau und vorurteilsfrei beschreibt er die Saris der Frauen, die Dhotis der Männer, die Sitten der Hindus von der besonderen Reinlichkeit bis zur Kindererziehung; die gesellschaftliche und politische Struktur von den Einflussreichsten bis zu den Außenseitern.

Die Priesterkaste der Brahmanen hält er für spirituell Fehlgeleitete, doch er lobt ausdrücklich deren Wissensdurst und ihren Sinn für Kunst. Er sieht überall am Ganges, wie die beiden Religionen in Konkurrenz miteinander stehen – und wie an vielen Orten schon der Hinduismus dominiert. Doch er weiß auch: König Harsha, von dem er so viel gehört hat, ist immer noch der mächtigste Herrscher der Region. Er kontrolliert das größte Reich am Ganges, auch das einstige Wandergebiet des Siddharta Gautama, das »Land der Himmelsleiter«. Und dieser Monarch ist ein begeisterter Buddhist.

So kurz vor dem Ziel – und beinahe hätte Xuanzang es doch nicht geschafft. Sein Biograf Huili erzählt eine dramatische Geschichte, und auch wenn sie etwas ausgeschmückt sein dürfte, bleibt ihr Kern bedrohlich genug. »Der Pilger hat etwa zwanzig Kilometer auf dem Ganges zurückgelegt, als sein Boot eine Stelle erreicht, an der ein Wald von besonders dicht belaubten Bäumen das Ufer beschattet. Dort verbergen sich Piraten auf ihren Barken. Sie drängen Xuanzang und seine Crew ans Ufer, sie werden durchsucht, beraubt und müssen sich nackt ausziehen. Zu allem Unglück verehren die Piraten die grausame Gottheit Durga, der sie jährlich ein Menschenopfer bringen. Sie wählen dafür den groß gewachsenen Meister des Gesetzes aus.«

Xuanzang bittet die Verbrecher nur um eine letzte Gunst. Er brauche einige Augenblicke der inneren Einkehr, er wolle mit ruhiger und heiterer Seele ins Nirvana eintreten. Die Piraten gestatten das. Dann richten sie den Opferaltar her, Xuanzangs Begleiter brechen in Tränen aus.

Es ist, als verleihe seine Mission Xuanzang übernatürliche Kräfte. »Denn plötzlich«, erzählt Huili weiter, »erhebt sich ein stürmischer Wind, der Bäume knickt, den Sand hochwirbelt, alle Boote verschlingt. Die Piraten werden vom Schrecken ergriffen und fragen, wer ist dieser Mann, woher kommt er? Sie lassen von ihrem Vorhaben ab und werfen sich ihm zu Füßen.«

Schließlich ist es vollbracht: Gut sieben Jahre nach Beginn seiner Reise erreicht er das Siddharta-Stammland. Xuanzang kennt aus seiner Zeit in chinesischen Klöstern die Sutren, in denen Buddha gesagt haben soll:»Es gibt vier Orte, die der gläubige Mensch aufsuchen sollte« – Lumbini, seinen Geburtsort; Bodhgaya, die Stätte seiner Erleuchtung; Sarnath, den Platz der ersten Predigt; Kuschinagar, die Stelle seines Sterbens. Er wird den heiligen Rundgang machen.

Zunächst schlägt er sich nach Lumbini durch, ein Weg, der damals noch durch dichten Dschungel führt, etwa dreihundert Kilometer weg vom Ganges, Richtung Norden. Xuanzang sieht das angebliche Taufbecken und den legendären Baum, unter dem Siddharta Gautama geboren wurde. Er streift durch das ehemalige Fürstentum Kapilavastu, in dem Siddharta als Sohn des Herrschers ein luxuriöses Leben geführt hat. Er entdeckt einen ganz besonderen Schrein, dessen Geschichte er kennt: Hier soll der junge Prinz, als er zum ersten Mal aus dem Königspalast ausbrach, dem wirklichen, ungeschminkten Leben begegnet sein. Siddharta traf einen Greis, einen Kranken, einen Bettler und einen Leichenzug. Und erkannte das Leid als Zentrum des menschlichen Daseins, ohne schon einen Weg zu dessen Überwindung zu wissen.

Xuanzang folgt nun dem Lebensweg des Religionsstifters – nicht in der historisch »richtigen« Reihenfolge, sondern so, wie die Stätten auf seinem Pilgerweg Richtung Süden liegen. Als Nächstes erreicht er Kuschinagar, den Ort, an dem Buddha starb und ins Nirvana einging. Er beschreibt eine Buddha-Statue, die in einem riesigen Tempel aus Lehmziegeln steht,»ihr Kopf ist nach Norden gedreht, es wirkt, als schliefe er«. Und über den nahen Brunnen, aus dem Buddha Wasser geschöpft haben soll, notiert Xuanzang:»Ein geheimnisvolles Gefühl von Ehrfurcht umfängt diesen Platz voller Wunder. Manchmal ist eine himmlische Musik zu hören, ein andermal sind göttliche Düfte wahrzunehmen.«

Nach tagelangen Märschen durch dichte Wälder gelangt der Mönch schließlich nach Benares, schon zu Buddhas Zeiten (und bis heute) eine große und bedeutende Stadt am Ganges, das heilige Zentrum des Hinduismus. Xuanzang besucht die Glaubensstätten der anderen Religion, ihm gefällt besonders eine dreißig Meter hohe Kolossalstatue der Göttin Shiva. Aber sein Pilgerziel ist das wenige Kilometer entfernte Sarnath, genauer gesagt der Gazellenhain. Dort hat Buddha seine ersten Predigten gehalten, seine ersten Jünger gefunden.

Xuanzang ist sehr angetan von der Stille des Parks, der Andacht, den die Stupas ausstrahlen, der Frömmigkeit im örtlichen Kloster, in dem fünfzehnhundert Mönche leben. Am meisten beeindruckt ihn die Säule, die König Ashoka während seiner Regierungszeit von 268 bis 232 vor Christus bauen ließ,»glänzend wie Jade, funkelnd wie das Sonnenlicht« – kein anderer indischer Monarch hat den Buddhismus so gefördert wie Ashoka, keiner verhalf der Religion zu solcher politischen und kulturellen Blüte. Der chinesische Pilger sieht auch eine besonders schöne Buddha-Statue, der Erleuchtete sitzt in Yogahaltung und dreht mit seinen Händen»das Rad des Gesetzes«. Xuanzang verschafft sich eine Nachbildung, es wird eine von sieben buddhistischen Darstellungen sein, die er später auf seine Heimreise mitnimmt.

Aber noch lange ist er nicht bereit, an Rückkehr zu denken. Er weiß, jetzt kommt der eigentliche Höhepunkt seiner Reise: Bodhgaya, der Ort der Erleuchtung, die Pilgerstätte Nummer eins des Glaubens, fast so etwas wie der buddhistische Vatikan. Und in seinem Zentrum: der berühmte Baum.

Xuanzang hat für sich selbst längst die Langsamkeit entdeckt, und so genießt er es, das Allerheiligste behutsam anzusteuern. Er ist nicht allein. Neben seinen Begleitern haben sich auch andere Pilger eingefunden; sie opfern Ringelblumen und Orchideen, zünden kleine Lichter in Öllampen an und versprühen Weihrauch, sie halten Abbildungen Buddhas in den Händen, die sie in die Nischen des Mahabodhi-Tempels stellen. Es ist ein stetiger Strom von Pilgern, der sich dem Baum nähert, unter dessen Zweigen nach Überzeugung der Gläubigen Buddha sieben Tage meditierte, den Versuchungen des Teufels widerstand und schließlich die vollkommene Weisheit erlangte.

Xuanzang nähert sich dem Bodhi-Baum voller Verehrung, was ihn nicht daran hindert, alles nüchtern und genau zu beschreiben: »Der Stamm ist von einem gelblichen Weiß, und weder im Sommer noch im Wetter verliert er seine grünen und glänzenden Blätter.« Aber natürlich ist das für ihn keine normale Pappelfeige aus der Familie der Maulbeergewächse. Sondern ein heiliger Baum mit besonderen Wundereigenschaften. »Einzig dann, wenn der Jahrestag des Nirvana kommt, fallen die Blätter ab, um anderntags ebenso schön wiedergeboren zu werden.«

Angeschlossen an die Anlage ist ein Kloster, in dessen Mitte nach Xuanzangs Beschreibung ein Diamantenthron steht, Symbol für die Stelle, an der Siddharta seine Buddhaschaft erlangt hat. Sie werde auch »Sitz der Erkenntnis« genannt, berichtet der Reisende. »Wenn die Welt in ihren Grundfesten bebt, bleibt allein dieser Ort vollkommen unerschüttert.«

Der Mönch berichtet in seinem Buch nicht von seinen Emotionen, und auch sein Biograf Huili hält sich mit Gefühlsbeschreibungen meist zurück. In Bodhgaya aber macht er eine Ausnahme und beschreibt die Ergriffenheit seines Meisters. »Das ist der Augenblick, auf den er ein Leben lang gewartet hat. Xuanzang wirft sich mit dem Gesicht auf den Fußboden. Er denkt an die Zeit, als Buddha die vollkommene Weisheit erlangt hat, an die goldene Ära. Für ihn steht unausweichlich fest, dass seine bösen Taten dazu geführt haben, in weniger bedeutenden Zeiten leben zu müssen, in einer Epoche, da der Buddhismus in so vielen Regionen im Niedergang begriffen ist. Seine Augen stehen voller Tränen.«

Es gibt in der Ursprungsregion aber zumindest noch einen Ort, an dem der Buddhismus seine Hochzeit erlebt und in voller Blüte steht: die Kloster-Universität Nalanda. Sie liegt keine drei Tagesmärsche nordöstlich vom heiligen Bodhi-Baum entfernt und ist die bedeutendste Lehranstalt der damaligen Zeit. Man hat dort schon von dem seltsamen gelehrten Reisenden aus dem Fernen Osten gehört und ist sehr gespannt auf sein Eintreffen. Die Oberen des Klosters haben vier Begleiter geschickt, die Xuanzang in Bodhgaya abholen. Je näher er Nalanda kommt, desto größer und eindrucksvoller wird die Eskorte, riesig ist die Menschenmenge, die ihn mit Fahnen, Blumen und Weihrauch willkommen heißt. Während seines Aufenthalts stehe dem »Meister des Gesetzes« hier alles zur Verfügung, was er brauche, verkündet bei der Ankunft ehrfurchtsvoll ein Sprecher der Mönche.

Nalanda ist ein riesiger Komplex, mehr als eine Gebäudegruppe, eher eine monastische Stadt. Hinter einer Einfriedung aus Backsteinmauern liegen zehn Klöster, die alle miteinander verbunden sind; daneben existieren mehrere Hallen zur Versammlung, Höfe zum Meditieren, Teiche und Parks. Die Mönche wohnen in wabenmäßig gebauten, verschachtelten Zellen. Von etwa hundert Lehrstühlen berichtet ein staunender Xuanzang und von mehr als zehntausend Mönchen und auch Studierenden aus der Laienschaft. Man unterrichtet alle buddhistischen Schulen, liest und analysiert die alten Schriften, widmet sich aber auch der Astrologie und der Arithmetik.

Es gibt durchlässige, aber klare Hierarchien, was sich an den zur Verfügung gestellten Räumlichkeiten und Zuteilungen ablesen lässt. Der Gast aus China kommt gleich in die Topkategorie: Er erhält, wie er uns akribisch genau berichtet, ein tägliches Deputat an Reis und Butter, Nüssen und Kardamom, Tee und Milch sowie »hundertzwanzig Blätter des Betelpfeffers zum Kauen«. Alles ist perfekt organisiert, nichts soll den religiös-wissenschaftlichen

Betrieb stören: Dutzende Bürgermeister aus den umliegenden Dörfern geben jeden Morgen die Lebensmittel an den Klosterpforten ab.

Zeiten des Studiums, der Andacht und des geselligen Beisammenseins lösen sich während des Tages ab, zur Zeitmessung dienen Wasseruhren. Jeden Morgen ruft ein Gong die Mönche zum Baden; danach folgen Gebete und öffentliche Vorlesungen. Das Ertönen des Muschelhorns kündigt die Mittagsstunde an, das Essen wird meist gemeinsam eingenommen, man darf sich aber auch zurückziehen. Studium und Diskussionen bestimmen den ganzen Nachmittag bis zur Abenddämmerung. Gemeinsame liturgische Gesänge künden vom Beginn der Nacht. Angeführt werden sie von einem Kantor, begleitet von Laiendienern mit Weihrauchfässern und Blumen streuenden Kindern.

All das gefällt Xuanzang. Was ihn aber in Nalanda regelrecht begeistert, ist das wissenschaftliche Niveau, die Offenheit der Diskussionen – und ganz besonders personifiziert sieht er das in seinem Lehrmeister. Dieser Silabhadra ist der ranghöchste Geistliche der Klosteruniversität und trägt den Beinamen »Schatz des guten Gesetzes«.

Vom ersten Moment an, da man den chinesischen Gast zu dem Abt führt, spürt er eine besondere Nähe. Und das Gefühl ist gegenseitig – gäbe es im Buddhismus das Konzept der Seele, man müsste die beiden wohl Seelenverwandte nennen. Sie verbindet auch eine merkwürdige Geschichte, die schon lange vor dem Kennenlernen der beiden beginnt und die jetzt Xuanzang vom Neffen des Abts erzählt wird. Silabhadra hatte sich, von schwerer Krankheit gezeichnet, zu Tode hungern wollen. Dann erschienen ihm im Traum aber drei Bodhisattvas, die ihn mahnten, den eigenen Körper nicht aufzugeben, so etwas erlaube die Lehre nicht. Er werde noch gebraucht – ein chinesischer Mönch habe sich auf die große Reise gemacht, um bei ihm zu studieren. Xuanzang ist von der Erzählung sehr gerührt. Und er stürzt sich in die Arbeit.

Er besucht Kurse in fortgeschrittener Grammatik des Sanskrit, Seminare für Logik und Rhetorik. Vor allem aber lässt er sich alte Manuskripte erklären und einordnen. »Der Tag reicht nicht aus, um alle tiefschürfenden Fragen zu stellen und zu beantworten. Von morgens bis abends sind wir in Diskussionen vertieft; Alt hilft Jung und umgekehrt.« Xuanzang saugt Weisheit und Wissenschaft auf wie ein Schwamm, genießt jeden Tag auf dem Campus. Über allem aber stehen die privaten Vorlesungen durch Ehrwürden Silabhadra, der an seiner Seite trotz seines Greisenalters (angeblich ist er schon 104) noch einmal richtig aufblüht. Vor allem die »Abhandlungen über die Stufen der Yogapraxis« haben es dem chinesischen Mönch angetan; die buddhistische Yogacara-Schule war schon in der Heimat sein Favorit. Innerhalb von fünfzehn Monaten legt der Weise die Sutren dreimal aus, immer mit anderen Schwerpunkten.

Dann braucht Xuanzang eine wissenschaftliche Auszeit, Reisefieber und Abenteuerlust haben ihn wieder gepackt. Er will nun ganz Indien richtig kennenlernen, reist jahrelang kreuz und quer durch den Kontinent, immer auf der Suche nach buddhistischen Höhepunkten.

Er möchte, im Süden Indiens angekommen, gern von einer der Hafenstädte nach Simhala (dem heutigen Sri Lanka) übersetzen. Er hat gehört, dass dort ein Zahn Buddhas aufbewahrt wird, dass es dort Tausende Mönche geben soll. Immer wieder versucht er es – und scheitert. Wegen der Kriegswirren auf der Insel gilt die Überfahrt als zu gefährlich. Xuanzang ist längst nicht mehr der stürmische Draufgänger, der, wie damals in den Bergen des Pamir, alles riskiert. Er will seine Rückreise und damit auch sein Lebenswerk nicht gefährden. Schweren Herzens zieht er Richtung Westindien weiter, schafft es dort zu den Felsgrotten von Ajanta mit ihren eindrucksvollen Buddha-Figuren. Noch ein Weltwunder, das er ergriffen bestaunt.

Im Jahr 642 trifft er wieder in Nalanda ein, bereit zu einem zweiten, ausgiebigen Studienaufenthalt, den er nur noch einmal unterbricht, für eine Reise nach Assam im Nordosten des heutigen Indien. Dann erhält der Mönch eine Einladung von König Harsha. Der Monarch ist zu dieser Zeit der mächtigste Herrscher in Nordindien, Historikern gilt er neben Ashoka als der größte Förderer des Buddhismus auf dem Kontinent. Seinen Beinamen »Sonne der Tugend« verdient er sich durch seine soziale Politik wie durch seine kulturelle und religiöse Toleranz. Harsha schreibt selbst Gedichte und Romane, wie sein Vater verehrt er die Sonne und opfert den hinduistischen Gottheiten.

Doch je mehr sich der König mit dem Buddhismus beschäftigt hat, desto mehr neigt er dieser Religion zu. Das hat möglicherweise auch etwas mit der großen Politik zu tun: Ein Jahr vor der Einladung an Xuanzang hat der indische König diplomatische Beziehungen mit dem Tang-Kaiser aufgenommen. Er möchte mehr wissen über das Reich der Mitte und verspricht sich von seinem Gast neben religiöser Unterweisung eine genaue Einschätzung der chinesischen Politik. Und der Gast liefert auch Informationen, gleich nach dem Eintreffen in der Harsha-Hauptstadt Kannauj am Ganges. Sie sind erstaunlich positiv gefärbt, bedenkt man, dass er ja in der Heimat steckbrieflich gesucht wird. Xuanzang schildert den Kaiser als großen Friedensstifter. »Die drei Flüsse ächzten unter den habgierigen Schweinen, und die vier Meere wurden von Giftschlangen aufgewühlt«, beginnt er außergewöhnlich poetisch. »Taizong aber schlug die rebellischen Kräfte mit der Zustimmung der Himmelsordnung nieder, stellte im ganzen Land Ruhe her, so dass Sonne, Mond und Sterne wieder hell leuchteten.«

Auf Harshas Wunsch hin erläutert Xuanzang in einem Vieraugengespräch auch Details des Mahayana-Buddhismus, gibt ihm einen Aufsatz zu lesen, den er selbst zu Papier gebracht hat und dessen Titel für sich spricht: »Die Widerlegung der Irrglauben«. Der Monarch ist fasziniert von so viel Wissen und Selbstbewusstsein.

Er schlägt eine große öffentliche Diskussion vor, eine Art interreligiöses Turnier. Sein Gast soll sich dabei rhetorisch mit den Vertretern des Hinduismus, des Jainismus und konkurrierender buddhistischer Schulen messen.

Im Dezember 642 ist es so weit. Der Biograf des chinesischen Mönchs schildert die Situation:»Stundenlanges Warten. Xuanzang beobachtet, wie sich die Vertreter der Vasallenreiche, dreitausend buddhistische Mönche, dreitausend Hindus und Jains versammeln. Manche reiten auf Elefanten ein, andere lassen sich auf Sänften zum Ort des Wettstreits tragen, viele kommen in Karren. König Harsha und der Monarch von Assam führen die Prozession an. Erst nach verschiedenen Opfern und einem Bankett wird dem buddhistischen Meister des Gesetzes die Redeerlaubnis erteilt. Xuanzang erklärt mit klarer und fester Stimme die Überlegenheit des Mahayana.« Veranstalter Harsha zeigt sich begeistert – und fordert damit den Widerspruch Andersgläubiger heraus, die ihm Voreingenommenheit unterstellen.

Fünf Tage toben die Debatten. Aus der theologischen Diskussion wird eine Schlacht, und das im wahrsten Sinn des Wortes. Man hat dem Monarchen zugetragen, dass erboste Brahmanen ein Mordkomplott gegen Xuanzang schmieden. Harsha erlässt daraufhin ein Dekret, dass jeder, der dem Mönch Schaden zufüge, umgehend enthauptet werde und jedem, der ihn beschimpfe, die Zunge herausgeschnitten. Das erbost die Kontrahenten noch mehr. Die Diskussion erstirbt. Nach achtzehn Tagen erklärt der König den Mann aus dem Reich der Mitte zum Sieger und ordnet einen Triumphzug für ihn an. Die Gegner des chinesischen Mönchs stecken einen Buddha-Schrein in Brand und gehen sogar so weit, seinem Gönner, dem König, einen Auftragskiller an den Hals zu hetzen.

Im letzten Moment wird das Attentat verhindert, Harsha überlebt. Das macht ihn gegenüber Xuanzang noch anhänglicher. Der Monarch überschüttet seinen Gast nun geradezu mit Gunstbeweisen, mit Gold und Silber, kostbar verzierten Seiden- und Baumwollstoffen.

Xuanzang wehrt sich gegen die allzu klebrige und damit auch fordernde Liebe, so gut er kann. Er weiß, das Studium in Nalanda mit seinem Lehrmeister und der Debattensieg in Kannauj unter dem Protektorat Harshas sind die unübertrefflichen Höhepunkte seiner Indienzeit. Er hat alle wichtigen Originaldokumente aus Buddhas früher Zeit eingepackt, hat jede Menge historischer und kultureller Schätze gesammelt – er möchte nun wirklich nach Hause. Schließlich stimmt ein widerwilliger König zu, nachdem ihn Xuanzang auch moralisch unter Druck gesetzt hat (»Wer jemanden daran hindert, das Wissen der Religion zu verbreiten, wird Generation über Generation blind wiedergeboren«). Harsha schenkt dem Mönch seinen besten Reitelefanten, er stellt ihm eine Eskorte mit Dutzenden berittenen Soldaten zur Verfügung. Er greift tief in seine Staatskasse und schenkt Xuanzang viele Goldstücke.

Im April 643, fast vierzehn Jahre nach Beginn der Reise, startet das Unternehmen Heimkehr – diesmal nicht bei Nacht und Nebel und gegen den Befehl der Autoritäten, sondern unter besten Voraussetzungen, mit Entourage und Empfehlungsschreiben. Eine Pilgerrückfahrt de luxe.

Doch der Komfort schützt nicht vor Rückschlägen. Schon nach wenigen Monaten unterwegs ereignet sich bei der Überquerung des Indus eine Katastrophe: Als sie sich mitten auf dem großen Strom befinden, kommt ein Sturm auf, eines der Boote kippt, und fünfzig der kostbaren Schriftrollen fallen ins Wasser. Xuanzang entschließt sich, die Reise zu unterbrechen. Zwei Monate muss er warten, bis die Kopien der versunkenen Manuskripte eintreffen. Es kann weitergehen. Diesmal wählt er eine leicht veränderte Route über die hohen Berge, überquert den Hindukusch am Khundscherab-Pass und erreicht danach ohne größere Probleme bei der Oase Kaschgar wieder die berühmte Seidenstraße.

Auf dem Hinweg hat er Kaschgar nördlich umgangen, diesmal nimmt er sich für die berühmte Metropole der Seidenstraße, die westlichste Stadt des chinesischen Einflussgebiets, viel Zeit. Zum Ausruhen von den Strapazen, zum Beobachten. Xuanzang gefällt das bunte Treiben in dem bedeutenden Ort, in dem sich die Karawanenrouten überschneiden. Das fruchtbare Land bringe Korn hervor, außerdem Blumen und Früchte aller Art, schreibt er. Die Bewohner seien sehr geschickt bei der Herstellung von Teppichen sowie der Produktion von Filz und schönen Wollstoffen.

Besonders beeindruckt ihn der große Tiermarkt, zu dem Händler aller Völker und Stämme der Region zusammenkämen. Viele der Einheimischen, fällt ihm auf, haben grüne Augen, ein Hinweis auf ihren persischen Ursprung. Dass dieses Kaschgar vom Buddhismus geprägt ist, imponiert Xuanzang natürlich besonders. Ein kleiner Wermutstropfen: Fast alle der Klöster bevorzugen die Lehre des »Kleinen Fahrzeugs«, die nur den Mönchen die Erleuchtung verheißt. Kopfschüttelnd konstatiert der von seinem eigenen »großen« Weg zutiefst überzeugte Pilger: »Sie lesen die alten Texte einfach so, ohne die Prinzipien dahinter zu ergründen!«

In den kommenden Monaten muss Xuanzang zwei weitere Rückschläge hinnehmen. Da ist einmal die Nachricht vom Tod seines geliebten Mentors in Nalanda. Als er erfährt, dass sich der Ehrwürdige Silabhadra noch auf dem Sterbebett nach ihm erkundigt hat, bricht ihm das fast das Herz. »Er hat die Tugenden Buddhas geerbt, die Fackel der Weisheit entfacht. Er hat den Vulkan des Irrglaubens gelöscht und den Fluss der Unwahrheit am Strömen gehindert«, schreibt ein ergriffener Xuanzang. »Als ich in Indien die Wahrheit suchte, hatte ich die Ehre, mit Hochwürden in Verbindung zu treten und von seinem Unterricht zu profitieren. So mittelmäßig ich auch war, in seiner edlen Gesellschaft konnte ich nicht anders, als mich zu verbessern.«

Und auch eine zweite Nachricht trifft ihn schwer: Sein Freund, der König von Turfan, ist gestorben. Nun kann er ihn nicht mehr, wie versprochen, auf der Rückreise besuchen und ihm von seinen Erkenntnissen und Abenteuern erzählen. Allerdings entfällt so auch die eingegangene Verpflichtung, dort ein Jahr lang zu lehren. Xuanzang entschließt sich, Turfan zu umgehen und diesmal die andere, die südliche Hauptroute der Seidenstraße zu nehmen.

In der Oase Khotan, seinem nächsten Ziel, trifft er einen einflussreichen Händler, der in die Tang-Hauptstadt Chang'an unterwegs ist. Ihm gibt der Mönch einen versiegelten Brief an den Kaiser mit: Er bittet Taizong noch einmal wegen seiner Grenzverletzung um Verständnis, schildert seine lange Pilgerreise und teilt mit, dass er gerne nach Hause käme. Er zeigt sich reuig, fast unterwürfig. »Ich habe eine Reise von mehr als 50 000 Li hinter mich gebracht, habe am Bodhi-Baum gebetet, nie zuvor gesehene Spuren erblickt, nie gehörte heilige Worte vernommen, spirituelle Wunder erlebt, die alle Wunder der Natur übertrafen. Ich habe von den großen Qualitäten unseres erhabenen Kaisers Zeugnis abgelegt und ihm die hohe Wertschätzung der Völker gewonnen.«

Droht ihm der Kerker, gar Schlimmeres? Oder ist der Kaiser bereit, ihm zu verzeihen und ihn mit finanziellen und personellen Mittel auszustatten, um die alten Manuskripte zu übersetzen, sie an einem angemessenen Platz aufzubewahren?

Acht Monate hält Xuanzang sich in Khotan auf, es ist eine Stadt der Künste und Kurtisanen, reich geworden durch die Seidenproduktion. Khotan unterhält gute Beziehungen zum Reich der Mitte, versteht sich aber als unabhängiges Königreich. Überall sieht der Mönch Maulbeerbäume und Raupen, die sich von ihren Früchten ernähren. Er erzählt dazu eine Geschichte, die im 2. Jahrhundert vor Christus spielt. Der örtliche König, mit einer chinesischen Prinzessin verheiratet, hatte demnach seine Frau gebeten, ihm die Mittel zur Herstellung des kostbaren Seidenstoffes zu beschaffen – im Reich der Mitte wurde das Geheimnis wie ein Augapfel gehütet.

Sie zog in die Heimat und brachte von dort Maulbeerbaum-Samen und die Larven der damit gefütterten Seidenraupen mit, verborgen in ihrer hochgesteckten Frisur. Die Zöllner hatten routinemäßig genau geprüft, doch keiner hatte sich an die Haarpracht der Hochwohlgeborenen herangetraut. So verlor laut Xuanzang China sein wichtiges Monopol, Maulbeere und Raupe gelangten später über Byzanz auch bis nach Europa.

Der Mönch hält viele gut besuchte Lehrveranstaltungen ab. Er wartet, bangend und zunehmend verzweifelt. Sieben Monate lang. Dann erreicht ihn endlich eine kurze Botschaft des Kaisers, und sie klingt positiv. Xuanzang macht sich gleich auf den Weg. Durchquert das extrem schwierige Gelände der Taklamakan, die von den Einheimischen »Wüste ohne Wiederkehr« genannt wird, erholt sich in der Oasenstadt Dunhuang mit ihren schon damals berühmten buddhistischen Höhlentempeln. Er ist nun endgültig wieder angekommen im Reich der Mitte, im unmittelbaren Machtbereich des Kaisers Taizong.

Aber er traut dem Frieden nicht ganz. Das Schreiben vom Hof, das er in Khotan erhalten hat, wirkt auf ihn doch nicht ganz schlüssig. Er will auf Nummer sicher gehen, wissen, was ihn beim Kaiser erwartet. Er schickt noch einen Brief – und erhält nach wenigen Wochen die erhoffte Antwort. »Ich bin hocherfreut, dass der Lehrer heimkommt. Ihr könnt mich so schnell wie möglich aufsuchen, ich schicke Euch eine Eskorte entgegen.« Das hört sich nun wirklich unmissverständlich und gut an: keine Rede von Strafandrohung, noch nicht einmal von Verstimmung. Xuanzang muss mehr als ein Stein vom Herzen gefallen sein; jedenfalls beeilt er sich, nach Chang'an zu kommen, um – wie versprochen – möglichst schnell den ersten Mann im Staate zu treffen. Der ist zwar für die nächste Zeit auf einer Militäroperation im Nordosten unterwegs, hat aber seine wichtigsten Minister angewiesen, dem Mönch einen rauschenden Empfang zu bereiten.

Als sich Xuanzang an einem Frühlingstag des Jahres 645 der Hauptstadt nähert, sind schon die Straßen der Außenbezirke schwarz vor Menschen. Die Nachricht von der Ankunft des weit gereisten Pilgers hat sich wie ein Lauffeuer herumgesprochen, Begeisterte umringen den Heimkehrer, es ist am Abend kein Durchkommen.

Am nächsten Morgen beginnt dann der Triumphzug durch Chang'an, den sein Biograf so schildert: »Aus jedem Kloster kamen sie mit Bannern, Baldachinen und prächtigen Sänften heran, Mönche und Nonnen haben ihre zeremoniellen Gewänder angelegt. Bücher, Reliquien, Statuen aus Gold, Silber und Sandelholzöl werden an der Spitze des Zuges getragen. Die Prozession startet an der Straße des Roten Vogels und zieht unter den Klängen von Perlen und Jadeketten, die an den Gürteln baumeln und in der Luft klirren, weiter zum Kloster des Großen Glücks. Die Menschen stehen Spalier, streuen Blumen und stimmen ergriffen geistliche Lieder an, Weihrauch liegt in der Luft. Es ist wahrlich das prächtigste Ereignis seit dem Ableben des Buddha.«

Der Kaiser ist noch auf dem Weg in die Hauptstadt, als er schon nach Xuanzang schickt und ihn nach Luoyang geleiten lässt. Dass ihr erstes Treffen ausgerechnet dort stattfindet, ist vielleicht ein Zufall, könnte aber auch eine Geste des Herrschers sein – es ist ja die Geburtsstadt des Mönchs.

Trotz der wohlwollenden Botschaften muss über der Begegnung Spannung gelegen haben, jedenfalls deutet Biograf Huili das an.

»Nachdem man Platz genommen hatte, fragte der Kaiser: Warum seid Ihr nach Indien gegangen, ohne es mir kundzutun?« Xuanzang bittet noch einmal um Vergebung. Und sagt ganz ehrlich, nichts und niemand hätten ihn bei seinem brennenden Wunsch nach den heiligen Manuskripten und der Reise zu den Quellen des Glaubens aufhalten können. Das imponiert Taizong, und er erklärt, es gebe nichts mehr, wofür sich der Pilger entschuldigen müsse.

Aber er solle doch detailliert von seinen Erlebnissen erzählen. Schon nach wenigen Minuten erkennt der Herrscher, wie präzise Xuanzang alles beobachtet hat, fremde Sitten, Territorien, Machtverhältnisse, welch wichtige Kontakte er jenseits der Landesgrenzen geknüpft hat. Er bietet dem Reisenden an, ihn zu einem Minister zu machen, zu seinem Spezialberater in Sachen Außenpolitik.

Eine schwierige Situation für den Mönch, der allen Grund hat, Taizongs Gunst nicht auf die Probe zu stellen. »Wenn Eure Majestät mir befehlen, in ein weltliches Leben zurückzukehren, so wäre das, als zöge man ein Boot vom Wasser aufs Land«, sagt er nach einigem Zögern. Er sei in die Heimat zurückgekehrt, um sich an die Übersetzung der heiligen Manuskripte zu machen und Klarheit in seine Religion zu bringen.

Taizong schlägt einen Kompromiss vor: Er wünscht sich von dem »Meister des Gesetzes« einen detaillierten Reisebericht, ein Buch, das alle Erkenntnisse und Beobachtungen seines fast siebzehn Jahre dauernden »Ausflugs« in die Welt da draußen zusammenfasst. Taizongs Interesse ist wohl nicht nur kultureller und wissenschaftlicher Natur: Der Kaiser besitzt wenig unabhängige Informationen über fremde Völker, er möchte die Machtverhältnisse richtig einschätzen, wenn er sein Reich mit Bündnissen ausweitet. Oder mit weiteren Feldzügen. In Xuanzangs Abwesenheit hat Taizong mit seiner Armee die Grenzen ja ohnehin schon erfolgreich verschoben.

Der Mönch stimmt zu und stellt seine Übersetzungspläne zurück. Er hat sich viele Notizen gemacht, er hat Zeichnungen und Skizzen von den durchmessenen »siebzig Königreichen« mitgebracht, die er nun ordnet. Über ein Jahr lang schreibt er, vom Kaiser in der Hauptstadt komfortabel untergebracht, an seinem Werk. Xuanzang gibt dem Buch einen unprätentiösen Titel, der zur Nüchternheit seiner detailreichen Schilderungen passt: *Bericht über die westlichen Gegenden*. Er arbeitet in dieser Zeit fast Tag und Nacht, hat kaum einen Blick übrig für seine Umgebung, die er nur bei kurzen Erholungsspaziergängen wahrnimmt. Und doch kann ihm kaum entgangen sein, wie großartig sich Chang'an entwickelt hat.

War die Hauptstadt bei Xuanzangs Abreise noch im Übergang, ein Ort im Werden, so hat der Kaiser in der Zwischenzeit seine Macht im Inneren wie in der Außenpolitik konsolidiert. Aus dem einst rücksichtslosen Machtpolitiker ist ein weiser, in jeder Hinsicht milder und weitsichtiger Herrscher geworden. Und das zeigt sich nirgendwo so eindrucksvoll wie in der Kapitale: Chang'an prosperiert und platzt aus allen Nähten, dürfte während dieser Glanzzeit des Tang-Reichs zur ersten Millionenstadt der Menschheitsgeschichte geworden sein. Eine wahre Multikulti-Metropole.

Auf den Basaren der Weststadt konkurrieren armenische mit türkischen Restaurants; mongolische Pferdehändler und persische Kameltreiber preisen ihre Tiere an, fremde Zungen feilschen um Elfenbein und Bärenfelle, Weihrauch und Pfauenfedern, Lapislazuli und Goldschmuck. Wer sich stärken will, kann Datteln und Trauben aus weit entfernten Oasen erwerben, hoch im Kurs stehen auch die »goldenen Pfirsiche« aus Samarkand, und zwischen den Marktständen sorgen kirgisische Akrobaten und indische Jongleure für Abwechslung. In den Vergnügungsvierteln der Oststadt berauschen sich Kneipengänger an Wein und Schnaps, blonde Tänzerinnen aus Mittelasien bewegen sich verführerisch zu Schalmeienklängen und Liedern aus den Zentren der Seidenstraße. Für Geschäfte wie für Freizeitvergnügen ist dies die Metropole aller Metropolen, und die meisten, die einmal hier waren, wollen auch bleiben – Chang'an ist so etwas wie ein frühmittelalterliches chinesisches New York.

Auch in der Mode ist Chang'an der letzte Schrei: Hüte aus Leopardenfell sind besonders en vogue, die Damen schminken sich nach dem Vorbild der Perserinnen die Lippen, die Herren experimentieren mit uigurischen Haarknoten. Allerdings ist diese Stadt chinesisch dominiert und kontrolliert: Das bunte Volk aus aller

Herren Länder und den unterschiedlichsten gesellschaftlichen Schichten wird durch die reißbrettartig angelegten Wohnanlagen zumindest über Nacht weitgehend voneinander getrennt.

Xuanzang kann bei seinen wenigen Erkundungsgängen durch die Stadt auch eine erstaunliche religiöse Vielfalt und Toleranz beobachten. Feueranbeter und Manichäer haben genauso ihre Kultstätten wie Daoisten und Konfuzianer, und sogar nestorianische Christen vom Mittelmeer dürfen sich hier eine Kirche bauen. Aber Kaiser Taizong fühlt sich jetzt, nach der Skepsis seiner frühen Regierungszeit, immer mehr zum Buddhismus hingezogen. Auch deshalb will er alles tun, um den berühmten Pilger nach seiner Heimkehr zu unterstützen. Nachdem ihm der Mönch seinen ausführlichen schriftlichen Reisebericht abgeliefert hat, gibt er Xuanzang einen ganzen Stab von Übersetzern an die Hand. Sie sollen die Religion erklären, verklaren, voranbringen.

Fieberhaft nimmt sich der »Meister des Gesetzes« gemeinsam mit seiner sachkundigen Crew die sechshundert Sanskritrollen vor, die er mitgebracht hat. Xuanzang beginnt mit seinem Lieblingsbuch, der *Abhandlung über die Stufen der Yogapraxis*. Im Herbst 648 überreicht er dem Herrscher voller Stolz das übersetzte Werk. Der ist so begeistert, dass er es mit einem Vorwort versieht und seinem inneren Machtzirkel »den allen anderen Religionen überlegenen Buddhismus« zur eindringlichen Lektüre empfiehlt.

Es sind glückliche, harmonische Jahre. Aber Taizong fühlt allmählich seine Kräfte schwinden, Krankheiten plagen ihn. Er ruft jetzt Xuanzang immer häufiger in den Palast, sie unterhalten sich stundenlang über den rechten Weg, über Dharma und Nirvana. Zwischen den beiden entwickelt sich eine tiefe Beziehung.

Ein so ungleiches Freundespaar wie den Mönch und den Monarchen hat es in der chinesischen Geschichte wohl selten gegeben: Da ist einmal der Machtmensch, der in seiner Jugend vor dem Brudermord nicht zurückgeschreckt ist und erst in seinen späten

Jahren neben dem brillant-rücksichtslosen Militärführer auch zu einem toleranten Regierungschef wurde, der für sich die Bedeutung der Religion erkannte. Da ist auf der anderen Seite der Spirituelle, der Glaubensbewegte und Geradlinige, der die Barmherzigkeit predigt und lebt und der dabei doch auf seiner großen Reise zu den Ursprüngen des Glaubens, wenn es denn seiner Sache diente, den Mächtigen flexibel und manchmal auch opportunistisch gegenüberstand.

»Was für ein Jammer, dass ich Euch so spät in meinem Leben begegnet bin«, sagt Taizong auf seinem Krankenbett. Als er seine letzte Nacht nahen fühlt, bittet er seinen Freund, bei ihm im Palast zu bleiben. Nach dreiundzwanzigjähriger Herrschaft stirbt Taizong am 10. Juli 649. Er geht als einer der größten Kaiser in die Geschichte seines Landes ein.

Gaozong, einer seiner Söhne, wird zum Nachfolger. Es ist ein unblutiger, geordneter Machtwechsel, und der Neue ändert wenig an den Konzepten seines Vaters. Doch an dessen Glanzzeiten kann er nicht mehr anknüpfen, die Tang-Ära erlebt einen langsamen Niedergang. Xuanzangs Nähe zur Macht bleibt erhalten. Er kann den Nachfolger seines Freundes sogar noch von einem besonderen Projekt überzeugen: dem Bau eines heiligen Hauses für die Aufbewahrung der buddhistischen Manuskripte und Statuen aus Indien. Fünfstöckig soll der Tempelturm sein, und Xuanzang ist so begeistert von den Plänen, dass er eigenhändig Ziegelsteine zu seiner Vollendung herbeischafft. Nach zwei Jahren Bauzeit ist die Große Wildganspagode in der Hauptstadt fertig. Sie wird zum Sinnbild für die Verbindung der beiden großen asiatischen Zivilisationen (und ist bis heute ein Teil des UNESCO-Weltkulturerbes).

Xuanzang arbeitet weiter wie ein Besessener an seinem Lebenswerk, an der Übersetzung der Sanskritrollen. Er schließt sich dazu in ein Kloster außerhalb der Stadt ein, um ja nicht mehr abgelenkt zu werden. In den wenigen Nichtarbeitsstunden öffnet er dem jungen Mitmönch Huili sein Herz, erlaubt ihm die Niederschrift einer Biografie. Und lässt dem Jüngeren beim Erzählen der Reise aus einer persönlichen, emotionalen Sicht alle Spielräume.

Als Xuanzang gerade das »Prajna-Paramita«, das Buch von der »Vollkommenheit der Weisheit«, ins Chinesische übertragen hat, fühlt er sein Ende nahen. Er macht noch eine letzte Pilgerfahrt, zu einer Gruppe von Buddha-Statuen in ein nahes Tal. Anschließend fordert der Mönch seine Schüler auf, »sich freudig von diesem unreinen Leib Xuanzangs zu verabschieden«. Noch einmal wacht er nachts auf, erzählt mit schwacher Stimme von wunderbaren Lotosblumen, die er im Traum gesehen hat. Dann stirbt er am 5. Februar 664. Kaiser Gaozong ordnet ein Staatsbegräbnis an. »Das Juwel des Reiches ist von uns gegangen«, sagt er bei der Feier mit tränenerstickter Stimme.

Es wird Zeit, mich selbst auf den Weg zu machen. Zu einer Reise in den Fußstapfen des Mönchs Xuanzang. Zu einer physischen Spurensuche, der Recherche an den von ihm beschriebenen Orten, über die Seidenstraße nach Zentralasien, bis an die Ausläufer des Himalaja und an die Ufer des Ganges; zu einer Spurensuche im übertragenen Sinn, nach dem Zustand und dem Einfluss der Religion im Spannungsfeld zwischen den beiden Großmächten China und Indien.

Drei Bücher sollen dabei meine ständigen Begleiter sein. Von Samuel Beal, einem schottischen Religionswissenschaftler – Buddhist wie Linguist –, stammt die Übersetzung der beiden Primärquellen aus dem Chinesischen ins Englische (auf Deutsch ist leider keines dieser Werke erhältlich): *Si-Yu-Ki. Buddhist Records of the Western World* von Xuanzang selbst sowie die Biografie seines Schülers Hui Li: *The Life of Hiuen-Tsiang*. Beide Bücher habe ich vor Jahren einmal in Indien gekauft, gedruckt sind sie Anfang des vorigen Jahrhunderts.

Und als drittes Werk will ich auf alle meine Nach-Reisen mit-
nehmen: *Journey to the West*, William John Jenners Übersetzung eines Werks, das zu den vier klassischen Romanen der chinesischen
Literatur zählt und fast jedem Schüler in der Volksrepublik bekannt
sein dürfte.

Erzählt wird die Geschichte eines Mönchs, der aus dem Reich
der Mitte aufbricht, um heilige Schriften aus Indien in die Heimat
zu holen – Xuanzangs Story. Allerdings kombiniert der Dichter
Wu Cheng'en im 16. Jahrhundert die Wirklichkeit mit fantastischen
und mythischen Elementen. Der Mönch, der bei ihm Sanzang heißt,
stellt sich während seines Trips nicht besonders clever an und muss
immer wieder von seinen Begleitern aus schwierigsten Situatio-
nen gerettet werden, weil er sonst dem Untergang geweiht wäre.
Ständig an seiner Seite sind ein Schwein, das vorwiegend an Sex
und Fressen denkt, ein windiger Wassergeist – und als eigentlicher
Held ein Affe. Der ist unbeherrscht und respektlos, aber nie um einen genialen Einfall verlegen, um die Mächte des Bösen blutig zu
schlagen oder sie zu überlisten. Alles nur überbordender Einfalls-
reichtum? Oder gibt es irgendwo in der chinesischen, zentralasiatischen oder indischen Wirklichkeit Hinweise auf Tiere als Gefährten des Mönchs?

Meine Reise beginnt dort, wo das Leben des Xuanzang seinen
Anfang genommen hat. In Luoyang, gelegen in der heutigen Provinz Henan, im Herzen der Volksrepublik China.

KAPITEL II

Luoyang, China: Der Tempel des Weißen Pferdes

Hier also hat alles angefangen.

Hier, in diesem verwunschenen Garten von Chenhe mit den mächtigen Bäumen und wild wuchernden Sträuchern, hat Xuanzang seine ersten Schritte getan. In diesen Gemäuern hat der Vater ihm die alten konfuzianischen Schriften nahegebracht, die Mutter erstmals von Buddha erzählt. In diesem abgelegenen Gehöft am Rande eines Dorfes hat der sensible Junge von frühester Jugend an versucht, es allen recht zu machen, keinem zur Last zu fallen, seinen Weg zu finden. Irgendwo zwischen den schlichten Steinhäusern mit ihren geschwungenen Dächern muss er sich zurückgezogen haben, um den schlimmsten aller denkbaren Verluste zu beweinen, den Tod der Eltern. Andere furchtbare Nachrichten von der Welt da draußen, die unmittelbar hinter dem Tor des Familienanwesens begann, sind dann über ihm zusammengeschlagen, Berichte von Räuberbanden, Morden in der Nachbarschaft, blutigen Unruhen im ganzen Land.

Und hier, vielleicht gerade auf einer dieser Stufen am Eingang zum Haupthaus, wo ich jetzt sitze, hat Chen Yi, wie er damals in seinen Vor Mönchszeiten noch hieß, über die Zukunft des Universums, über seine persönliche Zukunft nachgedacht. So früh verwaist, so früh seiner Kindheit beraubt, so früh ernst und weise geworden, hat er den Brüdern wohl erstmals von seinem Traum erzählt, dem irdischen Unheil zu entkommen, sich Höherem zu widmen, Mönch zu werden. Und vielleicht hat er damals schon daran gedacht, in die Welt hinauszuziehen, den unbekannten, geheimnisvollen Westen zu erobern und auszutesten, jenseits aller Grenzen.

Es war nicht leicht, das Geburtshaus des Xuanzang zu finden. Ich bin von Peking nach Luoyang geflogen, ein Zweistundentrip in die zentralchinesische Millionenstadt am Gelben Fluss, Provinz Henan, das war noch ganz unkompliziert. Dann aber begannen die Probleme.

Ich wusste zwar den Namen des Dorfes, wo er zur Welt kam, es musste ganz in der Nähe von Luoyang liegen. Doch als ich im Touristenbüro fragte, traf ich nur auf junge Männer und Frauen, die mich rätselnd ansahen. Ja, sie kannten Xuanzang. »Das ist doch dieser Mönch, der bis nach Indien pilgerte«, sagte einer. Auch die anderen erinnerten sich an den Namen und vor allem »an die Geschichte von dem Affenkönig aus der *Reise nach Westen*, da kommt er doch auch vor«. Aber sein Heimatdorf, sein Geburtshaus? Davon hatten sie noch nie etwas gehört. Stattdessen drückten sie mir bunte Broschüren in die Hand: »Luoyang, die Stadt des Pfingstrosen-Festivals«, hieß die eine, »Das Weltwunder der buddhistischen Longmen-Grotten«, die andere. »Deshalb kommen die Gäste doch in unsere Stadt«, sagten sie und zeigten auf die Bilder, ein bisschen vorwurfsvoll, ein bisschen verzweifelt.

Reines Glück, dass ich vor Ort das Holiday Inn Express gebucht hatte. Zunächst war ich etwas enttäuscht, denn der in der Werbung benutzte Zusatz »City Center« erwies sich als eine reichlich kühne Beschreibung der Lage: Das Hotel befindet sich an der Peripherie von Luoyang, in einem dieser geschichts- und gesichtslosen Neubauviertel, wie man sie in allen chinesischen Metropolen findet, weit weg vom klassischen Altstadtkern. Alles ist neu hier, blitzblank sauber, Banken und Einkaufspassagen befinden sich in der Nähe, breite Boulevards säumen einen Spargelwald von

Wolkenkratzern. Moderne schlägt Atmosphäre: Die neue, relativ wohlhabende, aus der Armut aufgestiegene chinesische Mittelschicht schätzt Funktionalität, sie fühlt sich zwischen den steinernen Schluchten offensichtlich wohl. Denn die Vorstadt von Luoyang ähnelt anderen in der Volksrepublik so aufs Haar, als hätte ein staatlicher Ingenieur den Auftrag bekommen, eine Mustersiedlung zu entwerfen und sie immer wieder zu kopieren.

Den Unterschied machen die Menschen – die Damen an der Rezeption meines Hotels erwiesen sich als ganz besonders reizend und hilfsbereit. Sie waren entschlossen, dem Gast mit dem seltsamen Interesse an diesem Mönch auf jeden Fall weiterzuhelfen. Sie zogen ihre Handys zurate, sie fragten Freunde, Verwandte. Und tatsächlich, nach einigen Stunden ein Volltreffer: Eine Mitarbeiterin aus der Hotelverwaltung stammte aus dem Dorf Chenhe, sie kannte das Geburtshaus des Xuanzang und malte für den Taxifahrer einen genauen Plan auf: Das Fenghuang-Tal hinunter nach Yanshi solle er fahren, zuerst über den Highway 207, Dorfstraßen und Weinberge entlang, immer südöstlich halten. Eine Strecke von etwa vierzig Kilometern. Dann stünde da irgendwo am Ortseingang eine kleine Tafel, und die leite uns weiter. Die Beschreibung erwies sich als präzise, wir fanden die in einem Hof versteckte Inschrift. Und so sind wir den kleinen Weg zur alten Wohnanlage hinuntergestolpert.

Weit und breit kein Besucher außer uns. »Wo kommen Sie denn her?«, fragt eine staunende Wärterin am Eingang, ihr Baby an der Brust.

»Germany«, sage ich. Hat sie offensichtlich noch nie gehört. Ich versuche es auf Chinesisch, was aussprachemäßig häufig schiefgeht: *Deguo*. Klingt für viele Chinesen wie »Land der Tugend« (wobei sich Linguisten einig sind, dass das erste Schriftzeichen *de* nicht »Tugend« meint, sondern lautmalerisch begründet ist). Aber die Dame am Tor hat *Deguo* gleich verstanden – ein Strahlen geht über ihr Gesicht. Mein Taxifahrer übersetzt ihre sprudelnden Begrüßungsworte. »Sie sind aus der Heimat von Karl Marx, von so weit her, was für eine Ehre! Ist da nicht auch diese bedeutende Politikerin zu Hause, die so oft in unser Land reist, die ich gerade gestern erst wieder im TV gesehen habe?« Angela Merkel, sage ich, und ja, sie sei wohl schon ein Dutzend Mal in China gewesen.

Die freundliche Wärterin kann sich gar nicht beruhigen vor Begeisterung über den Besuch aus dem fernen Europa. Sie weigert sich, das Eintrittsgeld von dreißig Yuan (etwa vier Euro) anzunehmen, das der Besuch des Xuanzang-Geburtshauses laut Preisschild eigentlich kosten sollte. »Schauen Sie sich um, so lange Sie wollen«, sagt sie, dann widmet sie sich wieder ihrem Baby.

Und so setze ich mich auf die überwucherten Stufen. Beobachte die flinken Eidechsen, die durch die zahlreichen Sprünge im Stein huschen, die Geckos, die Schmeißfliegen jagend lautlos die Wände entlanggleiten. Schlendere durch die offenen Räume des Wohnhauses, bewundere den kleinen Tempel mit den roten Säulen. Betrachte die pausbäckige Xuanzang-Figur im Inneren des großen Zimmers und die historischen Skizzen der Reiseroute nebst einer Zeichnung, die den Pilger mit seinem Tornister zeigt. Ein bescheidener, ein beschaulicher Ort. Das wird nicht mehr lange so bleiben. Im Hinaustreten bemerke ich eine Schautafel mit Skizzen, die anstehende Veränderungen verkünden: Das kleine Ensemble mit dem Geburtshaus und dem Familientempel soll zu einem Xuanzang-Freizeitpark ausgebaut werden, mit neuen Grünanlagen, Wasserspielen, Kiosken.

Zurück in der Innenstadt von Luoyang, erfahre ich, dass auch dort große Veränderungen geplant sind, um den bis jetzt doch eher vernachlässigten großen Sohn der Region zu ehren: Im Zentrum wird bis zum Jahr 2020 eine umfangreiche Xuanzang-Erinnerungshalle entstehen. Und anlässlich der Feierlichkeiten zum Pfingstrosenfest ist auch ein Xuanzang-Marathon für Hunderte von Dauerläufern geplant.

Luoyang befindet sich etwas abseits der normalen Touristenrouten, nur wenige China-Rundreisen aus Europa beziehen die Stadt in ihr Besuchsprogramm ein. Und die meisten Gäste bleiben nur einen halben Tag, bevor sie dann zum zwei Autostunden entfernten Shaolin weiterfahren, dem legendären Ort der Kung-Fu-Kämpfer, dem Kloster, das Mitte des sechsten Jahrhunderts auch Geburtsstätte der buddhistischen Chan-Tradition war, des Vorläufers des Zen. Die überwiegende Anzahl der Luoyang-Besucher aber konzentriert sich nur auf das UNESCO-Weltkulturerbe, das es hier zu bestaunen gibt: die Longmen-Grotten. Die Höhlen liegen einige Kilometer südlich der Großstadt, an eine steile Felswand über den Yi-Fluss geklebt – und alles, was die Touristenwerbebroschüren versprechen, ist wahr: Sie allein schon sind die Exkursion hierher wert.

Bereits von Weitem, vom anderen Ufer des Flusses, ahnt man, sieht man das Wunder: Aus den Felsen kunstvoll herausgemeißelt sind Pagoden, große und kleine Buddha-Statuen, Reliefs von Bodhisattvas, Jüngern, Tempelwächtern: eine Perlenkette des Glaubens, ein religiöser Lehrtext par excellence, eine artistische Sutra in Stein.

Beim Näherkommen wird erst klar, welches Ausmaß die Anlage hat. Es sollen insgesamt mehr als hunderttausend Skulpturen sein, die größte siebzehn Meter hoch, erhaben auf einem Felsvorsprung platziert, die kleinste fünfundzwanzig Millimeter, hineingedrängt in eine winzige Nische. Auftraggeber dieser mittelalterlichen Kunstwerke waren neben der kaiserlichen Familie auch wohlhabende Geschäftsleute, die so um das Glück für ihre Verwandtschaft baten; Generäle, die auf Siege hofften; Glaubensgemeinschaften, die mit ihren materiellen Spenden an die Bildhauer auf spirituelle Erlösung setzten.

Einige der Figuren sehen aus, als wären sie erst gestern von Meistern aus dem Fels geschlagen und ziseliert geworden. Die Buddhas tragen oft weiblich-milde Züge, ihre Wärter sind ihren Rollen entsprechend männlich und grimmig-bedrohlich gestaltet. Andere Statuen haben die Stürme und Regengüsse über die Jahrhunderte verwittert, viele wurden aber auch von Menschenhand verunstaltet. Teils waren es Antiquitätenräuber, die abgeschlagene Köpfe meistbietend verkauften, einige wanderten unabhängig von ihrer verbrecherischen Herkunftsgeschichte in die großen Museen der Welt von New York bis Tokio. Teils waren es die Roten Garden, die während der Kulturrevolution zwischen 1966 und 1976 wüteten und alles zerstörten, was nicht Mao-Büste oder Mao-Gedenkstein war, alles, was nach den »feudalen Übeln« klassischer chinesischer Kultur aussah.

Die ersten Longmen-Figuren sind nach übereinstimmender Erkenntnis von Archäologen bereits im fünften Jahrhundert entstanden, damals verlegten die Herrscher die Hauptstadt des Wei-Reichs von Datong nach Luoyang. Die anderen Kunstwerke wurden dann während der folgenden zweihundert Jahre aus dem Stein gehauen. Einige bedeutende Werke, etwa die in der Tausend-Buddha-Höhle oder der Ahnentempel, entstanden, als Xuanzang gerade gestorben war. Weitere berühmte Skulpturen stammen aus der künstlerischen Glanzzeit, die mit seiner Lebenszeit zusammenfällt. Und einige der Bildhauer und Maler, die an den Felsvorsprüngen über dem Fluss gewirkt haben, könnte, ja müsste der Mönch selbst beobachtet haben.

Weder er noch sein Biograf erwähnen die spektakulären Kunstschätze in ihren Büchern; vielleicht weil sie ihnen, in unmittelbarer Nachbarschaft gelegen, als etwas Selbstverständliches, allgemein Bekanntes erschienen. Kaum vorstellbar, dass Xuanzangs gebildete und auf Chinas Geschichte so stolze Eltern ihren Sprössling nicht zu einem Tagesausflug hierher mitnahmen. Undenkbar, dass sein vom Buddhismus so beeinflusster Bruder ihm diese Zeugnisse des Glaubens nicht präsentiert haben soll.

Wie so vieles heute in China ist auch der Besuch der Longmen-Höhlen perfekt organisiert – was auch heißt: perfekt überwacht. Individualtouristen werden entmutigt, Gruppentouristen bevorzugt.

Das beginnt schon am Eingang zu der Sehenswürdigkeit auf der Westseite des Flusses, weit entfernt von den Grotten. Hinter den Ticketschaltern warten elektrisch betriebene Kleinwagen, die an Golfcarts erinnern. Sie bringen mich und die anderen Gäste zu den Schranken am Uferweg, von dem aus man auf gut gesicherten Pfaden und Treppen die Höhlen erreicht. Toiletten, Verkaufsstände für Getränke, Hilfe für Behinderte – alles vorbildlich. Hinweise in mehreren Sprachen weisen Besucher an, nichts wegzuwerfen, die Papierkörbe fordern die Mülltrennung, haben extra Fächer für Plastik. Dutzende weiß uniformierte Putzkräfte fegen die Wege und picken in Sekundenschnelle weggeworfene Bonbonpapiere oder Zigarettenstummel auf.

Ständig wird gemahnt, per Lautsprecher, per Warnschild: »Benutzen Sie das Geländer, die Stufen könnten rutschig sein!«, »Bei Berührung der Statuen droht eine Geldstrafe!« Und auf einem Poster, etwas rätselhafter, findet sich ein Hinweis darauf, dass es sich bei der Volksrepublik China nicht nur um einen Betreuungs-, sondern auch um einen Bespitzelungsstaat handelt: »Vertrauen Sie nie zu leicht einem Fremden!«

Die Grotten zum »Drachentor« (so lässt sich *Longmen* übersetzen) sind zweifelsohne eine historische und artistische Sensation, Höhepunkt jedes Besuchs hier. Luoyang selbst findet in Reiseführern kaum eine Erwähnung. Die Touristen, die nach einem Kurztrip zum Yi-Fluss und zu den Höhlen mit ihren spektakulären Skulpturen die Stadt gleich wieder verlassen, versäumen nicht allzu viel – könnte man auf den ersten Blick denken.

Luoyang ist eine typische chinesische Metropole: Kohlekraftwerke und Chemieindustrie verpesten die Luft und sorgen für zahlreiche Tage, an denen der Schadstoff-Ausstoß gefährliche Gesundheitsschäden verursacht. Der allgegenwärtige Bauschutt tut ein Übriges. Bulldozer und Abrissbirnen fressen sich durch alte Viertel, reißen ab, ebnen ein, und alles wird durch Hochhäuser ersetzt, die es nur in zwei Farbvariationen gibt, braungelb und graugelb. Anderthalb Millionen Menschen leben im Stadtkern, knapp sechs Millionen im erweiterten Kreis. Das würde Luoyang in Europa zu einer der größten Städte machen, in China reicht es bevölkerungsmäßig nicht einmal für einen Platz unter den ersten dreißig.

»Luoyang ist seit uralten Zeiten ein Zentrum der Welt«, verkündet eine Broschüre im städtischen Museum reichlich großspurig. Es stimmt, dass Luoyang lange Zeit Hauptstadt chinesischer Reiche war, die Kapitale von dreizehn Dynastien, aber davon ist baulich so gut wie gar nichts mehr zu sehen. Die Zeugnisse der Wei- und der Tang-Herrschaft sind – bis auf die Buddhas in den Grotten – verschwunden. Und auch von den Hutongs, den alten einstöckigen Wohnhäusern mit ihren Innenhöfen nebst den verwinkelten Gässchen, die sie einem Spinnennetz gleich zusammenhielten und die das Stadtbild, wie man auf Fotos sieht, noch vor wenigen Jahrzehnten prägten, blieb kaum etwas übrig.

Wer heute Atmosphäre sucht, einen Hauch von Romantik, der wird am ehesten noch im Viertel um das mittelalterliche Lijing-Tor fündig. Auf dem Weg zum Trommelturm, abseits der Hauptstraße und in engen Gässchen, sitzen Porzellanmaler vor ihren windschiefen Häusern auf hölzernen Hockern und pinseln mit zartem Strich Seerosenmuster auf rundbäuchige Gefäße; in Hinterhöfen bieten alte Frauen Dutzende unterschiedliche Teesorten an, auf kleinen Tischen in Schälchen ausgebreitet. Direkt daneben wird gehämmert und geklopft, es entstehen elegante Bronzegefäße, neben den roten Palastlaternen eine weitere Spezialität der Stadt.

Und überall gibt es Buddha-Figuren zu kaufen. Offensichtlich sind sie nicht für Touristen gedacht – von denen verirren sich nur ganz wenige hierher in Luoyangs Innenstadt. Sondern für die Ein-

heimischen, für die chinesischen Gläubigen. Erstaunlich viele junge
Leute kaufen die Devotionalien. In den Wohnhäusern und auf den
Höfen sind Dutzende kleine Altäre zu sehen, Orte der Andacht für
die Hausbewohner oder den Familienclan. Und immer wieder hält
jemand davor inne, ein Spaziergänger, ein Nachbar, alle falten die
Hände. Es ist nicht nur ein städtisches Phänomen: Schon auf dem
Weg zum Geburtsort des Mönchs sind mir in den Dörfern einige
neu gebaute Tempel aufgefallen, zum Teil wurden sie gerade noch
mit Farben verschönert, mit Goldplättchen belegt.

Die Zunahme der Religiosität: Ist diese Wiedergeburt des Buddhismus eine zufällige Momentaufnahme oder ein Trend? Und
wenn ja, gilt er für ganz China? Kann die neue Regierungsstatis-
tik korrekt sein, die von einer halben Million ordinierter buddhistischer Mönche im Land berichtet und von rekordverdächtigen drei-
unddreißigtausend aktiven buddhistischen Klöstern? Sollte die
Zahl der Gläubigen in der Volksrepublik wirklich bei einunddreißig
Prozent der Bevölkerung liegen – und damit bei mehr als dreihundert Millionen Menschen? Oder ist das Propaganda der Kommunistischen Partei, die Liberalität in Glaubensfragen nur vortäuscht?

Erinnerungen an meine erste Reise in die Volksrepublik, noch
in Zeiten der auslaufenden Kulturrevolution, Ende der Siebzigerjahre. Da bin ich auf verängstigte Menschen getroffen, die sich
kaum getrauten, auch nur einen halben Schritt von der offiziellen,
der atheistischen Linie der Partei abzuweichen. Manche hatten Hei-
ligenfiguren in ihren Gärten vergraben, um sie vor der blinden Zerstörungswut der Rotgardisten zu bewahren; sie holten die Altarteile
nun vorsichtig heraus, platzierten sie in Hinterzimmern, immer mit
misstrauischem Blick und in Angst vor Geheimdienstspitzeln. An
ein öffentliches Gebet war nicht zu denken.

Erinnerungen an die nächsten Chinareisen Anfang der Achtzigerjahre, von meinem Korrespondenten-Posten in Hongkong aus.
Das strikte Religionsverbot wurde 1982 entscheidend aufgeweicht.

Im KP-Dokument 19 (»Der grundsätzliche Standpunkt und die Politik der Partei zu religiösen Fragen«) versprach die KP, »linke Irrtümer« zu korrigieren und in Glaubensfragen künftig »Respekt« zu zeigen. »Die Anbetung Buddhas, das Rezitieren von religiösen Gesängen und das rituelle Verbrennen von Räucherstäbchen« sollten nun wieder erlaubt sein, Klöster durften eröffnet, Mönche und Nonnen wieder ordiniert werden. Und diese Freiheiten sollten nicht nur für den Buddhismus gelten, sondern auch für die anderen »staatlich anerkannten« Glaubensrichtungen: Daoismus, Konfuzianismus, Islam, Katholizismus, Protestantismus.

So kam es, für viele schneller und radikaler als erwartet, dass die Menschen wieder begannen, nach ihren Traditionen und Ritualen zu leben. »Die neue Volksrepublik China: Mao ist tot – es leben die Götter!«, hieß der Titel einer meiner Reportagen im Jahr 1988. Private Andacht war erlaubt, »politische Instrumentalisierung der Religion« blieb streng verboten. Natürlich bestimmte – und bestimmt bis heute – die Partei, wo das eine aufhört und das andere anfängt.

Alle Religionsgemeinschaften haben eine staatliche Dachorganisation, die in Peking angesiedelt ist; so überwacht beispielsweise eine Buddhistische Union alle Aktivitäten der Buddhisten, trennt scharf zwischen »loyalen« Kräften und den verhassten »separatistischen« Tibetern um die »Clique des Dalai Lama«. Auch die Falun-Gong-Sekte, die sich nicht auf spirituelle Atemübungen beschränkt, sondern sich immer wieder angemaßt hat, zu Demonstrationen aufzurufen, wird streng verfolgt. Generell sind alle Religionen in China gleich, aber einige sind dann doch (un-)gleicher als andere: Obwohl der Islam wie der Katholizismus anerkannte Glaubensgemeinschaften sind und die Verbreitung von Bibel und Koran von Staatsseite angeblich sogar gefördert wird, stehen sie unter besonderer Beobachtung. Sie gelten als nicht heimische, von starken ausländischen Gruppierungen beeinflusste und damit unzuverlässige Kräfte.

In den letzten Jahrzehnten erlebte das Land einen steilen wirt-schaftlichen Aufschwung, nach dem Tod des Großen Vorsitzenden 1976 hat sich innerhalb von einer Generation das Pro-Kopf-Ein-kommen mehr als verzehnfacht. In diesen Boomzeiten entstand in China eine neue Ersatzreligion, und ein ganzes Volk schien sich ihr vollständig hinzugeben: der Konsumismus. Wollte Mao einst den »neuen Menschen« ohne materielle Bedürfnisse schaffen, be-stimmten nun Menschen, die für sich immer mehr Neues erwer-ben wollten, das Bild. Und auch die ersten Jahre der jetzigen De-kade waren, trotz einiger Dellen beim Wirtschaftswachstum, noch geprägt von diesem Kaufrausch. Die spirituelle Suche trat in den Hintergrund, wurde zumindest äußerlich überdeckt von der Sucht nach materiellen Gütern.

Doch jetzt beschwört der Religionsexperte Ian Johnson, lang-jähriger *New York Times*-Korrespondent in Peking, die Wiederkehr des Spirituellen im Reich der Mitte, nennt diese Renaissance ein landesweites Phänomen. In seinem 2017 erschienenen Buch *The Souls of China* schreibt er: »Unsere Vorstellungen von Chinesen sind rein ökonomisch und politisch bestimmt – fleißige Arbeiter in riesigen Fabriken, Neureiche, die mit ihrem Geld protzen, Bau-ern, die ihre verseuchten Felder bestellen, Dissidenten, die wegge-sperrt werden. Wenn wir etwas über den Glauben der Chinesen hö-ren, dann geht es um Opfer, die in den Untergrund gedrängt werden oder um exotische Geschichten von durchgedrehten Typen, die sich bedrohlichen Sekten anschließen. All das ist nicht falsch – und geht doch am Wesentlichen vorbei: Hunderte Millionen sind heute von Zweifeln an ihrer Gesellschaft durchdrungen, und sie wenden sich Religionen zu, um Antworten zu finden.«

Die Schlussfolgerung des Experten: »Glaube, Moral und Werte kehren zurück ins Zentrum der nationalen Diskussion darüber, wie Chinesen ihr Leben organisieren sollten.«

In Luoyang ist das tatsächlich an verschiedenen Plätzen zu

spüren. Beispielsweise nahe des *Chenghuang Miao*, des »Tempels für den Stadtgott«, wo sich einmal in der Woche Vertreter von buddhistischen Pilgervereinigungen zusammenfinden. Es ist eine Art Klassentreffen gläubiger alter Männer, jeder von ihnen vertritt einen Familienclan. Obwohl ihre Verabredung völlig legal ist, legt keiner der Teilnehmer Wert darauf, mit seinem richtigen Namen zitiert zu werden. »Wir wissen, dass die Partei jetzt Religionsfreiheit predigt«, sagt einer. »Und wir haben keinen Grund, an den Worten der heutigen Führung zu zweifeln«, formuliert er vorsichtig. »Aber andererseits haben wir in der Vergangenheit schon so viel erlebt …«

Die Pilgervereinigungen helfen mit, Trauerfeiern und Hochzeiten zu organisieren, sie sammeln, wenn das Geld nicht für eine Beerdigung reicht oder sonst Not am Mann ist. Manche haben sich auf bestimmte karitative Aufgaben spezialisiert. Sie sind mit den Ritualen der besonderen Tage im Mondkalender vertraut; sie wissen, wann man welche Sutren rezitiert, wie tief man sich vor heiligen Statuen verbeugt und die Hände faltet; sie kennen auch die Süßigkeiten und Zigarettenmarken, die zu besonderen Anlässen angeboten werden müssen; sie überschauen, ob ein Glas des Hirse-Branntweins Maotai oder vielmehr ein Reisschnaps als Toast angebracht ist.

Manche Pilgervereinigungen verstehen sich auch dezidiert als gemeinnützige Organisationen und beschränken ihre Tätigkeiten nicht auf die Sippe: Sie unterstützen alte Menschen, die oft nur eine winzige Rente haben und nicht mehr von der Großfamilie aufgefangen werden. Sie bringen manche der Vereinsamten und Verzweifelten auch in Klöstern der Region unter, wo man sie mit dem Nötigsten versorgt und ihnen Schlafplätze zuteilt. Das alles geschieht auf freiwilliger Basis, ohne direkte Kontrolle durch die Partei. Zwar werden alle größeren Tempel von der Staatsmacht gelenkt, Äbte, Nonnen und Mönche von den Behörden erfasst und kontrolliert. Die Ausgestaltung des religiösen Alltags aber liegt weitgehend in privater Hand.

Sind es nun buddhistische, daoistische oder konfuzianische Etikette und Traditionen, die den Lebensrhythmus und all die Feierlichkeiten prägen?

Die alten Männer amüsiert die Frage. »Wir sind alle Buddhisten. Aber das heißt nicht, dass wir etwa daoistische Rituale vernachlässigen würden, konfuzianische Regeln unberücksichtigt links liegen ließen. Zwischen diesen Religionen gibt es keine Ausschließlichkeit, im Alltag vermischen sie sich zu einem großen nationalen Glauben.« Der Tempel des Stadtgottes hier in Luoyang ist nach Ansicht der Sippenvorsteher ein gutes Beispiel für diese Verschmelzung: Früher habe jede größere Gemeinde ihren eigenen Schutzheiligen gehabt, jedes Handwerk ebenso – und diese, alle traditionellen Glaubensrichtungen überlagernden chinesischen Traditionen würden jetzt nach und nach wiederkehren.

Was sie nicht sagen, aber wohl meinen: Auch die Herrschaft der Kommunistischen Partei ist, angesichts der jahrtausendealten chinesischen Geschichte, bisher nicht viel mehr als ein Wimpernschlag. Die Religion, die Tradition, das Ritual haben in China den langen, den längsten Atem.

Manchmal kommt es zwischen den Familienvorstehern auch zum Streit, das gestehen meine Gesprächspartner freimütig. Da klaffen die Erinnerungen über die »richtigen« religiösen Vorschriften etwas auseinander. Aber auf eines können sich die alten Männer einigen, auf ihr Leitbild, auf ihren Helden. Auf Xuanzang. Der Pilger ist in ihren Augen der größte Sohn der Stadt. Die Verantwortlichen sollten, so meinen sie, viel mehr tun, um seine fantastische Reise im Bewusstsein der jungen Leute zu verankern.

Ein Ziel in Luoyang habe ich mir bis zum Schluss aufgehoben: Ich will unbedingt noch das Kloster sehen, in dem Xuanzang seine prägenden Jugendjahre verbracht hat, die Zeit zwischen seinem dreizehnten und seinem achtzehnten Geburtstag. Ich muss diese Abtei besuchen, die ihn nach kurzer Prüfung als ihren jüngsten Zögling aufnahm. Die religiöse Stätte, die er erst verließ, als der Bürgerkrieg um das Jahr 618 die ganze Stadt zu zerstören drohte, als ihn die Hungersnot und die blutigen Kämpfe zur Flucht ins südwestlich gelegene Chengdu zwangen.

Der *Baima Si*, der »Tempel des Weißen Pferdes«, liegt dreizehn Kilometer östlich des Stadtkerns und gilt als ältester buddhistischer Tempel Chinas. Er stammt aus dem ersten Jahrhundert unserer Zeitrechnung, und um seine Entstehung ranken sich viele Legenden.

Die populärste geht so: Eines Nachts hatte Kaiser Mingdi, Herrscher während der Han-Dynastie, einen merkwürdigen Traum. Er sah eine goldene Figur, die von Sonne und Mond gleichzeitig bestrahlt wurde und die über wertvolle heilige Schriften wachte. Die Eindrücke ließen ihn nicht los: Zwei Emissäre wurden von Luoyang aus losgeschickt, um den fantastischen Ort mit dieser einzigartigen Statue zu finden. Im heutigen Afghanistan stießen sie auf zwei indische Mönche, die im Besitz einer Buddha-Figur und vieler Schriftrollen waren. Die kaiserlichen Abgesandten überredeten sie, mit ihren Schätzen nach China zu kommen. Zwei Schimmel trugen die Mönche über die lange Strecke. Der Kaiser war dann so von den Gästen und ihren spirituellen Geschenken angetan, dass er den Indern einen Tempel baute und ihn von zwei steinernen weißen Pferden bewachen ließ: den *Baima Si*.

Ob seine Mönchsbrüder dem jungen Xuanzang die Geschichte von den Schriften aus dem fernen Land erzählt haben, ob die Legende ihn womöglich sogar zu seiner eigenen Reise gen Westen angeregt hat?

»Number One Ancient Temple Under The Heaven« steht auf einem Schild in der Nähe des Eingangs. Das Kloster mit seinem karmesinroten geschwungenen Torbogen am Eingang ist über die

Jahrhunderte mehrfach umgebaut worden. Die beiden charakteristischen weißen Steinpferde, eingezäunt von einem kleinen steinernen Gatter, als müssten sie von der Flucht gehindert werden, sind aber wohl weitgehend original erhalten geblieben. Xuanzang muss sie (oder ganz ähnliche Pferdeskulpturen) damals gesehen haben, als er seine Exerzitien vollzog. Er ist seinem Ursprungskloster übrigens ein Leben lang treu geblieben, in seinen späten Jahren als eine Art Ehrenabt auf Lebenszeit.

Der Tempel umfasst ein riesiges, fast dreizehn Hektar großes Gelände, er ist Richtung Süden ausgerichtet und beherbergt entlang einer zentralen Achse eine ganze Reihe heiliger Hallen mit Buddha-Figuren, Bibliotheken und schattigen Höfen, in denen neben Altären und Pagodentürmen bauchige, überdimensionale Weihrauchfässer stehen. Hunderte chinesische Gläubige beten ergriffen an der Qingliang-Terrasse oder opfern Räucherstäbchen vor der Halle der Himmlischen Könige; dazwischen laden Bänke an uralten Pinien und kleinen Bambuswäldern zum Verweilen ein.

Es ist eine friedliche, keinesfalls rein ehrfürchtige Atmosphäre: Kinder spielen zwischen Steinstelen Fangen, eine Familie packt Bananen und Reisbällchen zu einem kleinen Picknick aus. Nur zum Altar der heiligen Haupthalle lassen die Eltern ihre ausgelassenen Kleinen nicht, da thront Buddha der Barmherzige, flankiert von seinen Jüngern, und eine riesige, tonnenschwere Glocke gebietet Respekt. »Ihr Klang lässt die Geister in der Hölle zittern vor Furcht«, verspricht eine Inschrift.

Der Tempel des Weißen Pferdes verdankt seine neuzeitliche sorgfältige Restaurierung − und seine zusätzliche Ausstattung mit kostbaren Kulturschätzen aus dem ganzen Land − einem nicht chinesischen Monarchen, der als Gast der Volksrepublik aus der Fremde kam.

Kambodschas König Norodom Sihanouk genoss während der Rote-Khmer-Herrschaft in China Asyl, er war für die Machthaber in Peking eine wichtige Figur im asiatischen Machtspiel, und sie wollten ihn auf jeden Fall bei Laune halten. Der gläubige Buddhist wünschte sich nun im Jahr 1973 einen Luoyang-Besuch und ein Gebet im *Baima Si.* Die Bitte stürzte Chinas Herrschende in Verlegenheit: Rotgardisten hatten bei ihrem Amoklauf gegen alles Religiöse und Traditionelle auch den Tempel verwüstet. Premier Tschu Enlai war der Vandalismus peinlich, und er wollte um jeden Preis vermeiden, dass der Staatsgast etwas davon erfuhr. So ordnete er eine schnelle und umfassende Restaurierung an, ließ vieles von dem, was sonst noch im Land an buddhistischen Kostbarkeiten übrig war, nach Luoyang schaffen. König Sihanouk war bei seinem Besuch dann ganz begeistert, er lobte die »Bewahrung der Kultur« überschwänglich, ohne jemals von den speziellen Umständen in diesem Tempel erfahren zu haben.

Um die große Bedeutung des Ortes zu würdigen, haben ihn später auch Indiens führende Politiker besucht, 1993 Premierminister Narasimha Rao, 2003 sein Amtsnachfolger Atal Bihari Vajpayee. In Erinnerung an den Mönch Xuanzang und die gemeinsame kulturreligiöse Geschichte Indiens und Chinas entstand in einer dem Tempel angegliederten Gartenanlage unter Aufsicht indischer Architekten ein buddhistischer Schrein, architektonisch der berühmten Anlage von Sanchi in Madhya Pradesh nachempfunden. Die indische Präsidentin Pratibha Patil weihte ihn im Mai 2010 feierlich ein, sozusagen als Ergänzung zum Tempel des Weißen Pferdes.

An die zehntausend Mönche sollen während der Glanzzeit der Tang-Dynastie im *Baima Si* gelebt, gearbeitet und gebetet haben. Heute sind es weit weniger, doch – anders als zu Zeiten der Kulturrevolution – ist das Kloster von Luoyang immerhin wieder aktiv. Die Mönche leben in Quartieren am Rande der Abtei, abgetrennt vom Besuchsverkehr und auch abgeschirmt von allen anderen Gläubigen. Der Zugang zu ihren Aufenthaltsräumen nahe der Qiyun-Pagode wird streng kontrolliert, mit dem Abt zu sprechen erweist sich als unmöglich. Aus »Sicherheitsgründen« bewachen hier diskret angebrachte Kameras das Geschehen. Die Mönche müssen zu allen Zeiten eine Identifikationsmarke an ihren grauen Roben tragen – als wolle der Staat demonstrieren, wer hier die letzte Kontrollinstanz ist. Wer bei aller Religionsfreiheit das Sagen hat.

Und so verlasse ich den Tempel des Weißen Pferdes mit gemischten Gefühlen: Es ist ein sehr besonderer, sehr stimmungsvoller Ort. Aber ganz und gar kein unproblematischer, wie sich gleich noch einmal zeigen wird.

Vor dem Eingang, ganz in der Nähe der steinernen Rösser und der wenigen Andenkenläden, haben zwei weiße Fünfhunderter-BMW geparkt, Stückpreis in China über hunderttausend Euro. *Ben Shi* heißt die Nobelkarosse auf Mandarin, eine gelungene lautmalerische und bedeutungsstimmige Übersetzung für BMW: »kostbares Pferd«. Wem die Autos gehören, lässt sich nicht recherchieren. Mein Fahrer aber kann an den Kennzeichen erkennen: Es handelt sich um Dienstfahrzeuge der Volksbefreiungsarmee. »Da sind Genossen von ganz oben zu Gast«, sagt er beeindruckt und fügt, ohne auch nur einen Hauch von Ironie spüren zu lassen, hinzu: »Die können göttlichen Beistand besonders gut gebrauchen.«

Bei der Fahrt in die Innenstadt fällt mir auf, was ich in diesen Tagen auch schon in Peking und Schanghai beobachtet habe: Die Fahrräder sind zurück im Straßenbild der Großstädte. Vor gut einer Generation waren es noch sechzig Prozent der Chinesen, die sich hauptsächlich mit ihren Velos fortbewegten. Dann kam der Boom der neuen Mittelschicht, und mit ihm kamen die Privatautos, die mit ihren Schadstoffen die Luft verpesteten. In Luoyang wie anderswo gehören Verkehrsstaus längst schon zum Straßenbild, sie wurden in den Metropolen der Volksrepublik schlimmer und gesundheitsgefährdender als bei uns in Europa. Die Partei steuert dagegen, hat den Kampf gegen die Umweltverschmutzung längst zur Priorität erklärt, sie fördert die E-Mobilität mit Milliardensubventionen (und verordnet Zwangsquoten, die auch ausländische Pkw-Hersteller berücksichtigen müssen). In diesen Planungen spielt auch das Comeback der Drahtesel eine große Rolle.

Ich sehe auf den Straßen gelbe, blaue und orange Räder. Die Farbe steht jeweils für eine Firma, mehrere private Anbieter konkurrieren inzwischen miteinander und drücken die Preise für die Leihfahrräder, einfachere sind schon für umgerechnet zehn Cent pro Stunde zu bekommen, die technisch anspruchsvolleren kosten das Doppelte bis Dreifache. Kaum jemand nutzt mehr ein privates Fahrrad, dazu sind die Angebote zu verlockend, und attraktiv wirkt natürlich auch, dass man die Velos praktisch überall abstellen darf. Anfang des Jahres 2017, haben die Parteizeitungen berichtet, waren chinaweit fünfzehn Millionen Leihräder im Einsatz, Mitte 2018 schon geschätzt das Doppelte. Der Trend setzt sich ungebremst fort, was nichts anderes bedeutet als: In China ist schon wieder eine Revolution ausgebrochen – die Bike-Sharing-Revolution.

Das Suchen und Aufschließen funktioniert hochtechnologisch, per App. Der QR-Code des Rads wird eingescannt und dann eine Kennzahl generiert, die das Schloss freischaltet. Aber Chinas führender Anbieter Mobike ist mit seinen Geräten längst weiter: Statt einer Fahrradkette besitzen sie eine Antriebswelle wie ein Auto. Sie erzeugen eigenen Strom für die dauerhafte Internetverbindung zu drei verschiedenen Satellitensystemen, so bekommt der Nutzer nicht nur Wegbeschreibungen per GPS, sondern zahlt selbstverständlich auch online. Die Analysen des Verkehrs, von den App-Betreibern an staatliche Stellen weitergegeben, helfen dabei, den Straßenbau und die Verkehrsströme generell besser zu planen.

Wie so vieles in der Volksrepublik ist der neue Trend zum Leihfahrrad sinnvoll und bedenklich zur gleichen Zeit: Für die Datenströme interessieren sich auch die großen IT-Firmen, sie nutzen die Erkenntnisse zu kommerziellen Zwecken. Und die »intelligenten« Fahrräder sind auch ein großer Gewinn für die Partei, die von den Betreibern selbstverständlich alle Daten abschöpft und auch auf diese Weise Einblick bekommt in die Vorlieben ihrer Bürger – beispielsweise weiß sie so, wer in Luoyang wie oft zu einem bestimmten Tempel fährt, eine bestimmte Kneipe aufsucht oder ein für oppositionelle Treffs bekanntes Café.

Zurück im Hotel heißt es schnell packen. Ich will zum Bahnhof und noch einen der Abendschnellzüge Richtung Westen erreichen. Mich auf die große Reise machen, entlang der Route, die damals Xuanzang eingeschlagen hat. Es gibt am Holiday Inn von Luoyang kein Taxi. »Nehmen Sie doch Ihre Uber-App, die müsste auch in China funktionieren, selbst wenn unsere chinesische Firma Didi Chuxing das amerikanische Uber hierzulande übernommen hat«, sagt mir die Dame an der Rezeption – und ist doch ziemlich überrascht, dass ich auf meinem Handy keine solche Verbindung geladen habe. Sie schüttelt den Kopf über den technisch Zurückgebliebenen aus dem Westen, nimmt schnell ihr Mobiltelefon und bestellt mir den am nächsten zum Hotel befindlichen Wagen.

Dann kann die Reise weitergehen.

KAPITEL III

Turfan, China: Buddhas, Barbies, böse Geister

Eisenbahnfahren in der Volksrepublik, das war immer schon ein Abenteuer – und ein guter Gradmesser für die Entwicklung des Landes.

Anfang der Achtzigerjahre hieß das zwangsläufig Bummelzug, obwohl es immerhin schon verschiedene Klassen gab: die mit harten und die mit ganz harten Sitzen. Als Entschädigung wurden im teureren »Soft Sleeper« auf Spitzendeckchen Teekannen gestellt, die meist nur heißes Wasser enthielten, vorhanden waren auch Näpfe zum Ausspucken, und über dem Fenster hingen gestickte Vorhänge, die adrette Bedienstete im blütenweißen Schürzenkleid auf Wunsch zuzogen. Alle Züge waren überfüllt, und die Buchung erwies sich regelmäßig als problematisch: Nur das staatliche Reisebüro *Lüxingshe* durfte Tickets ausstellen, wer nicht mindestens eine Woche vorher seine Wunschverbindung reservierte, hatte kaum eine Chance. Und aus rätselhaften Gründen war es Ausländern nur möglich, Fahrkarten in eine Richtung zu erwerben – wenn man Pech hatte, war die Rückfahrstrecke tagelang ausgebucht.

Nicht viel besser stand es um die Infrastruktur nach der Ankunft. In Schanghai beispielsweise wartete am Hauptbahnhof kaum einmal ein Taxi, Chinesen holten sich gegenseitig ab, Touristen waren so gut wie unbekannt. Einmal nahm mich ein Funktionär in seinem Auto mit zum einzigen Hotel, das für Fremde zugelassen war, ein anderes Mal, am Flughafen weit draußen, lud mich ein Bauer auf seinen Traktor. Und wenn ich ganz großes Glück hatte, etwa wenn die Schicht der Arbeiter begann, fuhr auch ein Bus. Allerdings dann hoffnungslos überfüllt.

Kurz vor der Jahrtausendwende wurde es dann etwas schneller und gemütlicher. Es gab Rückfahrkarten für die Eisenbahn und sogar schon Fahrpläne, die einigermaßen eingehalten wurden. Aber das Streckennetz blieb veraltet und überlastet. Das änderte sich, als die Partei das Ziel ausgab, ganz China mit einem Netz von Schnellzugstrecken zu überziehen, der Ausbau der Schienenstränge wurde zu einer »großen nationalen Priorität« erklärt. Dementsprechend flossen die Milliarden. Parteichef Xi Jinping zu Ehren wurden die neuen Verbindungen *Fuxing* benannt, was sich als Erwachen, Erneuerung oder Wiedergeburt übersetzen lässt. Sie sollen offensichtlich Teil seines Plans sein, die Volksrepublik wieder an den ihr zustehenden Platz an der Weltspitze zu führen, als Teil seines »Chinesischen Traums«.

Es hat sich zumindest reisetechnisch gelohnt – die Hochgeschwindigkeitszüge der Volksrepublik brechen inzwischen alle Rekorde.

Kein Staat ist so umfassend mit »Bullet Trains« ausgestattet, knapp zwanzigtausend Kilometer umfasst das Streckennetz jetzt, bis zum Jahr 2020 soll es noch ein Drittel mehr werden; dann werden nach offiziellen Angaben achtzig Prozent aller chinesischen Großstädte per Schnellzug erreichbar sein. Für die neuen Waggons halten die chinesischen Hersteller übrigens inzwischen alle Patente, sie wirken teils wie Schwestern des japanischen Shinkansen, teils wie ICE-Klone. Und natürlich schielen Pekings Strategen auch längst über die Grenzen, es geht ihnen nicht nur um die Binnen-Infrastruktur. Über die Verkehrsknotenpunkte an den Grenzen soll der Warenaustausch über Zentralasien bis Europa gefördert werden: Die »Neue Seidenstraße«, von der die Parteiführung derzeit ständig spricht, besteht ganz wesentlich auch aus neuen »Seiden-Schienen«.

In Luoyang ist für die ganz schnellen Züge ein zweistöckiger Extrabahnhof entstanden. Auf Gleis drei wartet schon der Express nach Xian, er heißt *Hexiehao*, »Harmonie«. Auf die Minute pünktlich geht es los, eine Dreihundert-Kilometer-Stecke, für die nicht mehr als anderthalb Stunden Fahrzeit veranschlagt sind. Mein Premiumsitz, den mir das Hotel über eine Bahnwebsite im Internet gebucht hat, erweist sich als Luxus pur: Es ist ein verstellbarer, besonders breiter Ledersessel mit Fußstütze; bei internationalen Fluggesellschaften gibt es Vergleichbares nur in der First Class.

Ich habe mir vorgenommen, in Xian nicht über Nacht zu bleiben, sondern dort nur die Züge zu wechseln. Xian – Chinas frühere Hauptstadt Chang'an – hat im Leben meines Mönchs zwar eine große Rolle gespielt, hier verbrachte er nach der Novizenzeit von Luoyang und der erzwungenen Flucht in den Süden einige Jahre als Twen. In Xian lernte er Sprachen und verschaffte sich seinen Ruf als besonders gelehrter Buddhist, hier formulierte er sein Gesuch an den Kaiser; die Stadt war sein Ausgangspunkt für die große Reise nach Westen. Aber noch bedeutender und eindrucksvoller war sie für Xuanzang als Endpunkt, als Erfüllung seines Lebens – ich weiß, ich werde hierher noch einmal zu einer ausführlichen Recherche zurückkommen.

Die nächste große Station ist Lanzhou, Hauptstadt der Provinz Gansu. Kein Ort zum entspannten Verweilen, wie schon der erste Blick aus dem Fenster des Zugabteils zeigt. Überall große Fabriken, stinkende Schlote, Kohlestaub in der Luft und die Sonne hinter einem Grauschleier kaum zu erahnen. Die Viermillionen-Metropole am Gelben Fluss hat sich vor einigen Jahren bei einer UNO-Untersuchung einen wenig schmeichelhaften Titel eingehandelt: schmutzigste Stadt der Welt.

Noch liegen knapp achtzehnhundert Kilometer vor mir, zehn

Stunden selbst mit dem High Speed Train D2701. Zeit, mich im Zug umzusehen, die vorüberfliegende Landschaft in Augenschein zu nehmen, mit den anderen Fahrgästen ins Gespräch zu kommen. Wir tauchen ein in den langen Gaojiashan-Tunnel, dann führt die Strecke in einer eindrucksvollen Brückenschleife über den Gelben Fluss. Noch ist die Natur hier abwechslungsreich, fruchtbare Täler wechseln mit gebirgigen Strecken. Plötzlich geht es dann nur mehr bergauf, das Grün wird spärlicher, die Landschaft rauer. Wir erreichen Xining, die Hauptstadt von Qinghai, der nächsten Provinz Richtung Westen; sie liegt schon am Rande des Tibet-Plateaus, in einer Höhe von gut zweitausendzweihundert Metern. Dutzende Passagiere steigen hier um.

»They take the train to Lhasa«, erklärt eine junge Dame in der First-Class-Reihe neben mir, die meinen fragenden Blick gesehen hat und offensichtlich ihr fast perfektes Business-Englisch austesten will. »Most spectacular journey, highest altitude, over five thousand meters, world record.«

Nein, sie habe den Trip noch nicht gemacht, aber viele ihrer Freunde schwärmten davon. Tibet gelte in ihrem Bekanntenkreis als Hit der innerchinesischen Reiseziele, wegen der Landschaft, der Ruhe, der Spiritualität. Überhaupt sei Buddhismus bei Chinas junger Elite äußerst populär, inklusive Touren zu den Klöstern und Teilnahme an Meditations-Lehrgängen. »Trainingscamps für den inneren Frieden«, nennt die Dame das. Und, ja, wenn denn die Geschäftstermine und der hektische Fünfzehnstundentag wieder einmal über ihr zusammenschlagen, dann könnte sie sich einen solchen Ausflug ins Spirituelle »zum Abstand Gewinnen« und »Verjagen der bösen Geister« schon auch für sich selbst vorstellen. Sie ist Chefin eines Start-up-Unternehmens aus Schanghai, unterwegs im Land, um von Investoren Risikokapital für ihre Computerspiel-Firma einzusammeln.

Meditation ausgerechnet auf dem Dach der Welt, im umstrittenen Tibet? Dort, wo sich immer wieder Mönche aus Verzweiflung über die Demütigungen durch die KP-Chefs selbst anzünden, wo der Dalai Lama von vielen vergöttert, die Partei von vielen gehasst wird?

Ich überlege gerade, wie ich die Frage stelle, um die Dame nicht in Verlegenheit zu bringen – der Dalai Lama, von den chinesischen Politikern und Medien immer wieder als »Spalter der Nation« oder »Wolf in Mönchskutte« angegriffen, ist kein Stoff für ein Gespräch mit Fremden, schon gleich gar nicht in öffentlichen Verkehrsmitteln, wo Mitfahrer (und eventuell auch Wände) Ohren haben. Da schiebt meine Reisebekanntschaft hastig eine Erklärung nach. »Also, Tibet ist für meine Bekannten nur ein Reiseziel, die Meditation machen sie nicht auf so schwierigem Terrain, sondern meist in einem Kloster im chinesischen Herzland.« Weil sie gemerkt hat, dass mich das Thema interessiert, schreibt sie mir den Namen des derzeit beliebtesten Besuchsklosters auf. Longquan heißt es, und es liegt ihres Wissens nach nicht weit östlich von Peking.

»Sie haben dort sogar einen kleinen Roboter-Mönch gebaut, der Mantras betet und gegen eine geringe Gebühr spirituelle Fragen beantwortet«, sagt die Computerunternehmerin, und Begeisterung strahlt aus ihren Augen: ein Roboter-Mönch – wie könnte es eine bessere Synthese aus Religion, Kommerz und Hightech-Spieltrieb geben? Master Xuecheng heißt das Oberhaupt der Mönche von Longquan, und meine Handy-Recherche zeigt, dass er ein wirklich wichtiger Mann ist, Chef der staatlichen Buddhistischen Vereinigung. »Gläubige sollten nicht nur Erleuchtung durch tägliches Lernen, Meditation und Kultivierung von positiver Energie suchen«, wird der Abt zitiert, der sich als »Fan der digitalen Kommunikation« bezeichnet. »Buddhisten sollten auch mehr für die Gesellschaft tun, indem sie ihre eigenen Fortschritte in Sachen Weisheit und Menschenfreundlichkeit anderen vermitteln, auch und gerade über die neuen Medien.«

Immer wieder verwöhnen die Zugbegleiterinnen uns Fahrgäste in der First Class mit Snacks und Getränken, alles im Ticketpreis von umgerechnet neunzig Euro inbegriffen. Serviert wird nicht wie früher heißes Wasser in Thermosflaschen, sondern frisch zubereiteter Tee oder Cola aus der Dose. Und niemand packt mehr wie in alten Zeiten mitgebrachte Reisbällchen und Äpfel aus, Snacks gibt es im Speisewagen. Auch die Spucknäpfe sind verschwunden, in denen einst die zerkauten Sonnenblumenkerne entsorgt wurden. Alles ist hygienischer und geordneter als früher, aber dabei ist auch ein wenig die Stimmung unter den Reisenden verloren gegangen. Die Fahrgäste von heute scheinen, zumindest in der Ersten Klasse, weniger zu Familienbesuchen unterwegs als vielmehr auf Geschäftsreise. Sie arbeiten unterwegs auf ihren Laptops, Unterhaltungen sind die Ausnahme.

Wir erreichen den höchsten Punkt unserer Strecke: 3607 Meter. Auch das ist, wie die Broschüre vor mir festhält, ein Weltrekord, noch ein Superlativ für das nach Superlativen so süchtige China: Nirgendwo sonst erreicht ein Hochgeschwindigkeitszug solche Höhen.

Und dann kommt die Station Jiayuguan, westlicher Endpunkt der Chinesischen Mauer, letzte Bastion des kaiserlichen China. In der Ming-Zeit um das Jahr 1370 entstand hier ein Fort, das den fast ganzjährig schneebedeckten Gebirgspass am Qilian Shan bewachen sollte. Ein einsamer, gefährlicher Außenposten. Aber auch schon zu Xuanzangs Ära gut siebenhundert Jahre zuvor war in dieser Gegend Schluss mit der »zivilisierten« Welt. Hier erlebte der Mönch auf seinem Wahnsinnstrip die ersten Rückschläge, allesamt lebensgefährlich: den Verrat seines Begleiters, den Beschuss von den Wachtürmen, die Orientierungslosigkeit in der menschenfeindlichen Landschaft. Den quälenden Durst, die Verzweiflung, die er nur im Gebet überwand.

Wie sehr seine geglückte Durchquerung der Wüste einem Wunder gleicht, zeigen mir die nächsten Stunden: Da ist vom Zugfenster aus nur Sand und Geröll zu sehen, eine Mondlandschaft in gedämpften, immer gleichen Farben, Schattierungen von Grau und Gelb. Endlose Dünen, die sich auftürmen, dann abflachen. Zu Fuß, zu Pferd, zu Kamel eigentlich undurchdringlich. Weil Wissenschaftler (und nicht nur die) gegenüber Wundern skeptisch sind, hat der deutsch-ungarische Archäologe Aurel Stein zu Beginn des zwanzigsten Jahrhunderts die Gobi-Reise anhand der topografischen Aufzeichnungen Xuanzangs nachvollzogen – und sie für plausibel erklärt, als »weder übertrieben noch erfunden«. Manche Menschen, schlussfolgerte der allen Religionen gegenüber misstrauische Wissenschaftler, verfügten eben über einen unerklärlichen »Kompass des Instinkts«.

Hami war die nächstgroße Oase, die der Mönch nach seinem Leidensweg durch die Wüste erreicht hat. In dem Wüstenort hält auch mein Schnellzug; wir befinden uns inzwischen in der »Autonomen Region Xinjiang«. Nur Tibet gilt heute den Regierenden als politisch so problematisch. Xinjiang ist in den Augen der KP-Chefs eine Unruheprovinz, dabei von großer strategischer und wirtschaftlicher Bedeutung. Chinas wilder und weiter Westen grenzt – wie Tibet – an mehrere Staaten und besitzt große Bodenschätze. Und außerdem bereitet die Loyalität seiner Bürger ähnliche Sorgen: In Xinjiang sind es nicht Peking-feindliche, Dalai-Lama-freundliche Buddhisten, sondern die den Han-Chinesen fremden Muslime, viele auf Unabhängigkeit bedacht. Zu alledem befindet sich in der Region das supergeheime Atomtestgelände Lop Nor.

Am Bahnsteig drängen bunt gekleidete Marktfrauen in die zweite Klasse des Zuges, sie schleppen große Körbe mit Früchten. Hami ist im ganzen Land berühmt für seine besonders wohlschmeckenden Wassermelonen. Zwei zugestiegene Bäuerinnen schneiden für die Mitreisenden einige ihrer Früchte auf, reichen uns ein Stück. Noch einmal zwei Stunden unwirtliche Landschaft, die vorüberfliegt, nach der Gobi nun die Taklamakan, die »Wüste ohne

Wiederkehr«. Draußen tobt jetzt einer dieser schlimmen Sandstürme, die hier so häufig vorkommen. Die Strecke ist kilometerlang mit hohen Schutzzäunen abgesichert, vor einigen Jahren hat ein Wüstentornado einen der Regionalzüge in dieser Gegend aus dem Gleis geworfen. Wir fahren jetzt immer weiter in eine Talsenke, Depression total, längst haben wir den Nullpunkt der Erde hinter uns gelassen. Es ist, als fielen wir hinein in die Hitze des Weltinneren. »Hundertfünfzig Meter unter der Erdoberfläche«, sagt einer meiner Mitreisenden, stolz, als hätte er uns persönlich hinuntergegraben.

Dann – endlich – Turfan. Der futuristische Bahnhof wurde extra für die Schnelltrasse gebaut, er ist seit Ende 2014 in Betrieb, dem Tag der Jungfernfahrt des Ost-West-Expresszugs. Leider liegt er so weit außerhalb, dass nun noch eine halbe Stunde Autofahrt durch die Einöde droht. Der Sturm schüttelt den alten VW-Passat ziemlich durcheinander, der Chauffeur muss immer wieder gegensteuern. Aber der Weg durch die Wüste ist interessanter als gedacht: Überall stehen riesige Windräder, der Taxifahrer macht mich auf Solar-Panels aufmerksam, die mitten im Niemandsland Strahlen reflektieren, blinkend und blinzelnd wie die Augen von Riesen.

Erneuerbare Energie ist in China derzeit der große Schlager. Im Staatsfernsehen vergeht kein Tag, in dem ihre Bedeutung nicht gepriesen und ihre Weiterentwicklung gefordert wird, und auch die Zeitungen haben sich auf das Thema gestürzt. Das Land, das schon vor einigen Jahren zum größten Umweltverschmutzer der Welt geworden ist (wenngleich es bei der Schadstoff-Verursachung, pro Kopf der Bevölkerung gerechnet, weit hinter den USA zurückliegt), hat umgeschaltet. China ist zum Weltmarktführer in Sachen sauberer Energie geworden – es produziert zwei Drittel aller Solarzellen und fast die Hälfte aller Windturbinen, und auch bei der Stromerzeugung durch Wasserkraft ist die Volksrepublik längst uneinholbar davongezogen.

In meinem Schnellzug gibt es für ausländische Gäste die englischsprachige Tageszeitung *China Daily*, die sich auch an diesem Tag wieder einmal des derzeitigen Lieblingssujets der KP annimmt. »Kohle ist ein Auslaufmodell«, zitiert das Parteiblatt Li Junfeng, einen der Chefs der Kommission für nationale Entwicklung und Reform. »Wir reduzieren jetzt den Kohleverbrauch, Jahr für Jahr, Stadt für Stadt.« Aber selbst der optimistische Kader muss zugeben, dass das noch ein sehr langer Weg ist. Und seine Aussage stimmt nur begrenzt: Zwar hat China den Bau neuer fossiler Dreckschleudern stark eingeschränkt, aber der Kampf gegen die globale Erderwärmung wäre noch weit glaubhafter, würden chinesische Unternehmen, unterstützt von der Partei, nicht verstärkt im Ausland Kohlekraftwerke bauen. Mehrere Hundert sind derzeit geplant, in den asiatischen Nachbarstaaten, in Südamerika, in Afrika.

Wie so oft bei Kampagnen in der Volksrepublik hat auch die Initiative für saubere Energie weniger mit Idealismus und »Wir retten das Klima der Welt« zu tun, als mit handfesten weltpolitischen, sicherheitsrelevanten und ökonomischen Interessen. Die Partei hat ein Überlebensinteresse daran, die Umweltprobleme im eigenen Land in den Griff zu bekommen – sie fürchtet den geballten Zorn der Bevölkerung vor drohenden Gesundheitsschäden, sie muss Produktionsausfälle durch verunreinigte Binnengewässer und Smog kompensieren. Und sie sieht die Chance, in eine Zukunftsindustrie zu investieren und dabei auch international Punkte zu machen. China will sich als Verteidiger des freien Welthandels und neue ökologische Supermacht präsentieren, die – anders als die USA unter Präsident Donald Trump – internationale Verträge wie das Pariser Abkommen zum Klimaschutz strikt einhält.

Einen Moment lang hat der Taxifahrer das Seitenfenster heruntergekurbelt, um seinen Kaugummi zu entsorgen, und schon schlägt die trockene Hitze über uns zusammen. Die Turfan-Senke gilt, nach dem Gebiet um das Tote Meer zwischen Israel und Jordanien, als zweittiefste von Menschen bewohnte Region der Erde. Fünfzig Grad sind hier im Sommer keine Seltenheit, auch jetzt im September werden es noch um die vierzig sein. Doch das hier ist zum Glück kein amerikanisches Death Valley, kein Tal ohne Strauch und Baum. Nicht weit vom Bahnhof erkennt man in der Ferne schon das satte Grün der Oase, es lockt eine fruchtbare Landschaft mit Obstgärten: Sie machten Turfan schon in frühen Zeiten zu einem wichtigen Rastplatz für Karawanen, zu einem viel bewunderten Zentrum der Seidenstraße.

Ich habe Turfan von einem Besuch vor dreißig Jahren als ein kleines, idyllisches Weinbauerndorf in Erinnerung. Doch davon ist jetzt erst einmal nichts mehr zu sehen. Hochhäuser, moderne Straßenkreuzungen, Supermärkte prägen das Bild. Auf den ersten Blick eine ganz normale, geschäftige chinesische Stadt, allerdings mit etwa vierhunderttausend Einwohnern keine der großen Metropolen. Ich buche mich in einem der zentral gelegenen Mittelklassehotels ein. Es ist laut und nicht gerade übermäßig charmant, aber das Bett wirkt hart und bequem, es gibt einen Getränkeautomaten. Und das Hotel liegt in der Nähe des neuen Museums. Dort möchte ich mir einen ersten Eindruck verschaffen: Was will die Partei über die Geschichte der Oase und ihrer Umgebung erzählen, was über den Mönch Xuanzang?

Gegen Vorlage des Passes darf ich als Ausländer das Museum ohne Eintrittsgeld besichtigen; vielleicht hat die Kassiererin mir aber auch als »Senior Citizen« dieses Privileg eingeräumt, in China ist es durchaus üblich, dass Menschen, die über sechzig Jahre alt sind, Sonderrechte genießen. Ich bin aber ohnehin der einzige Besucher. Zwölf Uhr – die Mittagessenszeit gilt den Chinesen als heilig. So kann ich die Hallen des Gebäudes ungestört erkunden.

Ein Saal ist den Mumien gewidmet, die in dieser Gegend ausgegraben wurden und wegen der extremen Trockenheit besonders gut erhalten sind; Archäologen konnten genetisch nachweisen, dass es sich bei manchen um Menschen kaukasischen Ursprungs handelt, Perser oder sogar Europäer, die schon im Vor-Mittelalter hierher einwanderten. Und ein noch älteres Lebewesen erregt Aufmerksamkeit: ein Dinosaurier, sein Skelett ist vollständig erhalten.

Im zweiten Stockwerk sind über tausendfünfhundert Jahre alte Kleiderreste und Papierschnitzel zu sehen; da Papier damals eine Kostbarkeit war, wurde es vielfach verwendet, für Regierungserlasse und Steuererklärungen, für Kaufbelege und Testamente. Teilweise wurde es auch in Totengewänder eingenäht – und blieb mitsamt der Mumien erhalten. So wissen wir beispielsweise von Rechtsstreitigkeiten um nicht bezahlte Kamele und kennen die Höhe der verhängten Strafen in Silbermünzen.

Eine berühmte Keramikfigur fehlt in dem Museum. Sie stammt aus der Tang-Ära des siebten Jahrhunderts, wurde in einem Grab nahe Turfan gefunden und zwischenzeitlich an das Metropolitan Museum of Art in New York ausgeliehen. »Tang Barbie« haben amerikanische Kuratoren die Statue getauft, und das nicht nur wegen der Größe von dreißig Zentimetern, die sich in etwa mit der Spielzeugpuppe vergleichen lässt. Die chinesische Barbie ist wie ihre neuzeitliche Schwester ein Mode-Statement: Sie trägt eine Hochfrisur, hat sich die Lippen rot geschminkt und präsentiert über den nachgezogenen Augenbrauen ein Blumen-Tattoo. Das erstaunlich gut erhaltene mittelalterliche Mannequin hat sich einen eleganten grünen Schal über die Schultern geworfen, der farblich perfekt mit ihrem braun-rot gestreiften Kleid und der perlenbesetzten Bluse abgestimmt ist.

Turfans Vorzeigemuseum behandelt Xuanzangs Geschichte nur am Rande – und die dramatischen Erlebnisse mit dem damaligen König, der den Mönch mit seiner Liebe überschüttete und mit allen Mitteln zum Bleiben zwingen wollte, bleiben ganz ausgespart.

Neben dem Museum ist ein Supermarkt, dort, aber auch auf dem neu überdachten Basar wird vor allem die hiesige Spezialität angeboten: Rosinen. Schon in Seidenstraßen-Zeiten galten sie als die besten der Welt. Heute sind mehr als zwanzig Sorten Rosinen im Verkauf, kleine weißlich-gelbe wie die *Wuhebai* oder haselnussgroße dunkle wie die *Manazai*. Das »Tal der Trauben« liegt etwas außerhalb der Stadt, ein Winzergebiet von acht Kilometern Länge und sechshundert Metern Breite. Es ist mein nächstes Ziel.

Die Hitze wird durch das viele Grün im Tal gemildert, überall gibt es Alleen, die von Reben überwuchert sind, schattige Plätze laden zum Probieren der Früchte ein. Leider haben die chinesischen Behörden weite Teile des Areals eingezäunt und daraus einen großzügig angelegten Vergnügungspark mit einem Weinmuseum, Führungen und Folklore-Darbietungen gemacht, stolzer Eintrittspreis neun Euro. Die stimmungsvolle Atmosphäre von früher ist, wie so häufig in der heutigen Volksrepublik, einem durchorganisierten Spektakel gewichen. Chinesische Touristen stört das nicht. Sie kommen in Busladungen und scheinen den angebotenen »Gesang und Tanz der Ethnien« wirklich zu genießen – alles läuft harmonisch zwischen den unterschiedlichen Volksgruppen und Religionen, soll die Folklore suggerieren.

Immerhin: Wenn man den Rummel hinter sich lassen will, wenn man auf einem der Eselskarren ein paar Kilometer hinausfährt, lassen sich noch einige Weinbauernhöfe finden, wo die Gärten nicht eingezäunt sind und die sonst allgegenwärtigen Souvenir- und Probierstände fehlen. Mein Fahrer hat mich zu einer dieser kleinen Farmen gebracht, sie gehört seinem Onkel Ismail.

Die Bäuerin serviert in einem idyllischen, von Reben überwachsenen Garten frische Fladen von Naan-Brot und Käse, dazu schenkt sie süßlichen Wein aus eigener Produktion ein – das Alkoholverbot, das in so vielen von Muslimen bewohnten Weltregionen gilt, ist in Turfan weitgehend unbekannt. Der Hausherr sagt, er sei verzweifelt. Lange könnten sie den Betrieb nicht mehr aufrechterhalten und müssten vielleicht auch bald auf Tourismus umstellen. »Seit uralten

Zeiten haben unsere Vorfahren von einem genialen Bewässerungs-
system profitiert, jetzt aber drohen die unterirdischen Wasserlei-
tungen auszutrocknen.«

Die *Karez*-Brunnen gehören für die Chinesen neben der Großen Mauer und dem Großen Kanal zu den »drei von Menschenhand geschaffenen Megaprojekten« und sollen demnächst auch ins
UNESCO-Weltkulturerbe aufgenommen werden. Sie sind in der
Tat ein Wunder der antiken Ingenieurskunst. Das Schmelzwasser
der Gletscher wird durch ein unterirdisches System weitverzweig-
ter Tunnel aus den Tienschan-Bergen in die Ebene geleitet, manche
der vierzig Meter tiefen Kanäle sind über zwanzig Kilometer lang.
Überall an der Strecke sind tiefe Brunnen und Gänge in die Erde
gegraben, aus denen man das Quellwasser entnehmen kann. Wie
Maulwurfshügel wirken die Aufschüttungen nahe ihren Eingängen.

Mein Gastgeber erzählt von Wissenschaftlern, die glaubten, das
Karez-System sei vor über zweitausend Jahren von Persern hier
eingeführt und dann von den turkstämmigen Uiguren – »meinen
Urvätern«, sagt Ismail stolz – perfektioniert worden. Nur so habe
Turfan zur Seidenstraßen-Metropole werden, den Durst der Händ-
ler und der Tiere stillen können.

»Wollen Sie einen der Gänge sehen?«, erkundigt sich die Bäuerin.

Gleich hinter dem Haus führt ein vertikal gegrabener Tunnel
zur Quelle. Er ist gerade breit genug, dass man mit einem Eimer
in der Hand hineinkriechen kann. »Aber das lohnt sich fast nicht
mehr«, meint die resolute Hausherrin. »Das Wasser aus den Bergen ist weitgehend versiegt, und wenn wir denn mal was herausho-
len können, riecht es komisch, wie verseucht.«

Der Bauer beginnt, ganz vorsichtig, die Politik im fernen Peking
zu kritisieren. »Ohne die vielen Ölbohrungen hier in der Region
wäre es nicht so weit gekommen«, sagt Ismail. »Und dann noch die
riesigen Industrieanlagen und Staatsfarmen, die unser Land buch-

stäblich aussaugen! Dabei propagieren die Parteioberen doch ständig den Umweltschutz.« In einer neuen Studie hat die KP immerhin zugegeben, dass nur noch jeder vierte der traditionellen Brunnen völlig intakt ist. Sie führt die katastrophale Entwicklung nicht auf eigene Bausünden durch Industrieanlagen und Ölbohrungen zurück, sondern klagt eher abstrakt »die Erderwärmung« an – dadurch seien die Gletscher in den Bergen zusammengeschmolzen.

Ein zweites großes Problem sehen Ismail und seine Frau in dem, was sie die »gezielte Überfremdung ihrer Heimat« nennen. Noch zur Gründung der Volksrepublik 1948 lebten in Xinjiang über achtzig Prozent Uiguren und andere Minderheitenvölker, in Turfan waren es sogar fünfundneunzig Prozent – und sie waren so gut wie alle Muslime. Die Han-Chinesen kamen erst später, angezogen von massiven Steuerbegünstigungen, die ihnen die Partei gewährte. Sie eröffneten Geschäfte und begannen, Banken wie Industriebetriebe zu kontrollieren, vor allem aber besetzten sie praktisch alle höheren Jobs im Verwaltungsapparat. In der Hauptstadt Urumtschi stellen sie inzwischen sogar die Bevölkerungsmehrheit; in Turfan nach der letzten veröffentlichten Statistik ein Drittel der Einwohner, aber wahrscheinlich inzwischen schon mehr.

Durch die Ausgleichszahlungen der reichen Küstenprovinzen an die ärmeren im Landesinneren ist der Lebensstandard in Xinjiang gestiegen, wie die Partei immer wieder stolz dokumentiert. Aber natürlich nahm auch die Kontrolle durch Peking und seine Statthalter zu. Ismail und seine Frau berichten von Schikanen, vor allem gegenüber Gläubigen. Die KP sieht nach Meinung der Weinbauernfamilie den Islam als »eine feindliche Religion«. Muslime würden mit immer neuen Vorschriften gegängelt, neuerdings sei es sogar verboten, seinen Sohn »Muhammad« zu nennen oder einen langen Bart zu tragen. Viele Uiguren vertrauen mir an, sie fühlten sich in der Volksrepublik China als Bürger zweiter Klasse.

Ismail weiß, dass es in Xinjiang einen militanten Widerstand gegen die KP gibt. Aber mit Islamisten wollen seine Frau und er nichts zu tun haben. Sie möchten nur in Ruhe ihren Glaubensvorschriften nachgehen, fünfmal am Tag beten, die Moschee besuchen, im Ramadan fasten. Von Übergriffen auf Polizisten oder gar politisch motivierten, auf eine Unabhängigkeit von Peking zielenden Terror hätten sie hier im Ort kaum je gehört. »So etwas mag es in Urumtschi oder Kaschgar häufiger geben, nicht bei uns.«

Haben sie Freunde unter den Han-Chinesen? Die Frage kommt ihnen seltsam vor, wie aus einer fernen, ahnungslosen, naiven Welt. Nein, nein, die Volksgruppen begegneten einander im Alltag kaum, jedenfalls nicht freiwillig. »Das ist bei uns Älteren einfach so. Mag sein, dass sich das bei der Jugend verändert«, sagt die Bäuerin. Und wie stehen sie als Muslime zu anderen Religionen? Sie wüssten von buddhistischen Riten, denen manche in den kleinen Tempeln der Stadt nachgingen, sagt der Hausherr. »Kein Problem, unsere Glaubensgruppen respektieren einander.«

Ich habe den Eindruck, die Gastfreundschaft der Winzerfamilie nun genug beansprucht zu haben. Ismail, seine Frau und mein Fahrer, der Neffe, bestehen aber darauf, mir noch eine Auswahl ihrer feinsten Rosinen mit auf den Weg zu geben. Und ohne die Trockenhäuser für die Trauben besichtigt zu haben, dürfte ich sowieso nicht gehen. Die *Chunche* sind ihr ganzer Stolz, der Clan besitzt ein halbes Dutzend davon.

Die seltsamen Bauwerke sind mir auf der Fahrt hierher schon aufgefallen, ihr Zweck erschließt sich nicht auf Anhieb. Es sind mannshohe, quadratische Schuppen aus Lehm und Ziegeln, die auf allen Seiten und Höhen merkwürdige Luftschlitze aufweisen. Von Weitem wirkten sie wie Taubenschläge oder wie Orte für ein Totenritual. Beim Eintreten in den unbeleuchteten schlichten Raum aber sehe ich dann die an langen Stangen befestigten Trauben, Tausende, Zehntausende hängen da. Durch die Luftschächte bläst der Wind und trocknet die Früchte. Vierzig Tage, dann ist die Wandlung perfekt. Die hellen, kernlosen Rosinen seien die besten, meint Ismail, und verpackt drei Handvoll für mich in eine Plastiktüte.

Noch eine letzte Frage: Kennen meine uigurischen Gastgeber denn die Tausend-Buddha-Höhlen von Bezeklik, kennen sie Gaochang, die Ruinen der alten Klöster und Paläste, in der einst Meister Xuanzang gelehrt hat? »Aber ja«, sagt die Bäuerin, und der muslimische Winzer ergänzt fast beleidigt: »Die sind nicht weit entfernt von hier, und wir betrachten sie als ein Stück auch von unserem historischen Erbe.« Sie wollen dem Neffen eine Wegbeschreibung geben. Doch der winkt nur ab. Er kennt die Orte, und er wird mich am nächsten Tag dort hinbringen.

Am Morgen fahren wir nach Gaochang, vierzig Kilometer südöstlich von Turfan. Hier, zu Füßen der Flammenden Berge, lag in früheren Zeiten das eigentliche Zentrum der Region, die riesige, mit hohen Mauern geschützte und von einem prunkvollen Palast überragte Königsstadt.

Wie ein asiatisches Timbuktu wirkt die Anlage heute, fast ganz von Wüste und Geröll verschlungen. Nur einige Tamarind-Büsche und Disteln trotzen den Stürmen und wirken wie die letzten Boten einer verlorenen Vegetation. Und verloren ging sie ja wirklich, von Sanddünen verdrängt, die sich hier über Jahrhunderte immer weiter ausbreiteten – Xuanzangs Biograf beschreibt das Tal noch als grün und fruchtbar.

Gaochang umfasst fast fünf Quadratkilometer. Will ich die äußere wie die innere Stadt und auch noch die Überreste des Palastes sehen, muss ich einen Eselskarren mieten und einen der bereitstehenden jungen Männer verpflichten, die sich als »archäologische Experten« anpreisen. Ich wähle einen Chinesen, der mit seiner Nickelbrille und dem Buch in der Hand zumindest so aussieht, als hätte er historische Kenntnisse. Zhao erweist sich als Glücksgriff; er studiert in Peking Geschichte, verdient sich hier in den Ferien, von seinen einheimischen »Kollegen« misstrauisch beäugt, als

Touristenführer Taschengeld. Und als ideal stellt sich auch heraus, dass ich schon so früh aufgebrochen bin. Kein Mensch weit und breit – ich habe die alte Metropole der Könige für mich allein.

Es gibt besser erhaltene Ruinenstädte, es gibt sicher auch künstlerisch wertvollere, raffiniertere Bauwerke. Aber als Ensemble ist dieses einsame und von seinem Klima wie von seiner Geschichte zerfurchte Gaochang eine Entdeckung. Es berührt gerade wegen seiner Ambivalenz zwischen Ausdauer und Zerfall. Die zwölf Meter hohen Stadtmauern haben im Westen und Norden heroisch der Witterung standgehalten, während andere Teile in Ost und Süd weitgehend eingestürzt sind. Die Tore mancher Paläste sind nur noch potemkinsche Fassaden, eine flüchtige Filmkulisse, wie für Hollywood in den Sand gesetzt. Aber dann überraschen mich wieder bestens erhaltene Klosterklausen und Palasträume.

Mein Führer Zhao kennt die Geschichte Gaochangs, von ihren Anfängen als Garnisonsstadt im ersten Jahrhundert bis zur prächtigen Seidenstraßen-Metropole im siebten Jahrhundert. Und er weiß auch sehr gut Bescheid über den Mönch und seine Pilgerfahrt. »Wollen Sie sehen, wo er gewohnt, wo er gelehrt hat«, fragt er, als er mein besonderes Interesse erkannt hat.

Er führt mich zu einer Zelle, die etwas größer und breiter ist als die anderen. Und das soll sein Wohnraum damals gewesen sein? »Eines seiner Zimmer«, behauptet Zhao. »Er hatte ja eine ganze Etage zur Verfügung. Und seine Vorträge hielt er meist im Palast oder im großen Kloster, dort, in der Nähe des Stupas.« Er zeigt auf einen ziemlich gut erhaltenen Bau von imposanten Umrissen.

Ich setze mich einen Moment, lasse vor meinem geistigen Auge die Szenen vorbeiziehen, die sich hier, oder jedenfalls ganz in der Nähe von hier, im Jahr 629 abgespielt haben.

Wie Xuanzang erschöpft nach der lebensgefährlichen Wüstendurchquerung ankommt, überrascht vom Fackelzug und vom begeisterten Empfang durch die Herrscherfamilie; wie die Begeisterung des Königs über ihm zusammenschlägt und dessen fordernde Zuneigung langsam zu einem Problem wird; wie höflich er zunächst der Aufforderung widersteht, am Hofe zu bleiben und als eine Art Religionsminister zu dienen; wie entrüstet, aber immer noch verständnisvoll er das Angebot ablehnt, die schöne Königstochter zu ehelichen, und sich dann nicht mehr anders zu helfen weiß, als in den Hungerstreik zu treten, auch auf die Gefahr hin, wegen Majestätsbeleidigung im Gefängnis zu landen. Und wie der Monarch dann kurz vor dem drohenden Tod seines Gastes nachgibt, ihn zum Blutsbruder macht und für seine Weiterreise großzügig mit Kleidung, Goldmünzen und Empfehlungsschreiben ausstattet.

Ein Satz des Biografen Huili ist mir wegen seiner ungewöhnlichen Theatralik im Gedächtnis geblieben, er lässt den tränenreichen Abschied ahnen. »Der Meister umarmte den König, sein Gefolge und die Mönchsdelegation – und ihre Schmerzensschreie hallten im Wüstenhimmel wider.«

Ich breche auf, als gerade der erste Kleinbus mit Touristen in Gaochang hält und einige ängstlich blökende Schafe vertreibt, die sich irgendwie hierher verirrt haben. Bleibt mir nur noch das Wiedersehen mit Bezeklik. Die Tausend-Buddha-Höhlen habe ich von meinem letzten Besuch als besonders pittoresk in Erinnerung.

Schon der Weg dahin ist ein Erlebnis. Er führt durch die Felslandschaft der Flammenden Berge. In der Abendsonne wirkt es wirklich so, als wolle die Landschaft Feuer fangen, alles erstrahlt in Tönen von Hellrot über Karmesinrot bis Burgunderrot und Blutrot. Die Grotten liegen am oberen Rand einer Steilwand, wie Bienenwaben hineingehauen in die schroffen Felsen, die das enge Mutou-Tal überragen. Nur eine Handvoll Besucher aus Japan und Thailand hat sich an diesem Spätnachmittag hier eingefunden, sie spielen gelangweilt mit ihren Handys. Drei mongolisch aussehenden Mönche, wetterzerfurchte Gesichter, das Safran ihrer Kutten ausgebleicht, versinken dagegen angesichts des heiligen Ortes in tiefe Andacht.

Ich kann meine Bezeklik-Begeisterung von damals nicht mehr ganz nachvollziehen. Nur wenige Wandmalereien und Figuren in den sechzig zugänglichen Höhlen sind deutlich zu erkennen, Buddha-Figuren wurden reduziert auf ihre Torsos, in den allermeisten Grotten gähnt eine bilderlose, nackte Wand. Die Künstler, die hier vom fünften bis neunten Jahrhundert großartige Porträts persischer Mönche und uigurischer Prinzessinnen schufen, müssten in Tränen ausbrechen, sähen sie die Verluste. Verantwortlich für den kulturellen Kahlschlag, ja für das kulturelle Verbrechen, das sich hier abspielte, waren in erster Linie die »großen« europäischen Archäologen, die sich hier gegen Ende des neunzehnten Jahrhunderts einen Wettkampf um die wertvollsten Schätze lieferten. Man könnte auch sagen: um das attraktivste Diebesgut. Denn keiner der ausländischen Experten dachte auch nur daran, die Kunstwerke vor Ort zu bewahren, sie wollten sie in die Heimat schaffen. Die Chinesen verachten diese Forscher deshalb bis heute als »die fremden Teufel von der Seidenstraße«.

Als Haupttäter in Bezeklik wirkte der Deutsche Albert von Le Coq, der mit seinem Team den englischen, japanischen und russischen Expeditionen zuvorkam. Er sägte die besten Fresken aus der Wand und ließ sie, in Hunderte Kisten verpackt, nach Berlin transportieren. Der Sohn eines reichen Weinhändlers aus Darmstadt, der erst spät und aus Abenteuerlust zur Archäologie fand, sah sich als Retter dieser Kunstschätze, als Wohltäter der Menschheit. Er behauptet in seinen Lebenserinnerungen, ohne ihn wäre die Anlage verschüttet geblieben, wenn nicht durch die damaligen politischen Wirren Turkestans dem Untergang geweiht. Selbstzweifel hat Le Coq nie gekannt. Nur einmal überfiel ihn in Bezeklik die Angst, da tauchten Wölfe auf und schlichen die ganze Nacht heulend um die Höhlen herum, als wollten sie die Schätze bewachen und vor den Fremden schützen.

Die meisten der abgesägten Kunstwerke befinden bis heute in

Berlin; sie werden, nachdem sie lange im »Turfan-Saal« von Dahlem ausgestellt waren, ab 2019 auf der neu gestalteten Museumsinsel zu sehen sein. Es wäre eine Überlegung wert, ob nicht für Chinesen – und Uiguren – der Eintritt frei sein sollte.

Nach meinem Rundgang durch die Tausend-Buddha-Höhlen werfe ich noch einen Blick in den Andenkenladen nahe dem Ausgang. Meist sind solche Geschäfte nur uninteressante Touristenfallen für Plastikschmuck, Postkartenkitsch und religiös verbrämten Schnickschnack. Aber dieser Laden hier, das sehe ich auf den ersten Blick, ist etwas Besonderes.

Neben den üblichen Devotionalien, den dickbäuchigen Glücksbuddhas in Holz, Kupfer und Granit sowie den unvermeidlichen Ketten und Armbändern und Schlüsselanhängern, stehen hinten in einem Regal erstaunliche Stücke: Statuen in verschiedenen Größen, allerdings viel zu hoch und schwer für mich zum Weitertransport. Es gibt den Erleuchteten in vielen Positionen: im *Prayakasana*, dem Diamantensitz; stehend mit der *Smadhimudra*, der Meditationsgeste; im *Abhayamudra*, der Schutzgeste: beide Hände erhoben, mit der Innenfläche nach außen. Ich suche nur eine kleine Figur, einen Glücksbringer, der mich auf dem langen Trip in den Fußstapfen meines Mönchs begleiten könnte. Auch Xuanzang hatte ja seinen religiösen Talisman, genau genommen sogar zwei: die Halskette mit den Gebetsperlen, das in den Wams eingenähte Lieblingssutra.

Und plötzlich sehe ich ihn, den Buddha meiner Wünsche: etwa fünfzehn Zentimeter klein, sitzend, Daumen und Zeigefinger in Höhe der Brust, mit der Haltung, die das Rad der Lehre andreht. Ich nehme ihn prüfend in die Hand, er ist nicht allzu schwer, vergoldet, die Farbe stark abgeblättert, am Arm ist ein kleines Stück Keramik abgesprungen. Ich stelle ihn schnell wieder zur Seite, widme mich anderen Stücken zu. Nur kein zu großes Interesse zeigen, das erschwert die Verhandlungen. Aber es ist zu spät. Die Alte, der dieser Laden zu gehören scheint, hat mich aufmerksam gemustert. Auch einer jungen, etwa zwanzigjährigen Frau, die gerade etwas verpackt und die offensichtlich zum Geschäft gehört, ist mein Interesse für den kleinen Buddha nicht entgangen.

Die grauhaarige Chinesin mit den wachen, überallhin wandernden Augen murmelt etwas auf Mandarin. Die andere, die sich als ihre Enkelin vorstellt, übersetzt ins Englische. Das Feilschen kann beginnen.

»Toothless-Grandma sagt, Sie haben einen ganz besonders wertvollen Buddha entdeckt«, lobt mich die Junge. »Die Figur wurde von Boten des Kaisers hierhergebracht, und man hat sie erst vor Kurzem in einer der Höhlen unter einer Lehm- und Staubschicht gefunden. Tang-Dynastie, siebtes Jahrhundert. Weil wir heute erst so wenig verkauft haben, machen wir Ihnen einen Sonderpreis: achthundert Yuan.«

Wäre das die Wahrheit, könnte schon Xuanzang diesen Buddha in der Hand gehalten haben, und ich würde mich mit dem Kauf einer solchen Antiquität strafbar machen, sie jedenfalls nicht ausführen dürfen. Aber natürlich ist die Altersangabe ein Scherz, der mich herausfordern soll. Und der Preis mit hundert Euro viel zu hoch.

»Eher Xi-Jinping-Dynastie, frühes 21. Jahrhundert«, sage ich. »Der Buddha wurde hier kürzlich hergestellt und dann in der Erde vergraben, damit die Figur antik aussieht.«

Zahnlos-Oma und ihre hübsche Enkelin lachen. Der Bann ist gebrochen. Der Rest der Verhandlung besteht für beide Seiten nur noch darin, bei dem Geschäft nicht das Gesicht zu verlieren. Über einen Zwischenschritt gehen die beiden Damen auf vierzig Euro herunter. Vermutlich immer noch zu viel, aber ich will den Buddha unbedingt haben. Als Souvenir, als Erinnerung an Turfan. Und als Glücksbringer für die weitere Reise. Wir schlagen ein.

KAPITEL IV

Bischkek, Kirgisistan:
Die »Neue Seidenstraße« und der Traum
von der Freiheit

Der Affenkönig hat gerade mal wieder Panik im Himmel verbreitet, und die Götter sind so erzürnt, dass sie ihn in einen Backofen sperren – soll er doch verbrennen, der ewige Unruhestifter. Aber *Monkey* wäre nicht *der Monkey*, Herrscher aller Primaten und cleverstes Tier unter der Sonne, wüsste er keinen Ausweg. Mit seinen übernatürlichen Kräften gelingt es ihm, sich in einen Sturm zu verwandeln, das Feuer auszublasen und der Falle zu entkommen. Bei dem Fluchtversuch stürzen einige brennende Holzscheite auf die Erde, wo sie weiterglimmen. Daraus entstanden, so weiß der fantastische Roman *Reise in den Westen* zu berichten, die Flammenden Berge am nördlichen Rand der Taklamakan-Wüste. Und der chinesische Klassiker verrät auch, wie der Affenkönig den geschwächten Mönch Sanzang (Xuanzang), dessen Schicksals er sich angenommen hat, über das schwierige Gebirge näher zu seinem Traumziel im Buddha-Land bringt: Er schwingt sich in die Lüfte und nimmt den Pilger Huckepack.

Auch mir ist nach Fliegen zumute, die langen Eisenbahnstrecken stecken noch in den Knochen.

Turfan hat keinen Flughafen. Aber von Urumtschi, der Hauptstadt der Autonomen Region Xinjiang, gibt es mit China Eastern Airlines Verbindungen bis an die chinesische Grenze, bis zum Fuß

117

der Pamir-Pässe nach Zentralasien. Jetzt muss ich nur noch nach Urumtschi kommen. Mein freundlicher Taxifahrer macht mir einen guten Preis. Und so brettern wir mit Höchstgeschwindigkeit, immer wieder von bedrohlichen Windböen an die Seiten der Autobahn geschoben, in einem Toyota durch die Wüste. Gut zweihundert Kilometer geht es durch eine trostlose Landschaft, aus der Senke unter dem Meeresspiegel hinauf auf achthundert Meter. Die einzige Abwechslung in der menschenleeren Einöde sind riesige, Energie spendende Windräder, die sich surrend drehen. Sie wirken wie überdimensionale Spielzeuge, wie Zahnstocher, die sich ein Riese ausgedacht, in den Boden gerammt und dann dort vergessen hat.

Schon von Weitem sieht man die Ausläufer der großen Stadt. Dreieinhalb Millionen Menschen leben in ihrem Einzugsgebiet, petrochemische Fabriken und Stahlwerke verpesten mit ihren ätzenden Industrieabgasen die Luft. Das Schmelzwasser der nahen Gletscher hält den Ort am Leben, *Urumtschi* bedeutet in der Sprache der mongolischen Dschungaren-Stämme, die hier lange herrschten, »schönes Weideland«, doch von dem einstigen Grün ist hier kaum mehr etwas zu sehen. Graue Hochhäuser, so weit das Auge reicht. Alles ähnelt anderen chinesischen Megacitys, und doch zeichnet dieses Urumtschi eine Besonderheit aus: Es ist, umgeben von endlosen Steppen, Wüsten und Gebirgszügen, die Binnen-Stadt der Welt schlechthin, der Ort, der weiter von einem Meer entfernt liegt als alle anderen. Fast zweitausendfünfhundert Kilometer Luftlinie.

Urumtschi wurde auch noch anderweitig bekannt, in einem traurigen, in einem terroristischen Kontext: Mitte Juli 2009 kam es hier zu schlimmen Ausschreitungen. Fast zweihundert Menschen verloren ihr Leben, als sich uigurische Demonstranten nach Übergriffen der Polizei blutig an den Sicherheitskräften rächten und sich mit Han-Chinesen tagelang Straßenschlachten lieferten. Seither hat man auf den Plätzen und Kreuzungen der Stadt mehr als vierzigtausend Überwachungskameras eingerichtet, aufkommende Proteste ersticken die Ordnungshüter im Keim, Schnellgerichte verurteilen »Unruhestifter« zu langjährigen Haftstrafen, schon das Vorzeigen eines Protestplakats genügt für das Abschieben in Arbeitslager. Und immer neue Einwanderungswellen drängen die Einheimischen immer mehr in den Hintergrund; selbst nach offiziellen staatlichen Statistiken leben in der Hauptstadt der Uigurenregion nur noch dreizehn Prozent Uiguren.

»Ich könnte weinen«, sagt mein Fahrer Bulmis, als ich ihn darauf anspreche. »Reden wir über ein anderes Thema, denn dazu fallen mir nur Kommentare ein, die mich politisch in Schwierigkeiten bringen. Reden wir beispielsweise über meine Nichte, der steht eine große Karriere als Tänzerin bevor.« Und er zeigt mir an der nächsten roten Ampel auf einem Handy das Foto eines bildhübschen Mädchens in einem bunten Fantasiekostüm. »Du wirst sie heute Abend auf der Bühne sehen. Achte auf die Dritte von links in der vordersten Reihe!«

Bulmis bringt mich in ein Hotel im Zentrum, das zu irgendeiner der großen internationalen Ketten gehört und den üblichen, nicht unwillkommenen Viersterneluxus bietet. Ich habe einen Nachmittag und einen Abend in Urumtschi – und beide stehen ohne besondere Vorausplanung, sozusagen automatisch, unter dem Zeichen der »Neuen Seidenstraße«. Ein Begriff, eine Idee, die jeden überall in China verfolgen, und ganz besonders hier im Wilden Westen des Landes. Die Neue Seidenstraße ist Thema der Ausstellung im Staatsmuseum von Xinjiang und steht auch im Zentrum der aktuellen Aufführung im Großen Theater von Urumtschi, für die mir Bulmis Karten reserviert hat. Die Neue Seidenstraße, auch unter ihrem chinesischen Namen »Yidai Yilu« oder dem englischen Kürzel »One Belt, One Road« bekannt, ist ein Projekt von ungeheuren Ausmaßen und immenser historischer Bedeutung – es sprengt im wahrsten Sinn des Wortes alle Grenzen.

Das Xinjiang-Museum zeigt in einer Sonderschau, worum es geht. Begonnen hat die Wiedergeburt der berühmtesten antiken Handelsroute mit einer Rede des Präsidenten Xi Jinping im Herbst 2013, als er zum Staatsbesuch in Kasachstan war und die alten Zeiten beschwor, die Glanzzeiten der Silk Road, die Pracht der Tang-Dynastie. »Wenn ich an dieses Zeitalter zurückdenke, dann kann ich das Echo der Kamelglocken hören, wie es von den Bergen hallt«, sagte der sonst so nüchterne Politiker in einer schwärmerischen, geradezu poetischen Anwandlung. »Man kann die Rauchschwaden der Feuer sehen, die nachts die Händler in der Wüste entfachten.«

An diese Glanzzeiten wolle er jetzt anknüpfen, das sei seine Vision. Die alten Verbindungswege zwischen China, Zentralasien und Europa müssten wiederbelebt, neue nach Afrika und an den Indischen Ozean geschaffen werden: Schienenstränge für Züge, Autobahnen für Lastkraftwagen, Häfen für Schiffe, Pipelines für den großen Energietransfer. Das Panorama reicht von Tadschikistan bis in die Türkei, vom Iran bis Italien, von Sri Lanka bis Spanien, von Pakistan bis Polen, von Kasachstan bis Kenia, und zwei Eisenbahnstrecken führen von China auch direkt nach Deutschland, sie sind schon in Betrieb, die früheren Transportzeiten halbiert: Zhengzhou–Hamburg, Chongqing–Duisburg. Etwa sechzig Staaten sollen an dem gigantischen Vorhaben beteiligt sein, sollen davon profitieren, gut die Hälfte der Menschheit.

Seitdem kommt kaum mehr eine Rede Xi Jinpings ohne Bezug auf sein Lieblingsprojekt aus. China hat dafür die unglaubliche Summe von neunhundert Milliarden Dollar vorgesehen – seit dem Marshall-Plan, mit dem die USA nach dem Zweiten Weltkrieg Westeuropa wieder auf die Beine halfen (und damit auch ihren Einfluss sicherten), hat es ein Investitionsprogramm dieses Ausmaßes nicht mehr gegeben. Im Mai 2017 lud die chinesische Führung zu einem Seidenstraßen-Gipfel nach Peking, und fast alle kamen: Wladimir Putin flog ein, der türkische Präsident Recep Tayyip

Erdoğan war ebenso dabei wie sein philippinischer Amtskollege Rodrigo Duterte oder Äthiopiens Premier Hailemariam Desalegn; Deutschland schickte die damalige Wirtschaftsministerin Brigitte Zypries. Selbst die Amerikaner, offiziell nicht involviert und dem Projekt gegenüber sehr skeptisch, ließen sich durch eine Beobachterdelegation vertreten.

Außen vor blieb nur Indien, ausgerechnet Indien, das Xi so gern als Partner gesehen hätte. Das Land, mit dem sich China durch den Buddhismus verbunden fühlt, das mit dem Mönch Xuanzang einen gemeinsamen Helden verehrt. Premier Narendra Modi sagte im letzten Moment ab – er fürchtete, so hieß es hinter den Kulissen, bei der Konferenz von den Chinesen dominiert zu werden.

Geschickt verwebt die Ausstellung im Museum von Urumtschi die Vergangenheit mit der Zukunft. Zu sehen ist die Kunst von Jahrhunderten blühenden Handels, Schmuckstücke, Vasen, frühe Verträge: Schätze der legendären Landverbindungen vom Reich der Mitte nach Europa. Ein Schwerpunkt der Ausstellung liegt auf der »Maritimen Seidenstraße«, vielleicht faszinieren die Weltmeere hier, in der von Landmassen eingeschlossenen, küstenfernsten Großstadt der Welt, ganz besonders. Erzählt wird anhand von zahlreichen Exponaten die Geschichte vom Anfang des 15. Jahrhunderts, als China schon einmal eine riesige Flotte in See stechen ließ, bis zu dreihundert Boote soll die Armada umfasst haben, sechzig davon waren »Schatzschiffe«, die größten je aus Holz gebauten Segler. Und ausgestattet waren sie laut zeitgenössischen Berichten mit *huo-yao*, der »Feuerdroge«; wahrscheinlich sind damit Vorrichtungen zum Abschießen entzündbarer Pfeile gemeint oder, wie manche Forscher meinen, auch schon funktionstüchtigen Kanonen.

Etwa dreißig Jahre lang beherrschten die Chinesen unter dem Kommando des Hofeunuchen und begnadeten Kapitäns Zheng He die Seewege, erreichten Indien, die Ostküste Afrikas, den Golf von

Aden. Die Schatzschiffe transportierten, ähnlich wie die Karawanen, Seide und Gewürze, Papier und Porzellan. Lokale Führer erhielten die Luxusgüter als Geschenk; von ihnen wurde allerdings erwartet, dass sie sich erkenntlich zeigten und als Zeichen der Unterwerfung dem Mandatsherrn des Himmels Tribut zollten. Chinas Rückzug von den Meeren um das Jahr 1435 wurde dann durch keine externe Macht erzwungen. Die Ming zogen sich aus freien Stücken zurück, sie setzten nach Naturkatastrophen ihre knapper werdenden Finanzen für Projekte im eigenen Land ein, verschrotteten nach und nach ihre prachtvolle Flotte. Sie glaubten wohl auch, der Rest der Welt habe ihnen nichts mehr allzu Attraktives zu bieten, der Kontakt zu fremden Mächten und die einsetzende Globalisierung könnten ihnen gefährlich werden.

Die Renaissance der »Maritimen Seidenstraße« ist verbunden mit dem heutigen Anspruch der Volksrepublik China, auch auf den Weltmeeren eine Supermacht zu sein. Großformatige Fotos in den Ausstellungsräumen sollen das beweisen. Peking investiert in Flugzeugträger und baut seine Stützpunkte auf den international umstrittenen Inselgruppen im Südchinesischen Meer aus. Vor allem aber kümmert sich die KP-Führung um den Ausbau neuer, militärisch nutzbarer Tiefseehäfen – von Hambantota in Sri Lanka bis Gwadar in Pakistan, was vor allem Chinas großen asiatischen Rivalen besorgt. »Der Drache hat den Indischen Ozean erreicht«, schreibt die *Indian Times* in einem Leitartikel dieser Tage. Und China übernimmt auch in Nahost und in Europa Mehrheitsanteile an bestehenden Hafenanlagen – von Haifa über Piräus bis Klaipeda in Litauen. Wer als Pate für die expansive Strategie dienen soll, zeigt die Ausstellung unmissverständlich mit Schautafeln und immer neuen Beispielen historischer Verklärung – es ist der einstige Superkapitän und Welteroberer Zheng He.

Von Gefahren der Globalisierung ist längst nicht mehr die Rede: China sieht die Vernetzung der Welt vor allem als Chance. Xi hat zur Finanzierung des gigantischen Vorhabens sogar die Gründung eines eigenen Geldinstituts initiiert. An der Asiatischen Infra-struktur-Investitionsbank (AIIB) beteiligten sich im Juni 2015 auch Frankreich, Großbritannien und Deutschland – fast jeder will eben dabei sein, wenn China etwas Großes plant.

So wichtig der Seehandel ist, zentral bleiben die Überlandrouten. In sie wird bei dem Megaprojekt »Neue Seidenstraße« das meiste Geld gesteckt. Die ausgebaute Eisenbahnstrecke über Khorgos nach Kasachstan und dann weiter nach Moskau verkürzt die Eisenbahntransporte nach Europa erheblich, Fernstraßen nach Pakistan und Kirgisistan werden zu steuerbegünstigten »Sonderwirtschaftszonen« und »ökonomischen Korridoren« ausgeweitet; nach Tadschikistan und Russland sind gigantische Pipelinestrecken für Erdöl und Erdgas geplant. Wenn auch einige Routen die Wege der »alten« Seidenstraße nutzen oder in etwa geografisch nachzeichnen, haben die meisten der jetzt geplanten oder in jüngster Zeit schon verwirklichten Handelsrouten nur mehr wenig mit der Vergangenheit zu tun. Und doch kommt die chinesische Führung nicht nach, den Mythos zu beschwören – wie abends bei der Show mit dem Titel »Back to the Silk Road«, zu der mir mein Fahrer eine Eintrittskarte besorgt hat.

Das Theater von Urumtschi ist das passende Ambiente für jede Form von Pomp und Größenwahn. Das erst kürzlich fertiggestellte Gebäude gleicht mit seiner eigenwilligen Architektur einem riesigen gelben Kürbis, der sich, als sei er gerade mit einem Messer angeschnitten, zu einer Seite öffnet. Unser Musical in sechs Akten ist bis auf den letzten Platz ausverkauft, Bulmis hat mir durch seine Beziehungen einen Platz in der ersten Reihe verschafft – so nah, dass ich viele der Tänzerinnen genau beobachten kann; jedenfalls diejenigen der dreihundert, die vorne auf der Bühne stehen und laut Programmheft aus sechs Nationen stammen. Wenn seine Nichte wirklich die »Dritte von links« ist, wie er mir eingetrichtert hat, dann war sein Blick nicht familiär getrübt. Denn die junge Dame gehört mit ihren langen, zu schwarzen Zöpfen gebundenen Haaren und den gekonnten Pirouetten wirklich zu den Hübschesten und Begabtesten im Ensemble.

Die Aufführung zeigt die Geschichte der Seidenstraße in sechs Akten, ein großes Spektakel mit farbigen Kostümen, Ballett- und Tanzeinlagen, nachgestellt werden dramatische Raubüberfälle und Heldentaten, Karawanenzüge und einsame Wüstendurchquerungen – auch der Mönch Xuanzang hat einen kurzen heroischen Auftritt. Jede der einzelnen Episoden wird von China dominiert, die Herrscher des Reiches der Mitte bringen den anderen Völkern entlang der Handelsrouten ihre überlegene Zivilisation, und das ist – so wird suggeriert – immer eine harmonische, für alle Seiten profitabel verlaufende Geschichte. Die Show endet in einer Licht- und Feuerorgie, untermalt von tosenden Klängen. Die Zuschauer sind begeistert. Und wer es immer noch nicht begriffen hat: Im Foyer liegen Broschüren aus, in denen Xis Vision von der Wiederbelebung des Mythos als »zentrales Ereignis unseres Jahrhunderts« gefeiert wird.

Doch worum es Peking beim Seidenstraßen-Revival wirklich geht, bleibt verschwommen. Will die Führung der Volksrepublik die nahen und weiten Nachbarn nur selbstlos wirtschaftlich fördern, die Welt »zusammenbringen«, wie es in der Propaganda heißt? Brauchen Chinas Unternehmen die forcierte Globalisierung, um ihrer stotternden Wirtschaft zu helfen und um neue Exportwege für die Überproduktion von Gütern zu schaffen, die sich auf dem gesättigten Binnenmarkt nicht mehr losschlagen lassen? Oder geht es gar darum, möglichst viele Staaten mit Krediten abhängig zu machen, die Vorherrschaft des Westens zu brechen, zur neuen, unumstrittenen Nummer eins zu werden – um Neokolonialismus, um ein Welteroberungsprogramm?

Und welche Rolle spielt dabei die »Soft Power«, der von Pekings

Staatsmedien oft zitierte »chinesische Traum«, den es in die Welt hinauszutragen gelte, begleitet von den Idealen des Konfuzianismus und Buddhismus?

Viele halten einen solchen philosophischen Überbau des Seidenstraßen-Projekts für Augenwischerei, für eine wenig glaubwürdige Verkaufsmasche. Aber nicht überall sieht man das so. Im *Kashmir Monitor* etwa schreibt der besorgte Autor Y. P. Stobdan: »Indiens schlimmste Befürchtungen werden wahr, China entwickelt mit dem Konzept der Neuen Seidenstraße so etwas wie einen Plan für eine Globalisierung unter buddhistischen Vorzeichen. Xi Jinping benutzt die Religion, um überall auf der Welt für seine politischen Ziele moralische Legitimation zu erhalten – ökonomisches Gewicht wird zur spirituellen Macht, und umgekehrt. Indien aber, das Kernland des Buddhismus, macht nichts aus diesem Vermächtnis.«

Bei meiner Xuanzang-Nachreise werde ich in einigen Staaten Zentralasiens und natürlich auch im buddhistischen Herzland nachprüfen können, wie Chinas Charme- und Scheckbuch-Initiative ankommt – und ob dabei nur der Kreditrahmen für Investitionen oder auch der spirituelle Aspekt eine Rolle spielt.

Ein Hoteltaxi bringt mich am nächsten Tag um die Mittagszeit zum Flughafen. »International Airport« steht in großen Lettern am neuen Flughafengebäude, und im Gegensatz zu meinen früheren Reisen, als hier nur innerchinesische Routen bedient wurden, ist diese Bezeichnung heute angemessen. Urumtschi ist zu einem regionalen Drehkreuz geworden: Es gibt Verbindungen in alle Nachbarstaaten, und fast monatlich wird die Frequenz erhöht, obwohl das vom Verkehrsaufkommen nicht immer berechtigt scheint. Die Flüge der Airlines, von »China Southern« bis »China Eastern«, werden kräftig von Peking bezuschusst – auch das ein Ergebnis der Bemühungen um die Neue Seidenstraße.

Ich könnte also, ähnlich wie die Märchenfigur des Affenkönigs in der *Reise nach Westen*, alle hohen Berge Zentralasiens Richtung

Indien überfliegen. Aber ich will ein Gefühl für die tatsächliche Reise des Mönchs entwickeln, wenigstens einige seiner Strapazen erahnen, wenn schon nicht bei einer Wüstendurchquerung zu Fuß und auf dem Pferderücken, dann doch beim Aufstieg zu den hohen Bergen des Tienschan.

Der annähernd viertausenddreihundert Meter hohe Bedel-Pass, den Xuanzang mit seinen Begleitern im Jahr 630 nahm, ist seit vielen Jahren gesperrt. Es gibt derzeit nur zwei Landrouten, die von China nach Zentralasien führen und befahrbar sind: der südlichere Irkeschtam-Pass und der nördlichere Torugart. Ich habe mir den Torugart ausgesucht; er liegt viel näher an der Route des Pilgers und kommt ihr von der Höhe (3752 Meter) und dem schwierigen Terrain am nächsten. Ausgangspunkt für die Bergstraße ist die berühmte Seidenstraßen-Metropole Kaschgar, das Ziel meiner heutigen Reise mit dem Airbus von »China Southern«.

Der Flug dauert fast zwei Stunden. Zeit genug, aus dem Fenster das unendlich weite, menschenfeindliche Gelände genau zu betrachten. Da unten irgendwo ist Xuanzang von Räubern überfallen worden, bevor er die Oase Kucha mit ihren frivolen Tänzerinnen, den Gourmetrestaurants, den prächtigen Wandmalereien erreichte: die lockersten Buddhisten ihrer Zeit. Da unten irgendwo ist er, ausgestattet mit einem Übermaß an Selbstbewusstsein und Ungeduld, Richtung der hohen Berge losgezogen. Viel zu früh, noch im April, als es stürmte und die Sonne noch lange nicht genug Kraft besaß, um in den schwindelerregenden Höhen die schlimmste Kälte zu vertreiben.

Der Airbus verlässt jetzt seine Reisehöhe und setzt zum Landeanflug auf Kaschgar an. In der Ferne kommen riesige Gletscher in Sicht, und majestätische Gipfel stoßen durch die Wolkendecke. Plötzlich neue Farben: Das sandige Gelb, das Geröllgrau weicht dem frischen Grün einer Oasenlandschaft. Der Flughafen Kashi kommt in Sicht, in einem fruchtbaren Hochtal gelegen.

Xuanzang hat dieses Kaschgar erst auf seiner Rückreise aus Indien gesehen und ausführlich beschrieben. So will auch ich es halten, deshalb benutze ich die Stadt diesmal nur als Ausgangspunkt für die Reise in die Berge. Aus den Traveller-Foren im Internet, wo sich Rucksacktouristen über besonders »exotische« und schwierige Wegstrecken austauschen, habe ich erfahren, dass der Torugart-Pass als Albtraum gilt. Zwar existiert eine Busverbindung bis ins kirgisische Bischkek, aber die ist Einheimischen vorbehalten. Wer als Ausländer die Fahrt auf eigene Faust organisieren will, braucht einen »Sponsor«, der für ihn die Ausreise aus der Volksrepublik China und die Einreise in die »Kyrgyz Respublikasy« organisiert. Freunde haben das für mich im Voraus so geplant. Treffpunkt ist das Chini Bagh Hotel im Zentrum der Stadt. Es liegt auf dem Gelände des früheren britischen Konsulats, das wie so vieles hier eine besondere Geschichte hat: Es ist von Legenden umwoben, der Autor William Dalrymple hat ihm mit seinem Buch *In Xanadu* auch ein literarisches Denkmal gesetzt.

Nach einer Übernachtung geht es am frühen Morgen los. Früher Morgen heißt hier zehn Uhr, und dass die Sonne da erst gerade aufgegangen ist, hat seine besonderen chinesischen Gründe. Die KP-Führung in Peking wollte von Anfang an auch mit Äußerlichkeiten demonstrieren, wie wichtig ihr der nationale Zusammenhalt ist, auch mit einer gemeinsamen, für alle Regionen der Volksrepublik geltenden Einheitszeit. Geografisch gesehen, müsste China von der östlichsten Großstadt Harbin bis zum westlichen Kaschgar in fünf unterschiedliche Zeitzonen unterteilt sein (wie das etwa gleich große Kanada, auf dem Gebiet Russlands muss man die Uhr sogar elfmal umstellen). Dass die »Beijing-Time« für die Bewohner Xinjiangs im Alltag unpraktisch ist, scheint in der fernen chinesischen Hauptstadt keiner bemerkt zu haben. Oder es interessiert die Politiker in der Zentrale nicht.

Tatsächlich wartet mein Fahrer schon pünktlich zur nachtschlafenden Zehn-Uhr-Zeit vor dem Hotel. Ich teile mir den Toyota Land Cruiser mit einem italienischen Ehepaar, was den saftigen Fünfhundert-Dollar-Preis für die Route über die Berge erfreulich reduziert. Vorbei an schlanken Pappeln, vorbei an Gräbern, die an die Opfer des schwierigen Straßenbaus erinnern, hat die Fahrt bald nur noch eine Richtung: aufwärts. Die Trasse ist asphaltiert und breit, der Verkehr heftig; allerdings nur in Richtung Zentralasien, ganz wenige Autos und Lkws kommen uns entgegen.

Das Wetter verändert sich. Nebelschwaden verhüllen die Berge, es wird kühler, nasskalt. Und als wir uns nach dreistündiger Fahrt dem Pass nähern, beginnt es tatsächlich zu schneien, die Eisgipfel verschwinden ganz aus dem Blick, die Sicht geht gegen null. Unser Fahrer aber ist nicht beunruhigt, Schneegestöber im September, erzählt er uns in seinem gebrochenen Englisch, das sei hier normal.

Die Gletscher, der Schnee, der Temperaturabfall – Xuanzang hat es hier im Tienschan viel schlimmer erwischt als uns in dem beheizten Geländewagen. »Die Berge sind steil und gefährlich, Eisbrocken fallen manchmal herunter und liegen quer über dem Weg, manche bis zu dreißig Meter hoch. Sieht man zu den Gletschern hinauf, werden die Augen von grellem Widerschein so stark geblendet, dass man sich abwenden muss.« Xuanzang und seine Gefährten brauchen sieben Tage, bis sie schließlich völlig erschöpft den Bedel-Pass erreichen, und der Mönch muss nicht nur wegen des gleißenden Lichts die Augen abwenden, sondern auch aus Trauer: Er verliert ein Drittel seiner Begleiter und eine große Anzahl von Tieren, muss die Entkräfteten hilflos ihrem Schicksal überlassen. Es ist die schlimmste Erfahrung seiner ganzen Reise. Und er weiß: Er trägt durch seinen überhasteten Aufbruch eine Mitschuld.

Auf uns warten nur lästige Wartezeiten bei verschiedenen Grenzkontrollen. Und lange Schlangen von Lkws mit chinesischen Gütern, die von hier nach Zentralasien gebracht werden. Was er denn geladen habe, frage ich mit Hilfe meines Fahrers am letzten

Stopp vor der Grenze einen der Trucker bei einer Tasse Tee und Temperaturen um die null Grad. »Die ganze Palette, von Kleidung über Elektrogeräte, die wollen und brauchen ja alles, was wir produzieren«, sagt der Mann aus Kaschgar, mit dieser für das neue China und die Neue Seidenstraße so typischen Mischung aus berechtigtem Nationalstolz und leichter Überheblichkeit. Ein anderer Trucker erzählt mir, er habe fast nur Computer und Handys und ganze Batterien Elektrochips im Frachtraum: Die neue Seide heißt Software, heißt Hightech-Hardware.

Eine Stunde vergeht, eine zweite. Aber ich vergesse die Zeit. Denn die Italiener, beide Typ rüstige Rentner auf finaler Nachhol-Reise für alles bisher im Leben Versäumte, haben Musik mitgebracht, der Fahrer legt die CD in seinen Player ein. Und schon bei den ersten sehnsuchtsvollen Klängen tauchen Bilder auf, von vergangenen Zeiten, von großer Kunst und Kultur. Ich kenne den Interpreten und seine Melodien aus den Achtzigerjahren, »Silk Road« heißt die Aufnahme des japanischen Komponisten Kitaro, die er für einen Marco-Polo-Film schrieb und die ich über die Jahre längst vergessen hatte. Was für eine Wiederentdeckung: Ich mag eigentlich New-Age-Musik nicht besonders, aber Kitaro-Klangteppiche in Vollendung verführen wirklich in ferne Welten – und sorgen für Vorfreude auf das, was an Seidenstraßen-Wundern in den nächsten Wochen auf mich zukommen wird.

Noch ein Tee, noch eine Stunde. Schließlich findet sich ein gnädiger Zöllner, der uns an den Lastwagen vorbeiwinkt, deren Wartezeiten nach Aussagen der Fahrer oft über sechs Stunden liegen. An der Grenze wird scharf kontrolliert. »Führen Sie Drogen mit, pornografisches Material?«, will der chinesische Beamte wissen, die Hände rot gefroren, der Atem wodkageschwängert – die Frage, fast wortgleich, stellt auf der anderen Seite auch der Kirgise. Dann sind die Formalitäten abgeschlossen, die Pässe gestempelt. Wir müssen die Autos wechseln, was sich als problemlos erweist: Tatsächlich hat die Reiseagentur eine nahtlose Übergabe geschafft, ein Jeep wartet auf uns auf der kirgisischen Seite.

Die Pässe über den Tienschan sind auch eine Wasserscheide, eine entscheidende Etappe auf der »Reise in den Westen«, vielleicht schon ein Teil dieses Westens. Jedenfalls endet hier damals wie heute die unmittelbare Durchsetzungsmacht der Han-Chinesen und geht über in eine Beeinflussungsmacht. Als Xuanzang über die Berge vorstieß, gelangte er in das Herrschaftsgebiet der mächtigen Turkvölker; ihr Großkhan stand mit dem Tang-Kaiser zwar auf freundschaftlichem Fuß, fühlte sich ihm aber nicht unterlegen. Er war ein Nomadenherrscher, der in seiner Machtfülle und seiner Exzentrik durchaus als Vorbote militärischer Welteroberer wie Dschingis Khan oder Tamerlan gelten kann. Der Mönch war schwer beeindruckt von seinem Feuer anbetenden Gastgeber, beschrieb ihn hin- und hergerissen zwischen Faszination, Bewunderung und religiöser Verachtung für die Saufgelage vor seinen Augen.

Die Region ist bis heute Nomadenland geblieben. Schon bald hinter der Grenze geht das Gebirge kurvenreich über in sattgrüne, wenig besiedelte Weidegebiete. Schafe sind zu sehen und Wildpferde, langhaarige Yaks zotteln wie Späthippies aus dem Tierreich über Wiesen voller dottergelber Butterblumen, über weißen Jurten steigt Rauch auf. Eine »verzauberte Zeit« hat Tschingis Aitmatow, der berühmteste Schriftsteller des Landes, die Sommer seiner Kindheit in den Hochtälern genannt. Aber nun ist schon Herbst, und die Kälte kriecht die Beine hoch.

Als wir einmal am Straßenrand halten und ins Gespräch mit einer Nomadenfrau kommen, wird schnell klar, dass das Leben in den Jurten nicht Romantik pur ist, sondern entbehrungsreicher, harter Alltag. Sie habe weder Strom noch fließendes Wasser, klagt die rotbackige Landfrau, das Wetter sei jetzt gerade noch so erträglich, sie fischten im Bach, machten Butter und Quark und heizten mit Kuh-

dung. Sie bietet uns einen Schluck Kumyz an, gegorene Stutenmilch. »Nehmen Sie, das ist gut für Ihre Gesundheit«, sagt sie und
beobachtet gespannt, ob ich mein Gesicht verziehe. Ich nehme mich
zusammen. Es schmecke köstlich, versichere ich ihr.

»Die Winter hier oben sind sehr schwierig, ich verkaufe einen
Teil des Viehbestands, ziehe ab Oktober immer in ein kleines Aus-
weichquartier in der Stadt, bevor es dann im Frühjahr wieder auf
die Weiden geht«, erzählt die Frau. Manche ihrer Bekannten würden jetzt sogar schon Jurten an Touristen vermieten, aber das sei
nichts für sie, fügt sie lachend hinzu. »Wir wissen nicht, was die
Fremden wollen. Und mein Mann ist abergläubisch. Er zähmt die
großen Adler und geht mit ihnen auf Jagd, so wie es ihm seine
Vorfahren beigebracht haben. Solche Geheimnisse darf man nicht
preisgeben.«

In Naryn trenne ich mich von den netten Italienern, die möglichst schnell in der Hauptstadt ankommen wollen, ziehe auf eigene
Faust weiter. Die Hügel von Kirgisistan haben etwas Beruhigendes,
sie laden ein zur Entdeckung der Langsamkeit. Im Gegensatz dazu
sind Provinzstädte wie Naryn oder Kochkor langweilig, lieblose
Häuseransammlungen, frei von jedem Charme. Ich mache noch einen kleinen Umweg zum Yssykköl, der den chinesischen Mönch so
tief beeindruckt hat. Nichts, was er in seinen Erinnerungen geschil-
dert hat, ist falsch: Der See hat einen leicht salzigen Geschmack,
durch seine enorme Tiefe und thermale Aktivitäten friert er auch
im kältesten Winter nie zu. Die tiefblauen Wasser wirken tatsächlich etwas unheimlich. Allerdings: Dass »bei bestimmten Gelegen-
heiten Monster an die Oberflächen steigen«, wie der etwas aber-
gläubische und lokalen Mythen zugeneigte Buddhist schreibt, dass
neben Fischen »auch Drachen« den See bevölkern – dafür finde ich
keine Hinweise.

Auf dem weiteren Weg entlang der gut ausgebauten A365 sind
nahe des Tschui-Flusses am Rande eines Dorfes noch einige Ruinen

des alten Suyab zu sehen. Dort hat der Großkhan einst seinen Gast empfangen und bewirtet, dort ließ er sich von Xuanzang auch in buddhistischen Lehren unterweisen. Aber viel ist nicht mehr vorhanden von der alten Pracht, die Umrisse eines Palastes, die Grundfesten zweier Klöster – man muss sie erahnen.

Die wahre Nachfolge der einstigen Hauptstadt und Sommerresidenz des türkisch-mongolischen Herrschers hat, fünfundvierzig Kilometer westlich von Suyabs Ruinenfeldern, Bischkek angetreten. Die Hauptstadt Kirgisistans ist eine Metropole mit einer Million Einwohnern, fast jeder fünfte Staatsbürger der Republik lebt hier.

Zu Seidenstraßen-Zeiten empfing hier eine kleine Karawanserei die Kaufleute. Als Stadt aber ist dieses Bischkek – vermutlich benannt nach dem landestypischen kirgisischen bauchigen Trinkgefäß, in dem man die gegorene Stutenmilch serviert – noch ziemlich jung. Die Russen bauten hier 1878 eine Garnison, um ihre zentralasiatischen Eroberungen militärisch abzusichern. Von 1926 bis 1991 herrschten hier die Sowjets, Bischkek war zu Zeiten der UdSSR unter dem Namen Frunze bekannt, mit einem bolschewistischen Heerführer im Bürgerkrieg als Namensgeber.

Dann kam mit dem Zusammenbruch des Weltreichs die Unabhängigkeit. Aber nicht nur weil der internationale Flughafen Bischkek bis heute sein altes Kürzel FRU behalten hat, wirkt die Stadt an vielen Stellen so, als lebe die Sowjetunion noch. Nahe des Geschichtsmuseums weist Wladimir Iljitsch Lenin unverdrossen vom Sockel seines Denkmals den Weg. Mein Hotel liegt an der *Sovietskaya*, und auch die anderen zentralen Straßen sind nicht unter ihren offiziellen kirgisischen Namen bekannt, sondern als *Moskovskaya* und *Kievskaya*. Und in den muffigen Fluren weht immer noch dieser unausrottbare Geruch verstaubter Topfpflanzen, die *Deschurnaja* kontrolliert als Aufpasserin und Bollwerk einer ansonsten fast überall untergegangenen Ideologie den Besuchs-

verkehr auf den Zimmern und beschafft auf Anfrage Wasserfla-
schen und Zigaretten.

Trotz der gelegentlich protzigen stalinistischen Architektur
wirkt Bischkek auf Anhieb angenehm hinterwäldlerisch, freundlich,
verschlafen. Die Stadt ist attraktiv, vielleicht gerade weil sie keine
besonderen Attraktionen, keine bedeutenden Sehenswürdigkeiten
vorzuweisen hat. Die weiten Boulevards, alle nach russischem Mili-
tärmuster rechteckig angelegt, sind von Bäumen gesäumt und führen oft in großzügig angelegte, schattige Parks, von denen aus bei
klarem Wetter eine Kette schneebedeckter Fünftausender zu sehen
ist – idealer Hintergrund für die Fotos, die stolze kirgisische Müt-
ter im Minutentakt von ihren Kleinen schießen. Am zentralen Ala-
Too-Platz thront eine monumentale Statue des legendären Volks-
helden und Dichters Manas, dessen gleichnamiges Epos eine halbe
Million Verse umfasst und damit, wie mein örtliches Reisehand-
buch stolz verkündet, zwanzigmal länger ist als Homers *Odyssee*
und *Ilias* zusammengenommen.

Was auf angenehme Weise fehlt, das sind politische Parolen an
den Hauswänden, Propagandaplakate, Präsidentenporträts. Kirgisistan ist zwar sicher nicht die »Schweiz Asiens«, wie es gelegentlich tituliert wird, aber es wird einigermaßen transparent und
gerecht regiert – nicht der große Hauch der Freiheit ist bei Diskussionen mit Einheimischen zu spüren, eher die Abwesenheit von
Furcht. Das Land gilt als die einzige Demokratie unter den »Stans«,
den Problemstaaten der Region von Kasachstan über Usbekistan
bis Turkmenistan, von Tadschikistan bis Afghanistan. Die kirgisische Politik hebt sich damit auch erfreulich von den »Elefanten« in
dieser Weltgegend ab, von Wladimir Putins und Xi Jinpings auto-
ritär geführten Systemen.

Allerdings gerät die Führung in Bischkek immer wieder in Ver-
suchung, die Fortschritte des Parlamentarismus, der Gewaltentei-
lung und einer freien Presse aufs Spiel zu setzen. Und zurückzu-

fallen in die alte, korrupte Clanwirtschaft. Im Jahr 2002 pries der damalige Präsident Askar Akajew mir gegenüber beim SPIEGEL-Gespräch in seinem Bischkeker Büro noch Ludwig Erhard und die deutsche Demokratie als Vorbild. Doch schon drei Jahre später versuchte er die Verfassung zu manipulieren, um sich eine erneute Amtszeit zu sichern – und wurde durch einen Volksaufstand aus dem Amt gejagt; er floh nach der »Tulpenrevolution« Richtung Moskau, wo er sich bis heute aufhält. Sein Nachfolger Kurmanbek Bakijew untergrub nach einer kurzen liberalen Periode den Rechtsstaat weiter, seine eklatante Vetternwirtschaft brachte die Menschen gegen ihn auf; er musste 2010 gehen und fand im weißrussischen Minsk Asyl. Eine Interimspräsidentin trat dann Ende 2011 wie verabredet – und freiwillig – zurück, ein für Zentralasien einmaliger Vorgang.

Nach weitgehend fair verlaufenen Wahlen kam der Sozialdemokrat Almasbek Atambajew an die Macht. Allerdings klagte Anfang 2017 die Menschenrechtsorganisation Amnesty International, das gesellschaftliche und politische Klima habe sich wieder verschlechtert, der Präsident versuche, seine Machtbefugnisse am Parlament vorbei auszubauen. Wieder drohte der Demokratie ein Rückschlag, internationale Beobachter befürchteten, Atambajew könnte die Verfassung aushebeln und sich mit dubiosen juristischen Tricks eine dritte Amtszeit zuschanzen. Doch der Präsident besann sich und zog sich – zumindest formal – aus der ersten Reihe der Politik zurück. Im Oktober 2017 entwickelte sich ein spannender Wahlkampf, den der bisherige Premier und Agrarökonom Sooronbaj Dscheenbekow mit fünfundfünzig Prozent der Stimmen gegen einen milliardenschweren Unternehmer gewann.

Die Hauptstadt bleibt dabei eine interessante Mischung aus kommunistischen Relikten und kapitalistischem Siegeszug. Denn natürlich gibt es in Bischkek nicht nur die ewig-sowjetischen *Deschurnajas*, sondern auch schick gekleidete junge Leute, die wie im

Westen stolz mit ihren Samsung-Handys spielen und Informationen über die neueste Sushibar und Nobeldisco tauschen. Gewinner der neuen Zeit sind die Börsenmakler und Unternehmensberater im gegelten Hipster-Look, ihre langbeinigen Model-Freundinnen klammern sich an ihren Hermès-Täschchen fest, wenn sie nicht gerade im Wintergarten des Park Hyatt, des Hotel Evropa oder der Silk Road Lodge lässig in der ausliegenden französischen *Vogue* blättern. Und dann existieren da noch die Treffs der schweren Jungs und leichten Mädchen, abgeschirmt von indischen Türstehern, bewacht von tadschikischen Leibwächtern. Aus Lautsprechern dröhnen amerikanische Hits von Rihanna, Rap aus Moskau und Pop aus der Türkei.

An solchen Vorzeigeplätzen der Neureichen kann man leicht vergessen: Mehr als jeder Dritte in Kirgisistan lebt laut einem Bericht der Weltbank immer noch in Armut. Der neue Präsident muss neue Wege suchen, die Wirtschaft anzukurbeln. Nicht einfach, da das Land im Gegensatz zu den Nachbarn Kasachstan und Usbekistan – bis auf die von den Kanadiern betriebene Goldmine – über wenig Bodenschätze verfügt. Das »Erpressungspotenzial« gegenüber den Großmächten ist deshalb eher begrenzt.

Trotzdem haben die Herrscher hier immer versucht, wenigstens die strategische Lage des Landes zu nutzen und sich mit Ost und West gut zu stellen: Viele Jahre lang räumten die Kirgisen den Amerikanern einen Militärstützpunkt ein, von Manas versorgte Washington bis 2014 einen Großteil seiner Truppen in Afghanistan. Auf russischen Druck zwangen die Kirgisen dann die Amerikaner dazu, ihren Air-Force-Standort zu schließen; Putin hatte den Kirgisen alle ihre Schulden erlassen, er machte aber den lukrativen Ausbau seiner eigenen Luftwaffenbasis und weiterer russischer Militäranlagen im Land von einer neuen »strategischen Partnerschaft« abhängig. Kirgisistan trat 2015 auch der von Moskau geführten Eurasischen Wirtschaftsunion bei, vermutlich um die reibungslose

Beschäftigung kirgisischer Gastarbeiter zu sichern. Deren Überweisungen aus Russland tragen fast ein Drittel zum Staatshaushalt bei.

Die internationale Gemengelage wirkt sich auf das Leben in der kirgisischen Metropole aus: Bischkek wirkt, als wisse diese Stadt nicht so recht, wo sie hingehört, und wolle deshalb überall ein bisschen dabei sein. Auch im Theater am Hauptplatz kann man sich nicht entscheiden, wie man die Schwerpunkte setzen soll: Am Dienstag und Mittwoch spielen sie Arthur Miller, am Donnerstag und Freitag Anton Tschechow, am Wochenende die Werke heimischer Künstler. Nur Chinesen spielen sie nicht.

Und Chinesen sieht man auch kaum im Stadtbild, erstaunlich, weil sie hier inzwischen doch viele Bereiche der Wirtschaft dominieren. Die neue Botschaft der Volksrepublik liegt in einem Außenbezirk. Von besonderen Initiativen, die eigene »Soft Power« auszuspielen und den Kirgisen einen »chinesischen Traum« nahezubringen, merkt man auf Anhieb wenig. Es geht ums Big Business. Peking kauft gezielt Unternehmen, vor allem im Bergbau, investiert in Straßen und Schienenstränge. Das alles geschieht in atemberaubendem Tempo, und durchaus auch mit Risiko für die Empfängerländer: Kredite müssen bedient werden, Abhängigkeiten entstehen und vertiefen sich. Schon hat der französische Präsident Emmanuel Macron gewarnt, Peking dürfe sich mit seiner Seidenstraßen-Initiative keine »neuen Vasallen« schaffen.

Bei ihrer Charmeoffensive setzt die Volksrepublik auf langen Atem. China hat in Bischkek gleich zwei Konfuzius-Institute gegründet. »Ich lerne Mandarin, weil das doch die Sprache der Zukunft ist, Peking wird hier auf die Dauer alles dominieren und das Russische und Amerikanische verdrängen«, sagt mir in schöner Offenheit ein junger Mann, der hinter einem der zwei Dutzend modernster Computer Platz genommen hat. Zwei junge Kirgisinnen schließen sich unserer Unterhaltung an und nicken. Es sei eine pragmatische Entscheidung, keine Herzensangelegenheit, flüstert mir eine der beiden beim Hinausgehen zu. Ihr Vater arbeite in Russland, aber da gäbe es nur »primitive« Jobs. »Ich mag die Chinesen nicht besonders, aber sie werden es sein, die uns später Chancen in Hightech-Firmen bieten.« Nicht alle in ihrem Freundeskreis würden das allerdings so entspannt sehen. Einigen dürfte sie ihre Zukunftspläne gar nicht verraten, bei denen seien die Chinesen regelrecht verhasst.

Die Konfuzius-Institute sind Teil einer weltumspannenden Initiative, fast fünfhundert solcher Einrichtungen existieren inzwischen in hundertzwanzig Staaten. Sie sind Einrichtungen zur Förderung von Kultur und Sprache – und doch nicht mit den Goethe-Instituten oder den Alliances Françaises vergleichbar. Denn alle Lehrpläne und Initiativen der Konfuzius-Institute werden direkt von der KP-Zentrale diktiert, Diskussionen über Menschenrechte, Religionsfreiheit oder etwa die Rolle des Dalai Lama sind undenkbar. Das gefällt vielen der weltoffenen und inzwischen an tabufreie Diskussionen gewöhnten Zentralasiaten nicht.

Die von den Konfuzius-Instituten organisierten chinesischen Kulturabende finden fast unter Ausschluss der Öffentlichkeit statt. Selbst Grundkurse in buddhistischer Geschichte und Philosophie locken kaum Besucher an, obwohl sie kostenlos sind. Immer wieder werden Geschäfte und Fabriken, die von chinesischen Unternehmen gekauft wurden, von Randalierern und Plünderern attackiert. Meist gehen nur ein paar Glasscherben zu Bruch, die finanziellen Verluste halten sich in Grenzen. Doch es gab auch schon schlimmere Übergriffe: Am 30. August 2016 sprengte sich ein Terrorist vor der chinesischen Botschaft in Bischkek in die Luft. Die kirgisische Presse verurteilt solche fremdenfeindlichen Taten immer. Aber sie schlägt, auch in zwei Leitartikeln während meines Aufenthalts wieder, sehr nationalistische Töne an. Tendenz: Kirgisistan den Kirgisen, kein »nationaler Ausverkauf«.

Ich habe mich mit einem alten Bekannten verabredet. Wenn es

jemanden gibt, der sich mit dem Projekt der Neuen Seidenstraße, mit China und Russland, der EU und den USA gleichermaßen gut auskennt wie mit seiner zentralasiatischen Heimat, dann ist es Dschoomart Otorbajew. Ein Jahr lang war er sogar Premier Kirgisistans, bevor er 2015 zurücktrat und als Politikberater zu arbeiten begann. Seitdem jettet er als Mittler zwischen den Welten regelmäßig zwischen Peking, Moskau und Brüssel hin und her. »So kann ich mehr bewegen als in einem politischen Amt«, hat er mir bei unserem Kennenlernen in Deutschland vor einigen Jahren verraten.

Wir treffen uns in der »Buddha Bar«, deren Tresen eine goldene Figur des Religionsstifters ziert, platziert direkt vor Spirituosen aller Art – viel mehr Spuren des Buddhismus habe ich in Bischkek allerdings nicht gefunden. Mehr als fünfundsiebzig Prozent der Einwohner Kirgisistans sind Muslime, fast alle anderen orthodoxe Christen. Der sanfte Glaube wirkt in diesem Land wie vom Erdboden verschluckt, obwohl er nach Expertenmeinung unter den Nomaden in den Bergen noch existiert, wo er sich mit Mystik und Naturreligionen vermischt hat.

Otorbajew ist ein distinguierter Herr, silbergraues Haar, Anzug, Krawatte. Und dem studierten Mediziner macht es sichtlich Spaß, die Lage in seiner Heimat zu sezieren. »Wir sind ein armes Land, eingeklemmt zwischen den hohen Bergen des Tienschan und des Pamir, ohne Zugang zum Meer«, sagt er. »Wir brauchen für den Handel, den Tourismus und den Austausch von Gedanken jede erdenkliche Verbindung zur Außenwelt, offene Grenzen und Transportwege. Deswegen können wir von Pekings Seidenstraßen-Projekt nur profitieren.« Er bewundert, dass China in den vergangenen Jahrzehnten so viele Menschen aus der Armut befreit habe wie kein anderes Land jemals zuvor. »Aber China sollte im Innern seinen Bürgern mehr Freiheit gewähren und sich im Ausland nicht benehmen wie ein Elefant – oder vielmehr ein Drachen – im Porzellanladen.«

Wie meint er das?

Otorbajew seufzt und nimmt einen Schluck vom französischen Rotwein. »Wenn die Chinesen irgendwo einfallen, läuft das immer folgendermaßen ab: Sie kaufen ganze Betriebe oder bauen Fabriken, kommen mit ihren eigenen Leuten, statt lokale Arbeitskräfte zu nutzen. Wenn von den Behörden eine Genehmigung verlangt wird, bestechen sie die zuständigen Beamten.« Mit dem Recht des ökonomisch Stärkeren allein könne Peking auf die Dauer aber keine erfolgreiche Politik machen. »Die Chinesen verstehen oft noch nicht, dass man sich, um langfristig Erfolg zu haben, auch um die Herzen der Menschen kümmern muss.« Immerhin würden sich hochrangige KP-Funktionäre inzwischen solche Kritik von ihm anhören – ein Fortschritt, in der Praxis aber bisher ohne Folgen.

Der große kirgisische Dichter Tschingis Aitmatow, Schafhirte in seiner Jugend, später *Prawda*-Korrespondent und dann auch Gorbatschow-Berater und Diplomat, erinnere ich mich, hat kurz vor seinem Tod im Jahr 2008 einmal gesagt, er bedaure den kulturellen Niedergang Kirgisistans, das zu einem Spielball fremder Mächte werde. Er vermisse in seiner Heimat eine »vernünftige Religion«, die den Menschen neuen moralischen Halt geben könnte. Otorbajew nickt. Er sieht das ähnlich. Wo aber genau diese spirituelle Erneuerung zu finden sein könnte, ob in einem reformierten, toleranten Volksislam oder einer Wiedergeburt des Buddhismus, das vermag er nicht zu sagen.

Zurzeit geht es in Kirgisistan, zumindest was den Islam angeht, eher in eine andere, gefährlichere Richtung. Zwar ist gerade in Bischkek äußerlich nicht viel von einer Islamisierung zu erkennen; Fahnen des »Islamischen Staats«, wie Fanatiker sie gelegentlich in Usbekistan ausrollen (und wenn die Polizei anrückt, schnell wieder verstecken), wurden hier noch nie gesichtet. Aber im Institut für Religion, Gesetz und Politik am Rande der Hauptstadt beklagt man, dass Kirgisistan es bisher nicht geschafft hat, eigene Imame auszubilden. In diese Lücke seien jetzt vor allem die Saudi-Araber gestoßen, die ihre Religionsgelehrten zu Dutzenden ins Land schickten und fundamentalistisches Gedankengut verbreiteten. Kadyr Malikow, Direktor eines um religiöse Toleranz bemühten Thinktanks, wurde vor einigen Monaten von zwei jungen IS-Sympathisanten angegriffen und durch Messerstiche ins Gesicht lebensgefährlich verletzt.

Meine letzte Station in Bischkek ist der Osh-Basar, der zentrale Markt der Stadt. Lange wandere ich ziellos durch das Labyrinth der überdachten Wege, zwischen getrockneten Aprikosen, Nüssen und Gewürzen aller Art; zwischen Verkaufsständen für weiße *Ak Kapak*-Hüte und grellbunte Wickelkleider sowie Schals (und hier auf dem Markt treffe ich auch zum ersten und einzigen Mal auf verschleierte Frauen). Plötzlich sehe ich eine riesige Abteilung mit CDs. Gleich in der obersten Reihe steht Kitaros »Silk Road«, die Musik, mit der mich die Italiener auf dem Weg über die Pässe unterhalten haben, an die ich mich von früher erinnerte. Ich lasse mir die Aufnahme vorspielen, keine Kratzer, alles bestens. Der junge Händler will zwei US-Dollar. Ich gebe ihm drei, ganz begeistert von meinem Fund.

Mit meinem kleinen Gold-Buddha aus Turfan, mit der Seidenstraßen-Sphärenmusik Kitaros vom Markt in Bischkek und meinen drei von zu Hause mitgebrachten Xuanzang-Büchern als Begleitern kann nun nichts mehr schiefgehen. Ich bin bestens gerüstet für den Rest der Reise in den Fußstapfen des Mönchs – und freue mich schon. Auf die nächste Station, auf die legendärste aller Städte.

KAPITEL V

Samarkand, Usbekistan: Pracht und Paranoia

So poetische Blumengirlanden wie dieser Stadt wurden wohl noch keiner anderen geflochten, und verantwortlich dafür sind einige der größten Schriftsteller der Menschheitsgeschichte.

Johann Wolfgang von Goethe wollte im *West-östlichen Divan* »Tausend liebliche Gedichte / Auf Seidenblatt von Samarkand« zu Papier bringen und dies alles 1819 seiner geliebten Suleika literarisch zu Füßen legen.

»Schau um dich nun auf Samarkand! / Ist's nicht der Erde Königin? / Stolz aller Städte? / In seiner Hand das Weltgeschick?«, dichtete ein hingerissener Edgar Allan Poe um 1830.

Franz Grillparzer erhob in seinem Drama *Der Traum, ein Leben* im Jahr 1834 Samarkand zum Zentrum eines unermesslich wohlhabenden, faszinierenden Königreichs: »Eines nur ist Glück hienieden.«

Und 1913 übertraf James Elroy Flecker noch all die anderen euphorischen Kollegen: »Wir sind die Pilger, Herr, wir werden stets weitergehen / Und sollten am Horizont Schneeberge verwehn ... / Wir lassen uns beim Reisen nicht nur vom Handel treiben / Unsre feurigen Herzen sind von Stürmen entbrannt / Begierig zu wissen, was soll verborgen bleiben / Geht's auf zur goldnen Reise nach Samarkand!«

Es ist ein mythischer Ort, ein Wüstenatlantis, eine Traumstadt im wahrsten Sinn des Wortes, was die prominenten Autoren da beschreiben – denn mit eigenen Augen hat dieses Samarkand ja keiner der vier Großen gesehen. Weder Goethe noch Grillparzer oder Poe und wahrscheinlich nicht einmal der orientalische Romantiker Flecker hatten die Chance, dorthin zu reisen. Anders Xuanzang. Der chinesische Mönch ist auf seiner Pilgerfahrt nach Westen über das heutige Bischkek nach Taschkent und dann weiter in die sagenumwobene Stadt an der Seidenstraße gezogen. Er erlebt, erspürt Samarkand am eigenen Leib, mit eigenen Sinnen.

Noch aber ist es im Sommer 630 nicht so weit. Die letzte Etappe auf dem Weg zur legendären Oase wird für den Mönch zu einer schwierigen Reise mit Hindernissen, wenngleich nicht mehr so lebensbedrohend wie die Überquerung des Bedel-Passes am Tienschan. Und Xuanzangs erste Eindrücke von Zentralasien sind dann ja durchaus positiv: Der turkstämmige Khan mag ihn, und der Pilger beeindruckt seinerseits dessen Kabinett mit Predigten von Liebe und Großherzigkeit, ohne sie freilich zum Buddhismus bekehren zu können. Der Herrscher hätte seinen interessanten Gast gern länger um sich gehabt und versuchte, ihn von der Weiterreise nach Indien abzubringen, »in dieses heiße Land, wo die Wilden ohne Anstand herumlaufen«. Doch wie schon zuvor der König von Turfan hat auch der Khan von Suyab keine Chance: Xuanzang lässt sich durch nichts und niemanden von seinen Plänen abbringen. Den Mönch zieht es an den Ganges, ins Stammland seines Glaubens. Er will unbedingt die »endgültigen« Schriften des Buddhismus finden, sie in die Heimat mitbringen.

Immerhin, die Überredungsversuche im zentralasiatischen Palast nahe Bischkek sind freundlicher, weniger bedrängend als noch Monate zuvor die Diskussionen in der chinesischen Oase Turfan: kein Hungerstreik nötig, um die Abreise zu erzwingen. Xuanzang erhält vom Großkhan fünfzig Silberstücke, ein Dutzend Kleider aus rotem Satin, frische Pferde – und Empfehlungsschreiben. Die sind besonders wichtig, denn die nächsten tausend Kilometer

seiner Route bis Samarkand werden von den Vasallen des Türken-
herrschers kontrolliert. Xuanzang macht sich, eskortiert von Rei-
tern seines Gastgebers, auf den weiten Weg. Immer Richtung Westen, nach Taschkent. Dann weiter nach Samarkand.

Es ist Historikern nicht ganz klar, welche Route er damals genommen hat. Auch mir stehen verschiedene Optionen offen. Ich
könnte direkt von Bischkek nach Taschkent fliegen, Usbekistan
Airlines bedient diese Strecke in die Hauptstadt des Nachbarstaats
(übrigens nur zweimal die Woche, es gibt zwischen den verfeindeten zentralasiatischen »Stans« weniger Flugverbindungen als nach
China). Ich habe mich aber entschlossen, die Überlandroute durch
das Fergana-Tal nach Usbekistan zu nehmen. Sie ist lang und um-
ständlich, gilt aber landschaftlich wie politisch als besonders interessant.

Schon gleich außerhalb Bischkeks Richtung Süden wird klar,
warum Kirgisistan unter Abenteuertouristen in aller Welt als Geheimtipp gilt. Nicht, was die politischen Verhältnisse angeht, aber
in Bezug auf die wunderbare Berglandschaft stimmt der Vergleich
mit der Schweiz – und das zentralasiatische Land ist erfreulicherweise weit weniger erschlossen und erheblich preisgünstiger. Tief-
blaue alpine Seen, blumenübersäte Hochtäler und Gebirgspfade,
die über spektakuläre Gletscher hinauf zu jungfräulichen Schnee-
gipfeln führen, laden zu Trekkingtouren ein, mit unterschiedlichen
Schwierigkeitsgraden. Und immer wieder überrascht dieses Kirgisistan: In der Nähe von Arslanbob etwa stehen in sechzehnhundert
Metern Höhe, umgrenzt von tosenden Wasserfällen, die weltgröß-
ten Walnusswälder. Nach einer örtlichen Legende ist ihre Existenz
Mohammed persönlich zu verdanken, der Prophet soll einst einen
Vertrauten losgeschickt haben mit dem Auftrag, das Paradies auf
Erden zu suchen und dort die Samen einzupflanzen. Er fand das
idyllische Bergland.

Einige Kilometer weiter, in Dschalalabat, der mit neunzigtausend

Einwohnern drittgrößten Stadt im Land, wird dann allerdings klar, dass das Leben in Kirgisistan für seine Bewohner wenig paradiesisch ist, jedenfalls nicht für viele Frauen.

Mein Fahrer erzählt mir von mehreren Fällen des *Ala Kachuu*, die sich hier in den letzten Monaten ereignet haben – der gewaltsamen Brautentführung. Männer in den umliegenden Dörfern hatten gemeinschaftlich junge Frauen überwältigt, sie in ihr Auto gezerrt und sie gleich anschließend in Anwesenheit der Verwandten zur Ehe gezwungen. Aus Angst und Scham wagten die Entführten sich nicht zu wehren. Angeblich hat das Verschleppen von Mädchen zur Hochzeitsnacht eine lange, im Nomadenleben begründete Tradition. Es stimmt aber nicht, dass so etwas im Nationalepos *Manas* gutgeheißen wird. Die Sowjets bekämpften das Heiratskidnapping offiziell, aber da die wirtschaftlich unbedeutende und am Rand ihres Reiches gelegene Unionsrepublik keinerlei Priorität genoss, blieb der Einsatz halbherzig und wirkungslos. Im unabhängigen Kirgisistan wurde dann ein angezeigter Brautraub lange Zeit geringer geahndet als der Diebstahl eines Schafs. Erst seit 2013 steht auf das Verbrechen sieben Jahre Haft.

Aber kaum eine Betroffene oder jemand aus ihrer Familie geht zur Polizei. »Wen es erwischt, der fügt sich in der Regel nach der erzwungenen Hochzeitsnacht in sein Schicksal«, sagt mein Fahrer. Dass es nun in Dschalalabat zu einem Prozess in dieser Sache kommt, spaltet die konservative Gemeinde. Die einen bejubeln die Frau, die ihre Peiniger angezeigt hat, als Heldin, die anderen beschimpfen sie als Nestbeschmutzerin. »Fühlt sie sich als etwas Besseres?«, äußert eine Kommentatorin in der Regionalzeitung. Trotz der staatlichen Ächtung wird nach Schätzung von Experten auf dem kirgisischen Land noch fast jede vierte Ehe durch die mittelalterliche Praxis geschlossen.

Nach endlosen zehn Stunden Fahrt erreichen wir endlich Osch. Die zweite Großstadt des Landes liegt schon im Fergana-Tal, das sich die Staaten Kirgisistan, Usbekistan und Tadschikistan teilen. Das Gebiet, dreihundert Kilometer breit, hundertzehn Kilometer lang und von Flüssen durchzogen, zählt zu den fruchtbarsten und am dichtesten bevölkerten in Zentralasien. Hier sind keine Nomaden mehr zu Hause, sondern seit Urzeit sesshafte Stämme. Sie bauen Getreide und Obst an, und sie züchten ganz besondere Tiere; die »Himmelspferde« aus dieser Region galten den Chinesen stets als die schönsten und begehrtesten der ganzen Welt. Und die von hier stammende Seide betrachteten Kenner stets als die feinste.

Das Tal war immer schon ein kulturelles Zentrum Zentralasiens – und ein politischer Zankapfel. Keiner hat an den heutigen politischen Spannungen einen so großen Anteil wie der Diktator Josef Wissarionowitsch Stalin, der nach der endgültigen Eroberung der Region durch die Sowjets Anfang der Zwanzigerjahre des vergangenen Jahrhunderts aberwitzige Grenzen ziehen ließ und so die Völker gegeneinander aufwiegelte. Auch nach dem Zusammenbruch der UdSSR kommt es immer wieder zu schlimmen Auseinandersetzungen, ein stillgelegter Brunnen, ein Landraub, eine Wirtshausschlägerei genügen, und die Menschen gehen aufeinander los: Kirgisen gegen Tadschiken, Tadschiken gegen Usbeken und – am schlimmsten, und immer wieder – Kirgisen gegen Usbeken.

Osch war häufig zentraler Schauplatz dieses Kreislaufs von Hass, Provokation und Rache. Bei den blutigen ethnischen Unruhen in den Jahren 1990 und 2010 kamen Hunderte ums Leben. Dieser Tage herrscht eine angespannte Ruhe in der zweitgrößten Stadt Kirgisistans, von der ihre Bewohner sagen, sie sei älter als Rom. Tatsächlich haben hier seit Urzeiten Menschen gesiedelt, zu den möglichen Gründervätern gehören der Legende nach König Salomon ebenso wie Alexander der Große. Als historisch belegt kann gelten, dass in Osch schon zu Blütezeiten der Seidenstraße Karawansereien die Händler versorgten. Man findet allerdings wenige Spuren der Geschichte, sieht man mal von den spärlichen Ruinen auf dem Weg hinauf zum Suleiman-Felsen ab, der über der Stadt thront.

Die wahre Attraktion von Osch sind die Märkte, vor allem der Jayma-Basar, der sich an den Ufern des Al-Buura-Flusses entlangschlängelt und von Messern über Hüte bis zu abgeschlagenen Hühnerköpfen und Lamminnereien alles bietet, was Herz, Gaumen und Nase (nicht) begehren. Auf dem Viehmarkt des Basars beschlagen Hufschmiede mit glühenden Eisen Pferde, die sich aufbäumen und von ihren Besitzern kaum im Zaum gehalten werden können. Mittelalterlich wirkt das alles, und doch, so sagen die Fachleute von der International Crisis Group, hätten hier längst schon die Plagen der heutigen Zeit Einzug gehalten: Osch gilt als großer Umschlagplatz für Drogen, die hier aus Afghanistan über den Pamir-Highway anlanden und bis nach Europa und China weitergeschmuggelt werden.

Pekings KP-Führung bekämpft im Rahmen der Seidenstraßen-Initiative diese unerwünschten Globalisierungsfolgen mit viel Militär und Polizei auf seinen ausgebauten Transitrouten. Auch in Osch ist die chinesische Präsenz unübersehbar. Viele Geheimdienstler aus Peking seien, erzählt man sich in der Stadt, zur Unterstützung der einheimischen Beamten beim Kampf gegen die Heroinhändler stationiert worden. Im neu eröffneten Hotel Shanghai City mit seinen glitzernden Konferenzräumen und den Speisekarten auf Mandarin haben sie eine Heimat fern der Heimat gefunden.

Es gibt nicht viel Kontakt zwischen den fremden Herren und den Kirgisen. Aber einige Chinesen treffen sich dann doch regelmäßig mit Bürgern von Osch – zur gemeinsamen Andacht in einem kleinen buddhistischen Tempel am Stadtrand. Die gemurmelten Mantren des »Om«, begleitet vom Bimmeln der Gebetsglöckchen und dem dumpfen Ton des *Shankha*-Schneckenhorns, gehen allerdings unter, wenn fünfmal am Tag und von überallher der Muezzin ruft – der Buddhismus existiert hier nur mehr als eine Randerscheinung.

Das Fergana-Tal ist fest in Allahs Hand. Der Glaube an die Macht des Propheten gehört zu den wenigen Gemeinsamkeiten, die alle Volksstämme hier verbinden.

Die überwiegende Mehrzahl der Muslime Zentralasiens pflegt einen friedlichen Volksislam, aber in den letzten Jahren haben sich hier im Tal militante Fundamentalisten zusammengefunden und im Untergrund immer wieder Anschläge geplant. Auch bei der Terrorabwehr in der gesamten Region sollen die Chinesen im Rahmen ihrer Neue-Seidenstraße-Initiative eine zentrale Rolle spielen – wie genau es allerdings um die bestellt ist, bleibt streng geheim.

Die Grenze nach Usbekistan ist kaum mehr als zehn Kilometer von Oschs Marktplatz entfernt. Vor dem Schlagbaum bilden sich lange Schlangen. Die Wartenden wollen zuvorkommend gegenüber dem einzigen Fremden in der Gegend sein, sie winken mich freundlich nach vorne. So dauert die gesamte Prozedur auf beiden Seiten weniger als eine Stunde, was allerdings nur möglich war, weil ich mir das usbekische Visum schon Monate vorher in Deutschland besorgt hatte. Die Vorschriften des größten zentralasiatischen Staates sind besonders streng (im Gegensatz dazu kann man sich beispielsweise in Kirgisistan als EU-Bürger den Sichtvermerk bei Ankunft vor Ort in den Pass stempeln lassen).

Ich nehme gleich hinter der Grenzstation eines der *Marschrutkas* genannten Sammeltaxis, die ihren Namen aus Sowjetzeiten behalten haben. In halsbrecherischer Fahrt geht es über alte, für ihre Seidenherstellung bekannte Städte wie Margilon am schönen, aber schon halb zerfallenden Kokand mit seinem prächtigen Khanpalast vorbei Richtung Hauptstadt, Richtung Taschkent, das der chinesische Pilger im siebten Jahrhundert Che-shih nannte.

Überall jenseits des Straßenrands wogen in Usbekistan die Baumwollfelder. Wie Wattebäusche hängen die Kapselfrüchte an den zwischen zwei und vier Meter hohen Sträuchern, ganze Meere in Weiß. Es ist ein idyllisches Bild, wie hingetupft von einem großen

Maler à la Vincent van Gogh. Aber die beschauliche Schönheit trügt. Nur ein Teil der Baumwolle wird maschinell eingesammelt, noch immer ist die Ernte hauptsächlich Handarbeit. Immer wieder sehe ich dabei auch Jugendliche, die sich von Busch zu Busch plagen und, mit nacktem Oberkörper und schweißgebadet, große Säcke mit den weißen Blüten füllen, bis sie fast überquellen.

Kinderarbeit auf den Feldern ist zwar offiziell verboten, aber das hindert in manchen Regionen die Schulleiter immer noch nicht daran, ganze Klassen von Teenagern zur »freiwilligen« Arbeit zu verpflichten. Und wer erst einmal achtzehn ist, wird für die Erntezeit von der Armee oder der Fabrik sowieso zur Fronarbeit abkommandiert, muss fast ohne Pausen schuften. Die vorgeschriebene Pflückquote ist selbst für die Profis der Landarbeit kaum zu schaffen, bei Arbeitsunfällen sind alle rechtlos. Im »Global Slavery Index« der australischen Menschenrechtsorganisation Walk Free Foundation nimmt Usbekistan unter den erfassten hundertsiebenundsechzig Staaten einen skandalösen vorletzten Platz ein; abgesehen von Nordkorea gibt es im Jahr 2016 nach Expertenmeinung bezogen auf die Bevölkerungszahl in keinem Land so viele Leibeigene, so viele moderne Sklaven.

Nicht nur die Menschen müssen leiden. Auch die Natur wird vergewaltigt. »Weißes Gold« hieß die Baumwolle wegen ihrer Kostbarkeit in Sowjetzeiten, die KP-Führer im fernen Moskau verordneten immer größere Anbauflächen für die Pflanze, die viel Wasser braucht. In weiten Teilen der Region mussten dafür Flüsse umgeleitet und enorme Mengen von Pestiziden versprüht werden. Heute sind viele Böden ausgelaugt und versanden. Die Ergebnisse der Baumwollernte gingen zurück, und da die Weltmarktpreise durch die viel effektivere Produktion anderswo – etwa in den USA – stark sanken, ist für Usbekistan die Monokultur ein Fluch. Heute trägt das »weiße Gold« nur mehr sieben Prozent zum Wert der usbekischen Ausfuhren bei. Das Land hat Glück, dass es über genügend

Erdgasreserven verfügt und sogar ein wenig von seinem Erdöl exportieren kann – das »schwarze Gold«.

In der Hauptstadt Taschkent merkt man schnell, dass Usbekistan reicher ist als der Nachbar Kirgisistan: Anders als im provinziellen Bischkek beginnt hier schon die große weite Welt Einzug zu halten, ständig eröffnen auf pseudofranzösischen Chic getrimmte Modeboutiquen, amerikanischen Ketten nachempfundene Restaurants, schnell und fantasielos hochgezogene Hotels von türkischen, russischen oder chinesischen Bauherren. Und dennoch, oder vielleicht gerade deshalb, wirkt die Stadt charakterlos und fiebrig, ein geborgter Platz auf geborgte Zeit. Was immer noch an Seidenstraßen-Romantik übrig geblieben war, wurde 1966 durch ein furchtbares Erdbeben zerstört. Wer nach Taschkent kommt, will in der Regel möglichst bald weg, hat ein anderes Endziel seiner Reise, und mit jedem hässlich-monumentalen neuen Regierungsgebäude verstärkt sich nur der Eindruck des permanenten Provisoriums.

Ich bin von hier aus in früheren Jahren schon mit dem Flugzeug, mit dem Taxi und mit dem Flugzeug nach Samarkand gefahren; diesmal will ich – auf Empfehlung meiner hiesigen Freunde – für die gut dreihundert Kilometer lange Strecke die Eisenbahn nehmen.

Der Hochgeschwindigkeitszug ist ein Prestigeprojekt der usbekischen Regierung, die Wagen und Maschinen wurden 2011 in Spanien gekauft, die Gleise vor Ort nach und nach verbessert, die Fahrzeiten erheblich verkürzt. Der *Afrosiyob*, schnellster der silbriggrauen Flitzer, soll laut derzeitigem Fahrplan die Entfernung in zwei Stunden und acht Minuten schaffen. Ich habe Glück und kann gerade noch das letzte Ticket des Tages bekommen. First war ausverkauft, aber die zweite Klasse ist mindestens so bequem wie die vergleichbare in einem unserer ICEs, und die Preise liegen um zwei Drittel niedriger als in Deutschland.

Ich lasse mich in den Sessel fallen, ziehe meine Kopfhörer über, stimme mich mit der wiederentdeckten, neu erworbenen »Silk

Road«-Musik von Kitaro auf die »Goldene Oase« ein – und bekomme fast ein schlechtes Gewissen, als ich in Xuanzangs Erinnerungen über die gleiche Strecke nachlese: »Wir betreten eine große, sandige Wüstenei, wo weder Wasser noch Gras vorhanden sind. Und nur indem wir uns nach einem Berg richten und indem wir uns an den überall verstreuten Knochenüberresten orientieren, können wir die Richtung erahnen, die wir einhalten müssen.«

Die Bremsen knirschen. Der Schnellzug kommt zu einem abrupten Halt. Wir sind da, auf die Minute pünktlich. Endlich, Samarkand. Rückkehr in den legendären Ort, den ich schon seit Mitte der Achtzigerjahre kenne und den ich danach noch ein halbes Dutzend Mal besucht habe. Als Reporter, als Tourist, als Interviewer, als Flaneur. Immer wieder. Und jedes Mal von Neuem fasziniert.

Es gibt Städte, die sind steingewordene Langeweile, wie dahingewürfelt von erzürnten Göttern. Wohnmaschinen ohne Flair. Überlebensquartiere. Nichts entzündet die Fantasie, man wandert durch die modernen Hochhausfluchten, austauschbaren Glaspaläste und Luxuskaufhäuser wie sinnenbetäubt, wie leer, und das, obwohl sie vom Lebensstandard doch zur Spitzengruppe gehören: die Denvers und Den Haags der Welt. Und dann gibt es diese anderen: Sie klingen schon nach Versprechen, wenn man ihre Namen leise vor sich hersagt, sie bündeln Sehnsüchte und Spannung, sie erwecken Erinnerungen an Kindertage und den ersten Globus zu Hause, die Landkarte, an der die Finger erwartungsvoll entlangstrichen. Sie faszinieren mit Geschichte und Geschichten, sie sind Wegmarken und Schnittpunkte der Kulturen: Timbuktu, Bombay, Schanghai.

Und natürlich Samarkand. Vor allem Samarkand. Vor zweitausendundachthundert Jahren in einer fruchtbaren Ebene inmitten von Wüsten gegründet, entwickelte sich das damalige Afrosyiob schon bald zu einer blühenden Stadt. 329 vor Christus hat Alexander der Große sie erobert, unter dem Namen Malakanda wurde sie zu einem der Herzstücke seines Reiches. Und je erfolgreicher sich dann der Handel und Gedankenaustausch auf der Seidenstraße entwickelte, desto mehr erstrahlte Samarkand. Von Dschingis Khan belagert und später in großen Teilen zerstört, erlebte die Metropole unter Tamerlans Herrschaft im vierzehnten Jahrhundert noch einmal eine glanzvolle Wiedergeburt.

Wann immer ich in dieser Stadt bin, gehe ich zuerst zum Registan, dem zentralen Platz mit den drei Madrassen. Mächtige Torbogen, majestätische Kuppeln locken da, Wunderbauten in Blau und Türkis, verziert mit Mosaiken und Majolika, den uralten, handbemalten Kacheln. Stilisierte Sterne auf Rundbogengalerien, Gazellen, die um ihr Leben rennen, Fabelwesen, die an Löwen und Tiger gleichzeitig erinnern. Sonnen mit lachenden Gesichtern, die vom Erbe des Zarathustra und seiner Feueranbeter zeugen. Aber vor allem prägen das prächtige Ensemble Glaubensbekenntnisse an Allah, mit geometrischen Schriftzeichen auf Stein ziseliert, in die Ewigkeit kalligrafiert: »Es gibt keinen Gott außer dem Einen.«

Dann genehmige ich mir einen Snack im Lyabi Gor, meinem Lieblingsteehaus gegenüber dem Registan. Auch das gehört zu meiner Tradition. Vom ersten Stock der leicht heruntergekommenen Villa kann man hinüberschauen zum Platz, der abends an Festtagen in grellen Farben erleuchtet wird. Aber nicht einmal ein kitschiges Violett oder ein grelles Giftgrün können dem Registan etwas anhaben. Gegen sieben leert sich das einfache Restaurant mit seinen Sitzpolstern und Bänken. Die Kellner aber bleiben noch und schwatzen, anscheinend weitgehend unbeeindruckt von den Kunden, die etwas bestellt haben. Aber eine freundliche Mahnung genügt. Dann servieren sie eine wunderbare *Laghman*, die traditionelle usbekische Suppe mit Lammfleisch und Nudeln. Und natürlich Tee, den sie mit elegantem Schwung nachschenken, sooft der Gast das möchte.

Meine Stadtprozession führt mich weiter zum Gur Emir, dem

»Grab des Gebieters«, dem finalen Ruheplatz des großen Herrschers Tamerlan alias Timur der Lahme. Sein Reich erstreckte sich in der Blütezeit Anfang des fünfzehnten Jahrhunderts von Anatolien bis Indien, von Georgien bis zur Mongolei, er nannte sich ziemlich selbstbewusst »Allahs Silhouette auf Erden«. Auch an seiner Grabstätte besticht wieder diese überwältigende Mischung aus Prunk und eleganter Schlichtheit: Die gewaltige Kuppel erstrahlt in Azurblau, zwei mächtige Säulen kitzeln den Himmel, zwischen Kaskaden von Arabesken kreisen Schwalben. Der Innenraum des Mausoleums wird von kunstvollen Stalaktiten getragen, geriffelte Fayencekunst verziert die Wände. Leuchter werfen ein mildes Licht auf eine Ansammlung von Särgen, angeordnet in strenger Reihenfolge: Tamerlans Söhne, der Enkel Ulugbek, dann sein Mentor Said Bereke, zu dessen Füßen der Weltenlenker begraben sein wollte. Tamerlans Kenotaph ist aus dunkelgrünem Nephrit, in den kostbaren Stein sind die Namen und Daten des Herrscherstammbaums eingraviert.

Die Krypta unterhalb hat der russische Anthropologe Mikhail Gerasimov am 21. Juni 1941 freigelegt – und fand dort eine ominöse Inschrift: »Wer immer diesen Sarg öffnet, wird von einem Feind bestraft werden, der noch mächtiger ist als ich.« Tags darauf griff Adolf Hitler die Sowjetunion an.

Bis heute durchweht den Gur Emir ein Hauch von Melancholie, ein düsterer Duft von Leid und Folter und Schwermut, und das liegt sicher an dem, der hier bestattet liegt. Denn unbestreitbar ist: Dieser Timur der Lahme war nicht nur ein Weltenbummler und Weltenzusammenführer, ein Förderer von Kultur und architektonischen Meisterleistungen, sondern auch ein äußerst brutaler Zerstörer. Sein Reich stand im Zeichen des Terrors, »Allahs Silhouette« wütete als einer der grausamsten Herrscher der Menschheitsgeschichte. Er hat bei seinen Feldzügen die Erde mit Strömen von Blut getränkt und sich einen Spaß daraus gemacht, überall in den eroberten Gebieten Menschenschädel zu Pyramiden aufzutürmen.

Nirgendwo wird der leicht morbide Charme dieser Stadt so spürbar wie am dritten großen Ziel des Samarkand-Rundgangs. In der Totenstadt Shah-i-Zinda (was irreführend »Der König lebt« bedeutet) steigt man steile Treppen hinauf, die von Grabmälern umrahmt werden. Die Pavillons selbst sind im Innern meist einfach und kühl, aber die an den Außenmauern angebrachten Keramikkacheln mit ihren vergoldeten Pflanzenornamenten und verschlungenen Buchstaben aus Korantexten summieren sich zu einem wahren Kollier von Kunstwerken. In der Nekropole geht es weniger förmlich und feierlich zu, eher verspielt und fröhlich: Familien machen Picknick am Rand der Mausoleen. Kinder spielen Verstecken in den Winkeln um die Totenhäuser. Und die Erwachsenen pilgern einmal nach oben, dann zurück und das Ganze noch einmal. *Ziarat* nennt sich das: eine Gedenkfahrt machen.

Alle, die das Völkergemisch Samarkands ausmachen, sind hier versammelt: Tadschikinnen mit lockigem pechschwarzem Haar und bunter Tracht, ehrwürdige alte usbekische Männer mit mächtigen Bärten, russische Teenies mit engen Jeans und Smartphones, die sie sich um die Hüfte geschnallt haben, stämmige Mongolinnen, die ihren Kindern aus mitgebrachten Kannen mal Cola, mal Kumis in Plastikbecher einschenken. Das Sprachengewirr wird vom Persischen geprägt, Farsi ist in Samarkand seit Jahrhunderten die *Lingua franca*, nicht Usbekisch oder Russisch. Eines der großen Gesprächsthemen dieser Tage ist das neue Mausoleum, ganz hier in der Nähe der »klassischen« Grabmonumente. Eine prunkvolle Gedenkstätte für einen 2016 verstorbenen Mann, der sich allen Ernstes für einen Nachfahr des Tamerlan hielt. Für Islom Karimow, der das vergangene Vierteljahrhundert lang Usbekistan beherrscht, die Republik zu seiner diktatorischen One-Man-Show gemacht hat.

Von der Geburt bis in den Tod umgeben diesen berühmtesten Sohn des neuzeitlichen Samarkand dunkle Geheimnisse.

Über seine Eltern ist nichts bekannt, er wuchs in einem staatlichen sowjetischen Waisenheim vor Ort auf. Ehrgeizig und zu allem entschlossen, baute sich der junge Mann dann Verbindungen zum mafiösen »Samarkand-Clan« auf, einer Sippe von Jungpolitikern innerhalb der Kommunistischen Partei. Der weitere Aufstieg des Herrn K. war dann eine Apparatschikkarriere wie aus dem Sowjetbilderbuch. Er studierte Maschinenbau, diente sich in einem Kombinat zu Führungspositionen hoch, schaffte es bis ins Politbüro. Als es ihm opportun erschien, wandelte sich Karimow: vom überzeugten Internationalisten zum glühenden Nationalisten. Mit sechsundachtzig Prozent der Stimmen 1991 gewählt, wurde er nach dem Zerfall der UdSSR erster Präsident des unabhängigen Usbekistan. Viermal noch, länger als seine eigene Verfassung es erlaubte, wiederholte er die Wahlfarce mit ausgesucht schwachen Gegenkandidaten. Die wahren Oppositionellen saßen alle im Gefängnis. Demonstranten ließ er niederschießen, ein besonders schlimmes Massaker mit über sechshundert Toten richtete er 2005 im Fergana-Tal an, in der Stadt Andischon.

Karimow ging scharf auch gegen jede Form von Religionsausübung vor. Er misstraute vor allem den muslimischen Imamen, alle Freitagspredigten mussten mit der Partei abgestimmt werden. So brachte er auch die Gemäßigten gegen sich auf, trieb viele in den Untergrund und in die Hände islamistischer Hassprediger. Auch wenn Karimow so mit harter Hand in seinem Land eine weitgehende Friehofsruhe schuf, konnte er die Radikalen nie ganz ausschalten und überstand zweimal nur knapp Anschläge auf seine Person. Die politische Repression ging einher mit einer beispiellosen Vetternwirtschaft, die Usbekistan regelmäßig zu einem der Schlusslichter im Korruptionsindex von Transparency International machte. Das Land darbte, die First Family bereicherte sich. Usbekistans Stellung in der Welt schadete das kaum, das Land wurde von allen umworben.

Im Verhältnis zu den Großmächten betrieb der bauernschlaue

Diktator eine geschickte Schaukelpolitik, spielte West und Ost gegeneinander aus. Er pflegte gute Beziehungen zu Russland wie zu China, erlaubte der NATO ein eigenes Verbindungsbüro in Taschkent – und profitierte vor allem von den Deutschen. Die Bundesregierung brauchte für ihren Einsatz in Afghanistan einen Stützpunkt und entschied sich für Termes im Süden Usbekistans. Karimow ließ sich die Benutzung der Luftwaffenbasis teuer bezahlen; von Februar 2002 bis zur Schließung im Dezember 2015 flossen mehr als hundertzwanzig Millionen Euro in die Kassen des Diktators, der zudem sicher sein konnte, dass Menschenrechtsverletzungen von Berliner Politikern fast nie thematisiert wurden.

Und nur wenige in Usbekistan selbst haben sich je getraut, die Missstände anzuprangern. So der Künstler Wjatscheslaw Ochunow, der mir einmal beim Interview sagte, man müsse als aufrichtiger Mensch »automatisch in Gegensatz zu der Macht des Tyrannen geraten« – und mit einem Ausreiseverbot belegt wurde. Oder der britische Botschafter Craig Murray, der ganz undiplomatisch von einem »Terrorregime« sprach, nachdem er einem Fall von tödlicher Folter in Samarkand auf die Spur kam – auch seiner Karriere war so viel Offenheit nicht förderlich, die britische Regierung rief ihn zurück.

Lange galt Karimows älteste Tochter Gulnara, milliardenschwere Unternehmerin und glamouröser Popstar, als zweitmächtigste Kraft in Usbekistan-Korruptistan. Sie leistete sich eine eigene Modelinie und ließ sie, ebenso wie ihre Parfums und Uhrenkreationen, in New York vorstellen; sie sang gemeinsam mit Julio Iglesias eine Version von »Besame Mucho«, veröffentlichte ein Duett mit Gérard Depardieu, für dessen Videoaufnahmen sie einen halben Tag die Innenstadt von Buchara sperren ließ. Nebenbei verkaufte Gulnara Karimowa lukrative Lizenzen für Staatsfirmen. Allerdings übertrieb sie es mit ihrer Raffgier so sehr, dass der Vater sich nach internationalen Klagen wegen Schwarzgeldkonten 2014 entschloss, sie aus dem Rennen um seine Nachfolge zu nehmen und unter Hausarrest zu stellen.

Aber was hieß schon Nachfolge: Usbekistan ohne Islom Karimow, ohne den Mann, der im usbekischen Alltag allgegenwärtig war, dessen Antlitz seinen Bürgern von jeder Plakatwand entgegensah, mit dem die Tagesnachrichten im Fernsehen anfingen und aufhörten – und auch dazwischen gab es wenig Karimow-Freies –, das schien vielen undenkbar. Als sei ein Diktator unsterblich.

Und dann passierte es. Am 29. August 2016 postet Lola, die jüngere Tochter des Herrschers und usbekische UNESCO-Botschafterin mit Sitz in Genf und Privatvilla in Beverly Hills, ihr Vater sei mit einem Gehirnschlag ins Krankenhaus eingeliefert worden. Die zentralasiatische Nachrichtenagentur Fergana meldete noch am selben Nachmittag sein Ableben. Doch die usbekischen Behörden schwiegen, der Nationalfeiertag stand an und sollte nicht gestört werden. Zu einem Zeitpunkt, da der Präsident schon zwei Tage tot war, sendete das Staatsfernsehen Islam Karimows Glückwünsche an sein Volk, zum fünfundzwanzigsten Geburtstag der Unabhängigkeit. Erst am 2. September durfte er dann offiziell aus dem Leben scheiden. Und schon tags darauf wurde der Diktator mit allen Ehren in seiner Heimatstadt Samarkand bestattet.

Usbekistans Herrschaftssystem hat der Wissenschaftler Alischer Ilchamow, wie viele der Besten des Landes ins Exil gezwungen, einmal so beschrieben: »Wir müssen uns den Kampf der verschiedenen Clans des Landes als ein Weckglas voller Spinnen vorstellen. Karimow war zugleich Herr, Schiedsrichter und Dompteur dieser Konserve, er sorgte ständig dafür, dass das Glas immer wieder geleert und mit neuen Spinnen gefüllt wurde.« Alle starrten im Herbst 2016 gebannt darauf, wer in Abwesenheit des großen Raubtierbändigers die Macht an sich reißen würde. Als großer Sieger kristallisierte sich bald Schakat Mirsijajew heraus, der langjährige Gouverneur von Samarkand und bisherige Premier. Er gilt als Apparatschik mit einer ähnlichen Vita wie Karimow, gut vernetzt in mehreren bedeutenden Familienclans, nur eben fünfzehn Jahre jünger.

Wohin wird er Usbekistan führen, das mit über dreißig Millionen Einwohnern bevölkerungsreichste und vielleicht wichtigste Land Zentralasiens? Wie geht es weiter mit der legendären, von Pracht wie Paranoia gezeichneten Traumstadt der Seidenstraße, der Kaderschmiede früherer wie heutiger Politik?

Eine Diskussion an meinem Lieblingserholungsort in Samarkand, dem von wilden Rosen überwachsenen Garten des »Antica«. Das kleine Bed & Breakfast liegt in einem der wenigen Teile der Altstadt, die noch nicht abgerissen sind. Das Haus versteckt sich hinter einer hohen Tür in einem Seitengässchen. Ein Geheimtipp, der sich unter den Reisenden aller Länder, aller Schichten herumzusprechen beginnt. An lauen Sommer- und Herbstabenden treffen sich hier Rucksacktouristen und Diplomaten, Professoren und Modedesignerinnen zu Bier und Snacks. Vor allem aber die einheimische Elite. Der neue Herrscher, meinen usbekische Freunde, sende unterschiedliche Signale aus.

Hoffnung macht ihnen, dass Mirsijajew offensichtlich den wirtschaftlichen Isolationskurs Usbekistans aufgeben und den Handel mit allen Nachbarn intensivieren will. Firmen und Privatpersonen dürfen jetzt die Landeswährung Som gegen Devisen tauschen, Unternehmern soll der Kontakt mit ihren Kollegen in Nachbarstaaten erleichtert werden. Gegenüber den USA und der EU sendet der Neue freundliche Signale, Russland hat er Handelserleichterungen zugesagt.

Aber Mirsijajews Hauptaugenmerk gilt den Chinesen, im Juni 2017 versicherte er sie bei einem Staatsbesuch in Peking seiner besonderen Gunst. Er kündigte an, den Bau der Autobahn, die sein Land mit Kirgisistan und der Volksrepublik verbinden soll, mit voller Kraft voranzutreiben. Usbekistan will offensichtlich an vorderster Linie dabei sein bei Pekings Neue-Seidenstraße-Initiative – und hat keine Bedenken mehr, auch die bisher eifersüchtig gehüteten eigenen Schätze zu teilen: »JV New Silk Road Oil and Gas« nennt sich ein neu gegründetes usbekisch-chinesisches Unternehmen, das in der Nähe von Buchara Erdgasfelder erschließen soll.

»Die ökonomische Liberalisierung zieht allerdings keine politische nach sich«, sagt einer der Teilnehmer bei unserem Diskussionsabend in Samarkand. »Und auch bei der Einhaltung der Menschenrechte gilt bisher: mehr vom Altbekannten.« Erst Anfang September 2017, erzählt er, hätte der Machthaber wieder mehrere Hundert Menschen festnehmen lassen, offensichtlich aus Angst vor Unruhen zum Unabhängigkeitstag. Der Vorwurf: Sie sollen »ziellos herumgebummelt« sein. Und auch ein Treffen angeblich regimefeindlicher Gläubiger, Muslime wie Buddhisten und Christen, sei in der Hauptstadt gewaltsam aufgelöst worden. Von wirklicher Religionsfreiheit kann also nach wie vor keine Rede sein.

Bis spät in die Nacht wird im Garten der Villa Antica argumentiert. Dann plötzlich ein Blackout. Pechschwarze Nacht. Stromausfälle sind in Samarkand inzwischen selten geworden, dennoch sind die Menschen offensichtlich vorbereitet. In der Umgebung flackern Gaslaternen auf, und als ob sie keiner durch zu lautes Reden zum Verlöschen bringen wollte, reduzieren sich die Gespräche auf ein Flüstern. Durch die engen Gassen bewegen sich geheimnisvoll flackernde Schatten.

So oder so ähnlich muss auch der Mönch Xuanzang die Perle der Seidenstraße damals erlebt, die Atmosphäre in sich aufgesogen haben. Die großartigen muslimischen Bauwerke, die Madrassen des Registan, das Mausoleum Gur Emir, die prächtige Nekropole Shah-i-Zinda entstanden ja erst sieben- bis achthundert Jahre nach seinem Besuch. Aber die verwinkelte Altstadt mit ihren dicht aneinandergedrängten Häusern und den engen Gässchen dürfte damals nicht viel anders ausgesehen haben als heute. Und irgendwo ganz in der Nähe muss es gewesen sein, wo ein religionsfanatischer zoroastrischer Mob die zu Xuanzangs Begleitung gehörenden jungen Mönche durch die Straßen jagte und mit brennenden Holzscheiten bedrohte, nur weil sie in einem der verlassenen Tempel buddhistisch zu beten gewagt hatten.

Hier war Xuanzang während seiner Reise erstmals wirklich überzeugt, mit einer anderen Welt in Berührung gekommen zu sein. Obwohl der König von Samarkand damals noch ein Vasall des türkischen Großkhans war, überragte der persische Einfluss in der Sprache, in der Kultur, in der Religion. »Der Herrscher und sein Volk glauben keineswegs an das Gesetz Buddhas; ihre Religion besteht vielmehr aus Feuerkult«, schreibt der Mönch in seinen Reiseerinnerungen.

Bei seiner Ankunft sah sich Xuanzang vom König noch »mit Geringschätzung« empfangen. Das änderte sich in den Tagen seines Aufenthalts. Das mag tatsächlich an der Bewunderung gelegen haben, die er zunehmend für den klugen und sanften Buddhisten entwickelte, wie Xuanzangs Biograf vermutet. Vielleicht hatte sich Samarkands Herrscher aber auch schon überlegt, sein Königreich aus dem Machtbereich der Großtürken zu lösen und sich dem wieder erstarkten China anzunähern, und wollte es sich deshalb mit seinem Gast, einem möglichen Vermittler, nicht verscherzen. (Tatsächlich hat er wenige Monate nach Xuanzangs Abreise im Jahr 631 eine Botschaft an Kaiser Taizong gesandt mit der Bitte, unter chinesisches Protektorat zu gelangen.)

Was immer seine Motive auch waren, der König von Samarkand nahm den Pilger nebst Begleitung nach den bedrohlichen Jagdszenen in den Straßen unter seinen persönlichen Schutz. Den Tätern sollten Hände und Füße abgehackt werden. Xuanzang bat, ganz nach seinen buddhistischen Vorschriften, um Milde – und konnte die blutige Vergeltung verhindern.

Er dürfte ganze Nachmittage über die Hügel der blühenden Stadt gewandert sein, jetzt ein riesiges Brachland. Ein Spielplatz für Archäologen, die nicht wissen, wo sie zu graben anfangen sollen. Einige Funde haben die Experten im Museum am Rande des Ruinenfelds ausgestellt, Terrakotta-Figuren, Vasen, Keramiken, Messer und Pfeile. Die Sensation des Museums aber steht in der Haupthalle: Es sind die »Fresken der Botschafter«.

Das wunderbar erhaltene Kunstwerk zeigt, wie Ausländer den König von Samarkand besuchen und ihm ihre Geschenke bringen. Wissenschaftler gehen davon aus, dass die plastische und lebensnahe Darstellung im siebten oder achten Jahrhundert entstanden ist – kurz vor oder nach dem Besuch Xuanzangs. Der chinesische Mönch erzählt in seinem Buch nichts von den spektakulären Fresken, aber er lässt ja häufig Details aus, die ihm unwichtig erscheinen. Hat Xuanzang also einst vor dem Bild gestanden, so bewundernd wie ich jetzt, hat er sich unter den »Botschaftern« gesucht?

Den großen Basar der Stadt würde der Reisende von damals auf jeden Fall leicht wieder erkennen. Alles spricht dafür. dass sich an der Art der angebotenen Waren und ihrer Anordnung nichts geändert hat. Frisches, noch heißes Brot, getrennte Reihen für getrocknete wie frische Früchte, Extrastände für eingelegte Walnüsse und gezuckerte Mandeln, Pistazien und Granatäpfel. Xuanzang genoss all das, er lobte das besondere künstlerische Geschick der Einheimischen. Und er hatte großen Respekt vor ihrem Geschäftssinn, der sich über die Jahre beim Handel mit Edelsteinen und Gewürzen aus Nordindien sowie Seide, Papier und Metallwaren aus China entwickelt hatte. Aber trotz allem – diese Samarkander blieben ihm im Herzen fremd. Sie waren beeindruckende, auf ihre Art religiöse Menschen. Aber eben nicht sein Menschenschlag.

Um den wahren Buddhismus zu finden, das wusste der Pilger, musste er weiterziehen.

Kapitel VI

Peschawar, Pakistan: Auf dem Basar der Märchenerzähler

Von Samarkand bis Termes an der afghanischen Grenze: Der Fahrer des Toyota-Pickups hat etwas von vier Stunden gemurmelt. Aber es werden dann doch eher sieben.

Es ist eine durchaus vergnügliche Zeit, teile ich sie auf der Ladefläche des Sammeltaxis doch mit zwei ständig kichernden usbekischen Großmüttern und deren reizend pausbäckigen Enkeltöchtern sowie drei Hühnern und einem Schaf, Letztere sind Geschenke an den Rest der Großfamilie, die in unserem Zielort wohnt. Die Reise geht, fast genau entlang von Xuanzangs Route, durch eine weitgehend menschenleere Steppen- und Wüstenlandschaft, vorbei am legendären großen »Eisentor«, einer engen Schlucht, deren rötliche Gesteinsformationen sich rechts und links steil auftürmen, als wollten sie den Reisenden erschlagen. Dann kommt, fast unvermittelt, eine Stadt ins Blickfeld, oder vielmehr deren grauer Vorort. Eine Kreuzung, ein erster Stopp. Eine kleine Menschenansammlung. Meine Reisegruppe wird mit großem Hallo erwartet und verabschiedet sich herzlich.

Termes selbst erweist sich als eine eher langweilige, deprimierende Stadt – bis auf die eindrucksvollen Reste der buddhistischen Klöster Fayoz-Tepe und Kara-Tepe, Orte, die schon der chinesische Pilger bewundert hat und in denen es zu seiner Zeit »mehr als tausend Mönche gab«. Aber Touristen verirren sich kaum mehr hierher, der Ort liegt weit weg von der usbekischen Seidenstraßen-Route mit den drei viel besuchten Perlen Samarkand, Buchara und Khiva. Und seit nun auch die letzten deutschen Soldaten von ihrer Basis abgezogen sind und die amerikanischen Erdölexperten ihre Probebohrungen in der Region weitgehend aufgegeben haben, wirken die staubigen Straßen wie ausgestorben. Dem überdimensionalen Hotel Meridian, dessen protzige Eingangshalle seltsam deplatziert wirkt, fehlen die Gäste. Termes hat längst seine kosmopolitische Ausstrahlung, sein Flair verloren.

Selbst an der »Brücke der Freundschaft«, die über den Fluss Amudarja direkt hinüberführt nach Afghanistan, herrscht wenig Verkehr. Als hätte man sich damit abgefunden, irgendwie aus der Zeit gefallen, von der Weltpolitik vergessen worden zu sein. Das war noch in den letzten Dezembertagen 1979 anders, als sowjetische Verbände hier ihre Invasion starteten – und dann wieder im Februar 1989, als die letzten Soldaten über die Brücke heimkehrten, geschlagen und gedemütigt von den Mudschahedin und ihrer Guerillataktik.

Die usbekische Polizei, die derzeit in Termes als besonders paranoid gilt, lässt Ausländer ohne Totalleibesvisitation, Angabe aller Besitztümer und eines Visums nicht einmal in die Nähe der Grenze: Afghanistan über Land zu erreichen – das ist wegen des blutigen Bürgerkriegs im Jahr 2018 so gut wie unmöglich. Die Straßen hinter der nächstgelegenen großen Stadt Masar-i-Sharif sind zerstört oder werden von Taliban-Kämpfern beherrscht. Und dorthin, wo ich will, gibt es nicht einmal innerhalb des umkämpften Landes eine reguläre Flugverbindung. Afghanistan ist im Bürgerkrieg.

Zum Glück habe ich Bamiyan, den bedeutenden Rastplatz der Seidenstraßen-Karawanen, die Stadt der berühmten Buddha-Statuen, schon früher gesehen. Zu Beginn der Siebzigerjahre, als Afghanistan noch ein ungefährliches Reiseland war. Damals regierte König Zahir Schah einigermaßen demokratisch, Frauen besaßen das

Wahlrecht (und eine von ihnen war Bildungsministerin), Mädchen gingen ganz selbstverständlich zur Schule. Im Nachhinein verklären viele Afghanen die Regierungsjahre des Monarchen, der 1973 durch einen Militärputsch gestürzt wurde, betrachten sie trotz der auch schon damals herrschenden Armut als eine »goldene Zeit«; aber das war sie nur, wenn man sie mit den darauf folgenden und bis heute andauernden Katastrophenjahren vergleicht. Kabul galt Anfang der Siebziger auf der Route der Rucksacktouristen jedenfalls als ein begehrtes Etappenziel. Ich weiß noch, wie ich mich vor dem Ausflug in die Provinz Bamiyan von neu gewonnenen Freunden verabschiedete: »See you in four weeks in Kathmandu, or in two months on the beach in Kuta!«

Ich war tief beeindruckt von den Buddha-Figuren aus dem sechsten Jahrhundert, die wie riesige Wächter die ganze Stadt und das fast zweitausendfünfhundert Meter hoch gelegene Gebirgstal dominierten. Begnadete Baumeister hatten sie aus Sandstein gemeißelt, weißgraue Riesen mit perfekten Dimensionen, elegant die Faltenwürfe ihrer Kleidung – selbst der kleinere Buddha war höher als die Freiheitsstatue von New York. Treppen führten zu einer Aussichtsplattform, von der aus man alle künstlerischen Details besichtigen konnte. Leider nicht mehr die Köpfe der imposanten Skulpturen. Die waren abgeschlagen, wahrscheinlich von muslimischen Gewaltherrschern des späteren Mittelalters. Und doch tat dieser Verlust dem überwältigenden Gesamtbild kaum Abbruch.

Wie muss es erst Xuanzang ergangen sein, als er hier an einem Spätsommertag des Jahres 630 mit seiner Entourage eingeritten ist und vor dem Hintergrund der Schneeberge zum ersten Mal diese Zeugen seines Glaubens erblickte! Er hat sie noch in ihrer ursprünglichen Pracht erblickt. Er hat die feinen Gesichtszüge bewundert, die kräftigen rötlichen, mit Gelb und Blau abgesetzten Farben der Kleidung, die Diamanten und Ornamente aus Edelmetall. »Sie funkeln von allen Seiten in goldenen Tönen, der prachtvolle Schmuck blendet das Auge mit seinem Glanz«, heißt es in Xuanzangs Reisebeschreibung. Und trotz oder gerade wegen des rauen Klimas, der einfachen Fellkleidung und der »harten, urwüchsigen Sitten« der Bewohner des Bamiyan-Tals beobachtet der Pilger den hier praktizierten buddhistischen Glauben mit Wohlwollen und Rührung. Er ist tief bewegt »von dieser innigsten Hingabe des Herzens«.

Seit dem 12. März 2001 existieren die Buddhas von Bamiyan nicht mehr. Die radikal islamistischen Taliban haben das Weltkulturerbe durch Dynamit zerstört, ihr damaliger Führer Mullah Omar wollte mit dem barbarischen Akt alle »Ungläubigen« bestrafen. Es waren mehrere Sprengungen nötig, um die Buddhas zu zerlegen. Voller Stolz filmten die Vandalen, wie ein riesiger Feuerblitz die Kolosse fällte. Heute gähnen in den Höhlennischen hässliche Löcher, so traurig wie leere Sarkophage.

Fotos zeigen das ganze Ausmaß des Wahnsinns – und doch sind Wissenschaftler davon überzeugt, zumindest den kleineren Buddha eines Tages wiederherstellen zu können. In einem von der UNO finanzierten Programm konnten zweitausend Kubikmeter Steinbrocken sichergestellt werden, die jetzt in einer Halle lagern. Wissenschaftlern gelang durch die Verwendung von Computerdaten eine virtuelle Rekonstruktion, an der Technischen Hochschule Aachen schafften sie es sogar, ein begehbares 3-D-Modell zu erstellen. Der Münchner Professor und Diplom-Restaurator Erwin Emmerling erklärte sich bereit, nach Bamiyan zu fahren und dort mit Vorarbeiten zu beginnen. Aber selbst wenn die Rekonstruktion mit einem Aufwand von mehreren Millionen Dollar technisch nicht aussichtslos erscheint – solange in der afghanischen Provinz erbittert gekämpft wird und immer wieder auch Ausländer zu Opfern von Morden und Entführungen werden, bleibt der Traum unerfüllbar.

Für mich bedeuten die politischen und militärischen Verhältnisse einen ziemlichen Umweg: Statt wie früher über Land von

Termes südlich über Bamiyan und den Khyber-Pass zu fahren, muss ich jetzt an die pakistanisch-afghanische Grenze fliegen – und dabei das Kriegsland in weitem Bogen hinter mir lassen. Das geht am besten über das nahöstliche Drehkreuz Dubai. Genauer gesagt, über den nicht so feinen Teil des Flughafens im glitzernden Übermorgenland der Vereinigten Arabischen Emirate, an dem die »Lumpenflüge« in die Problemstaaten der Nachbarschaft abgefertigt werden. Terminal drei, Emirates-Verbindung EK 636, nachtschlafende Zeit: Die Boeing 777 benötige etwas mehr als drei Stunden von Dubai bis Peschawar, lese ich nach dem Start in der Bordzeitschrift.

Zeit genug, über Afghanistan nachzudenken. Diesen Problemstaat, der mehr als dreiunddreißig Millionen Menschen Heimat ist, der die Weltpolitik so erschüttert, der weder Politiker noch Reporter noch Abenteuerreisende aus West und Ost je kaltgelassen hat. Und der zum Friedhof der Großmächte wurde. Briten, Russen und jetzt auch die NATO unter amerikanischer Führung und deutscher Beteiligung mussten erfahren, dass sie zwar einzelne Schlachten gewinnen konnten, aber es unmöglich war, die in unterschiedliche Stämme aufgesplitterte Bevölkerung auf Dauer und als Ganzes zu kontrollieren.

»Afghanistan ist nicht regierbar«, hat Altkanzler Helmut Schmidt einmal gesagt, in seiner provozierend lapidaren, illusionsfreien, weitsichtigen Art. Die fatale Mischung aus staatlichem Zusammenbruch, Bürgerkrieg und ethnischem Auseinanderdriften hat das Land in den letzten Jahren in einen furchtbaren Teufelskreis gestürzt, der sich immer weiter verselbstständigt und zu einem unauflöslichen Knäuel geworden ist – Interventionen von außen, ob aus machtpolitischen Interessen oder »wohlmeinend« beim Ausbau von Straßen, Brunnen und Schulen, sind offensichtlich zum Scheitern verdammt.

Die Sicherheitslage hat sich 2016 und 2017 noch einmal verschlimmert. Es vergeht kaum ein Tag ohne einen tödlichen Anschlag, nie sind in einem vergleichbaren Zeitraum mehr Zivilisten ums Leben gekommen, darunter besonders viele Kinder. Für die meisten Todesfälle sind die Taliban mit ihren Selbstmordanschlägen verantwortlich, aber immer wieder verursachen auch fehlgeleitete Bomben der Amerikaner auf Krankenhäuser und Hochzeitsgesellschaften schreckliche Blutbäder. Solche »Kollateralschäden« der US-geführten Streitkräfte sorgen regelmäßig für einen Stimmungsumschwung der Bevölkerung zugunsten der Islamisten, während der Taliban-Terror von den meisten Afghanen eher achselzuckend zur Kenntnis genommen wird. Eine schmerzliche Erkenntnis, vor der sich viele westliche »Strategen« drücken: Man verzeiht den Fremden, den auf ewig ungeliebten Außenseitern, deutlich weniger als den Einheimischen.

Die Maschine der Emirates hat inzwischen ihre Reiseflughöhe erreicht. Eine nette Flugbegleiterin bringt mir aus der Business Class eine Zeitung. Kabul hat es wieder einmal auf die Seite eins geschafft: Selbst John F. Sopko, Chef der Afghanistan-Kontrollinstanz des amerikanischen Kongresses, mag keinen Optimismus mehr verbreiten. Die USA, schreibt er, hätten die Komplexität und die Dimension des Wiederaufbaus in Afghanistan völlig unterschätzt, sie würden das Land mit seiner Kriegsgeschichte, seiner Stammeskultur und Unterentwicklung nicht verstehen. Viel zu einseitig habe man auf die militärische Karte gesetzt und den Aufbau staatlicher Strukturen sträflich vernachlässigt. Und so tobt der Krieg weiter, sicher auch zu dieser Stunde, zehntausend Meter unter unserem Flugzeug. In den schwer zugänglichen Gebirgsdörfern, auf den Landstraßen, an den Polizeikasernen der Großstädte.

Pakistan ist das Land, dessen Geheimdienst die Radikalislamisten erst aus der Taufe gehoben hat und das den Taliban heute noch im Grenzgebiet großzügig Rückzugsräume gewährt. Genau dorthin bin ich jetzt unterwegs. Nach Peschawar, wo viele Terroristen ausgebildet wurden und die Widerstandskämpfer der Mudschahedin, die Moskaus Invasionstruppen aus Afghanistan vertrieben, ebenso ihr Hauptquartier hatten wie die Männer um Al-Qaida-Chef Osama bin Laden; wo sich riesige Flüchtlingslager und Armenviertel befinden und ständige Angst vor dem nächsten Anschlag herrscht.

Terror, Bürgerkriege, Invasionen bestimmen seit Jahrhunderten diese problematische Weltregion. Und doch gab es hier glücklichere Zeiten, viel glücklichere: In Peschawar blühte – vor etwa zwei Jahrtausenden – der Buddhismus. Das damalige Gandhara-Reich brachte eine Kultur hervor, die mit ihrer friedlichen Mischung aus westlichen wie östlichen Stilelementen zu den größten und schönsten Errungenschaften der Menschheit zählt: Sie hat auch schon den Pilgerreisenden Xuanzang tief beeindruckt.

Draußen geht die Sonne auf, wirft ein glitzerndes Licht auf schneebedeckte, wild zerklüftete Berge. »Please fasten your seatbelt«, sagt die hübsche Stewardess in der nur schwach besetzten Maschine der Emirates, in der jetzt die Lichter abgedunkelt werden. Die Boeing beginnt ihren Landeanflug.

Peschawar ist mir als ein ganz besonderer Ort in Erinnerung. Als eine Frontstadt mit Wildwest-Feeling. Als Tor zum Khyber-Pass und hinüber nach Afghanistan. Als Treffpunkt für Waffenhändler und Rebellen, Drogendealer und Geheimagenten.

Daran habe sich wenig geändert, erzählen mir alte Bekannte, die mich abholen. Und gleich beim ersten Rundgang kann ich es mit eigenen Augen sehen: Alle treffen sich nach wie vor in den Teehäusern am großen Markt von Peschawar, Furcht einflößende Gestalten mit umgehängten Kalaschnikows, Polizisten in Kaki, dazwischen Händler, die lautstark ihre Waren anpreisen, fluchende Rikschafahrer; »Shalwar«-Überhänge in verschiedenen Brauntönen und ab und zu ein westlicher Anzug, vielleicht ein lokaler Anwalt oder einer der wenigen verbliebenen ausländischen Beobachter, die Berichte nach Hause schreiben. Dieser Markt hat einen sehr treffenden Namen: *Qissa Khawani*, »Basar der Märchenerzähler«.

Aber bevor ich mich wieder mit der problematischen Gegenwart beschäftige, wo es um Bekämpfung von Terror geht, um Zugriff von Staatsgewalt und Betreuung von Flüchtlingen, möchte ich einen Ausflug in die glanzvolle Vergangenheit unternehmen. Der Weg dorthin vom Hotel Pearl Continental, das im Jahr 2009 Anschlagsziel von Selbstmordattentätern war, ist nicht weit: Noch ganz im Zentrum, in der Nähe des Bahnhofs, befindet sich in einem britischen Kolonialgebäude ein kleines, aber feines Museum. Es beherbergt die vielleicht schönste Sammlung von Kunstwerken aus der Gandhara-Periode, aus dem ersten bis zum dritten Jahrhundert unserer Zeitrechnung.

Hier ist das Kanischka-Reliquiar ausgestellt, das in einem zusammengestürzten Stupa drei Kilometer außerhalb von Peschawar gefunden wurde. Ein kleiner zylindrischer Behälter aus Kupfer, auf dessen Deckel im Lotossitz Buddha thront, flankiert von den Göttern Brahma und Indra, die in Verehrung zu ihm aufblicken. Die Seitenwände des prachtvollen, kaum zwanzig Zentimeter hohen Gefäßes, in dem einige angeblich von Siddharta selbst stammende Knochenreste gefunden wurden, sind mit Figurenreliefs verziert, verbunden durch Girlanden. Die Reliefs erinnern an römisch-griechische Kunstwerke, sie wirken wie in einer anderen Welt gefertigt und zufällig hierhertransportiert – und tragen doch die Inschrift Kanischkas, eines mächtigen lokalen Königs, der etwa vom Jahr 100 bis 130 nach Christus das Gebiet des heutigen Afghanistan, Pakistan und Nordindien beherrschte. Europa hat er nie gesehen.

Das Museum ist fast leer. In einer Ecke dösen zwei Wärterinnen, in einer anderen fertigen zwei pakistanische Studenten der Archäologie mit geübtem Bleistiftstrich Skizzen an, von ausländischen Besuchern ist weit und breit nichts zu sehen: Peschawar liegt fernab von den gängigen Touristenrouten, gilt selbst den auf Abenteuerreisen spezialisierten Veranstaltern als zu gefährlich. So kann ich in Ruhe die weiteren buddhistischen Kostbarkeiten betrachten. Da ist einmal eine Schiefertafel, die im Zentrum den Erleuchteten zeigt, umrahmt von Spitzbogen, die ein wenig den Stufenportalen gotischer Dome gleichen. Ferner ein Torso des fastenden Religionsstifters, der an Kunstwerke hellenistischer Bildhauer erinnert. Und dann noch ein Kopf Buddhas, der auch eher nach Rom und Athen als nach Peschawar zu gehören scheint.

Die Gandhara-Kunst ist eine Mischung aus griechisch-römischen Einflüssen mit indischen und persischen Elementen. Perserkönig Darius I. und Alexander der Große haben hier zwischen den Flüssen Swat und Kabul ihre Spuren hinterlassen, später die indische Maurya-Dynastie unter dem großen Buddhismus-Förderer Ashoka. Ebenso bemerkenswert wie der kosmopolitische Ansatz der Künstler und ihre Meisterschaft in der Ausführung sind die neuen Motive, und da allen voran: Buddha in persona. Was uns heute als selbstverständlich erscheint, eine figürliche Darstellung des Siddharta Gautama, war anfangs eine Sensation. Ein Quantensprung der Kunst, fast so etwas wie ein Neustart des Glaubens.

Die großen Religionen haben sich mit Abbildungen ihrer Schöpfer immer schwer getan. In der jüdischen Tradition des Alten Testaments heißt es bei Moses, man solle »kein Bild Gottes schaffen«. Noch Jahrhunderte nach der Geburt des Jesus pflegten auch die Christen die Tradition, weder Gottes Sohn noch Gottvater darzustellen. Und im sunnitischen Islam gilt es bis heute als streng verboten, Allah oder den Propheten abzubilden.

Auch im Buddhismus hielt man sich über Jahrhunderte an das ungeschriebene Gesetz, den Erleuchteten weder zu malen noch zu modellieren. Die Anhänger des Großen wie des Kleinen Fahrzeugs waren sich bei all ihren Differenzen darin einig, Buddha nur symbolisch darzustellen, etwa als Rad (der Lehre), als Lotosblume (der Reinheit) oder als Fußabdruck (auf dem Weg der Erleuchtung).

König Kanischka aber setzte sich darüber hinweg und ließ um das Jahr 130 eine Goldmünze prägen, die Siddharta als verehrungswürdigen, aber doch real existiernden Menschen präsentierte. Es war wie ein Dammbruch, wie die Zerschlagung eines gordischen Knotens: Innerhalb weniger Jahrzehnte entstanden großartige Buddha-Bilder und fantastische Buddha-Plastiken.

Die Kunstwerke gelangten mit der Verbreitung des Glaubens bald bis weit ins heutige China. Ob sich der Mönch Xuanzang damals gewundert hat über die Gesichtszüge seines Vorbilds, die oft weniger an einen indischen Prinzen mit glattem, langem Schwarzhaar als an einen westlichen Beau mit krausen Locken erinnerten? Ob ihm bei den großen Buddhas von Bamiyan aufgefallen ist, dass der Faltenwurf der Kleidung eher einer fremdländischen Toga als einer Mönchskutte des Ostens nachmodelliert ist?

Bei seinen Reiseetappen von Afghanistan bis ins heutige Pakistan ist der wissbegierige Pilger überall auf die Gandhara-Kunst gestoßen und hat sie begeistert kommentiert. Man spürt förmlich zwischen den Zeilen seines Buchs seine Vorfreude, die alte Hauptstadt des Reiches kennenzulernen, Peschawar heißt zu seinen Zeiten noch Pulashapulo (was sich aus dem Sanskrit als »Stadt der Männer« übersetzen lässt). Außerdem sind zwei seiner Lieblingsphilosophen und -glaubenslehrer des Mahayana-Buddhismus hier geboren, Asanga und Vasubandhu.

Aber der Besuch wird für ihn zu einer herben Enttäuschung. »Das königliche Geschlecht ist erloschen, nur noch ein winziger Winkel der Stadt bewohnt«, schreibt er entsetzt in seinem Buch. »An die tausend buddhistische Klöster sind zerstört und verlassen; von Unkraut überwuchert, bieten sie nichts mehr als triste Einsamkeit.« Xuanzang war auf seinem großen Trip oft zur rechten historischen Zeit am rechten Ort. Nicht in Peschawar. Hier ist er mehr als ein Jahrhundert zu spät dran: Die Weißen Hunnen haben die glanzvolle gandharische Zivilisation fast ganz zerstört. Vielleicht war das für den Mönch der größte spirituelle Rückschlag auf seiner ganzen Pilgerfahrt.

Die Wächterinnen des Museums drängen mich freundlich, aber bestimmt zum Ausgang. Sie wollen schließen. Zeit, den Ausstellungsort und das frühe Mittelalter zu verlassen, wieder in die Straßen der heutigen Stadt einzutauchen.

Staubige Häusermeere, überfüllte Märkte, ewiges Verkehrschaos: Aus dem früher schon quirligen, aber doch überschaubaren Umschlagplatz wurde ein Moloch. Peschawar ist die Hauptstadt der Khyber-Pakhtunkwa-Provinz, einer der vier Regionen, in die Pakistans Regierung den Staat neuerdings eingeteilt hat. Sie liegt in einem fruchtbaren Tal am Rande hoher Karakorum-Berge. Von den Obstplantagen und Alleen, die berühmte Besucher wie Alexander der Große und Marco Polo, die Mogulkaiser Babur und Akbar, Karl Marx als Reporter sowie die britische Königin Elisabeth II. als Staatsgast begeisterten, ist allerdings kaum mehr etwas zu sehen. Die Stadt frisst mit ihren Slums und Fabriken jeden Quadratmeter der einstigen Grünflächen, wächst in alle Richtungen wie ein nicht zu bändigendes, inoperables Krebsgeschwür.

Dabei hat sich Peschawar einen Teil seines früheren Flairs bewahrt. In der Altstadt drängen sich die Fachwerk- und Ziegelgebäude aneinander, und wie eh und je kommunizieren Hausbewohner von ihren kunstvoll geschnitzten Holzbalkonen aus miteinander, schreien und gestikulieren dabei gegen den Lärm der Motorräder und hupenden Busfahrer an. Flinke Jungs balancieren auf Kupfertabletts Dutzende kleiner Teetassen für die Verkaufsgespräche von Geschäftsinhabern und Kunden. Angeboten werden: handgefertigte dritte Zähne, Potenzmittel aus Schlangengift, Schrankkoffer, Sattel; weniger offen gehandelt, aber doch allgegenwärtig sind Rauschmittel vom »Schwarzen Aghanen«-Haschisch bis zu Opiumkügelchen. Und am Basar der Märchenerzähler, kurz bevor man zum Vogelmarkt kommt, hat »Honest Ali«, den ich vor gut dreißig

Jahren kennengelernt habe, tatsächlich weiterhin seinen Stand für Messingwaren. Inzwischen ist das Geschäft des Alten allerdings auf einen nicht minder geschäftstüchtigen, aber gemäß dem Business-Motto doch ebenfalls stets um Ehrlichkeit bemühten Verwandten übergegangen.

In den Straßen sieht man noch weniger Frauen als früher, und wenn, sind sie nur für wenige Augenblicke wahrzunehmen, flüchtige schwarze Schatten in Hauseingängen, tief verschleiert, als müssten sie sich unsichtbar machen, um Unheil abzuwenden. In der muslimischen Männerwelt zählen sie nicht viel, sind meist an Heim und Herd verbannt. Sie bleiben in Erbangelegenheiten benachteiligt, und wagt es eine Frau, eine Vergewaltigung anzuzeigen, wird ihr von Richtern meist Mitschuld unterstellt; ohne drei Zeugen, die ihre Geschichte bestätigen, hat kein Täter etwas zu befürchten.

Natürlich gibt es auch in Pakistan Ausnahmen von diesem Rollenbild. Zu den weiblichen Erfolgsgeschichten zählen beispielsweise Asma Jahangir, die von ihren Feinden bespuckte, tapfere Menschenrechtsanwältin; Malala Yousafzai, die von Taliban-Kugeln getroffene Schülerin, die für Gleichberechtigung in der Erziehung kämpft; Khadija Siddiqi, die als Studentin zum Vorbild wurde, weil sie nach einer Messerattacke ihren männlichen Peiniger verklagte. Aber ohne eine besondere Leidensvorgeschichte ist es schwer, die Öffentlichkeit wachzurütteln. »Die Männer hier stellen an Frauen subtile Forderungen: Lasst euch anschießen, mit Säure übergießen oder nach sichtbaren Messerstichen vergewaltigen – dann sind wir an eurer Seite«, schreibt verzweifelt-zynisch der Autor Mohammed Hanif über seine Landsmänner.

Peschawars drei Millionen Einwohner gehören, sofern sie nicht als Flüchtlinge kamen, fast ausschließlich zum Volk der Paschtunen. Sie verbindet ein besonderer Ehrenkodex. Der *Pashtunwali* verpflichtet die Stammesangehörigen zu bestimmten Verhaltensweisen, beispielsweise zur Gastfreundschaft, aber auch zur Blutrache – und zum engen Zusammenhalt gegen außen. Die Paschtunen, für ihr besonderes kriegerisches Geschick berühmt-berüchtigt, haben sich in der Vergangenheit nie auseinanderdividieren lassen, egal, wie irgendwelche willkürlich gezogene Staatsgrenzen verliefen. Das ist bis heute ein Hauptproblem der Region geblieben, denn die gut fünfzig Millionen Paschtunen leben sowohl in Pakistan wie in Afghanistan (wo sie fast die Hälfte der Bevölkerung stellen).

Zwei Männer aus dem Volk der grimmigen Krieger sind mir besonders in Erinnerung geblieben, beide habe ich in Peschawar kennengelernt. Der eine hat mehr sowjetische Soldaten und auch mehr afghanische Zivilisten auf dem Gewissen als sonst irgendein Politiker oder Militär; der andere gilt als »Vater der Taliban«, als Mitbegründer und entscheidender Förderer jener islamistischen Bewegung, die bis heute weite Teile der Region terrorisiert.

Ich habe den paschtunischen Milizenchef Gulbuddin Hekmatjar zum ersten Mal im Jahr 1985 am Rande der Frontstadt in seinem hochgesicherten Hauptquartier interviewt. Gemeinsam mit sechs anderen Mudschahedin-Führern hatte er sich zu einer Allianz gegen die sowjetischen Besatzer und zu einem Kampfverband für die Unabhängigkeit Afghanistans zusammengeschlossen. Der Vorsitz wechselte alle drei Monate, und doch waren die Machtverhältnisse im Widerstand klar: Gemäßigte Muslime blieben chancenlos gegen die Fundamentalisten. Die CIA hatte begonnen, über ihre Freunde vom pakistanischen Geheimdienst ISI Kriegsgerät im Wert von Hunderten Millionen Dollar an die Aufständischen zu liefern. Den Löwenanteil bekam Hekmatjar mit seiner Truppe. »Warum gerade Sie?«, fragte ich den Hisb-i-Islami-Führer. »Weil ich der effektivste Kämpfer bin und als Einziger nicht korrupt«, sagte der Mann, schwarz der lange Bart, Augen von eisgrauer Härte. Er war schon in seiner Jugend zum Killer für die »heilige Sache« geworden, als er einen kommunistischen Kommilitonen ermordete.

Hekmatjar hatte mit seinen tollkühnen Kommandounternehmen großen Anteil am Sieg gegen die Besatzer. Als die Sowjets abgezogen waren, richtete sich sein Machtstreben zunehmend gegen seine Mitstreiter und im ausbrechenden Bürgerkrieg auch gegen die afghanische Zivilbevölkerung. Als »Schlächter von Kabul« berüchtigt, schaffte er es für kurze Zeit, sich in Übergangsregierungen den Posten des Premiers zu sichern. Durch die ihm ideologisch nahestehenden Taliban von der Macht vertrieben, ging Hekmatjar ins Exil nach Teheran. Als ich ihn dort 2001 in seinem Versteck interviewte, interessierten ihn die innerafghanischen Rivalitäten kaum mehr. Er bezeichnete die USA als schlimmsten Feind und prophezeite Amerika ein neues, ein schlimmeres Vietnam. Er kündigte seine Rückkehr nach Afghanistan an, den Guerillakampf gegen »alle Invasoren«.

Der Mann hielt Wort. Von seiner Basis in den Bergen im afghanisch-pakistanischen Grenzgebiet – vermutlich nur wenige Kilometer von Peschawar entfernt – organisierte er Anschläge gegen amerikanische Soldaten und Kabuls Regierungstruppen. Mehrfach entging Hekmatjar nur knapp Drohnenangriffen, er stand nun ganz oben auf der Liste der Terroristen, die Washington zum Abschuss freigegeben hatte. Ende 2016 nahm dann das Leben des Milizionärs noch einmal eine dramatische Wende. Die afghanische Regierung gab bekannt, dass sie sich nach langen Geheimverhandlungen mit Hekmatjar auf eine Aussöhnung geeinigt habe. Ihm und seinen Leuten wurde freies Geleit zugesichert, er bekam eine Villa in Kabul und eine jährliche Apanage zugesichert; im Gegenzug gab der Massenmörder (angeblich alle) seine Waffen ab und erklärte seinen Gewaltverzicht.

Samiul Haq, den Mitorganisator der Taliban-Bewegung, habe ich Anfang des vergangenen Jahrzehnts getroffen, nach den Terroranschlägen von Nine-Eleven in New York und Washington.

Er empfing mich im Büro seiner Koranschule in Agora Khattak, eine Autostunde östlich von Peschawar. Ein jovialer älterer Herr im Schneidersitz auf einem Teppich, randlose Brille, Turban und mit hennagefärbtem rötlichem Vollbart. Der Mann ließ es sich nicht nehmen, mir den Tee persönlich einzuschenken. Im Gegensatz zu dieser Freundlichkeit standen allerdings die Poster, die an den Wänden hingen. Sie zeigten den Chef der Madrassa Darul Uloom Haqqani (»Wahrheit und Wirklichkeit«) martialisch, gleich mit mehreren Kalaschnikows. Auf einem Schrank in seinem Büro lag der Koran, daneben ein Stapel politischer Programme. Der *Maulana*, wie sich Haq nach seinem religiösen Titel nennen ließ, war damals Senator im pakistanischen Oberhaus und leitete ein Bündnis von sechs islamistischen Parteien – ein Mitglied des pakistanischen Establishments, gleichzeitig ein Förderer des internationalen Terrorismus.

Er machte nicht einmal den Versuch, sich von Al-Qaida-Chef Osama bin Laden zu distanzieren, nannte dessen Kampf »eine gerechte Sache«. Und er zeigte sich stolz darauf, dass der Taliban-Chef Mullah Omar regelmäßig seinen Rat suchte. »Fast alle führenden Taliban-Kräfte waren Absolventen unserer Schule«, sagte der Amerika-Kenner und Amerika-Hasser Haq mit Genugtuung.

War sein Institut so etwas wie das West Point der Islamistenbewegung?

Bei dieser Frage musste der Rektor lächeln. Ob es neben der ideologischen auch eine militärische Ausbildung gab, blieb bei unserem Gespräch offen. Aber Haq ließ keinen Zweifel daran, dass er es war, der den Radikalen geraten hatte, sich als Studentenbewegung zu formieren und zu den Waffen zu greifen. »Universität des Dschihad« nannten bald alle die Madrasa, die schon Haqs Vater gegründet hatte und die sein Sohn manchmal für Monate schließen ließ, um seine Studenten – *Taliban* heißt nichts anderes als »Schüler« oder »Suchende« – in den bewaffneten Kampf zu schicken. »Sie haben das Recht, ja sogar die Pflicht, sich gegen ausländische Unterdrücker aufzulehnen«, betonte er, bevor er mich verabschiedete.

Immer wieder hat die pakistanische Regierung versprochen, radikale religiöse Schulen und Universitäten zu schließen. Aber Reformen in diese Richtung sind nie über Anfänge hinausgekommen – es gibt in vielen Regionen keine anderen Ausbildungsstätten, die private, von Spenden finanzierte muslimische Institute ersetzen könnten. Haqs Madrassa existiert weiter.

Samiul Haq, 79, und Gulbuddin Hekmatjar, 72, sind heute zwei alte Männer, die nicht mehr in der ersten Reihe stehen. Ob sie sich wirklich ganz vom bewaffneten Kampf zurückgezogen haben, ob sie vielleicht aus dem Hintergrund noch Fäden ziehen, lässt sich schwer beurteilen. Aber bezeichnend ist schon, dass sie, trotz aller Versuche amerikanischer Regierungen, sie auszuschalten, weiterhin bestens in Pakistan vernetzt sind. Dass sie Beziehungen bis in die höchsten Geheimdienstzirkel und Militärkreise pflegen. Auch und gerade in Peschawar, der Heimat für Paschtunen.

Was für ein Land, dieses Pakistan, was für ein Reich der Schizophrenie und schroffen Gegensätze: Armenhaus (mit über vierzig Prozent Analphabeten) und Atommacht (mit über fünfzig Nuklearsprengköpfen); Heimat eines der besten Teams im Kolonialsport Cricket und Ursprungsland des urzeitlichen Reiterwettbewerbs Buskaschi, dessen Spielwerkzeug ein kopfloses Kalb ist; enger Verbündeter der USA, bevorzugter Waffenpartner der Volksrepublik China, Erzfeind Indiens und Brutstätte des Terrors. Der einzige Staat, der seine Existenz – bei der blutigen Teilung des Subkontinents in ein hinduistisch geprägtes Indien und ein muslimisches »Land der Reinen« – dem Islam verdankt. Aber diese Prägung sollte nach dem Willen des Gründervaters Muhammad Ali Jinnah ausdrücklich nicht auf Kosten Andersgläubiger gehen. »Ihr werdet alle Freiheiten haben, ob ihr in Moscheen, Tempeln oder Kirchen beten wollt«, hat er 1947 in der Stunde der Unabhängigkeit seinen Neubürgern zugerufen. »Welcher Religion, welchem Geschlecht, welchem Volksstamm ihr angehört, das geht den Staat nichts an!«

Trotz dieser Zusicherung von Toleranz war es mit der Religionsfreiheit in Pakistan nie weit her – und die Situation verschlimmert sich eher. Dabei stellen andere Religionen gegenüber dem Islam keinerlei Bedrohung dar, bleiben klar in der Minderheit: Von den über hundertneunzig Millionen Pakistanern sind nur etwa zwei Prozent Christen, wohl noch weniger Buddhisten (was Xuanzang sicher zu Tode betrübt hätte). Ein Blasphemiegesetz aber sieht für die »Beleidigung des Propheten« die Todesstrafe vor, für die »Verunglimpfung des Koran« langjährige Haftstrafen. Wo diese Gotteslästerung beginnt, beurteilen Richter. Sie entscheiden oft nach Gutdünken und eigenen Glaubensvorstellungen – und auf den Druck der Straße hin. So sind Denunziation und Willkür zum bitteren Alltag geworden.

Noch ist niemand wegen des fatalen Paragrafen 295-C hingerichtet worden. Aber Dutzende sitzen wegen »Gotteslästerung« in der Todeszelle, Hunderte sind zu langjährigen Haftstrafen verurteilt. Besonders häufig trifft es Ahmadis, Mitglieder einer Religionsgemeinschaft, die sich selbst als Reformbewegung innerhalb der muslimischen Familie begreift, aber die von der sunnitischen Mehrheit als Ketzer verfolgt wird. Auch Christen sind unter den Delinquenten. Etwa die Bäuerin Asia Bibi, die vor acht Jahren zum Tod durch den Strang verurteilt wurde und seither mit ihren Anwälten aus der Isolationshaft heraus um eine Revision des Verfahrens kämpft. Sie bot zwei muslimischen Feldarbeiterinnen Wasser an, was diese mit der Begründung ablehnten, sie nähmen nichts an von einer Ungläubigen. Daraufhin soll Frau Bibi gesagt haben, Jesus sei für die Menschen am Kreuz gestorben, »aber was hat Mohammed für andere getan?«.

Die fünffache Mutter bestreitet den Satz. Zwei prominente Politiker, die sich für sie eingesetzt haben, wurden von Fanatikern ermordet. Nur die mutigsten Zeitungen – und davon gibt es in Pakistan einige, allen voran die *Dawn* – berichten noch über den Fall. In

Peschawar ist das Thema selbst unter meinen glaubenstoleranten Bekannten tabu, sie haben Angst, jemand könne mithören, wenn sie die Frau verteidigen.

Und dann gibt es doch noch eine Kundgebung für Religionsfreiheit, während ich in Peschawar bin. Menschen gehen auf die Straße – für die Freiheit, den Islam ausleben zu können.

Die Demonstranten sind Rohingya, Angehörige der muslimischen Minderheit in Myanmar, die aus ihrer Heimat vertrieben wurden. Die meisten leben jetzt in den Flüchtlingslagern von Bangladesch, einige Zehntausend haben in Pakistan Zuflucht gefunden, meist in den Slums am Rande der Großstädte, nahe am Existenzminimum. »Verhindert den Massenmord!«, rufen sie und beklagen sich auf ihren selbst gemalten Plakaten über die »ethnische Säuberung«. Die Rohingya haben sicher jedes Recht und allen Grund, die brutale Verfolgung durch die burmesischen Militärs, die Hetze der scharfmacherischen buddhistischen Mönche in ihrer Heimat anzuprangern. Ihr Appell für muslimische Religionsfreiheit gerade hier im Muslimland Pakistan wirkt aber dennoch merkwürdig.

Peschawar gibt sich in diesen Tagen äußerlich gelassen, doch es brodelt unter der Oberfläche. Entspannung ist hier relativ und bedeutet eigentlich nur: In den letzten Monaten hat es keinen ganz schlimmen Terrorangriff gegeben. Der tödlichste liegt gerade erst drei Jahre zurück: Die islamistischen Täter trugen zur Tarnung pakistanische Armeeuniformen, drangen in die örtliche »Frontier Corps«-Schule ein und schossen wahllos um sich. Hundertvierzig Menschen kamen ums Leben, fast alle Opfer waren Schüler.

Früher konnte ich von hier aus einen Tagesausflug nach Darra machen, der zwei Fahrstunden entfernten Stadt der Waffenschmiede, wo sich ehrwürdige Stammesälteste wie dubiose Schattenkrieger mit den neuesten nachgemachten Kalaschnikows und Berettas versorgten. Oder einen Trip nach Takht-i-Bahi unternehmen, den Klosterruinen, auf einem Felsvorsprung über der Ebene gelegen. Oder gegen Aushändigen eines überschaubaren Bakschisch mit einer dreifach abgestempelten Polizeigenehmigung hinauffahren zum vierzig Kilometer entfernten Khyber-Pass, direkt an die afghanischen Grenze. All das ist für Ausländer inzwischen strikt verboten.

Auch von einer Fahrt auf der Grand Trunk Road, die zweieinhalbtausend Kilometer von Kabul durch Zentralpakistan und Indien bis Chittagong in Bangladesch führt, raten mir meine Bekannten dringend ab, aus Sicherheitsgründen und wegen der zahlreichen, unberechenbaren Militärkontrollen. Dabei bin ich immer gern auf dem legendären Highway gefahren, dem Rudyard Kipling in seinem Roman *Kim* ein literarisches Denkmal gesetzt hat. Für den umstrittenen, aber genialen Dichter des Empire war die Grand Trunk Road »ein wundervolles Spektakel, ein Fluss des Lebens, wie er sonst nirgendwo auf der Welt existiert«. Noch vor einigen Jahren ließen sich solche Trips ganz einfach arrangieren: Lastwagen oder Kleinbusse nahmen mich mit, Straßenkontrollen waren unbekannt, sah man von den »Trinkgeldern« ab, die Polizisten gelegentlich wegen angeblich überhöhter Geschwindigkeit »erbaten«.

Pakistanische Überlandfahrten waren immer ein großer Spaß – und eine Augenweide. Denn die Eigentümer hatten ihre Wagen mit Hilfe befreundeter Maler zu wahren Kunstwerken auf Rädern gemacht. Die Motive: Filmstars, Raubkatzen, Kampfflugzeuge oder Rosen, Pfauen, Traumstrände und sehr oft auch ein großes Auge, das über der Führerkabine wacht. Die Fantasie der Illustratoren kannte keine Grenzen, Hauptsache, alles war bunt und kein Fleckchen Autolack blieb unbemalt: »Truck Art« in Vollendung. An diesem Wunsch zur Verschönerung des Alltags hat sich erfreulicherweise bis heute nichts geändert. Mir scheint sogar, die Pinselpoeten sind mit ihren Fahrzeugkreationen noch einfallsreicher geworden – die Kunst an der Karre wirkt wie eine kleine Rebellion gegen die Zumutungen des Alltags und der großen Politik.

Um meine – und Xuanzangs – nächste Stationen am Ganges zu erreichen, gibt es nur eine praktikable Möglichkeit: das Flugzeug. Und so nehme ich eine Maschine der Pakistan International Airlines, erst von Peschawar bis Lahore und dann weiter nach Neu-Delhi (zu meinem Zeitpunkt der Reise der einzige Flug pro Woche zwischen den beiden großen Nachbarstaaten). Die PIA hat neue Boeings und Airbusse in Betrieb genommen, der Trip verläuft reibungslos – vorbei die Zeiten, dass PIA halb scherzhaft, halb ängstlich unterstellt wurde, die Abkürzung einer fatalen Botschaft zu sein: Please Inform Allah.

Jetzt also Indien, das Traumland meines Mönchs, sein Sehnsuchtsziel. Xuanzang hat es nach der Enttäuschung von Peschawar noch einige Monate in Kaschmir ausgehalten, begeistert von dem Empfang durch den dortigen König, sehr angetan von den blühenden Klostern. Dann machte er sich im Frühjahr 632 über die Ganges-Ebene auf in Richtung Siddhartas Geburtsort, zu den wichtigsten Lebensstationen des Religionsstifters. Zu den Quellen des Buddhismus.

Der indische Zollbeamte nimmt sich meine mitgebrachten Schriften ganz genau vor, blättert misstrauisch in meinen drei Büchern zur *Reise nach Westen*, hört in meinen iPod, auf dem Kitaros »Silk Road« läuft, dreht und wendet meinen kleinen Buddha-Talisman aus Turfan und checkt, ob da etwa ein Hohlraum ist, in dem Rauschgift versteckt sein könnte oder Dynamit oder was immer. Ich bin keine Ausnahme. Alle Passagiere, die aus dem verfeindeten Nachbarstaat in Neu-Delhi ankommen, werden sehr sorgfältig durchsucht. Aber danach heißt mich der Zollbeamte sehr freundlich willkommen – nicht ganz ohne eine Spitze gegenüber Pakistan. »Sie befinden sich jetzt in einer Demokratie. Ganz Indien steht Ihnen offen.«

Kapitel VII

Lumbini, Nepal: Der Prinz, die Lotosblume und dunkle Geschäfte

Wo, bitte, geht's nach Kapilavastu, der historischen Heimat des Siddharta Gautama? Wo liegt das Fürstentum Sakhya, das sein Vater im sechsten Jahrhundert vor Christus regiert hat, in dem der große Religionsstifter die ersten neunundzwanzig Jahre seines Lebens verbrachte? Der Mönch Xuanzang erwähnt in seinem Reisebericht, er habe die Überreste von Kapilavastu gesehen, aus seinem Text ist die Vorfreude zu spüren, nun Buddhas Spuren ganz nahe zu sein. Im Gegensatz zu den meisten anderen Kapiteln mit ihren präzisen Beschreibungen gibt er ausgerechnet an dieser Stelle seines Buchs keine genaue Ortsangabe.

»Aber genau hier, Sie sind schon richtig«, sagt Praveda Kumar, der indische Historiker und Archäologe.

Er zeigt auf einen Haufen Steine in der weiten, heißen Ebene; sie sind quadratisch angeordnet, wie ein riesiges Dominospiel sieht das eingezäunte Gelände aus. Es ist ein nicht besonders eindrucksvolles Ruinenfeld, aber das kann den Enthusiasmus des Archäologen nicht bremsen. Nach seinen Aussagen handelt es sich dabei um die Außenmauern eines zentralen Gebäudes von Kapilavastu. In der Ferne sieht man einen kleinen Hügel, angeblich Ort eines Stupas aus buddhistischer Zeit, auch nicht viel mehr als ein Steinbruch. Außer uns sind die Moskitos einzige Gäste im hitzeflimmernden Brachland, in dem der ursprüngliche Urwald längst der

Versteppung zum Opfer gefallen ist. Das nächstliegende Dorf heißt Piprahwa, ein trostloser Flecken; keine drei Kilometer von hier verläuft die Grenze zu Nepal.

Kumar erzählt von Grabungen, die belegen sollen, dass hier vor zweitausendfünfhundert Jahren Siddhartas Vater Suddhodana regiert hat – und mehr noch, dass hier sterbliche Überreste des Religionsgründers gefunden worden seien. Demnach soll im Jahr 1898 ein britischer Kolonialoffizier und Hobbyarchäologe namens William Claxton Peppe, dem damals Ländereien in der Gegend gehörten, unter dem Stupa-Hügel fünf Behälter gefunden haben, eingerahmt von Perlen und Goldschmuck. Sie enthielten Asche und Knochenreste. An dem Rand einer Urne befand sich eine Inschrift, die später von einem Sanskrit-Experten folgendermaßen übersetzt wurde: »Dies ist der Schrein für Reliquien des Lord Buddha.« Die angeblichen Überreste des Erleuchteten sollen später auf Bitten eines Mönchs aus Bangkok dem König von Siam als Geschenk gemacht und von dem Monarchen auf verschiedene Klöster verteilt worden sein. Die kleinen Schmuckstücke verblieben im Besitz der britischen Familie.

Es ist eine abenteuerliche Geschichte, von der ich schon bei meinen Vorbereitungen auf die Reise gehört habe. Manche Experten schenken ihr Glauben, viele halten sie für wenig wahrscheinlich. Fest steht nach neueren Grabungen indischer Archäologen immerhin, dass die Grundrisse des Piprahwa-Schreins aus dem vierten bis fünften Jahrhundert vor Christus stammen – zumindest das Zeitfenster ist richtig. Hier *könnte* Kapilavastu gelegen haben. Nein, sagen die indischen Offiziellen: Hier *muss* es gelegen haben. Und um das zu unterstreichen, hat der indische Kultusminister hier im Frühjahr 2016 ein kleines Museum eröffnet, das allerdings mehr Schautafeln als Funde enthält. »Die ganze Gegend sollte dringend touristisch erschlossen werden, wir müssen Hotels bauen, Reisegruppen anlocken«, sagt ein ob der »historischen Attraktion« begeisterter

Museumsdirektor, der aber ehrlicherweise einschränkt: »Noch ist es nicht so weit.«

Fünfzehn Kilometer nördlich, auf der nepalesischen Seite nahe dem Dorf Tilaurakot, ist man zum antiken Königreich ganz unterschiedlicher Meinung. »Selbstverständlich liegt Kapilavastu hier, auf unserem Gelände«, sagt Professor Ram Bahadur vom Ministerium für Archäologie in Kathmandu und weist mit weit ausgebreiteten Armen auf ein Ruinenfeld, sein Ruinenfeld. »Wissenschaftlich gibt es da keine Zweifel.«

Für den Nichtexperten gleichen sich die beiden Ausgrabungsorte von Piprahwa und Tilaurakot und die daran angrenzenden Dörfer wie ein Landei dem anderen. Auch auf der nepalesischen Seite ist wenig Eindrucksvolles zu sehen, wieder nur ein Haufen quadratisch angelegter Steinmauern. Aber wenn es so etwas wie Bewegung in dem nun schon Jahrzehnte schwelenden Streit zwischen den beiden Staaten um das »wahre« Kapilavastu gibt, so schlägt das Pendel zurzeit Richtung Nepal. »Das Momentum ist auf unserer Seite«, sagt ein stolzer Herr Bahadur – er weiß einen mächtigen Unterstützer auf seiner Seite: die Volksrepublik China, mit der sich das kleine Himalaja-Reich außenpolitisch und wirtschaftlich zunehmend verbündet.

Im Sommer 2016 hat die Regierung in Kathmandu eine buddhistische Konferenz abgehalten, an der dreihundert chinesische Experten teilnahmen (aber nur neun aus Indien). Der nepalesische Ministerpräsident K. P. Sharma Oli gab dabei die Richtung vor. Er griff mit scharfen Worten die »Außenseiter aus einem fremden Land« an, die Nepals Ansprüche auf Kapilavastu bezweifelten. »Sie versuchen, Verwirrung zu stiften«, klagte er. Obwohl der Premier keine Namen nannte, war offensichtlich, dass er den Nachbarn im Süden meinte. Und die meisten Delegierten folgten seiner Argumentation. Hatte früher eine von indischen Experten durchgeführte Ausgrabung nahegelegt, dass die Anlage von Tilaurakot nicht alt genug für die historischen Ansprüche waren, grub jetzt ein von der UNESCO unterstütztes chinesisch-nepalesisches Team einfach tiefer – und fand »Beweise«, die allerdings noch nicht vorgelegt wurden. Das weckt Begehrlichkeiten, verführt zu grandiosen Plänen.

»Wir müssen unsere Infrastruktur ausbauen und Touristen hierherbringen, sie werden viel Geld ausgeben, um diese wunderbare Stätte zu sehen«, schwärmt Kathmandus Archäologe Bahadur.

Das hätte mal jemand dem Mönch Xuanzang erzählen sollen: Sein Heimatland China und sein Traumland Indien zerren am Erbe des Erleuchteten, führen einen bizarren wissenschaftlichen Stellvertreterkrieg, veranstalten ein kleinkariertes Hickhack um das »wahre« Kapilavastu. Geiz, Neid, Prestigesucht stehen dabei im Vordergrund – nicht gerade klassische buddhistische Werte.

Keine dreißig Kilometer Luftlinie von den beiden zerstrittenen Gemeinden entfernt, befindet sich ein weitgehend unangefochtener Erinnerungsort: der Geburtsplatz Siddhartas. Lumbini, fast schon am Rande des Himalaja-Vorgebirges gelegen, ist die einzige nepalesische Station auf dem Pilgerweg des Buddhismus; die anderen drei liegen in einem Radius von fünfhundert auf dreihundert Kilometer in der indischen Ganges-Ebene: die Stätten der Erleuchtung (Bodhgaya), der ersten Predigt an die Jünger (Sarnath) und des Todes (Kuschinagar).

Lumbini ist ein merkwürdiger Platz, ein Ort im Übergang: kein Geheimtipp mehr, aber auch noch lange kein überlaufenes Touristenziel. Das liegt sicher auch daran, dass es ziemlich schwer zu erreichen ist. Ich bin mit dem Bus aus Indien über die Grenze gekommen, ein anstrengender Zehnstundentrip von Patna, der nächstgelegenen Großstadt. Die andere Möglichkeit ist der halbstündige Flug aus Kathmandu mit einer winzigen Propellermaschine der (wie sollte sie anders heißen?) »Buddha-Air« zum winzigen (wie sollte er anders benannt sein?) »Gautama-Airport«. So relativ abgeschieden von der Welt wird Lumbini nicht bleiben, die politisch Verantwortlichen im Geburtsort des Erleuchteten haben sich viel vorgenommen. Bis zum Jahr 2020 soll der lokale Flughafen ausgebaut sein und pro Jahr eine Dreiviertelmillion Passagiere abfertigen können; auch internationale Verbindungen nach Peking, Tokio, Singapur und Delhi dürfte es dann geben. Und das ist keine Luftnummer: Die Asian Development Bank hat für den Plan bereits vierundfünfzig Millionen US-Dollar lockergemacht – bald soll es mit der Erweiterung losgehen.

Ein Weltklasse-Resort mit einem ebensolchen Flugplatz für den ganz großen Massenandrang aus aller Welt: Ich bin froh, dass ich schon da bin. Lumbini wird sich durch den Besucherstrom sicher entscheidend verändern, es läuft Gefahr, seinen Charakter zu verlieren. Und das wäre schade, denn noch besitzt der Ort wenigstens ein bisschen Atmosphäre.

Auf einem Areal von zehn Quadratkilometern verteilen sich zwischen Teichen und Grünanlagen ein gutes Dutzend Tempel und Gedenkstätten. Zu Fuß lassen sich die Sehenswürdigkeiten kaum erkunden, wer ein Fahrrad leiht und selbst in die Pedale tritt, kommt angesichts der Entfernungen und der selbst im Herbst noch sehr hohen, schweißtreibenden Temperaturen schnell aus der Puste. Sich einen Chauffeur mit einer Fahrradriksha zu mieten kostet Menschen aus dem Westen Überwindung, erinnert an Ausbeutung und Kuli-Sklavenarbeit. Doch in Wirklichkeit sind die Jungs mit den Rikschas dankbar für jeden Job und ernähren mit ihrer Arbeit oft ganze Familien.

Sunil heißt der junge Mann, den ich mitsamt seiner Riksha für einige Tage verpflichtet habe. Er ist keinesfalls nur Haut und Knochen, wie das Klischee so geht, sondern ein durchtrainierter Kickboxer; außerdem trotz seines Hindu-Vornamens ein gläubiger Buddhist und damit Angehöriger einer religiösen Minderheit in Nepal – nur elf Prozent bekennen sich hier, im Geburtsland des Buddha, zum sanften Glauben. Mein Fahrer wirkt trotz seiner nach außen hin gezeigten demonstrativen Fröhlichkeit seltsam melancholisch, es ist, als liege ein dunkles Geheimnis über ihm. Erst am letzten Tag hat er mir verraten, was ihn bedrückt: Seine Eltern sind bei dem furchtbaren Erdbeben im April 2015 in Kathmandu ums Leben gekommen, von seiner Schwester, die während der Katastrophe in einem Bergdorf zu Besuch war, fehlt seit damals jede Spur.

Er zeigt mir den Weltfriedensstupa, einen von Japanern finanzierten, weißen Prachtbau, den auf halber Höhe eine goldene Buddha-Statue ziert – noch keine zwanzig Jahre alt. Er führt mich zur Ashoka-Säule, die der bedeutendste aller buddhistischen Herrscher hier aufstellen ließ – etwa zweitausenddreihundert Jahre alt; schon Xuanzang hat sie beschrieben, aber während er ihr Kapitell in Form eines Pferdekopfes noch vollständig sah, wenngleich auf dem Boden liegend, ist die Spitze heute ganz verschwunden.

Die Säule wirkt ohne den Schmuck ein bisschen wie abgehackt, wie verloren. Immerhin ist die Aufschrift noch lesbar, sie lässt sich aus der Magadhi-Sprache etwa so übersetzen: »Hierher kam der König, um seine Verehrung für Buddha zu zeigen. Er ließ zu Ehren des Erhabenen an diesem Ort seiner Geburt eine Steinsäule errichten.« Und damit damals auch die einheimischen Bewohner etwas von seinem Besuch hatten, gravierte der mächtige König gleich mit ein: »Ich erlasse euch hiermit die meisten Abgaben, das Dorf muss nur ein Achtel seines Einkommens versteuern.«

Dann bringt mich der Rikschafahrer zum zentralen Ort der Andacht, dem Höhepunkt des Lumbini-Trips: zum Maya-Devi-Tempel.

Er wurde genau dort errichtet, wo die Fürstin, unterwegs von einem Verwandtenbesuch, ihren Sohn geboren haben soll – man fand an der Stelle tatsächlich mehr als 2500 Jahre alte Spuren eines Heiligtums. Heute ragt da ein schlichter, rechteckiger Bau auf, aus weißem Stein gemeißelt, umrahmt von einem Teich und einer Gartenanlage. Dort steht auch der Sal-Baum, unter den sich die Königsgattin Maya nach einem reinigenden Bad gelegt haben soll, oder vielmehr ein Nachnachfahre dieses Baums. Über eine Holzbrücke drängen sich die Menschen zu einem Sandsteinrelief, das durch die vielen andächtigen Berührungen schon sehr in Mitleidenschaft geraten ist. Es zeigt die Geburtsszene, die junge Mutter klammert sich mit der rechten Hand an einen dicken Ast. Die Menschen verneigen sich vor der Skulptur, manche weinen vor Ergriffenheit.

Ähnlich wie im Christentum ist die Geburt des Religionsstifters auch in Lumbini, dem buddhistischen Bethlehem, von Legenden umwoben. Maya träumte demnach in einer Vollmondnacht, dass sie von himmlischen Geistern zu einem See entführt wurde und dort von diesen »Devas« mit kostbarem Parfum besprüht und mit Lotosblättern bestreut worden sei. Im Schlaf erschien ihr dann auch ein weißer Elefant mit einer Lotosblume am Stoßzahn, der sie dreimal umkreiste und dann durch ihre rechte Seite eindrang. Nach dem Erwachen habe sie gewusst, dass ihr etwas ganz Besonderes widerfahren sei – weiße Elefanten gelten in ganz Asien als Symbole von Macht und Auserwähltsein.

Das Maya-Gebetshaus ist hübsch, die Parkanlage gepflegt, der Friedensschrein imposant. Lumbini beeindruckt, aber es ergreift nicht. Jedenfalls mich nicht. Und die pseudoreligiösen Gebäude, die buddhistische Vereine aus China, Korea, Indien oder Frankreich auf dem Großgelände errichtet haben, wirken eher wie Prestigebauten denn wie wahre Plätze der Andacht; besonders der von der staatlichen chinesischen Religionsbehörde hochgezogene Tempel erscheint mit seinen Anklängen an die Architektur der Verbotenen Stadt von Peking als unangemessen protzig.

Man kann das aber auch ganz anders sehen, ganz anders empfinden, und das zeigt sich bei einem zufälligen Treffen im Buddha Maya Gardens Hotel, wo ich eingecheckt habe. Die Klientel ist international, Chinesen, Koreaner, Thais, aber auch viele Europäer. Kaum vertreten sind hier Japaner, die sonst als Gäste von Lumbini deutlich in der Überzahl sind; sie logieren in »ihren« Hotels, dem Hokke und dem Kasai, wo sie nicht auf Tatami-Matten und kulinarische Köstlichkeiten wie Sushi-Rollen, Miso-Suppen und Yakitori-Hähnchenspieße verzichten müssen.

Beim Abendessen in meiner Unterkunft fallen mir am Büfett mit »internationaler Küche« deutsche Stimmen auf. Vier Männer tauschen ihre Eindrücke aus – sie sind unüberhörbar begeistert von Lumbini, geradezu euphorisch, was seine Sehenswürdigkeiten angeht, aber auch emotional berührt von seiner Spiritualität. Bei den Deutschen handelt es sich nicht um Träumer, die kritiklos die Welt anschwärmen, nicht um Esoteriker, die blauäugig jede religiöse Biegung nehmen. Drei aus der Männerrunde, stellt sich heraus, als ich mich zu ihnen setze, arbeiten in führender Position eines Dax-Konzerns, der Vierte im Bund ist Wirtschaftswissenschaftler. Sie sind in ihrem Beruf mit dem Buddhismus in Verbindung gekommen.

Viele deutsche Vorstandschefs verordnen heutzutage ihren Mitarbeitern Meditationskurse – jeweils fünf Stunden lang an acht aufeinanderfolgenden Freitagen, ein gewollter Ausbruch aus dem Konzernalltag. Dabei trainieren die Teilnehmer unter Anleitung Atemtechniken, hören in ihren Körper hinein, versuchen ihre Wahrnehmung zu schärfen. Solche Lektionen für das Management sind zurzeit in den großen deutschen Unternehmen en vogue, die Kurse unter dem Signum MBSR (»Mindfulness Based Stress Reduction«) sollen den gehetzten Büromenschen entspannen, ihn auf ungewöhnliche, kreative Ideen bringen und vor allem dem Burnout vorbeugen, der gefürchtetsten Krankheit unter den Leistungsträgern der Wirtschaft.

Beim *Satipatthana*, den Achtsamkeitsübungen der fernöstlichen Religion, geht es um das bewusste Wahrnehmen der eigenen Empfindungen, um eine Spielart der religiösen Meditation. Bei der verwestlichten Variante spielt aber Transzendenz kaum eine Rolle: Sie soll die Führungskräfte widerstandsfähiger machen. Die Bibel für diesen »Buddhismus light« hat der ehemalige Google-Chefentwickler Chade-Meng Tan (»Search Inside Yourself«) geschrieben, der die uralten mönchischen Psychotechniken zu einer Art Ratgeber für die Chefetagen umfunktionierte, zu einem mentalen Vorturnen à la Silicon Valley.

Ich vertiefe mich an diesem Abend im kerzenbeschienenen Restaurant des Lumbini-Hotels in einen Essay über die Dichter und Denker, die vor allem in der zweiten Hälfte des neunzehnten und Anfang des zwanzigsten Jahrhunderts einen regelrechten Kult um Buddha entfacht haben – von Arthur Schopenhauer bis zu Friedrich Nietzsche, von so unterschiedlichen Charakteren wie Richard Wagner, der sogar eine Buddha-Oper plante, bis zu dem evangelischen Theologen Dietrich Bonhoeffer, der sich aus Enttäuschung über die Selbstzerfleischung der westlichen Eliten im Ersten Weltkrieg mit dem fremden Glauben anfreundete. Auch Rainer Maria Rilke gehört in diese Reihe, er soll häufig eine kleine Büste des Buddha bei sich getragen haben.

Aber die fernöstliche Religion, schreibt der Münchner Religionswissenschaftler Michael von Brück, faszinierte nicht nur, sie diente manchen deutschen Intellektuellen auch als Schreckgespenst. So hat schon der Romantiker Friedrich Schlegel die Ideen Buddhas 1827 als »die verwerflichsten und zerstörendsten für den menschlichen Geist« angeprangert. Und vielen blieben die fernöstlichen Lehren auch in darauffolgenden Jahrzehnten unheimlich und fremd.

Mein letzter Morgen in Lumbini. Ich will früh los. Die Strecke über die Grenze und dann quer durch den Bundesstaat Bihar bis zum Erleuchtungsort Bodhgaya sieht schon auf der Karte lang und kurvenreich aus, und indische Landstraßen nebst den zahlreichen Ortsdurchfahrten erweisen sich in der Praxis meist als noch strapaziöser und endloser, als man sich das vorstellt. Aber der Bus zur Grenzstation Sunauli fährt erst zum Sonnenaufgang los. Noch ist es Zeit für einen kleinen Abschiedstrip mit der Rikscha. Ich habe mir dafür den Lotosteich an dem Friedensstupa ausgesucht, einen Platz, der mir auch schon als besonders stimmungsvoll und friedlich erschien, als ich ihn an einem Spätnachmittag zuvor mit Dutzenden Touristen teilen musste.

Jetzt liegt ein leichter, fast durchsichtiger Nebelschleier über dem Wasser, weit und breit kein Mensch. Der Teich ist mit rosarotem Lotos übersät, kleine Insekten schwirren und flirren von einer Pflanze zur nächsten, deren Kelche beginnen sich zu öffnen und den kommenden Lichtstrahlen entgegenzustrecken. Die Fähigkeit, Schmutz von sich zu weisen, hat den Lotos in weiten Teilen Asiens zum Sinnbild für Reinheit, Treue, Schöpferkraft und Erleuchtung werden lassen. Das Symbol findet sich im Hinduismus, aber besonders im Buddhismus, wo Siddharta Gautama regelmäßig auf einer geöffneten Lotosblume stehend oder auf einem Lotosthron sitzend dargestellt wird.

Der frühmorgendliche Anblick wirkt wie ein Stück Schöpfungsgeschichte. Es ist schwer, ja fast unmöglich, hier nicht ins Meditieren zu geraten, nicht in die Vergangenheit einzutauchen.

Wo immer genau Siddharta geboren worden sein mag, wo immer ganz präzise das kleine Königreich Sakhya mit seiner Hauptstadt Kapilavastu gelegen gewesen sein mag – es war hier in der unmittelbaren Umgebung. Und mögen auch die Jahreszahlen umstritten sein – wie sich die Ereignisse abgespielt haben, gilt unter Historikern als weitgehend belegt. Das verdanken wir dem Pali-Kanon, der Auflistung von Buddhas Lehrreden und aller seiner Ordensregeln aus dem ersten vorchristlichen Jahrhundert. Gemeinsam mit anderen Quellen liefert uns der Kanon konkretere Erkenntnisse über die Ursprünge der Religion und ihren Stifter, als wir sie über Jesus von Nazareth besitzen, der etwa fünfhundert Jahre später gelebt und gewirkt hat. Und es gibt keinen Grund, den Menschen Siddharta Gautama gegenüber dem Mythos zurücktreten zu lassen.

Maya, geschwächt von den Umständen ihrer Niederkunft und für damalige Verhältnisse mit vierzig Jahren eine sehr späte Mutter, hat die Geburt ihres Sohnes nur wenige Tage überlebt. König Suddhodana gibt seinem Erstgeborenen einen Namen, der Programm werden sollte: »Einer, der jedes Ziel erreicht«. Und er verwöhnt den Stammhalter, versucht ihn von allem Übel der Welt freizuhalten. Siddharta selbst beschrieb seine Kindheit später so: »Ich war verzärtelt, über alle Maßen verzärtelt. Man legte drei Lotosteiche für mich an, Tag und Nacht hielt man einen Schirm über mich, um mich vor Hitze und Kälte und Staub und Unkraut und Tau zu schützen. Ich hatte drei Paläste, einen für die kalte Jahreszeit, einen für die heiße und einen für die Regenzeit. Monatelang kam ich nicht aus dem Obergeschoss meiner Paläste herunter, meine einzige Gesellschaft waren Musikantenmädchen.«

Mit sechzehn Jahren wird er mit einer Cousine verheiratet, an seinem elitären Lebensstil änderte das wenig, auch nicht an seinen Bildungsmöglichkeiten. Dass Siddharta je lesen und schreiben gelernt hat, ist äußerst zweifelhaft. Immerhin nimmt ihn der Vater jetzt gelegentlich zu Sitzungen seines Kabinetts mit. Der Hochbegabte begreift schnell, wie man argumentieren muss, um zu überzeugen – eine Fähigkeit, die er später zur Perfektion entwickeln wird. Mit der Zeit kommen Siddharta aber immer mehr Zweifel, ob er so weitermachen kann, ob es nicht noch etwas jenseits von Luxus und Macht gibt. Der Legende nach sind es dann vier kleine Fluchten aus dem goldenen Käfig, vier »Ausfahrten«, die ihn in Kontakt mit den Sorgen der »Normalbürger« bringen, der Armut, der Krankheit, dem Leid und dem Tod. Ob sie so stattgefunden haben, wird von Historikern bezweifelt, nicht aber, dass der Königssohn durch

Erlebnisse außerhalb seiner Palastmauern Neugier auf die real existierende Umwelt, ein soziales Gewissen entwickelt hat.

Siddharta will hinaus in die Welt, er will einen Sinn hinter all den Lebensproblemen suchen. Er muss sich aber beherrschen, seine Wünsche lange hintanstellen. Das Schloss zu verlassen, ohne seinem Vater einen Stammhalter geschenkt zu haben, kommt für ihn nicht in Frage. Er ist schon fast dreißig, als ihm dann endlich ein Sohn geboren wird. Wie schwer es Siddharta gefallen sein mag, Frau und Kind in der Obhut der Verwandtschaft zurückzulassen, erfahren wir nicht. Aber wir wissen, dass er schon Tage nach der Geburt mit seiner Wanderschaft beginnt.

Ich blicke im Morgendunst von meinem Lotosteich in Lumbini auf eine mittelmäßig grüne, teils versteppte Landschaft. Zu Siddhartas Zeiten wird die ganze Region von hier bis zum etwa dreihundert Kilometer entfernten Ganges noch von dichten Urwäldern bedeckt, auch noch ein Jahrtausend später ist das so, als sich Xuanzang auf seine Entdeckungsreise macht. Wenige gute Straßen verbinden die Städte und Dörfer. Ein schwieriges Terrain, das sich während der Regenzeit in einen kaum durchdringlichen Morast verwandelt.

Sechzehn Reiche haben zu Buddhas Lebzeiten in Nordindien miteinander konkurriert. Sakhya gehört eher zu den unbedeutenderen, die Hauptstadt Kapilavastu dürfte nicht mehr als zehntausend Einwohner gehabt haben – und dennoch ist es ungewöhnlich, dass ein Prinz von zu Hause loszieht und auf alle seine Privilegien verzichtet. Vater, Stiefmutter und Frau sind mit dem Entschluss nicht einverstanden. »Sie hatten Tränen im Gesicht«, berichtet Siddharta später. »Aber ich legte die gelben Gewänder an und zog in die Hauslosigkeit, um das höchste Heil und den unvergleichlichen Frieden zu suchen.«

Als Wandermönch begibt er sich zunächst in die Hände zweier Lehrer, denen er unterwegs begegnet, Gurus würde man heute sagen. Doch deren Weisheiten bringen ihm nichts. Ein Jahr braucht er etwa für diese Erkenntnis, dann wird ihm klar: Kein Meister kann ihm den Weg weisen, er muss ihn selbst finden. Er versucht es mit der Askese, läuft nackt herum, wäscht sich nicht mehr, fastet sich fast zu Tode. Sehr plastisch beschreibt das der Pali-Kanon: Seine Rippen hätten wie »Dachsperren eines verfallenen Hauses« herausgestanden, sein Gesäß sei »so klein wie ein Ochsenhuf« geworden. Diese Selbstkasteiung währt sechs Jahre, aber auf seinem spirituellen Weg kommt er auch so keinen Schritt weiter, wenngleich er eine Handvoll Mitstreiter um sich schart. Schlimmer noch: Siddharta muss erkennen, dass die Schwächung des Körpers auch seinen Geist in Mitleidenschaft zieht.

Er zieht die Konsequenzen. Als ihm eines Tages ein kleines Dorfmädchen einen Reisbrei anbietet, greift er zu. Er isst wieder, Eier, Früchte, alles Vegetarische. Und kommt zu Kräften. Seine spirituellen Begleiter wenden sich entsetzt von ihm ab, er ist nun wieder auf sich allein gestellt. Aber er weiß sich auf dem richtigen Weg.

Nach einer langen Wanderung kommt er in Uruvela an (dem heutigen Bodhgaya). Unter den herzförmigen Blättern eines Pipalbaum sucht er Ruhe und versenkt sich in eine neunstündige Meditation. Er sieht wie in Trance Tausende seiner eigenen Existenzen im Kreislauf der Wiedergeburten an ihm vorüberziehen; er sieht, wie gutes und schlechtes Handeln das Karma beeinflusst; er sieht die Ursachen des Leidens und die Möglichkeiten, es zu beenden. Noch einmal versucht ihn der Legende nach Mara, der Teufel, abzulenken und mit den Reizen seiner schönsten Töchter auf die Probe zu stellen, aber vergebens. »Ich bin von der Unwissenheit befreit«, jubelt er. »Gesichert ist meine Erlösung. Ich kann fortan die Wonnen meiner Befreiung genießen.« Siddharta ist, so glaubt zumindest er selbst und so glauben später alle, die ihm nachfolgen, zum Erweckten, zum Erleuchteten geworden. Zum Buddha.

Sieben Wochen bleibt er am Ort des Glücks, sitzend und

schlafend und denkend am Baum der Erkenntnis. Dieser Ort soll mein nächstes Reiseziel sein – für den chinesischen Mönch Xuan-zang wie für jeden Buddhisten vor ihm und nach ihm ist Bodhgaya so etwas wie das geistige Zentrum der Welt.

Der Erleuchtete, nun etwa Mitte dreißig, hat unter dem indischen Pappelfeigenbaum seine spirituelle Suche beendet, er ist am Ziel. Anfangs ist er sich nicht sicher, ob er seine Erkenntnisse weitergeben soll. »Wozu der Welt verkünden, was ich erlangt mit schwerer Müh?«, zitiert ihn die Überlieferung. Aber in mehreren Träumen wird ihm auferlegt, seine Erkenntnisse weiterzugeben. Und so bleibt für den Buddha Bodhgaya nur eine Zwischenstation. Er geht wieder auf Wanderschaft, Richtung Ganges-Ebene, ins zivilisatorische Herz des Subkontinents.

Der Erste, den er unterwegs trifft und dem er von seiner Erleuchtung erzählt, schüttelt nur den Kopf und läuft schnell weiter. Seine neuen Jünger werden dann alte Bekannte, die fünf, die sich einst entsetzt von ihm abgewendet haben, als er die Askese aufgab. Sie sind zunächst auch skeptisch, aber als Buddha anfängt zu sprechen und seinen Weg zum Glauben erklärt, sind sie begeistert. Immer mehr wollen ihn nun hören. Und so beginnt der Erleuchtete seine ersten Lehrreden für die Allgemeinheit. Er sucht sich dafür ein idyllisches Gelände im Grünen aus, unweit der Großstadt Benares, den Gazellenhain Sarnath. Das wird nach Bodhgaya mein nächstes wichtiges Ziel sein, auch für den chinesischen Mönch hatte der Hain eine besondere Bedeutung.

Gleich nach seinen ersten Predigten um das Jahr 530 vor Christus gründet Buddha mit seinen Vertrauten einen Mönchsorden, wie ein Lauffeuer verbreitet sich sein Ruf in der Ganges-Ebene. Bald sind es Hunderte, dann Tausende und Zehntausende, die ihm folgen, später geschätzt ein Viertel der Bevölkerung – erstaunlich bei einer Lehre, die doch intellektuell sehr anspruchsvoll ist. Das hat sicher viel mit dem Redetalent des Religionsgründers zu tun, der seine Botschaft je nach Zuhörerschaft mal einfacher, mal komplexer zu formulieren vermag und der viele eingängige Gleichnisse findet. Aber es liegt vor allem daran, dass die indische Gesellschaft sich damals im Umbruch befindet, die Menschen sich nach neuen Ideen und Idealen sehnen. Durch eine verbesserte Landwirtschaft ist eine neue städtische Mittelschicht entstanden, die das starre hinduistische Kastenwesen als bedrückend empfindet. Besonders die Brahmanen haben sich durch Korruption unbeliebt gemacht. Die Elite der Priester zwingt die Menschen zu kostspieligen Spenden, behauptet, nur so sei das Heil zu erlangen.

Buddha nennt solche Opfer und Gebete nutzlos, ja schädlich. Die Erlösung, die er in Aussicht stellt, ist weder von der gesellschaftlichen Herkunft noch vom Geschlecht abhängig, sie liegt im Inneren eines jeden Menschen. Wer Hass, Gier und Verblendung überwinden kann, hat eine Chance auf das Nirvana.

Trotz einer gewissen Lustfeindlichkeit – Musik, Malerei und Schauspiel betrachtet der Religionsstifter als weitgehend überflüssige, eher »kindische« Ablenkung – ist diese Lehre weder deprimierend noch weltfremd. Buddha zeigt sich in ökonomischen Fragen als eine Art Vorfahr von Ludwig Erhard, als sozialer Marktwirtschaftler gibt er sogar konkrete Tipps für ein erfolgreiches, von ethischen Grundsätzen geleitetes Business-Leben. Deshalb finden sich unter seinen Anhängern bald besonders viele Kaufmannssöhne. Und er ist auch fast so etwas wie ein Gründervater der Grünen-Bewegung, predigt striktes Umweltbewusstsein: »Wer seinen Wohlstand vermehren möchte, der nehme sich an den Bienen ein Beispiel. Sie sammeln den Honig, ohne die Blumen zu zerstören. Sie sind sogar nützlich für die Blumen. Sammle deinen Reichtum, ohne seine Quellen zu zerstören, dann wird er beständig zunehmen.«

Auch wenn eines der Ziele Buddhas darin besteht, verkrustete gesellschaftliche Strukturen aufzubrechen, macht ihn das noch nicht zu einem Sozialrevolutionär. Er ist und bleibt immer ein Prinz, ein Angehöriger des Adelsstandes. Er kann deshalb besonders gut mit den Mächtigen, deren Sprache versteht er, deren Ängste kennt er. Und Buddha ist durchaus bereit, sich – wenn es der Sache dient – opportunistisch zu verhalten. So zieht er, schon bald nachdem er eine ansehnliche Schar von Unterstützern gefunden hat, ins damals wohl wichtigste Reich am Ganges, nach Magadha (Buddhas Vater im kleinen Sakhya musste dorthin Tribut bezahlen). Der Herrscher ist sehr beeindruckt, tritt zum neuen Glauben über und stellt dem Mönchsorden ein großes Gelände zur Verfügung. Solche Stiftungen durch reiche und mächtige Gönner werden zum wiederkehrenden Muster, nach und nach entstehen im »Mittleren Land« am Ganges zahlreiche Klöster. Dort gilt das Gebot der Armut, der Keuschheit und des Verzichts auf Rauschmittel.

Buddhas Haltung gegenüber dem anderen Geschlecht ist ambivalent. Frauen sind im Glauben wie in ihrer Erlösungsfähigkeit gleichberechtigt. Als einem lokalen Herrscher statt des erhofften Sohns eine Tochter geboren wird, tröstet er ihn: Ein Mädchen könnte, wenn klug erzogen, sogar mehr wert sein als ein Junge – für die damalige Zeit eine erstaunlich progressive Äußerung. Andererseits aber wehrt sich Buddha lange dagegen, Frauen in seinem Orden aufzunehmen, er fürchtet offenbar Folgen für den Zölibat. Es klingt nicht gerade feministisch, was Buddha seinem Lieblingsjünger Ananda als Verhaltensregeln auferlegt. Zitat: »Ihr sollt sie nicht anstarren, Ananda. – Aber wenn wir sie sehen, was sollen wir tun? – Nicht mit ihnen sprechen, Ananda. – Wenn sie uns aber ansprechen, Herr, wie sollen wir uns verhalten? – Auf der Hut bleiben, Ananda.«

Aufgeweicht wird seine harte Haltung wohl erst, als er während der langen Wanderschaft einmal in seine Heimat zurückkehrt; in Kapilavastu kommt es zu einem emotionalen Treffen mit seinem Vater, mit seiner Pflegemutter, seiner zurückgelassenen Gattin und ihrem gemeinsamen Kind. Die beiden Frauen wollen sich seiner

Bewegung anschließen und ein Nonnenkloster gründen. Nach längerem Zögern erlaubt Buddha das, auch sein Sohn zieht mit ihm und wird zum Mönch. Aber dieser Rahula bleibt in den Schriften eine blasse Gestalt, die Nachwelt erfährt so gut wie nichts über ihn. Auch nicht, wie der junge Mann eine Kindheit ohne Vater überstanden hat, ohne gegen ihn Groll zu hegen.

Der Aufstieg Buddhas zu einer der führenden Persönlichkeiten seiner Zeit verläuft nicht immer geradlinig und ohne Anfeindung – die schlimmste kommt aus dem erweiterten Kreis der Familie. Sein Vetter Devadatta möchte alle Macht im Mönchsorden an sich reißen, fordert bei öffentlichen Sitzungen sogar die Demission Buddhas, nach manchen Überlieferungen soll er sogar ein Mordkomplott gegen den Religionsstifter geplant haben. Doch Buddha gelingt es, den Mann kaltzustellen.

Bis ins hohe Alter zieht er durch die Lande, immer zwischen Ganges und Himalaja entlang, Tausende Kilometer legt er zu Fuß zurück, predigt unermüdlich seine Botschaft, schmiedet Allianzen mit den Mächtigen, erweitert seine »Sangha«, die Mönchsgemeinschaft, stärkt die Laienschaft. Er ruht nur während der Regenzeit. Zu den Anhängern der Lehre zählen gegen Ende von Buddhas Lebens viele Könige und Minister der Religion, doch zum engeren Kreis seiner Vertrauten gehören auch der Friseur Upali, der Straßenkehrer Sunita und die Prostituierte Vaisali.

Buddha ist schon ein Greis von etwa achtzig Jahren, als ihm Krankheiten zu schaffen machen. Vermutlich ist es eine verdorbene Pilzmahlzeit, die ihn dann entscheidend schwächt. In einem unbedeutenden kleinen Ort namens Kuschinagar fühlt er seine letzte Stunde kommen. Er verzichtet ausdrücklich darauf, einen Nachfolger zu bestimmen. »Die Lehre soll euer Meister sein«, sagt Buddha zu seinem Lieblingsschüler Ananda und verbietet ihm die Tränen. »Sei nicht traurig, verzweifle nicht! Alles, was existiert, ist vergänglich.«

Der Sterbeort Kuschinagar stand auf der Liste der Pilgerziele des chinesischen Mönchs Xuanzangs, er steht auch auf meiner Reiseroute. Doch jetzt ist es an der Zeit, zu dem Platz aufzubrechen, wo Siddharta einst erleuchtet wurde – und zu schauen, ob der Zauber von einst bis ins Heute herüberreicht.

Kapitel VIII

Bodhgaya, Indien: Der Baum der Erleuchtung

Ankommen ist schön, noch schöner aber ist es, unterwegs zu sein – so sprach einst Buddha. Diese Weisheit hat sich der Mönch Xuan- zang bei seiner abenteuerlichen Pilgerfahrt quer durch Asien ein Jahrtausend später zu Herzen genommen. Und die will auch ich befolgen. Was aber, wenn die Reise keine richtige Freude macht und auch noch die Ankunft misslingt? So geschehen bei meinem Trip von Siddhartas nepalesischem Geburtsort Lumbini ins indi- sche Bodhgaya, dem Ort, an dem er zum Erleuchteten wurde. Und ich zum Erzürnten, der – alles andere als gelassen oder heilig – nur noch vor sich hin fluchte.

Drei Autobusse. Der erste hatte kaum funktionierende Brem- sen, war aber dafür mit einer ganzen Reihe blinkender Lichterket- ten und einem Altar hinduistischer Gottheiten in der Fahrerkabine ausgestattet, er hielt während der kurzen Strecke zur Grenze an je- dem Baum, der Chauffeur versuchte die verloren gegangene Zeit mit halsbrecherischen Überholmanövern aufzuholen. Der zweite, etwas neueren Datums und stolz als »Überlandbus« ausgezeichnet, gab nach einer holprigen Fahrt auf halber Strecke bei Gorakhpur den Geist auf; stundenlanges Warten auf ein Ersatzgefährt, in dem es dann wegen Überfüllung nur Stehplätze zwischen Riesenkoffern und schnatternden, um sich flatternden Gänsen gab. Der dritte war sehr neu, nervte aber mit einer auf Minusgrade geschalteten Kli- maanlage und einer auf Rockkonzert getunten Musikbeschallung.

Nach der insgesamt vierzehnstündigen Fahrt checkte ich erschöpft in einem Hotel ein, das eine indische Reiseagentur empfahl, das aber trotz seiner drei Sterne schon deutlich bessere Zeiten gesehen hatte. Ein Kasten im Fertigbaustil, eine unfreundliche Rezeption, Kakerlaken schon in der Eingangshalle.

Und dann fiel auch noch der Strom aus, als ich im Fahrstuhl mit meinem Koffer gerade zwischen dem zweiten und dritten Stock angelangt war, ich blieb stecken. Panische Suche nach dem Notknopf im schwärzesten Dunkel. Als ich ihn endlich fand: keine Reaktion. Ich versuchte es mit Faustschlägen gegen die Tür. Endlich, nach einer bangen halben Stunde, ging das Licht wieder an, und ein Angestellter befreite mich. Nein, Bodhgaya hat sich in diesen Stunden der Anreise und Ankunft nicht gerade von seiner einladendsten Seite präsentiert.

Trotzdem bin ich natürlich froh, da zu sein: Bodhgaya ist ein ganz besonderer Platz, für Buddhisten so etwas wie der Vatikan, wie Mekka, und der Mahabodhi-Tempel mit dem Baum der Erleuchtung gilt als das Herz des Glaubens – das Pilgerziel schlechthin. Es ist meine zweite Reise hierher in die indische Provinz Bihar, in die südliche Ganges-Region. Als Rucksacktourist war ich in meinen Studentenjahren schon einmal zu Besuch, vor gut vierzig Jahren. Und wie immer, wenn ich einen Ort wiedersehe, zumal nach so langer Zeit, habe ich ein ungutes Gefühl. Ein wenig Angst davor, dass er nicht mehr so eindrucksvoll sein könnte, wie ich ihn in Erinnerung habe. Dass er sich gewandelt hat. Oder vielleicht auch, dass ich mich verändert habe, so sehr, dass ich einen Teil meiner früheren bedingungslosen Begeisterungsfähigkeit eingebüßt habe.

Ich beschließe, mir den Höhepunkt bis zum Schluss aufzuheben, den Tempel und den heiligen Bodhi-Baum sozusagen von außen her einzukreisen. Mein Hotel liegt am Rande der kleinen Pilgerstadt; ich will zunächst in die Umgebung wandern, zum Niranjana-Fluss, zu den Wäldern von Mangobäumen, von denen Siddharta

einst geschwärmt hat, als er sich zum endgültigen Stadium seiner Sinnsuche hier niederließ. Ich will in eine Landschaft eintauchen, von der auch Xuanzang so hingerissen war, dass er in seiner
sonst so nüchternen Reisebeschreibung fast schon zum Schwärmer
wurde. Bei seiner Annäherung an Bodhgaya sah der chinesische
Mönch überall »kristallklare Gewässer, wunderschöne Gärten und
Haine, gepflegte Dörfer und fruchtbares Weideland«.

Vom Hotel spaziere ich an einer kleinen Ayurveda-Klinik vorbei.
Vor der Hütte auf dem Gehweg machen sich ein paar abgemagerte
Kühe breit, die den Schotter nach Grasbüscheln absuchen. Zwischen
Plastikmüll und Fäkalien spielen halb nackte Kinder; einige baden
in einem Tümpel mit verschmutztem, in grünlichen Farben schim-
merndem Wasser, in den von einer kleinen Fabrik Chemikalien geleitet werden. Rechts und links der Straße, schon außerhalb des Ortes, ziehen Bauarbeiter Mauern hoch, neue »Guesthouses« für Pilger
sollen entstehen, erläutert einer der Männer, während sein Kollege
auf einem abenteuerlich ungesicherten Klettergerüst balanciert.

Auch auf dem Weg hinunter zum einst so idyllischen Fluss ist
von lieblichen Mangohainen und weiten grünen Auen wenig zu sehen. Nur wenige Felder sind bebaut, und selbst die wirken durch die
pockennarbigen Risse in der vertrockneten Erde wie Brachland. Bei
jedem Windstoß wirbelt Staub auf, der in den Augen brennt; die
vereinzelten Gehöfte wirken verlassen, als sei dieser Boden schon
längst aufgegeben. Dann kommt in der Ferne der Fluss ins Blickfeld und etwas, das wie ein intaktes Fischerdorf aussieht. Doch beim
Näherkommen entpuppt sich der Weiler als eine Ansammlung von
windschiefen Hütten, die wie Schuhkartons aneinandergereiht und
ineinander verschachtelt sind. Der Fluss, in den Siddharta Gautama
einst stolz seine Bettelschale tauchte und in dem Xuanzang voller
Glück »seine Unreinheit abwusch«, ist weitgehend versandet, von
Plastikmüll verseucht. So trostlos wie die gesamte Gegend nördlich der Pilgerstadt.

»Die Welt beneidet Indien um seine Wachstumsrate, die jetzt sogar diejenige Chinas übertrifft«, hat der amerikanische Nachrichtensender CNN eine Wirtschaftssondersendung überschrieben, die ich noch am frühen Morgen in meinem Hotelzimmer anschaute. Und dann zeigten sie die Glitzertürme der Großstädte, die Superhotels von Neu-Delhi, das teuerste Privathaus der Welt in Mumbai mit Hubschrauberlandeplatz und drei Kinosälen, errichtet vom indischen Unternehmer und Multimilliardär Mukesh Ambhani, die boomende Börse. Und sie porträtierten die rasch wachsende neue Mittelklasse in den Metropolen mit ihren Konsumwünschen, die sie sich zunehmend erfüllen können. Der optimistische Bericht erinnert mich an Reportagen, die ich aus Indien gemacht habe und die im letzten Jahrzehnt oft auch von großen Fortschritten und eindrucksvollen Persönlichkeiten handelten. Von den Gründern der Hightech-Firmen in Bangalore, die den Weltmarkt der Computersoftware aufmischten, den indischen Spitzenforschern in der Gentechnik und Biochemie, den neuen Wissenszentren wie Hyderabad, das man in der Fachwelt nur noch Cyberabad nannte.

All das ist richtig – und doch nur die halbe Wahrheit über Indien. Denn während die großen urbanen Zentren einen Aufstieg erleben, stagnieren die Lebensverhältnisse in den ländlichen Regionen. Noch immer wohnen zwei Drittel der Inder auf dem Land. Sie sind die Verlierer des Booms, haben kaum Chancen, sich aus der Knechtschaft zu befreien. Tausende Kleinbauern sehen jährlich keinen anderen Ausweg mehr, als wegen Überschuldung Selbstmord zu begehen, Hunderttausende vegetieren in den Dörfern immer noch als Gefangene des Kastensystems und werden wie Aussätzige behandelt – weitgehend abgeschnitten von einem globalisierten Wirtschaftssystem, das in Indien am oberen Ende der extrem ungleichen Vermögensverteilung mehr Dollar-Milliardäre geschaffen hat als beispielsweise in Deutschland.

Am selben Tag, an dem das Fernsehen seinen ausführlichen Beitrag über das Wirtschaftswunderland Indien sendet, das angeblich die ganze Welt beneiden müsste, am selben Tag, als ich durch die Umgebung von Bodhgaya wandere, berichtet die Tageszeitung *Indian Times* über den Handel mit Kleinkindern in einer Region namens Thakurpukur.

»Unterernährte Babys wurden ihrem Schicksal überlassen, einige auch bei lebendigem Leib begraben«, lautet die Überschrift des Artikels. Eine Gangsterbande hat demnach mit Hilfe von korrupten Klinikangestellten Neugeborene entführt und je nach »Marktwert« eingeteilt. Die schwachen wurden als nutzlos eingestuft und entsorgt, die kräftigeren verkauft. »Frisch geborene Mädchen brachten 100 000 Rupien (etwa 1400 Euro), wenn ihre Hautfarbe dunkel war, bei hellerem Teint bis zu 150 000. Für männliche Babys konnten sie einen höheren Preis verlangen: 200 000 Rupien und mehr«, schreibt das Blatt. In den vergangenen Monaten hätten so mehr als fünfzig Babys den Besitzer gewechselt. Der Skandal schaffte es übrigens nicht auf die Titelseite der Zeitung – der Chefredaktion schien die Geschichte offensichtlich dafür als zu wenig wichtig. Oder als nicht außergewöhnlich genug.

Wenn es in Indien eine Katastrophenprovinz gibt, dann dieses Bihar, ärmster und zurückgebliebenster aller indischen Bundesstaaten: Hier kommt alles, was über den Subkontinent an Problemen hereinbricht, immer noch schlimmer, noch niederschmetternder als anderswo.

In der Region, zu der in Buddhas Zeiten das Magadha-Reich erblühte, in Xuanzangs Ära der weise König Harsha über ein reiches Land herrschte, ist heute die indische Lebenserwartung am niedrigsten und die Analphabetenrate am höchsten. Hier beträgt das Pro-Kopf-Einkommen ein Zehntel dessen von Goa, der relativ reichen Küstenstadt im indischen Westen, ein Zwanzigstel von Schanghai. Das ist nicht nur Schuld korrupter Politiker und rücksichtsloser Großgrundbesitzer, sondern resultiert aus dem Klimawandel, der durch Abholzung und Kohleverbrennung hier noch besonders forciert wird. Ob Kälteeinbrüche oder Hitzerekorde, ob Dürren oder Überschwemmungen oder Wirbelstürme: An Bihar – nur ein Viertel so groß wie Deutschland, aber mit hundertzehn Millionen Einwohnern hoffnungslos überbevölkert – geht keine Heimsuchung der Natur, keine Verfehlung der Politik vorbei.

Und so sind es eher bittere Scherze, die meine indischen Freunde über die Rückständigkeit des Bundesstaates machen. Die beiden besten und zugleich traurigsten Witze verdanke ich der Schriftstellerin Mishi Saran. Der eine geht so: »Die Pakistaner wollen doch so gern Kaschmir von uns. Können sie haben – unter der Bedingung, dass sie Bihar dazunehmen.« Und der andere so: »Ein japanischer Ministerpräsident kommt nach Bihar. Gebt mir einen Monat, und dieses Land wird aussehen wie Japan, sagt er selbstbewusst. Entgegnet der lokale Premier: Lasst mich erst mal einen Monat lang Japan regieren, und es wird so aussehen wie Bihar.«

Der Pilgerort Bodhgaya mit seinen etwa dreißigtausend Einwohnern, der bei meinem ersten Eindruck in seinen Außenbezirken so problematisch, so Bihar-typisch angemutet hat, gewinnt auf den zweiten Blick. Bei meinem Gang Richtung Innenstadt stoße ich auf eindrucksvolle Bauwerke. Da thront am Rande eines Lehmwegs eine eindrucksvolle, zwanzig Meter hohe Buddha-Staute aus Sandstein und weißem Granit, von japanischen Gläubigen gestiftet, vom Dalai Lama 1989 eingeweiht. Da laden, fast wie an einer Perlenkette aneinandergereiht, der Bhutan-Tempel, der Thai-Tempel und der Burma-Tempel die Pilger zum Verweilen und Beten ein. Im »Root Institute« mit seinem kleinen, stilvoll-friedlichen Garten kann sich jeder in die Wurzeln buddhistischer Meditationspraktiken einführen lassen; die engagierten Besitzer unterhalten von den geringen Studiengebühren und Spenden auch ein Krankenhaus, wo die Ärmsten der Region umsonst behandelt werden.

Je näher ich auf der Dohuman Road in das Zentrum des Orts

wandere, desto geschäftiger wird das Treiben. Neben Billighotels für Pilger sind in den letzten Jahren viele kleine Restaurants entstanden, die oft nicht mehr als ein paar einfache, meist vegetarische Gerichte anbieten (übrigens weder Bier noch Wein, im ganzen Bundesstaat Bihar herrscht seit 2015 striktes Alkoholverbot). Sie haben sich der »heiligen« Umgebung angepasste Namen gegeben: *Hari Om, Be Happy, Lotos, Bowl of Compassion*. Im letzteren Lokal werden besondere »Mitleidsgerichte« angeboten, ein großer Teil der Einnahmen fließt – so versprechen jedenfalls die Betreiber des Lokals – an karitative Einrichtungen. Die Kellnerinnen arbeiten umsonst, erzählen sie mir stolz, ausländische Freiwillige seien »höchstwillkommen«.

Auf den verbliebenen hundert Metern hin zum berühmten Tempel wird die Straße zu einem einzigen, hinduistisch geprägten, quirligen Markt, die Stimmung unterscheidet sich kaum von der in einer beliebigen indischen Kleinstadt. Alte Männer in notdürftig über der Brust verschlungenen Dhotis verkaufen Zuckerrohr, den sie auf Wunsch auch zu einem zuckersüßen, trüben Saft pressen. Junge Frauen preisen Schals an, die »garantiert aus Kaschmir« stammen, aber deren wahre Herkunft rückseitig befestigte kleine »Made in China«-Labels verraten. Verkrüppelte Kinder klopfen mit Messinglöffeln auf kleine Gefäße, die buddhistischen Opferschalen nachempfunden sind und die wohl Pilger zu besonders großzügigen Almosen anspornen sollen. Es ist ein unheimliches, gespenstisches Geräusch, das noch lange nachklingt.

Dann erreiche ich das Allerheiligste, den Mahabodhi-Tempel. Hunderte haben sich geduldig angestellt, um durch das hohe Steintor Einlass zu finden. Die Kontrollen sind streng, es gilt absolutes Handy- und Laptopverbot. Man weiß, dass nicht einmal diese Stätte des Friedens allen sakrosankt ist. Am 7. Juli 2013 explodierten auf dem Tempelkomplex und an anderen Orten von Bodhgaya fast gleichzeitig zehn selbst gebastelte Rohrbomben; Gott sei

Dank wurden lediglich zwei Mönche leicht verletzt, am Mahabodhi entstand nur geringer Sachschaden. Die Polizei beschuldigte später eine obskure islamistische Gruppe des Terroranschlags, die »Indian Muhajideen«. Seither steht die religiöse Stätte unter besonderem Schutz der Bundesbehörden, am Eingang patrouillieren Polizisten mit Gewehren.

Es ist erstaunlich, wie schnell sich die Atmosphäre ändert, wenn man die weitläufige Tempelanlage betritt. Während draußen noch gerade der marktschreierische Trubel, die Verkaufsverhandlungen und das Trommeln der kleinen Bettler in den Ohren gedröhnt haben, wirkt hier drinnen alles wie gedämpft, als habe jeder beim Eintritt unwillkürlich die Stimme gesenkt. In der langen Schlange sind Touristen vieler Nationen vertreten, zu hören ist ein englisch-französisch-spanisch-chinesisches Flüstern. Mönche und Nonnen scheinen gegenüber den Laien in der Überzahl: Sie sind in Safrangelb gekleidet, haben Schals über die nackten Arme gelegt, sammeln sich in großen und kleineren Gruppen, Tiefgläubige auf der Wallfahrt ihres Lebens.

Ich setze mich auf einen Stein und beobachte die Menschenmenge, die sich langsam und geordnet um die Anlage schiebt, im Uhrzeigersinn, wie religiös vorgeschrieben. Der Tempel sieht im milden, spätnachmittäglichen Licht wie eine fein ziselierte Sandburg an einem Meeresstrand aus: spitz nach oben zulaufend die große Pyramide in der Mitte, um sie herum vier kleinere, in der Form ganz ähnliche Strukturen.

Während sich einer der Mönche, er stammt wie seine Brüder aus Thailand, ergriffen die Augen wischt, muss ich an Xuanzang denken: Auch der Reisende aus China wurde hier im Angesicht seines so lange erträumten Ziels von Rührung übermannt – ein ungewöhnlicher Gefühlsausbruch für den sonst so wenig emotionalen Beobachter, der Bodhgaya im Jahr 638 erreicht hat und ganz in der Nähe meines jetzigen Sitzplatzes die Pilgerszene beobachtet haben muss. Aber hier konnte er nicht anders. »Das war der Augenblick, auf den er sein ganzes Leben gewartet hat«, schreibt sein Biograf Huili in dem Buch, das ich wie immer bei mir trage. »Xuanzang fällt auf die Knie, seine Augen stehen voller Tränen.«

Vermutlich hat der Tempel damals ähnlich ausgesehen wie heute. Ursprünglich wurde er wohl von Kaiser Ashoka schon fast neunhundert Jahre vor Xuanzangs Besuch errichtet, dann immer wieder restauriert; in seiner endgültigen Form mit der sieben Stufen umfassenden Außenfassade präsentiert sich die Anlage seit der »Überarbeitung« durch britische Archäologen im Jahr 1889. Buddha ist hier allgegenwärtig: Der Fries, der an drei Seiten um die Basis des Tempels verläuft, zeigt fünfundachtzig Abbildungen des Erleuchteten in Sandstein, aus kleinen Nischen leuchten unzählige Buddhas in Gold, geschmückt mit Blumengirlanden. An der Nordseite des Tempels treffen sich besonders viele Gläubige, pilgern wie in Zeitlupe über den »Juwelenpfad«, der aus neunzehn steinernen Lotosblumen besteht. Viele Wallfahrer tragen orange Kränze aus Ringelblumen. So wie die Mönche aus Kambodscha, die sich in ihren hingehauchten Gebeten nicht von einem streunenden Hund stören lassen, der es irgendwie auf das Gelände geschafft hat.

Unter den Betenden fällt mir ein junger Mann im Mönchsornat auf, der seinen Gesichtszügen nach aus dem Westen stammt. Er trägt eine Lotosblume, die er wie einen Schatz behütet und an seinen Körper drückt; dann legt er sie an einer Buddha-Nische nieder und kniet sich hin. Als er nach seinem Gebet wieder aufsteht, spreche ich ihn an. John stammt aus Kanada, arbeitet hauptberuflich als Geschichtslehrer an einer höheren Schule in Toronto. Aber er sei nicht glücklich »mit den Prioritäten des Lebens im Westen«, erzählt er mir. Ihn störe das Rattenrennen um Beförderungen, der krude Materialismus in seiner Heimat. Meine Frage, was ihm der Besuch in Bodhgaya bedeute, verblüfft ihn. »Aber ist das nicht offensichtlich? Hier bekomme ich meine Inspiration, hier fühle ich die

Sangha, die Gemeinschaft der Gläubigen. Der Mahabodhi-Tempel ist für mich der Nabel der Welt.«

Und welche Bewandtnis hat sein Blumenopfer? »Das hat mit der Geschichte dieses Orts zu tun. Wie Jesus, den der Teufel dreimal auf die Probe stellte, so wurde auch Siddharta von Mara heimgesucht. Der Verführer erzeugte Donner und Blitze und ließ eine tiefschwarze Nacht hereinbrechen. Doch Siddharta setzte seine Meditation der Barmherzigkeit unbeirrt fort. Sämtliche kriegerischen Waffen wurden in Lotosblumen verwandelt, Maras Heer suchte panisch das Weite. Und so soll jetzt auch mein Lotosopfer Frieden bringen.« Anderswo hätten diese Sätze vielleicht pompös oder pathetisch geklungen, hier am Tempel wirken sie merkwürdig unprätentiös und passend.

Der zentrale Ort der Andacht ist zum einen die große goldene Buddha-Statue im Innern des Tempels, die alle Gläubige zu berühren versuchen. Und dann natürlich der Bodhi im Hof, der Baum der Erleuchtung. Die indische Pappelfeige, auch als Pipal oder *Ficus religiosa* bekannt, ist generell ein eindrucksvolles, elegantes Gewächs. Die herzförmigen dunkelgrünen Blätter zittern unentwegt, auch wenn Windstille herrscht, durch ihr Aneinanderreiben entsteht ein leiser, sanfter Klang, so dass der ganze Baum mit seiner flirrenden und funkelnden Krone wie ein eigenständiges Wesen erscheint. Aber natürlich hat die Pappelfeige im Tempel von Bodhgaya für Buddhisten noch einen ganz anderen Wert – sie ist nicht nur schön, sie ist auch spirituell.

Puristen mögen darüber streiten, ob Siddharta direkt unter diesem heutigen Baum in einer Frühlingsnacht zum Buddha geworden ist. Die Gläubigen – aber auch viele Historiker – sind nach Lektüre der alten Schriften davon überzeugt, dass die Erleuchtung hier und nur hier stattgefunden haben kann. Hunderte haben sich zum Gebet auf dem weißen Stein vor dem Bodhi niedergelassen, meditieren leise im Fersensitz, nur ihre Lippen bewegend; darunter auffallend viele Frauen, die zu weißen Hosen und Blusen rosafarbene Schals tragen. Unter den Mönchen in Safrangelb und Purpur fallen mir die vielen Tibeter mit ihren markanten Gesichtszügen auf, die Buddhisten vom Dach der Welt scheinen überall auf dem Gelände des Mahabodhi-Tempels in der Mehrheit. Auf einem durch einen blumengeschmückten Zaun abgetrennten Gelände markiert eine Plattform aus rotem Sandstein den *Vajrasana*. Dieser »Diamanten-thron« wird nach Auffassung der Gläubigen der letzte Ort sein, der eines Tages von der Erde verschwindet – und der erste, der nach der Erlösung wieder auftaucht.

Es gibt noch viel zu sehen auf dem Gelände des Tempels und in seiner unmittelbaren Umgebung. Die sieben Orte etwa, an denen Buddha nach seiner Erleuchtung sieben Wochen lang seine Wonnen genoss. Den Makalinda-See, in dem der Überlieferung nach eine Schlange Menschenform annahm und sich vor dem Erweckten verbeugte. Den legendären »Fußabdruck« Buddhas. Gemeinsam mit den anderen Pilgern drehe ich meine Runden, bis nach Einbruch der Dunkelheit Hunderte Gläubige ihre mitgebrachten Kerzen anzünden, das Heiligtum gemeinsam mit den letzten Sonnenstrahlen in ein unwirklich schönes Licht von Rot- und Orangetönen tauchen.

Auch wenn ich auf dem Weg zurück zu meinem Hotel wieder über Berge von achtlos auf die Straße geworfenen Müll stolpere, auch wenn der Tümpel aus Industrieabwässern nicht verschwunden ist und die Kinder noch spätabends darin plantschen, als handele es sich um einen Swimmingpool – das Mahabodhi-Heiligtum und sein Baum der Erleuchtung haben mich mit Bodhgaya versöhnt. Wenigstens teilweise versöhnt.

Am nächsten Morgen besuche ich den Gandhen Phelgye Lin, den tibetischen Tempel, der nicht weit von der Hauptsehenswürdigkeit im Zentrum liegt und ein wenig an den Potala-Palast von Lhasa erinnert. Mich interessiert, warum der indische Pilgerort so sehr von den Tibetern dominiert wird. Leider ist Ehrwürden Lobsang Jinpa gerade nicht in der Stadt, der als eine Art Alterspräsident das Kloster leitet. Und zu meiner Enttäuschung mag keiner der anderen vierzig Mönche mit mir reden – vielleicht sind es Sprachschwierigkeiten, wie man mir bedeutet, womöglich fühlt sich aber auch keiner zur Auskunft ermächtigt. So ganz auf hierarchische Strukturen zu verzichten, wie es sich Buddha einst für seine »Sangha« gewünscht hat, wie es sich ja auch der vierzehnte Dalai Lama als »einfacher Mönch« erträumt: Das hat in der Praxis selten funktioniert, und das klappt heute in der Glaubenswelt vielleicht weniger denn je.

Ich drehe am großen Gebetsrad des Tempels und will mich danach schon auf den Heimweg machen, als mich plötzlich ein älterer Mönch eingehend mustert. Er muss gerade in die Halle hereingekommen sein, unter den Ortsansässigen hatte ich ihn nicht entdeckt. Es ist ein Mann mit markanten Gesichtszügen, tiefen Falten, die sich in sein Gesicht gegraben haben, wie Altersringe im Stamm eines Bodhi-Baums. Er spricht mich in fließendem Englisch an. Es stellt sich heraus, dass der alte Mönch, der sich Tamdin nennt, hier nur zu Besuch ist. Normalerweise lebt er in Dharamsala, in »Little Lhasa« an den Abhängen des Himalaja, wo der vierzehnte Dalaia Lama seinen Amtssitz hat.

Der Greis gehört zu denen, die vor den chinesischen Besatzern seiner Heimat geflohen sind, immer wieder war er als junger Mönch gegängelt und sogar eingesperrt worden; er schaffte die schwierige Flucht über die hohen Berge, bei der auch immer wieder manche seiner Landsleute ums Leben kamen, und lebt nun schon seit drei Jahrzehnten m Kloster Namgyal, dem »Hauskloster« des Dalai Lama.

Bei einer Tasse Tee, traditionell mit leicht ranziger Butter gewürzt, erzählt Tamdin mir über Bodhgaya und die Tibeter, was ich sonst wohl nie erfahren hätte. Er kennt sich genau aus mit dem Bodhi-Baum, der mich so beeindruckt hat: Es sei natürlich nicht das ursprüngliche Gewächs, unter dem Siddharta meditiert habe, aber auf jeden Fall ein Originalspross des *Ficus religiosa*, welcher Generation auch immer. Dass der Baum jetzt durch ein Gitter eingezäunt sei: bedauerlich, aber nötig. Früher hätten viele Pilger versucht, den Stamm aus rituellen Gründen mit einer süßen, Schädlinge anlockenden Paste zu beschmieren oder sich gar ein Stück aus der Rinde zu schnitzen, die tiefer liegenden Blätter abzupflücken. Und doch sei es auch noch nach der Absperrung zu Missbrauch gekommen: Im Dezember 2007 musste der für den Tempel zuständige Mönch zurücktreten – er soll thailändischen Geschäftsleuten für hohe Summen Zweige des heiligen Baums verkauft haben.

Also sind Geiz und Gier noch nicht einmal an diesem besonderen buddhistischen Heiligtum ausgerottet?

Der weise alte Mann lacht. »Nein, diese Laster sind offensichtlich überall auf der Welt schwer ganz auszuschalten«, sagt er. »Jetzt gibt es aber solche Vorwürfe schon lange nicht mehr. Der Bodhi wird von einem Komitee vorbildlich gepflegt, die Korruption ist ausgerottet.«

Und was hat es mit dem besonders hohen Zustrom von Tibetern in Bodhgaya auf sich?

»Jeden Januar und Februar besuchen sehr viele der etwa fünfzigtausend Tibeter, die inzwischen in Indien leben, den Pilgerort«, erzählt der Mönch Tamdin. In dieser Jahreszeit käme gern auch der Dalai Lama nach Bodhgaya, um seine Kalachakra-Weihe abzuhalten. Es sei jetzt erst wenige Wochen her, dass Seine Heiligkeit in einer mehrtägigen Zeremonie gepredigt und die Gläubigen empfangen habe. »Es war eine riesige Menschenmenge, die daran teilnahm, insgesamt fast eine Viertelmillion Buddhisten von allen Kontinenten – auch Richard Gere war da«, sagt der Mönch. Der Dalai Lama, der am 6. Juli 2017 seinen zweiundachtzigsten Geburtstag feierte, sei bester Laune gewesen und hätte auf besorgte Fragen nach seiner Gesundheit gescherzt, er plane, mindestens hundert zu werden, nein, hundertdreizehn.

Für die Mönche war das Fest eine logistische Herausforderung: Sie mussten nicht nur in großen Töpfen Essen kochen und dann servieren, sondern auch ganze Zeltstädte für die Übernachtung der Gäste aufbauen. »Das Besondere an dieser Zeremonie ist, dass sich dabei chinesische wie tibetische Buddhisten zwanglos treffen können«, meint mein Gesprächspartner. Die Behörden in Peking wollten von allen ihren Staatsbürgern, die nach Indien reisten, eine genaue Routenbeschreibung; wer darin Dharamsala, den Sitz der tibetischen Exilregierung, aufführe, bekomme oft überhaupt keine Reisegenehmigung. Bodhgaya dagegen getrauten sich die Behörden selten zu streichen: Buddhas Erleuchtungsort ist ja für alle Gläubigen, Tibeter, Thais wie Han-Chinesen, ein Wallfahrtsziel.

»Bleiben Sie doch bis zur nächsten Kalchakra«, schlägt der freundliche Alte vor. Wann ist die denn? Er rechnet nach: »Na, so etwa in zehn Monaten«, sagt er. Sorry, da muss ich passen – mit der tibetischen Zeitrechnung der Gemächlichkeit könnte ich mich zwar durchaus anfreunden, aber meine Xuanzang-Nachreise treibt mich noch zu so vielen anderen Destinationen. Die nächste heißt Sarnath bei Benares, Stätte der ersten Buddha-Predigten und neben Bodhgaya ein weiterer Lieblingsplatz des chinesischen Pilgers und Weltreisenden.

Ich nehme für die etwa dreihundert Kilometer lange Strecke das Flugzeug, hauptsächlich, um mir den neuen »Gaya International Airport« anzuschauen. Anders als der nepalesische Geburtsort Buddhas hat es der Erleuchtungsort schon zu einem funktionierenden Flughafen mit Auslandsverbindungen gebracht. Als ich dann aber bei der Air India einchecke, bin ich doch etwas enttäuscht. Alles wirkt hier noch sehr provinziell, bis auf ein paar versprengte Pilger ist die kleine Halle fast leer, die wenigen Geschäfte sind verwaist. Auf dem Rollfeld steht nur ein Airbus 321, größere Maschinen können hier noch nicht landen. Immerhin gibt es jetzt in der winterlichen Pilgersaison schon drei internationale Verbindungen, an ein paar Tagen in der Woche geht es nach Bangkok in Thailand, nach Colombo in Sri Lanka und nach Yangon, in die Hauptstadt von Myanmar (Burma). Direktflüge nach China und in westliche Länder sind geplant. Reiseziele innerhalb Indiens sind allerdings – bis auf meinen Flug nach Varanasi (Benares) – Fehlanzeige.

Die Air India hat Verspätung, und ich blättere in einem Interview, das ich einmal mit dem deutschen Buddhismusforscher Hans Wolfgang Schumann über das Leben und Wirken des Siddharta Gautama geführt habe. Darin zitiert er eine erstaunliche Prophezeiung, die der tibetische Mönch Padmasambhava vor fast tausenddreihundert Jahren gemacht hat: »Wenn Eisenvögel durch die Luft fliegen, wird der Buddhismus in alle Richtungen wandern und in die fernsten Länder kommen.«

Endlich: Eine gute Stunde nach dem geplanten Start, kommt die Ankündigung aus dem Lautsprecher – mein Eisenvogel ist zum Einsteigen bereit.

KAPITEL IX

Benares, Indien: Stadt des Lichts, Stadt der Schatten

Schon vor Sonnenaufgang, zwischen Nebelschwaden im ersten milchigen Licht des Winters, schiebt sich ein Zug von Menschen durch die engen Gassen, wie einem Fellini-Film entsprungen: grotesk übergewichtige alte Frauen, in grellrotes Musselin drapiert, junge Schönheiten in schimmernder Seide oder zerschlissenem Polyester, halb nackte Bettler mit verfilzten Haaren, über und über mit weißer Asche beschmiert, glatzköpfige heilige Sadhus mit riesigen ockerfarbenen Schirmen aus getrockneten Palmblättern und mit dem charakteristischen Dreizack, schüchterne kleine Verkäuferinnen mit Schalen voller Kokosnussscheiben, Zinnoberpulver und Hisbiskusblüten, fluchende Rikschafahrer, die Kühe umkurven. Die meisten zieht es aus dem Labyrinth der Innenstadt hinunter zum Dasaswamedh-Ghat, zu den steilen Stufen am Fluss. Zum Ritual der Waschung, zum Gebet.

»Ich bin aller Dinge Anfang und aller Dinge Ende, ich bin das Versprechen und die Erinnerung, die Beständigkeit und die Barmherzigkeit. Ich bin das Schweigen über die Geheimnisse der Welt«, murmeln die Entrückten, wenn sie mit ihren Zehen in den Ganges eintauchen. Und sie werfen nach einem uralten Ritual Rosenblätter und Ringelblumen in die Höhe, die auf kalte Steine regnen und dort von gefräßigen Ziegen dankbar zermalmt werden.

Am Wasser hängt, zum Wasser drängt hier alles, denn der

Ganges ist für gläubige Hindus weit mehr als ein Fluss, *Ganga* ist eine Göttin.

Die heiligen Schriften der Hindus berichten schon viele Jahrhunderte vor Siddharta Gautamas Geburt von diesem ganz besonderen Ort an diesem ganz besonderen Strom. Lord Shiva hat ihn sich demnach herausgesucht, um auf einer hellen Säule herabzusteigen von den Höhen des Himalaja und hier sein Hauptquartier zu errichten. *Kashi*, »Stadt des Lichts«, hieß sie in den frühen Tagen nach ihrer Gründung vor etwa dreitausend Jahren, als Benares oder Varanasi ist sie heute bekannt. Die Alten und die Kranken treffen sich hier seit Urzeiten, um die letzten Tagen in besonders dafür angelegten Sterbehäusern zu verbringen, den *Kashivasas*. In Benares zu sterben und seine Asche in den Fluten verstreut zu bekommen verheißt Erlösung. Aber auch wer noch im Kreislauf der Wiedergeburten gefangen ist, wird durch das Bad im Ganges von den Sünden gereinigt; bereits ein Schluck des geweihten Ganges-Wassers verheißt ein großes Stück Befreiung.

Benares ist für Hindus das Zentrum all ihres Sehnens, ihres Handelns, ihrer Existenz. Der Mittelpunkt der Welt. Und ausgerechnet hier in Sarnath, einem Vorort, wenige Kilometer entfernt, hielt Buddha seine Urpredigten und fand seine ersten Anhänger: Ausgangspunkt eines anderen Glaubens, einer weiteren Weltreligion.

Die Zweimillionenstadt ist heute Sitz eines römisch-katholischen Bistums, beherbergt einige ziemlich kleine buddhistische Tempel und auch Gebetsstätten für Jains; die Muslime, die etwas mehr als ein Viertel der Bevölkerung stellen, sammeln sich zur Andacht in der Großen Aurangzeb-Moschee. Aber ansonsten ist Benares fest in Hindu-Hand. Besonders stark wirkt sich der Einfluss der Ultraorthodoxen aus – schmerzlich spürbar für alle, die einem anderen Glauben nachgehen oder gar die fundamentalistische Religionsauslegung der Mehrheit offen zu kritisieren wagen.

Ein Lied davon singen kann beispielsweise die kanadisch-indische Regisseurin Deepa Mehta, Lieblingsfeindin der religiösen Rechtsaußen. Schon ihr Film *Fire*, der von einer erotischen Beziehung zwischen zwei Frauen in Indien erzählte, brachte ultranationalistische Hindus von der Shiv-Sena-Partei auf die Barrikaden, Filmrollen wurden öffentlich zerstört, Kinogänger von einem Mob verprügelt – lesbische Liebe durfte es in diesem Land nicht geben. Ihrem zweiten Film *Earth*, einer kritischen Bestandsaufnahme der indischen Staatsgründung, ging es nicht besser. Und als die international gefeierte Regisseurin dann wagte, auch noch einen Film über das Leid der gesellschaftlich geächteten Witwen in Benares zu drehen *(Water)*, rotteten sich Tausende Radikalreligiöse zusammen, brannten die gesamten Kulissen nieder und warfen die Aufbauten in den Ganges. Die Regisseurin wurde als »Verräterin« denunziert, mit Mord bedroht, Militante hängten eine Puppe mit ihren Gesichtszügen an einen Galgen. Einige Wochen hielten Mehta und das Team die Stellung. Dann mussten sie aufgeben und die letzten Szenen in Sri Lanka produzieren.

Dieser Skandal spielte sich vor etwa einem Jahrzehnt ab. Doch wer gehofft hatte, dass sich das vergiftete religiöse Klima verbessern und die Intoleranz von Benares abnehmen könnte, sah sich getäuscht. Bei meinem Besuch im Jahr 2012 erzählte mir Veer Bhadra Mishra, der liberale Hohepriester des hinduistischen Sankat-Mochan-Tempels, von den Ausschreitungen seiner Glaubensbrüder gegen Muslime in der Stadt, die ohne den permanenten Polizeischutz der Aurangzeb-Moschee wahrscheinlich zu Massakern geführt hätten. Er berichtete auch von einem Terroranschlag auf sein Heiligtum, bei dem vier Menschen gestorben waren – ob es sich bei den Tätern um islamistische Terroristen oder Hindu-Fanatiker gehandelt hat, ist nie geklärt worden.

2015 kam ich wieder in die Stadt, diesmal, um eine Reportage über den indischen Wahlkampf zu schreiben. Benares war ins

Zentrum der erbitterten politischen Auseinandersetzung gerückt, weil Narendra Modi, der Kandidat der konservativ-hinduistischen BJP, beschlossen hatte, ausgerechnet hier für ein Direktmandat zu kandidieren. (Nach der indischen Verfassung darf ein Politiker sich in seiner Heimatstadt und darüber hinaus auch in einem ausgesuchten Wahlkreis bewerben.) Modi galt als wirtschaftsliberaler Macher, als ein hemdsärmeliger, effektiver Politiker neuen Stils, der seinen Heimatstaat Gujarat im Westen Indiens nach vorne gebracht hatte. Aber er sah sich zumindest in Benares starken Widersachern gegenüber: einem parteilosen Populisten, der sich den Kampf gegen die Korruption auf die Fahnen geschrieben hatte, und einem Vertreter der damals regierenden, vom legendären Clan der Gandhis bestimmten Kongresspartei.

Modi versprach in seinen feurigen Reden allen alles. Er wollte Löhne erhöhen, Ausbildungschancen verbessern und schloss sich den Bestrebungen meines Freundes Mishra an, den Ganges von Abwässern zu säubern. Er predigte auch Toleranz, das Recht auf eine unabhängige Presse, Glaubensfreiheit.

Aber auf mich wirkte gerade dieser Lobpreis der Demokratie wie ein Lippenbekenntnis. Denn im Mittelpunkt seiner Ideologie stand ja unverkennbar *Hindutva*, die Lehre von der Überlegenheit der einen, der »wahren« hinduistischen Religion. Er verdankte seinen politischen Aufstieg ganz wesentlich dem RSS, einer Organisation von fundamentalistischen Paramilitärs. Und seine Karriere als Chefminister von Gujarat wurde überschattet durch einen Ausbruch ungezügelter Gewalt. Der sonst so durchsetzungskräftige Modi hatte tagelang einen hinduistischen Mob gewähren lassen, der Muslime blutig verfolgte. Mehr als tausend Menschen kamen bei den Pogromen im Frühjahr 2002 ums Leben, bis endlich die Polizei eingriff. Ein Gericht sprach den Politiker nach einer Untersuchung der Vorgänge später zwar frei, aber das überzeugte längst nicht alle. Die US-Regierung beispielsweise verweigerte Modi jahrelang die Einreise – wegen seiner »Verantwortung für schwere Verletzungen der Religionsfreiheit«.

Modi feierte im Mai 2015 landesweit einen triumphalen Wahlsieg und regiert seitdem Indien unangefochten; in Benares erhielt er fast sechzig Prozent der Stimmen. Und noch im Frühjahr 2017 konnte seine BJP bei den Regionalwahlen des Bundesstaates Uttar Pradesh (von allen umgangssprachlich U.P. genannt) vier Fünftel aller Mandate erringen und alle acht der Stadt zustehenden Sitze behaupten. Die Menschen scheinen seinen Versprechungen zu trauen, zumindest den wirtschaftlichen. Einige Infrastrukturprojekte werden in diesen Tagen tatsächlich angeschoben, in und um Benares entstehen einige neue Brücken und Straßen. Aber wenn man denn genauer hinsieht: Vieles hat sich in Modis Regierungszeit auch zum Schlechteren gewendet, vor allem im Bereich der Kultur.

Ohne jede Rücksicht auf religiöse Minderheiten und säkular orientierte Bevölkerungsgruppen treiben Parteiideologen der BJP ihr Weltbild vom Hinduismus-über-Alles voran, kritische Bücher werden verboten, oppositionelle Versammlungen abgesagt, Richter unter Druck gesetzt. Nichregierungs-Organisationen, die in Benares karitative Arbeit verrichten, klagen über Schikanen durch die Behörden, Greenpeace wurde wegen angeblicher Gesetzesverstöße vorübergehend ganz verboten. Indiens Zivilgesellschaft lässt sich allerdings nicht ganz so leicht gleichschalten: Schriftsteller, Historiker und Studentenvertreter protestieren neuerdings scharf gegen Versuche, die in der Verfassung garantierten Freiheiten einzuschränken und die Vielfalt der Meinungen durch ein einheitliches, religiös geprägtes Geschichtsbild zu ersetzen. Im Bundesstaat Uttar Pradesh, zu dem Benares gehört, hat die Regierungspartei vierhundert Kandidaten für das Parlament aufgestellt – kein einziger Muslim, kein Christ, kein Buddhist war darunter.

Im Alltag ist es eher der Gott der kleinen Dinge, der viele meiner jüngeren Gesprächspartner in Benares nervt: Schon ein Blick in die Heiratsanzeigen der großen Zeitungen der Stadt zeigt, was alles geht – oder eben nicht geht.

Da werden spaltenweise von »führenden Brahmanenfamilien« für ihre »gut aussehenden, gut ausgebildeten Söhne« Bräute gesucht, die »möglichst hellhäutig«, aber vor allem »ebenfalls aus höheren Kasten« der hinduistischen Gesellschaftsordnung stammen sollen. Muslimas, Christinnen oder auch Buddhistinnen finden keine Erwähnung. Und von den sozialen Aufstiegschancen, die es in anderen Großstädten wie Neu-Delhi, Bangalore oder Mumbai bei Hightech-Firmen oder wenigstens im Telefonkundendienst der Callcenter gibt, ist hier nichts zu erkennen. Für junge Frauen stehen allenfalls Jobs an der Kasse und in Putzkolonnen im Angebot. Wie aus der Zeit gefallen wirkt Benares. Nicht nur in dieser, aber eben auch in dieser Beziehung.

Wenig überraschend in dieser Stadt, in der das »gute« Sterben so viel zählt: Man macht hier gutes Geld mit Leichen. Der Verkauf von Sandelholz für die Verbrennung der Verstorbenen, das letzte Tuch, in das man gehüllt wird, die Bambustragbahre, die Zeremonie der Einäscherung: All das liegt in der Hand der *Dom.* Sie gehören zu den *Dalits,* auch »Unberührbare« genannt, die nach Auffassung der hinduistischen Fundamentalisten eigentlich gar keiner Kaste angehören, so minderwertig sind sie. Aber ohne die traditionelle Berufsgruppe der *Dom* kann es keine Einäscherung, keinen Übergang in ein besseres Leben geben. Sie bewachen, organisieren, kassieren. Vierundzwanzig Stunden am Tag lodern nahe einer besonders heiligen Stelle am Ganges die Feuer. Auf einer weiß getünchten Wand steht die Inschrift eines berühmten einheimischen Dichters: »Dies ist das Manikarnika-Ghat, wo der Tod Glück bringend ist, wo das Leben fruchtbar wird, wo man auf den Wiesen des Himmels weidet.«

Wenn die Verwandten nach den letzten Riten schon auf dem Heimweg sind, übergeben die professionellen Einäscherer die menschlichen Überreste dem Fluss. Vorher dürfen sie Kohle und Asche nach Wertsachen durchsuchen – manche Angehörige verzichten darauf, den Toten Ringe und anderen Schmuck abzustreifen. Neben den offiziellen Gebühren und den inoffiziellen Bestechungszahlungen für einen besonders ufernahen Verbrennungsplatz ist das ein weiterer lukrativer Aspekt ihrer Arbeit. Die *Dom* gehören inzwischen in Sachen Einkommen zur oberen indischen Mittelklasse. So schließt sich ein Kreislauf: Der Tod hat in Benares nicht nur jeden Schrecken verloren, der Tod lohnt sich. Er bringt Freiheit für die Verstorbenen und Lebensqualität für die Bestatter. Und er hilft so – wenigstens ein bisschen, wenigstens in Benares –, die furchtbaren Kastenschranken abzumildern, die dieses Land seit jeher prägen.

Ein letzter Blick auf die goldene Pracht des Vishwanath-Tempels in der Innenstadt; ein Spaziergang zwischen den Ghats, gekrönt von einer Bootsfahrt das Ganges-Ufer entlang; ein Abend mit scharfen Currygerichten und einem Kingfisher-Bier (ja, es gibt Alkohol im Bundesstaat U.P.) auf der Terrasse meines Hotels Palace on The River, großartige Rundsicht inbegriffen: Benares fasziniert, zieht an und stößt ab, hält in Atem, brennt sich ins Gedächtnis ein, zwingt zur Stellungnahme. Kein Zweifel, Benares hat etwas. Es hat nur nichts Buddhistisches.

Ich lese in meinen Geschichtsbüchern nach: Siddharta Gautama mied damals, nach seiner Erleuchtung, nach seiner langen Wanderung aus Bodhgaya, die Hindu-Metropole. Er hielt sich lieber in den dicht bewaldeten Außenbezirken auf, vor allem nahe des Dorfes Sarnath mit seinen Obstgärten und dem Gazellenhain.

Den Pilger Xuanzang plagten weniger Berührungsängste, als er ein Jahrtausend später auf seiner »Reise nach Westen« und der Suche nach alten religiösen Manuskripten in der Metropole eintraf. Er warf einen genauen Blick auf Benares. Als fünf mal zwei Kilometer groß beschrieb er die Ausmaße der Stadt, »die Bezirke sind dicht zusammengedrängt und die Einwohner sehr zahlreich«. Er war beeindruckt und befremdet zugleich von dem, was er sah. Der fromme Buddhist bewunderte eine »Ehrfurcht gebietende, dreißig Meter hohe Statue Shivas« und konstatierte ganz wertneutral, dass die meisten Menschen den hinduistischen Riten nachgingen. Was ihn dann aber doch abschreckte, war die Radikalität ihrer Glaubensausübung: »Manche tragen ihr Haar in Knoten gebunden und gehen komplett nackt, ihre Körper beschmieren sie mit Asche. Durch alle möglichen Arten von Askese versuchen sie, dem Kreislauf von Leben und Tod zu entkommen.«

Das klingt so, als sei er erst kürzlich durch Benares gestreift, als hätte er das gerade erst aufgeschrieben – zeitlose, zeitübergreifende Beobachtungen. Aber sein Hauptaugenmerk hat Xuanzang da schon ganz woandershin gerichtet. Dorthin, wohin auch ich jetzt aufbreche. Eine kleine Reise für mich, eine große Reise für die Geschichte der Religionen.

Die Unterschiede könnten größer kaum sein. Benares: das überbordende Panoptikum des Lebens und Sterbens, das alles umfassende Panorama der menschlichen Existenz, ein Ort von Leid und Glück, von Hoffnung und Verzweiflung und allen Regungen und Empfindungen, Gerüchen, Geräuschen, Geschmäckern dazwischen.

Sarnath dagegen: die kleine unscheinbare Schwester, das göttliche Mauerblümchen, die Randerscheinung, das touristische Beiprogramm (außer natürlich für buddhistische Pilger, für die es zentrale Bedeutung besitzt). Fünfzehn Kilometer Entfernung zeigt der Kilometerzähler des Taxis zwischen den beiden Orten – gefühlt sind es Lichtjahre. Denn Sarnath liegt schon außerhalb der Großstadtgrenzen, jenseits der fiebrigen Hektik der Millionenmetropole und ihrer hässlichen industriellen Randgebiete mit ihren schadstoffintensiven Werken für Diesellokomotiven und Färbereien; es ist ein ruhiger, beschaulicher Platz, eine Grünanlage mit ein paar angeschlossenen Häusern. Ein großer Park zum Ausatmen, Schauen, Meditieren. Der Gazellenhain.

Hierher also ist Buddha gezogen, um erstmals die Lehre zu predigen. Er testete seine Überzeugungskraft ausgerechnet bei den fünf früheren Freunden, die sich von ihm abwendet hatten, als er die gemeinsame Askese aufgab, und die ihm nun skeptisch gegenüberstanden. »Es gibt zwei Gegensätze, denen sich jeder entziehen muss, der nach Erleuchtung strebt«, soll er ausgerufen haben. »Was gilt es zu vermeiden? Einmal ein Leben, das vom Vergnügen abhängt, banal und wertlos ist. Und zum anderen ein Leben, das der Selbstkasteiung gewidmet ist, das nur Schmerzen bereitet und deshalb genauso vergeblich ist.« Der Erleuchtete verkündete seine Erkenntnis vom *Mittleren Pfad*, vom *Achtfachen Pfad*, den *Vier edlen Wahrheiten*. Er tat das jeweils in den ersten Stunden nach Mitternacht, von zwei bis fünf Uhr morgens, im Licht des Vollmonds. Und er war offensichtlich so mitreißend, dass die Männer, die ihn bei seinen ersten Worten noch verspotten wollten, überwältigt auf die Knie sanken.

Xuanzang ist bei seinem Besuch an diesem Ort ein Jahrtausend später mindestens ebenso ergriffen. »Buddha besaß eine tiefe Gelassenheit und Überzeugungskraft, er strahlte mit seinem Körper wie aus dünnem Gold einen besonderen spirituellen Glanz aus«, schreibt der chinesische Mönch in seinem Erinnerungsbuch, ganz so, als habe er den Prediger beobachten können, als sei er bei der ersten Verkündigung der Lehre im Kreis der Zuhörer gesessen.

Warum aber hat Buddha sich nicht nach Benares getraut? Wieso zog er nicht in die so nahe, so große Stadt, wo Tausende zu bekehren waren, begnügte sich monatelang mit einer Handvoll Jünger? War er sich der Anziehungskraft seiner Lehre vielleicht doch nicht ganz sicher, fürchtete er den Widerstand der mächtigen Brahmanen im Zentrum des orthodoxen Hinduismus? Der Religionsstifter ging jedenfalls behutsam vor, er war kein Bilderstürmer, schon gar keiner mit dem Flammenschwert, sondern eher ein sanfter Revolutionär, der überzeugen wollte. Er wusste die Zeit auf seiner Seite und setzte darauf, dass sich seine Gedanken durch sein gelebtes Beispiel, durch das Vorbild seiner Jünger, herumsprechen würden. Keine Hast, kein fieberhaft ausgeführter göttlicher Auftrag.

Typisch ist Buddhas Umgang mit Yasha, einem jungen Mann aus reichem Haus, der sich eines Tages zu den fünf Vertrauten gesellt. Der begnadete Menschenkenner merkt sofort, dass Yasha unglücklich ist, eine Sinnkrise durchlebt. Er fordert den Kaufmannssohn auf, sich neben ihn zu setzen, und beginnt, ihm einfache, moralische Regeln für ein glückliches Dasein zu erläutern. Erst nach und nach geht er zu den schwierigeren Aspekten seiner Lehre über – eine »stufenweise Unterweisung« nennt der Erleuchtete das. Als Yashas Vater seinen Sohn schließlich nach langer Suche im Gazellenhain findet und zum Heimkehren überreden will, hat der sich schon für ein anderes Leben entschieden. Yasha wirbt bald andere an, die genau wie er als *Bhikku*, als buddhistischer Mönch, zur Ordensgemeinschaft stoßen. Der Glaubensübertritt macht Schule, so wie es sich der Erleuchtete erhofft hat. »Wo ein See ist, dahin kommen die Schwäne«, hat Buddha einmal gesagt – und in den nächsten mehr als vierzig Lehr- und Wanderjahren, in denen er predigte, wurde aus den einzelnen Wassertropfen ein Ozean des Glaubens.

Am Eingang zum Park von Sarnath hat sich eine kleine Schlange gebildet, es geht langsam voran, obwohl nur etwa zwei Dutzend Mönche und Touristen an diesem Morgen die Stätte besuchen wollen. Ein besonders freundlicher Ordensbruder in oranger Kutte bietet sich an, für mich das Ticket zu kaufen. Ich kann mich so lange auf eine kleine Bank setzen, wieder einmal meine beiden »Klassiker« aus dem Rucksack holen und in den Indienkapiteln nachschlagen. Dabei fällt mir auf, dass Xuanzang die Frage nach einer möglichen Massenbekehrung der Hindus von Benares gar nicht gestellt hat. Das Vorgehen des Erleuchteten bei der Verbreitung des Glau-

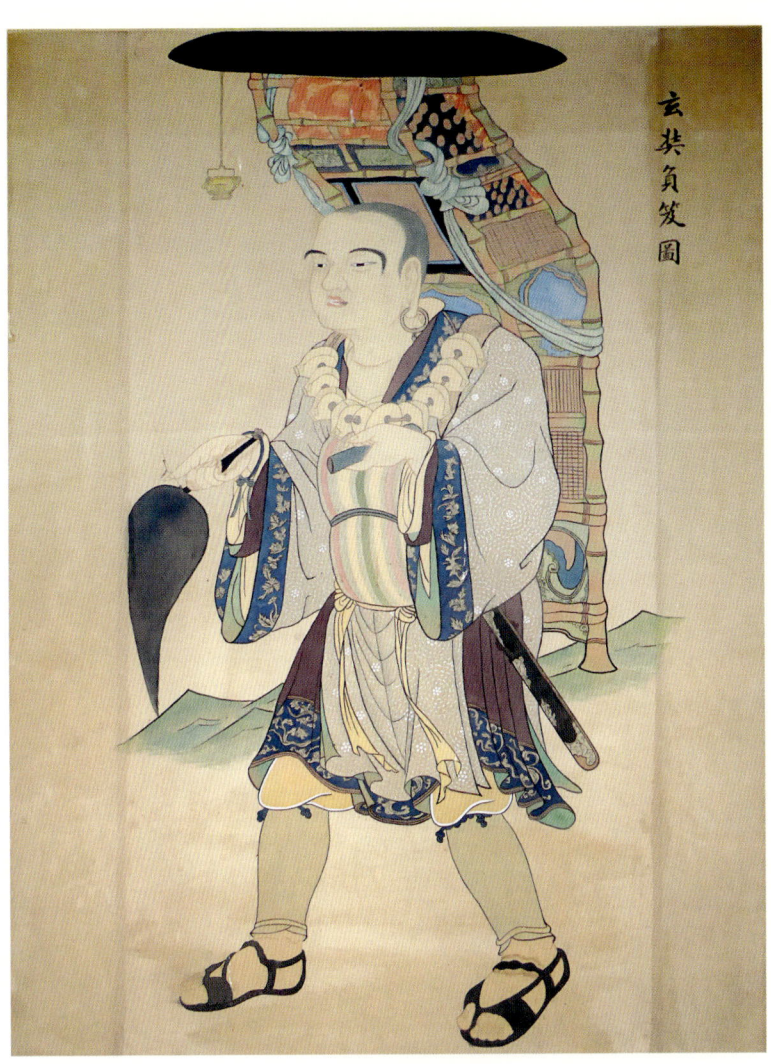

玄奘負笈圖

1   Darstellung Xuanzangs bei der Pilgerfahrt

2   Der Tempel des Weißen Pferdes in Luoyang
3   Erinnerungsstücke an den Mönch in dessen Geburtshaus bei Luoyang

玄奘法师(600—664)

4　　Xuanzang-Statue im Geburtshaus des Mönchs bei Luoyang

5   Karawane mit Touristenführer in Dunhuang
6   Auf Recherche: Marieanne Follath in den Singenden Dünen von Dunhuang

7   Tempel am Mondsichelsee bei Dunhuang
8   Eingang zu den Mogao-Grotten in Dunhuang
9   Am Rand der Wüste: Blick auf Dunhuang

10 Die »Flammenden Berge« bei Turfan
11 Buddha-Statue in der Nähe der Bezeklik-Höhlen

12 Zentraler Platz in der Innenstadt von Kaschgar
13 Sonntagsmarkt in Kaschgar

14 Treffpunkt der Jugend nahe der Id-Kah-Moschee in Kaschgar
15 Seidenstraßen-Denkmal am Hauptplatz von Kaschgar

16   Buddha-Darstellung im Siddharta-Geburtsort Lumbini

17 Statue des Xuanzang vor seiner Gedächtnishalle bei Nalanda
18 Xuanzang-Statue, Seitenansicht

19 Buddha-Darstellungen in den Nischen des Mahabodhi-Tempels in Bodhgaya
20 Pilger in Bodhgaya

21 Der Baum der Erleuchtung in Bodhgaya, dem höchsten buddhistischen Reiseziel

22 Allerheiligstes der Buddhisten: Mahabodhi-Tempel in Bodhgaya
23 Buddha-Statue und Pilger in Bodhgaya
24 Mönch am Mahabodhi-Tempel in Bodhgaya
25 Dhamekh-Stupa im Gazellenhaus von Sarnath, Ort der ersten Buddha-Predigt

26 Buddhistische Skulpturen in den Longmen-Höhlen
27 Darstellung des Mönchs Xuanzang auf seiner Pilgerfahrt, Wandmalerei in den Grotten von
Dunhuang
28 Buddha-Statue im Xingjiao-Tempel bei Xian, der letzten Ruhestätte des Mönchs

29 Xuanzang-Schrein in Xian
30 Xingjiao-Tempel, Aufbewahrungsort der Asche des Mönchs, bei Xian

31 Schauspielerin beim Dreh auf der historischen Stadtmauer in Xian
32 »Tang-Barbie«, gefunden in einem Grab bei Turfan, 7. Jhd.
33 Dalai-Lama mit Erich Follath in Dharamsala

bens anzuzweifeln hielt er wahrscheinlich für Frevel. Er schildert stattdessen in seinem Buch die Umgebung von Sarnath so präzise wie das Ambiente anderer Pilgerorte. Er schreibt interessiert und begeistert, aber weitaus weniger emotional als beim Anblick des heiligen Baums von Bodhgaya.

Im Gazellenhain befindet sich beim Besuch des Reisenden im Jahr 636 ein großes Kloster, »das an vier Ecken durch lange Galerien mit Türmen verbunden ist« und dessen oberste Stockwerke »über den Wolken« liegen. Die Abtei hat nach seiner Einschätzung tausendfünfhundert Mönchen Platz geboten, ein Pyramidentempel auf dem Gelände sei »sechzig Meter hoch und mit einer stilisierten Mangofrucht an der Spitze« versehen gewesen. Besonders beeindruckt den Pilger dann der dreißig Meter hohe Dhamekh-Stupa, ebenso die nahe »jadegleich glänzende« Säule mit ihrem krönenden Löwenkapitell, vom großen Buddhismusförderer Ashoka errichtet. Und dann hat es Xuanzang noch eine besonders schöne Statue des Siddharta Gautama angetan, die – wie alles hier – an die erste Lehrrede erinnern soll und den Erleuchteten in Yogahaltung sitzend zeigt. Ich bin gespannt, was heute in Sarnath noch von diesen Wundern übrig ist.

Gleich hinter dem Eingang öffnet sich der Blick auf einen weiten, gepflegten Park, in dem sich jetzt am frühen Morgen die wenigen Besucher fast verlieren. Zwischen abgrenzenden Bäumen sind Dutzende riesige Steinformationen in den Boden gerammt, manche rund, manche quadratisch, in seltsam geordneten Formen – als hätte ein Gott Lego gespielt. Beim näheren Zusehen lässt sich dann so etwas wie ein Grundriss erkennen, der Rest eines gigantischen Tempels. Oder vielleicht eines Klosters. Von der Ashoka-Säule sind nur noch enttäuschende Trümmer vorhanden.

Der Dhamekh-Stupa hat wenigstens noch einen Rest alter Pracht bewahrt, obwohl seine oberen Teile fehlen. Zu erkennen ist noch der massive Rundbau früherer Zeiten, mit eingravierten

Blumenmustern und geometrischen Formen auf halber Höhe. Aber auch wenn die Sehenswürdigkeiten mit denen von Bodhgaya nicht konkurrieren können – die Atmosphäre dieses Ortes macht alles wieder wett. Und der Frieden, der von hier ausgeht, wird noch von den Mönchen unterstrichen, die den Stupa umrunden und sich danach im Gras vor dem heiligen Turm niederlassen, tief ins Gebet versunken. Mir fällt auf, dass sich im gesamten Park nur Gläubige befinden, die aus Ostasien stammen, Thais, Malaysier, Vietnamesen, Koreaner, Japaner. Es fehlen: Inder.

»Der Gazellenpark von Sarnath bedeutet für Buddhisten so viel wie der Ölberg für Christen, der Berg Sinai für Juden: Es ist der Platz, an dem der Kern der Lehre erstmals verkündet und angenommen wurde«, schreibt der amerikanische Autor und Buddhismuskenner Richard Bernstein.

Dass dieses Sarnath überhaupt als der Ort der Urpredigten erkannt und restauriert wurde, verdanken die Gläubigen zwei Männern, die nicht aus Indien oder Nepal, dem Stammland des Religionsstifters, stammen. Zwei Fremden. Der eine ist ein britischer Offizier namens Alexander Cunningham, der Mitte des 19. Jahrhunderts im Auftrag der britischen Kolonialmacht in Benares stationiert war und der ein geradezu fanatisches Interesse an der indischen Geschichte und Archäologie entwickelte. Der andere ist der Held dieses Buches – der chinesische Mönch Xuanzang.

Cunningham waren die Reste des merkwürdigen Rundbaus in Sarnath aufgefallen, lokale Historiker hielten ihn für den Bestattungsplatz eines Hindu-Prinzen. Der Brite aber glaubte das nicht, er suchte nach historischen Quellen, stieß dabei auf Xuanzangs Reisebericht – und beschloss, ihn wörtlich zu nehmen. Bald schon war dem Amateurforscher klar, dass es sich bei dem Gelände um Buddhas Gazellenhain handeln musste. Ausgrabungen förderten viele buddhistische Figuren zutage und bestätigten seine Vermutung. Cunningham war so begeistert von seinem chinesischen

»Wegweiser«, dass er anschließend fünfundzwanzig Jahre lang mit Xuanzangs Werk durch Indien reiste und auf seinen Spuren viele wichtige archäologische (Neu-)Entdeckungen machte. Seine Ausgrabungstechniken waren nach heutigen Standards eher bedenklich, manches wurde zerstört und ging verloren. Aber der Brite brachte entscheidende Zeugnisse des indischen Buddhismus ans Licht, rettete sie im wahrsten Sinn des Wortes aus der Tiefe der mittelalterlichen Dunkelheit.

Und Cunningham verneigte sich in seinem Buch von 1848 vor seinem Idol: »Es ist unmöglich, die Bedeutung Xuanzangs zu übertreiben.«

Der Höhepunkt jedes Sarnath-Besuchs in heutiger Zeit ist ein Abstecher auf die andere Seite des Parks, wo sich ein kleines, aber sehr feines Museum befindet. Darin finden sich zwei künstlerische Originale von welthistorischem Format: das Löwenkapitell des Ashoka, das einst die Säule im Park zierte, und die ein Meter zwanzig hohe Buddha-Statue in Yogahaltung aus dem fünften Jahrhundert unserer christlichen Zeitrechnung – Xuanzangs Lieblingsdarstellung des Erleuchteten, von der er so begeistert war, dass er sie am liebsten in seinem Gepäck mitgenommen hätte und sich, zweitbeste Lösung, dann für seine Heimreise eine Kopie aus Sandelholz anfertigen ließ.

Ich hätte es ihm nachgemacht, nachdem ich mich eine halbe Stunde lang in das edle, sanft in sich ruhende Antlitz vertieft und alles um uns herum vergessen hatte, die schnatternden Reisegruppen, den nervigen Wärter, die rücksichtslos dazwischenfegenden Putzfrauen. Ein Kunstwerk, dazu angetan, aus Skeptikern Gläubige zu machen. Oder wenigstens, wie bei mir, aus einem Leidenschaftslosen einen ergriffen Staunenden.

»Wollen Sie den schönsten Buddha von Sarnath sehen?«, fragt mich ein junger Mann, als ich aus dem Museum wieder ins Freie getreten bin. Er heiße Ananda, wie der Lieblingsjünger des Buddha, sei Lehrer an einer örtlichen Schule und habe für mich eine wichtige Information.

Ich weiß nicht, ob er sich als Fremdenführer anbieten will; vielleicht möchte er mir die mäßig interessante Gruppe von Figuren in der Nähe des großen Dhamekh-Stupas zeigen, die ein wenig so aussehen, als seien sie für einen Vergnügungspark, für ein spirituelles Disneyland angefertigt worden; vielleicht gehört er zu denen, die gutgläubigen Touristen »garantiert antike« Figuren andrehen wollen. Andererseits: Der junge Mann wirkt so gar nicht wie einer, der eine Spende erzwingen oder dubiose Geschäfte abschließen möchte. Jedenfalls nach erstem Anschein nicht.

»Ich habe gerade den schönsten Buddha der Welt gesehen«, sage ich und zeige zurück zum Museum. Da lächelt der mysteriöse Mann, der mich angesprochen hat. »Das ist der schönste Buddha in geschlossenen Räumen. Der, den ich meine, steht in freier Landschaft – er ist viel größer. Und es ist der Buddha, den mein Freund gebaut hat. Kommen Sie, er befindet sich nur wenige Kilometer von hier, ich zeige Ihnen die Figur.«

Das macht mich neugierig. Ich steige mit dem jungen Mann in eine Fahrradrikscha. Nach einigen Minuten biegen wir von der Hauptstraße ab und halten am Rand eines freien Felds, nahe des kleinen Bahnhofs von Sarnath. Man hört in der Ferne das Pfeifen und Stampfen eines anrollenden Zuges. »Willkommen«, sagt Ananda und führt mich von dem staubigen Feldweg zu einem steinernen Tor, das mit seinem Aufbau und den Tierreliefs offensichtlich dem berühmten buddhistischen Eingang im zentralindischen Sanchi nachempfunden ist. Und dahinter thront tatsächlich, überlebensgroß, ein weißer Buddha, wie der aus dem Museum im Schneidersitz. »Die Anlage ist noch nicht ganz fertig«, sagt mein Begleiter und bittet mich, den Bauschutt jenseits der Statue nicht zu beachten.

Und dann erzählt er mir die erstaunliche Geschichte von dem Erbauer des neuzeitlichen Buddha-Wunders. Doan Lam Tan heißt der Mann, er ist Mitte dreißig und arbeitete in seiner vietnamesischen Heimat noch vor wenigen Jahren als erfolgreicher Geschäftsmann. Und als Ananda meinen zweifelnden Blick bemerkt, zieht er einen Zeitungsartikel über seinen Freund aus der Tasche. »Das belegt, was ich Ihnen erzähle.«

Vor einigen Jahren hat dieser Doan Lam Tan demnach den Brief eines ihm unbekannten Mönches aus Sarnath bekommen, der ein Angebot enthielt. Er solle doch in die heilige indische Stadt kommen und an einem buddhistischen Projekt mitarbeiten; allerdings gebe es dafür nur den symbolischen Monatslohn von einem US-Dollar.

Tan beantwortete das merkwürdige Schreiben freundlich, aber bestimmt: Er hatte einen gut bezahlten Job, besaß eine Wohnung und einen schicken Sportwagen, in der aufstrebenden Millionenmetropole Saigon standen ihm alle Karrieretüren offen. »Und doch bekam Tan dieses buddhistische Projekt nicht aus dem Kopf, es versetzte ihn in einen Zustand ständiger Unruhe«, erzählt sein Freund Ananda. »Dann hatte er einen Traum, in dem Buddha ihm sagte, er könne sich durch eine Reise nach Sarnath von seinen Problemen befreien, den Kreislauf von Geburt und Tod überwinden.«

Nach seinem ersten Besuch in Sarnath vor knapp einem Jahrzehnt schien für Tan dann alles klar zu sein. Seine künftige Lebensaufgabe bestand darin, einen Tempel mit einer großen Buddha-Statue zu bauen. Er kehrte in die Heimat zurück, verkaufte seinen ganzen Besitz, einschließlich seines geliebten Autos, und begann auf einem Brachland in der Nähe des berühmten Gazellenhains mit seinem Bauvorhaben. Im Dezember 2009 legte er den Grundstein, im Dezember 2014 wurde der »Sivali Vietnamese Buddhist Temple« eingeweiht. »Das war meine Bestimmung, und seitdem ich sie erfüllte, fühle ich mich frei«, wird Tan in dem Zeitungsartikel zitiert. Und mein Begleiter Ananda ergänzt bewundernd: »Er hat sich neben der Überwachung der Bautätigkeiten auch in buddhistische Studien gestürzt und schon eine Promotionsarbeit geschrieben.«

Inzwischen als Mönch ordiniert, sind jetzt Laptop, ein Handy und ein Fahrrad die einzigen weltlichen Besitztümer des Vietnamesen. Der unermüdliche Herr Tan kämpfe mit den lokalen Behörden um den Bau einer Zufahrtstraße, nur so könne »sein« Buddha auf die touristische Landkarte geraten, meint Ananda. Zu dieser Stunde schlage sich der Buddha-Erbauer gerade mit dem Bürgermeister herum, versuche die Finanzierung zu organisieren. »Wäre es nicht schade, bliebe er der Welt verborgen?«, fragt mich sein treuer Freund.

Und so hat die Wirklichkeit wieder einmal die Fiktion eingeholt, wenn nicht gar übertroffen. Denn je mehr mir Ananda erzählt, desto genauer erinnere ich mich: Ich kenne Tans Story, oder jedenfalls eine, die sich verblüffend ähnlich anhört – und zwar aus der Literatur.

Der Mönch, der seinen Ferrari verkaufte, heißt der Bestseller des kanadischen Autors und Unternehmensberaters Robin S. Sharma aus dem Jahr 2004. In dem Buch wird die erfundene Geschichte eines erfolgreichen Rechtsanwalts erzählt, der nach einer Herzattacke in den Himalaja reist, um sich in einem Kloster den Grundfragen des Lebens zu stellen – und der glücklich wird, als er sich von seinem Besitz trennt und sich unter Anleitung der Mönche dem Meditieren hingibt. Ich mochte dieses esoterisch angehauchte Erbauungswerk (Untertitel: »Eine Parabel vom Glück«) beim ersten Lesen nicht besonders. Aber angesichts des Bekehrten von Sarnath hat das Buch fast etwas Prophetisches. Vielleicht lohnt es angesichts der Geschichte des vietnamesischen Geschäftsmannes, der nach dem Verkauf *seines* Sportwagens in Sarnath wirklich die spirituelle Erfüllung gefunden hat, doch einen zweiten Blick.

Was unterscheidet den ganz neuen Buddha von dem ganz alten, abgesehen natürlich von seinem künstlerischen Wert? Ihre Sitzstellung ist dieselbe, auch die Haltung der Hände. Aber während die klassische Figur von Sarnath eine tiefe Zufriedenheit ausstrahlt, die sich in einem glücklich nach innen strahlenden Blick ausdrückt, lächelt der Buddha von Doan Lam Tan. Ganz menschlich, ganz äußerlich.

Und ganz so lächelt jetzt auch der Freund des Erbauers, als wir uns verabschieden. Ananda hat tatsächlich nicht ein einziges Mal nach einem Honorar oder einem Trinkgeld für seine Erklärungen gefragt, den Zehn-Dollar-Schein, den ich ihm in die Hand drücke, will er erst gar nicht annehmen. Er winkt mir nach und winkt und winkt, bis die Fahrradriksha wieder so weit auf die Straße eingebogen ist, dass ich ihn nicht mehr erkennen kann.

KAPITEL X

Kuschinagar, Indien: Bis dass der Tod euch verbindet

Die finale Station der Buddha-Lebensreise, die traurigste für die seines chinesischen Spurensuchers: Kuschinagar, zweihundertzwanzig Kilometer nördlich von Benares, Sterbeort des Religionsstifters. Nicht leicht zu erreichen, damals im siebten Jahrhundert. »Durch einen großen Wald, entlang einer gefährlichen und schwierigen Straße, wo wilde Ochsen und Herden von Elefanten, Räuberbanden und Jäger dem Reisenden ständig Sorgen bereiten, komme ich schließlich an im kleinen Königreich«, schreibt Xuanzang in seinem Buch.

Heute ist nichts mehr zu sehen von wuchernden Wäldern und aggressiven Tieren, aber ganz ungefährlich ist die Strecke dann doch nicht. Wild gewordene Raser in getunten Toyotas und Hondas drängeln unseren Bus mit ihren Lichthupen von der schlechten, baustellengeplagten Landstraße auf die unebenen Ränder; beim Gegenverkehr sind es die großen Lkws, die einander rücksichtslos überholen und uns immer wieder frontal auf unserer Fahrbahn entgegenkommen. Als würde ihnen das Spiel um Leben und Tod großen Spaß bereiten. Als hätten sie literweise illegal gebrannten Schnaps getrunken (was bei indischen Fernfahrern, statistisch gesehen, tatsächlich häufiger vorkommt als sonst wo auf der Welt, der Fusel ist in mehreren Kneipen am Straßenrand für ein paar Rupien zu bekommen).

Schon Ananda, der Lieblingsjünger Buddhas, mochte dieses »Kusinagara« überhaupt nicht. Er hat angenommen, Buddhas Sterbeort müsse ein ganz besonderer Platz sein, von betörender landschaftlicher Schönheit, von Größe und Erhabenheit. Nichts von alledem. Als der Erleuchtete mit einigen seiner Jünger hier eintraf, wohl im Jahr 483 vor unserer Zeitrechnung, fanden sie ein heruntergekommenes Kaff vor, wie der Pali-Kanon berichtet, »ein Außenposten der Zivilisation mit hässlichen Lehmmauern, besudelt, und bestenfalls die Zweigstelle einer Stadt«. Aber Buddha störte es nicht im Geringsten, dass er an diesem Allerweltsort durch eine Allerweltskrankheit zu seinem letzten Atemzug gezwungen wurde – vermutlich durch ein Pilzgericht, das sein von Magenkrämpfen geschwächter, achtzigjähriger Körper nicht mehr verdauen konnte. Er akzeptierte sein »Verwehen« ins Nirvana als etwas Natürliches, Notwendiges, seinen Körper nahm er schon lange nur noch als »ein verschlissenes Gefäß« wahr.

»Klage nicht, Ananda, verzweifle nicht«, sollen die letzten Worte des Erleuchteten an seinen verzweifelten Schüler gewesen sein. »Von allem, was der Mensch lieb hat, von dem muss er scheiden. Wie wäre es möglich, dass das, was geboren, der Vergänglichkeit unterworfen ist, nicht verginge? Es könnte sein, dass Ihr denkt: Wir haben jetzt keinen Meister mehr. Aber das stimmt nicht, Ananda! Die Lehre, die ich Euch verkündet habe, die ist Euer Meister.« Und so entschlief Buddha, von seinen Jüngern gebettet ins Gras neben einigen Bäumen. Sie streuten Blumen und sangen zu seinen Ehren. Sie wickelten ihn in ein weißes Totenkleid. Sie legten ihn auf eine Bahre aus Bambus. Sie verbrannten den Leichnam nach siebentägiger Trauer.

Und dann begann schon gleich der Kampf um die Verteilung der sterblichen Buddha-Überreste, der sehr weltliche Streit um die Deutungshoheit der Buddha-Worte. Der chinesische Mönch Xuanzang freilich mag ein Jahrtausend später nichts mehr davon hören, dass dabei auch ganz menschliche Faktoren wie Neid, Missgunst oder Konkurrenz eine Rolle gespielt haben könnten. Bei einer so zentralen Frage wie Buddhas Hinterlassenschaft sieht der sonst so Nüchterne himmlische Faktoren am Werk, da flüchtet er ins Mythische, Märchenhafte. Nach der Einäscherung seien »acht Könige« mit ihren Heeren gekommen und hätten ihr »Kontingent an den Reliquien« erbeten, schreibt der chinesische Mönch in seinen Memoiren. Und fährt dann fort: »Indra forderte für die Götter ihren Anteil ein, die Drachenherrscher beanspruchten ebenfalls den ihren. Alles wurde gerecht verteilt, und Götter, Drachen und Könige waren sehr gerührt.«

Wo genau die Reliquien wirklich landen, ist unter Wissenschaftlern heute höchst umstritten. Als historisch belegt aber gilt die Niederschrift und Verbreitung der Lehre.

Ananda und den anderen engen Vertrauten Buddhas war klar, dass sie die wichtigsten Grundsätze des Erleuchteten für kommende Generationen festhalten mussten. Etwa drei Monate nach dem Tod Buddhas trafen sich etwa fünfhundert Mönche in Rajaghira (heute: Rajgir), nicht weit von Bodhgaya entfernt. Eine besonders heilige Stätte: Dort hatte Buddha in den Höhlen des Geierhügels öfter meditiert und später auch gepredigt, unter anderem »Die Sutra der vollkommenen Weisheit« und das »Lotus des guten Gesetzes« verkündet. Die Gläubigen, angeführt vom Sohn des lokalen Königs, trugen aus ihrem Gedächtnis wörtlich Buddhas Gedanken vor. Offensichtlich kam es selten zu Missverständnissen, wenn aber doch einmal kleinere Differenzen auftraten, einigte man sich auf die Erinnerung der Mehrheit. Ein Jahrhundert später fand im nahen Vaishali noch einmal ein ähnliches religiöses Gipfeltreffen statt. Aus der Überlieferung der beiden Konzilien entstand dann im ersten nachchristlichen Jahrhundert der schriftliche Pali-Kanon.

Die Religion breitete sich von ihrem Kerngebiet über Sri Lanka nach Südostasien aus und gelangte dann in einer Nordroute über die Seidenstraße auch nach China, wo die Texte bald ergänzt, falsch abgeschrieben oder unverständlich übersetzt in verschiedenen Klöstern verbreitet wurden. Beispielsweise dort, wo der Mönch Xuanzang lebte und im Jahr 629 aufbrach, um unter den inzwischen in Umlauf gebrachten verschiedenen »Versionen« des Buddhismus die ursprüngliche, die »wahre« zu finden.

Natürlich muss Xuanzang bei seiner Reise zu den Quellen der Lehre auch den Platz sehen, an dem sein Idol den letzten Atemzug vor dem Übergang ins Nirvana getan hat. Kuschinagar wird zu einer ziemlichen Enttäuschung: Der Ort, schon zu Buddhas Zeiten ein verschlafenes Nest, ist im Jahr 637 unbewohnt, nur mehr ein Ruinenfeld. Der chinesische Mönch ist so verzweifelt, dass er sich in seinen Aufzeichnungen seitenlang über die dortige Botanik auslässt und ermüdende Vergleiche der vorherrschenden indischen Pflanzen mit chinesischen anstellt (»Mit seiner grünlich-weißen Borke ähnelt der Sal-Baum dem Ho-Baum, der bei uns heimischen Eiche«).

Tapfer wandert Xuanzang zwischen den Bruchstücken der Vergangenheit, sucht Spuren in den Trümmern. Glaubt die Reste des Hauses zu erkennen, wo der Sohn des Schmieds die verhängnisvolle Mahlzeit reichte. Fantasiert an einem einfachen Brunnen davon, Buddha habe hier vielleicht in seinen letzten Lebensstunden noch einmal gerastet und getrunken: »Ein geheimnisvolles Gefühl von Ehrfurcht umgibt diese Stätte, mal ist eine himmlische Musik zu hören, mal sind göttliche Düfte wahrzunehmen.«

Zwei Dinge entdeckt er dann doch noch, die ihm beweisen, dass er am richtigen Ort ist: eine sechzig Meter hohe Säule, die laut der Inschrift des Kaisers Ashoka als »Erinnerung an den Übergang unseres Meisters ins Nirvana« errichtet wurde, allerdings ohne Angabe eines Jahres oder Monats. Und er findet eine liegende Buddha-Statue, »deren Kopf sich nach Norden wendet, es sieht aus, als schliefe er«. Xuanzang verlässt den Sterbeplatz wenig mitgerissen, wenig emotional berührt. Von den vier heiligen Stätten der Buddha-Wallfahrt scheint ihn diese am wenigsten beeindruckt zu haben.

Keiner mag Kuschinagar – so scheint es bis heute. Eher lustlos wandern einige Dutzend Touristen und eine Handvoll thailändischer und burmesischer Mönche zwischen kaum definierbaren Klosterruinen und zerstörten Stupas hin und her. Von der Säule, die Xuanzang beschrieben hat, gibt es keine Spur mehr.

Die Einäscherungsstelle *Angara* (»Holzkohlenplatz«) besteht nur noch aus einem Haufen von zu einer Halbkugel aufgeschichteten Ziegelsteinen, deren Höhe kaum die der umliegenden Palmen erreicht. Schatzsucher haben hier gegraben, Plünderer viele Steine weggetragen. Welchen Grad der Verehrung die Stätte einmal genossen hat und wie viele Pilger sie aufsuchten, wissen wir von dem britischen Hobbyarchäologen Alexander Cunningham, der in Sarnath zum bedeutenden Zeitzeugen wurde. Er nahm sich auch hier die Ortsbeschreibung des chinesischen Mönchs vor und belegte durch den Fund zahlreicher Votivtafeln die Authentizität des Ortes. Er holte Kuschinagar Mitte des neunzehnten Jahrhunderts aus dem Friedhof der Geschichte wieder ans Licht der Gegenwart. Wenigstens ein bisschen.

Wenn es denn in unserer Zeit einen Platz gibt, dessentwegen sich die Reise hierher lohnt, dann ist es der Parinirvana-Tempel.

Die indische Regierung hat das Gebäude neben dem Stupa 1956 erbauen lassen. Es wirkt mit seiner merkwürdigen Rundform und den gefängnisartigen Gitterfenstern nicht gerade weihevoll, ähnelt weniger einer Andachtsstätte als vielmehr einem kleinen Atomkraftwerk oder einem Mini-Alcatraz. Aber wenn man das Innere betritt, wird man sofort gefangen genommen von einer über sechs Meter großen Figur. Den Kopf nach Norden und zur rechten Seite gerichtet, ruht Buddha liegend auf einem Steinsockel, und es ist wirklich so, wie Xuanzang es beschreibt: Der Erleuchtete wirkt, als sei er gerade eingeschlafen, friedlich, in sich und im Nirvana ruhend. Der steinerne Körper, auf einen schlichten bettähnlichen Sockel gelegt, ist ganz mit Goldplättchen belegt, auch sein Gesicht, das Frieden ausstrahlt. An den seitlichen Enden liegt ein bescheidener Blumenschmuck, zwei kleine Kerzenleuchter und ein Weihrauchfässchen sind die einzigen anderen Dekorationsstücke in dem schlichten Raum.

Noch würdevoller wäre die Szene, drängten die Wärter die Gläubigen nicht so aufdringlich zur Eile. Sie sollen die Buddha-Figur so schnell wie möglich umkreisen. Und natürlich spielt dabei auch der Kommerz eine Rolle. Für umgerechnet fünf Euro verkaufen die Aufpasser ein kleines safranfarbenes Baumwolltuch, das sie dann nach der Umrundung im Auftrag des Spenders auf den Steinkörper drapieren. Fast alle der Pilger erwerben das Stück Stoff, verneigen sich in stummer Andacht vor dem steinernen Leichnam. Auch hier, wie in Lumbini, Bodhgaya und Sarnath, stammen die meisten Pilger aus Thailand, Japan, China und Korea. Wenig Gläubige aus dem Westen, so gut wie keine aus dem »heimischen« Indien.

In Kuschinagar, diesem heute wie damals so armseligen Städtchen, gibt es eine Handvoll Hotels; sie tragen pompöse Namen wie »Imperial« und »Grande« und »Lotus« und sind doch allesamt nur mittelprächtige Absteigen. Hier zu übernachten macht wenig Sinn, auch wenn die Sonne gerade hinter dem burmesischen Tempel, von den Gläubigen Myanmars nach dem Vorbild der berühmten Shwedagon-Pagode von Yangon errichtet, einen postkartenschönen Abgang in Blutrot hinlegt und die hereinbrechende Dunkelheit die Risse in den Fassaden der Häuser gnädig zudeckt.

Ich entschließe mich, den Nachtbus zurück nach Benares zu nehmen. Vorher aber noch ein Mangolassi und eine Nudelsuppe im sympathischen Yama-Café an der Buddha-Marg-Straße, wo sich die gestrandeten Rucksacktouristen treffen. Wo sie auf dem Weg nach Nepal, nach Bhutan, nach Myanmar, nach Bali ihre

Traveller-Informationen austauschen. »Kathmandu ist nach dem Erdbeben wieder okay.« – »Achtung, Thimphu, das ist eine Touristenfalle, du musst raus aus der Hauptstadt, in die Täler.« – »Die Straße nördlich von Mandalay zur chinesischen Grenze sollte jetzt offen sein.« – »Kuta ist das australische Mallorca, nur die andere Inselseite lohnt sich noch.«

Mir fällt unter diesen Späthippies eine Gruppe ungewöhnlicher Gäste auf, vier Männer, vier Frauen, alle um die siebzig. Sie haben sich auf den klapprigen Stühlen im Vorgarten des Yama-Cafés niedergelassen und vertiefen sich, ziemlich unentschlossen, in die Speisekarte. Sie sprechen Hindi, mehrfach fällt der Name Buddhas, und es ist von einem »Trip« die Rede; offensichtlich handelt es sich nicht um Einheimische aus dem Ort.

Ich spreche einen grauhaarigen Herrn an, der für die anderen bestellt hat und so etwas wie der inoffizielle Führer der Gruppe zu sein scheint. Frage, woher er kommt und ob er selbst Buddhist ist oder die Reise hierher mit seinen Freunden »nur« aus touristischem Interesse unternommen hat. »Nein, nein, wir sind alle Buddhisten und auf Pilgerfahrt, um den Erleuchteten zu ehren«, sagt er in gebrochenem Englisch. Sie alle stammten aus dem Bundesstaat Maharashtra, aus kleinen Dörfern und Städten unweit von Mumbai. »Wir sind frühere Hindus und haben die Religion gewechselt, gemeinsam mit Tausenden Gleichgesinnten, bei einem Massenübertritt.«

Ein Glaubenswechsel im großen Stil? Wo fand der statt und was waren die Gründe dafür? Der Mann wechselt einige Worte mit seinen Freunden, eine kurze, heftige Diskussion bricht aus. Dann sagt er: »Das war im Jahr 2007 in Mumbai. Aber alles, was damit zusammenhängt, ist privat, wir wollen keinen Ärger mit der Hindu-Mehrheit in diesem Land.« Mehr ist dem Alten nicht zu entlocken. Nur, dass der Buddhismus in Indien seiner Meinung nach »wieder im Kommen« sei.

Im Bus lese ich in den neuesten Statistiken der indischen Regierung zur Religionszugehörigkeit im Land. Demnach sind 79,8 Prozent der Inder Hindus, 14,2 Prozent Muslime, 2,3 Prozent Christen, 1,7 Prozent Sikhs – und 0,7 Prozent Buddhisten. Bei diesen Zahlen kann man wohl kaum von einer Renaissance des Glaubens sprechen, eher von einem unglaublichen Abstieg, jedenfalls wenn man an die Glanzzeiten denkt, als sich im Norden des Landes die Religionsgemeinschaft in der Mehrheit wusste, als Ashoka Indien beherrschte. Wie kam es im Mittelalter zu diesem Niedergang? Gibt es heute vielleicht doch ein buddhistisches Comeback, fälschen die Politiker von der regierenden, Hindu-geprägten Partei BJP womöglich die derzeitigen Zahlen der Gläubigen?

Ich habe noch eine Station in Indien vor mir: Nalanda, die berühmte historische Universität, die Stätte, an der Xuanzang seine größten Triumphe feierte. Ich möchte den Ort sehen, von dem er in seinem Buch so schwärmt und wo er seine intellektuelle wie spirituelle Erfüllung gefunden hat. Ich will die Zelle aufsuchen, in der er insgesamt fast vier Jahre lang unter Anleitung seines Lieblingslehrers so fieberhaft studierte. Und ich muss mich unbedingt an der neuen, erst vor wenigen Jahren wieder neu gegründeten Universität mit einem Historiker treffen, der mir die Geschichte des Buddhismus in Indien detailliert erläutern kann – und möglichst das Rätsel lösen, das sich mit dem angeblich massenhaften Übertritt von ehemaligen Hindus zum neuen Glauben verbindet.

KAPITEL XI

Nalanda, Indien: Im Museum
der großen Geister

In der Nacht meiner Busfahrt von Kuschinagar nach Nalanda hat sich ein furchtbares Verbrechen ereignet. Eine Gruppe bewaffneter Männer ist in das Haus eines Großgrundbesitzers nahe der Bundesstraße NH 37 eingedrungen und hat ihn mit den Äxten, die sie bei sich trugen, buchstäblich in Stücke gehackt. Nach dem Blutbad rafften sie an Wertgegenständen zusammen, was sie finden konnten, und versuchten dann noch ein Feuer zu legen. Sie konnten unerkannt fliehen.

Ich habe von dem Mord nichts mitbekommen, obwohl er sich nur wenige Kilometer entfernt von meiner Route abgespielt hat. Aber natürlich spricht sich so etwas schnell herum. Und am nächsten Tag lese ich in der Zeitung, bei dem Opfer habe es sich um einen besonders reichen und umstrittenen Mann gehandelt, berüchtigt für seinen brutalen Umgang mit seinen Arbeitern, die er wie Leibeigene behandelt haben soll. Es gibt noch keinerlei Spur von den Tätern. Die Polizei spekuliert, es könnte sich um Naxaliten gehandelt haben. Die radikale, maoistisch angehauchte Terrortruppe ist besonders in Uttar Pradesh und Bihar aktiv, sie morden, brandschatzen und entführen – 2016, das letzte Jahr, aus dem es Statistiken gibt, fielen mehr als vierhundert Inder diesem »revolutionären Kampf« zum Opfer, in den letzten zwanzig Jahren waren es mehr als vierzehntausend. Sehr oft spielen sich die Naxaliten als Rächer der entrechteten Landarbeiter auf. Dabei sind sie in Wirklichkeit nichts anderes als Kidnapper und Mörder, die sich ein politisch-ideologisches Deckmäntelchen geben.

Es macht also durchaus Sinn, die Außenseiter der indischen Gesellschaft zu verdächtigen, diese geheimnisvollen Banditen aus den Wäldern und Bergen – aber genauso gut könnten es auch Insider der Macht gewesen sein, weithin respektierte Mitglieder der höheren Gesellschaft. *Bahubali* nennt man in Indien nach einem alten Sanskrit-Wort die einflussreichen Gangster aus besseren Kreisen: »Männer, die ihre Muskeln spielen lassen«. Früher finanzierten die *Bahubali* den Wahlkampf von ihnen zugeneigten Politikern oder schüchterten in deren Auftrag die Menschen in der ganzen Region ein. Heute gehen viele Ganoven gleich in die Politik, und das lässt sich mit Zahlen belegen.

Wer sich in Indien um einen Parlamentssitz bewirbt, muss eine eidesstattliche Erklärung ablegen und mitteilen, ob ein Strafverfahren gegen ihn läuft. Bei den Wahlen in Uttar Pradesh im Frühjahr 2017 ergaben sich daraus erstaunliche Erkenntnisse. Gegen jeden dritten der über viertausendachthundert Kandidaten wird demnach strafrechtlich ermittelt, siebenhundertundvier Politiker müssen sich gar wegen Mord oder Vergewaltigung verantworten. Viele schafften jetzt den Sprung ins Regionalparlament von U.P. und genießen damit zumindest für den Zeitraum ihrer Amtszeit Immunität. Darunter sind auch Großgrundbesitzer, sie könnten ihren so brutal ermordeten reichen Mitbürger als Konkurrenten gesehen haben.

Die Kleinstadt Rajgir, in der ich in einen lokalen Bus umsteige, gehört zu den freundlicheren Orten Indiens und wird in meinem »Lonely Planet«-Führer als »indischer Ferienort der zweiten Kategorie« beschrieben. Tatsächlich steht Rajgir mit seinen sieben Hügeln und vielen Höhlen auf keiner Must-See-Liste internationaler Reiseveranstalter. Bei indischen Touristen aber ist der Ort beliebt.

Sie besuchen, besonders gern jetzt im Winter, die heißen Quellen, das Bad darin verspricht bei allen möglichen Krankheiten Linderung oder sogar Heilung. Asketen von der Glaubensgemeinschaft der Jain strömen zu ihren Tempeln, ihr Religionsstifter Mahavir verbrachte hier viele Jahre seines Lebens; auch für Hindus ist Rajgir – der Name bedeutet »Domizil der Götter« – ein besonderer Ort, wird es doch im großen Epos *Mahabharata* lobend erwähnt.

Aber die Hauptsehenswürdigkeiten in und um Rajgir sind buddhistisch. Hier hat Siddharta Gautama lange meditiert und gepredigt. Hier hat sich Xuanzang den Platz zeigen lassen, wo der verruchte Devadatta, der buddhistische Judas, intrigierte und ein Mordkomplott gegen den Religionsstifter schmiedete. Auf einem Elefanten ritt der chinesische Mönch zu der Stätte, an der sich der Legende nach die berühmteste aller Elefantenstorys abgespielt hatte. Devadatta und seine Komplizen hatten einen Dickhäuter so gedopt, dass er wild durch die Straßen rannte, auf Buddha zu. Als das Tier aber »den Glanz und die Güte des Meisters« wahrnahm, verlor es der Legende nach jede Aggressivität und kniete vor Buddha nieder.

Mord, Diebstahl, Erpressung: Auch der chinesische Mönch Xuanzang hat sich Mitte des siebten Jahrhunderts bei seinen Reisen in dieser Region mehrfach mit Gangstern herumgeschlagen, wurde beraubt, bedroht, verfolgt. Aber in Rajgir hat er sich immer sicher gefühlt. Der Ort besitzt für Xuanzang – wie für jeden anderen Gläubigen bis heute – einen besonderen Klang. Auch wegen des Ersten Konzils, das hier nach dem Tod des Erleuchteten im Jahr 482 vor unserer Zeitrechnung stattfand und in der Geschichte der Religion eine zentrale Rolle spielt. Und natürlich durch seine Nähe zur damals berühmtesten Universität der Welt, zum »Erleuchtungsort« des chinesischen Pilgers, wo er seine wichtigsten Erfahrungen machte und Erkenntnisse sammelte: Von Rajgir sind es nur zwölf Kilometer bis zu diesem legendären Nalanda.

Nirgendwo sonst ist Xuanzang so lang geblieben, er ist innerhalb Indiens viel gereist, aber immer wieder kehrt er hierher zurück. Da er nun all die Plätze gesehen hat, die im Leben des Buddha eine entscheidende Rolle spielten, kann er sich ganz seinen Studien widmen. Ihm geht der Ruf eines besonders gebildeten Gelehrten voraus, so dass er sich auch die schwierige Aufnahmeprüfung an der Mönchsuniversität sparen kann. Ansonsten ist der Zugang für Studierende fast wie ein Nadelöhr: Nicht einmal jeder zehnte Bewerber schafft damals die schwierigen Vorexamina.

An Nalanda gefällt Xuanzang einfach alles: Er hat einen äußerst kenntnisreichen Lehrer gefunden, er diskutiert, isst und betet mit Gleichgesinnten aus ganz Asien auf dem ältesten Campus der Welt; er kann in einer Bibliothek mit ihren geschätzt neun Millionen Büchern schmökern; er ist auch mit weltlichen Gütern bestens versorgt, die aus Dörfern der Umgebung unentgeltlich angeliefert werden. Xuanzang bildet sich über buddhistische Sutren weiter, aber er besucht auch andere Lehrveranstaltungen: Sanskrit für Fortgeschrittene, Mathematik, Astrologie, Rhetorik, Logisches Denken, ja sogar Städteplanung steht auf dem Lehrplan.

Der chinesische Mönch, nicht immer ganz frei von Eitelkeit, genießt offensichtlich auch, wie viel Respekt ihm, dem Weitgereisten und Vielbelesenen, von seinen Brüdern entgegengebracht wird. Voller Stolz gibt er zu Protokoll: »Ich befinde mich hier unter herausragenden Gelehrten, deren Ruhm weit über die Umgebung hinausweist. Von morgens bis abends vertiefen sie sich in Diskussionen, die Alten helfen den Jungen und umgekehrt. Die wenigen, die sich nicht gut genug in den Lehren des Buddha auskennen, verstecken sich vor Scham.«

In der heutigen Zeit wird dieses Nalanda eher stiefmütterlich behandelt. Anders als viele hinduistische Tempel und anders auch als die Stationen des Buddha-Lebens hat Indiens Regierung die Universität lange Jahre nicht zur Aufnahme ins Weltkulturerbe vorgeschlagen. Erst im Sommer 2016 wird Nalanda – der Name lässt sich als »grenzenlose Barmherzigkeit« übersetzen – dann von der UNESCO auf Bitten der Regierung in Neu-Delhi in die illustre Liste einbezogen. Als Nummer siebenundzwanzig im Land und als die bisher letzte Stätte in Indien.

Nalanda ist eine angenehme Überraschung, jedenfalls wenn man mit geringen Erwartungen angereist ist.

Ich hatte nicht viel mehr als ein riesiges Ruinenfeld erwartet, einen architektonischen Baukasten, ein paar Grundsteine, die allenfalls erahnen lassen, welche Pracht hier einmal herrschte. Doch Nalanda ist viel schöner, viel interessanter, viel faszinierender: Das riesige Gelände erstreckt sich auf vierzehn Hektar, die wesentlichen Bereiche der antiken Stätten sind leicht auf gut markierten, von Schatten spendenden Bäumen gesäumten Wegen und Treppen zu erreichen. Alle Gebäude, der große Stupa, die Tempel, die Klöster und die Wohnzellen der Lehrer und Studenten sind aus rotem Backstein, die Farbe leuchtet weithin, als solle sie heute noch Studenten anlocken. Mehr als zehntausend sind es zu den Glanzzeiten der Universität gewesen, unterrichtet von zweitausend Lehrern und Mönchen. In Nischen stehen noch die Buddha-Figuren von einst, Wasser- und Kochstellen sind zu erkennen, Teile einer Badeanstalt und Gemeinschaftsküche; aber auch durch Mauern getrennte, genau bemessene Wohnzellen für den Rückzug ins Private.

Im fünften Jahrhundert unserer Zeitrechnung wurde mit dem Bau dieser Großuniversität begonnen. Und während der Buddhismus in Indien zu Xuanzangs Pilgerzeit wohl schon im Niedergang begriffen war, feierte Nalanda noch seine späte Blütezeit. Es war die Wiege und das Zentrum der buddhistischen Zivilisation. Die bedeutendste Bildungseinrichtung ihrer Zeit – und die erste und einzige, an der sich Lehrer und Studenten einen Campus teilten. Ein frühmittelalterliches Harvard und Yale, Oxford und Cambridge in einem.

Der Nalanda-Komplex ist gut besucht, offensichtlich steht eine Ortsbesichtigung hier auf dem Lehrplan der örtlichen Gymnasien. Am frühen Nachmittag springen Hunderte Schüler zwischen den Ruinen herum, lachen und schwatzen und machen Selfies. Gegen siebzehn Uhr beginnt sich das Gelände dann schnell zu leeren, offiziell soll um diese Zeit schon geschlossen werden. Doch so genau nehmen es die Wärter nicht, und ich kann mich auf eine der Mauern zwischen den Ruinen setzen, jetzt fast allein auf dem Areal mit den Schwalben, die im Tiefflug zwischen den Ruinen ihre Kunststücke veranstalten.

Welche Zelle war wohl die des chinesischen Mönchs, in welcher der in meinem Blickfeld liegenden Waben hat er vor gut tausenddreihundertundfünfzig Jahren studiert und meditiert? War es auf mittlerer Höhe, ganz oben, nahe der Stupa-Spitze, wo die etwas luxuriöseren Apartments der Spitzenkräfte lagen? Er genoss jedenfalls eine prächtige Aussicht, wie wir aus seinen Aufzeichnungen wissen. »Von den Fenstern aus ist zu sehen, wie die Winde und Wolken neue Formen erzeugen, und über den geschwungenen Dachgesimsen können die Sonnen- und Mondpositionen beobachtet werden. Und die tiefen, durchsichtigen Teiche tragen an der Oberfläche Lotosblumen.«

Es ist nicht schwer, sich in die Tage des Xuanzang zurückzuversetzen – man muss nur die Augen schließen, auf den Wind hören. Dann tragen die Jahrhunderte noch andere Geräusche herüber: die leisen, aber intensiven Diskussionen Xuanzangs mit seinem geliebten Lehrer Silabhadra über die verschiedenen Stufen der Yogapraxis, das Trippeln der tausendfachen Studentenschritte vor den acht Vorlesungshallen, die gutturalen Gesänge der Mönchschöre bei der Andacht, die vier Trommelschläge und das Muschelhorn zum Beginn der Mittagsrast, das Klappern der Reisschalen bei der abendlichen gemeinsamen Speisung; die gemurmelten Mantras zum Abendgebet.

Am nächsten Tag besuche ich das Museum, etwas außerhalb des Areals gelegen; es verfügt über einige Buddha-Skulpturen, die hier gefunden wurden, und das alte Siegel der Universität. Am meisten beeindruckt mich eine kleine Multimediashow. Und das hat einen besonderen, persönlichen Grund: Der Held der Vorführung ist nämlich ein per Trickfilm zum Leben erweckter Xuanzang, der erst einmal eine – von den Betreibern erfundene – persönliche Aufnahmeprüfung bestehen muss, um an den Toren Einlass zu bekommen, und der dann, sozusagen als animierter Ehrengast, den Zuschauer durch die Anlage führt.

Nalanda nicht nur virtuell wiederzubeleben, sondern an Ort und Stelle die Universität neu auferstehen zu lassen – das klingt attraktiv. Und tatsächlich wird dieses Projekt schon über ein Jahrzehnt aktiv verfolgt. Leider ist daraus bis heute keine Erfolgsgeschichte geworden, sondern eher das Gegenteil – ein Beleg dafür, wie sehr in Indien oft Anspruch und Wirklichkeit auseinanderklaffen.

Im März 2006 hat der damalige indische Präsident Abdul Kalam die Idee des Nalanda-Revivals erstmals öffentlich im Parlament von Bihar vorgetragen. Im Sommer 2010 stimmten Unterhaus wie Oberhaus in Neu-Delhi dem Vorschlag zu, formal wurde die Universität noch im selben Jahr neu gegründet. Für ihre Leitung wurde ein Gremium hoch angesehener Wissenschaftler aus ganz Asien gewonnen, unter Führung des indischen Nobelpreisträgers für Wirtschaft, Amartya Sen. Bei einem ostasiatischen Gipfeltreffen versprachen Politiker aus China, Japan, Australien, Burma und Thailand bei der Finanzierung mitzuwirken. Singapur sagte die höchste Einzelspende zu, mit ihr sollte die großartige Bibliothek von damals wiederaufgebaut werden. Der Bundesstaat Bihar stellte ein riesiges Grundstück zur Verfügung, zehn Kilometer entfernt von den Ruinen und etwa ebenso weit von der Kleinstadt Rajgir. Auf etwa fünfhundert Millionen Dollar veranschlagte die indische Regierung die Baukosten des Gesamtprojekts und ließ einen

Architekturwettbewerb ausschreiben. Als Sieger ging die Vastu-Shilpa-Gruppe hervor.

Ich habe mir ihren detaillierten Entwurf für das neue Nalanda angesehen – er hat mich genauso beeindruckt wie die Juroren. Da ist an alles gedacht: lichtdurchflutete Uniräume, großzügige Studentenquartiere, Cafeterias als Kennenlern- und Diskussionsorte, Parkanlagen und Spazierwege. Besonderen Wert haben die Architekten auf ökologische Gesichtspunkte gelegt, so soll die Uni praktisch allen Abfall recyceln und in Sachen Wasser und Strom weitgehend schadstofffrei funktionieren. Alles ist perfekt in die Landschaft eingepasst, neue Straßen führen zu vier im Umkreis liegenden Dörfern, die als Zulieferer von Gemüse und anderen Lebensmitteln ebenfalls von der Anlage profitieren. Ein wahres Meisterwerk. Jedenfalls auf dem Papier.

In der Praxis kam die »Nalanda International University« bisher kaum voran. Obwohl die Fertigstellung der Anlage für 2020 geplant ist, hat man bis jetzt noch nicht einmal mit den wesentlichen Bauarbeiten auf dem vorgesehenen Gelände begonnen. Die zugesagte internationale Finanzierung scheint nicht zu klappen, aber vor allem bremst die indische Bürokratie: Es ist der übliche Schlendrian, Genehmigungen fehlen, Firmen weigern sich, in Vorleistung zu treten, Eifersüchteleien zwischen Zentral- und Landesregierung sowie zwischen einzelnen Politikern und Geschäftsleuten vor Ort verhindern jeden Fortschritt. Während die indische Privatwirtschaft vor allem im IT-Bereich fast täglich ihren Platz an der Weltspitze ausbaut, während sich die indischen Erfolge in der Medizin wie in der Weltraumforschung überschlagen und privat geführte Technische Hochschulen in die internationalen Top Twenty vorgedrungen sind, versagt der Staat nach wie vor.

Im Herbst 2014 starteten die ersten Kurse der »Internationalen Universität Nalanda«, fünfzehn Studenten durften sich in den Fachbereichen Geschichte und Ökologie einschreiben. Doch das war nicht viel mehr als eine Show – unterrichtet wurde in Rajgir, die Tourismusbehörde von Bihar stellte eine »vorläufige« Unterbringung in einer Jugendherberge zur Verfügung.

Weil es mit dem Provisorium nicht so recht voranging und auch weil die indische Regierung ihn öffentlich brüskierte, trat Professor Sen Anfang 2015 von seinem Amt als Rektor zurück. Sein Nachfolger George Yeo, ehemaliger Minister in Singapur, warf dann bald ebenfalls das Handtuch, er beschuldigte die Regierenden in Neu-Delhi, die akademische Unabhängigkeit von Nalanda nicht zu respektieren und in die Lehrpläne hineinpfuschen zu wollen. Seit Januar 2017 leitet Vijay Bhatkar nun die Hochschule, der hoch angesehene »Vater der indischen Supercomputer«. In den vorläufigen Unikursen haben sich jetzt etwas mehr als einhundert Studenten eingeschrieben, eine Bibliothek und ein Computerraum sind entstanden. Doch getan hat sich wenig, was auf ein Erblühen oder gar auf einen dauerhaften Erfolg der neuen Nalanda-Universität hindeuten könnte.

Ganz im Gegensatz dazu steht das Gelingen eines anderen Unternehmens in Nalanda. In der Nähe der Ruinen und des akademischen Erneuerungsprojekts erstrahlt die Xuanzang-Gedächtnishalle. Und das mit dem Strahlen ist durchaus wörtlich gemeint. Denn nachts sind hier alle Lichter an, das imposante Gebäude wird zwischen Äckern und Mangobaumreihen zu einem weithin sichtbaren Leuchtzeichen. Ein architektonisches Kuriosum, das nicht so recht in die indische Tiefebene passt: Die zweistöckige Memorial Hall ist einem konfuzianisch-chinesischen Tempel nachempfunden und wirkt so, als sei sie am Stück verpackt aus Peking hierhertransportiert worden. Nirgendwo sonst auf dem Subkontinent findet sich ein so prominenter Platz mit so vielen Originalerinnerungsstücken an Xuanzang, die das Leben des großen Reisenden nacherzählen.

Das Projekt hat eine noch längere Vorgeschichte als der Neubau der Universität. Schon 1957 beschlossen die damaligen Minister-präsidenten Indiens und Chinas, Jawaharlal Nehru und Tschu En-lai, den Bau einer Gedenkstätte. Im Auftrag der Regierung in Peking übergab der junge Dalai Lama, damals bei den Größen der Kommunistischen Partei noch wohlgelitten, den Autoritäten in Neu-Delhi angeblich authentische sterbliche Überreste des Mönchs und viele kostbare Schriften; die Inder sammelten ihrerseits alle Zeugnisse, die sie über Xuanzang finden konnten. Doch dann geschah lange nichts. Die Staaten waren auseinander, die Beziehungen nach dem Grenzkrieg im Jahr 1962 lange äußerst angespannt.

Erst zu Beginn des neuen Jahrtausends wurden in Nalanda die Bauarbeiten auf chinesische Initiative – und mit chinesischen Geldern – wieder aufgenommen. Die Memorial Hall sollte eine Co-Produktion sein, indische Künstler gestalteten beispielsweise die Decke im Innenraum, aber das Sagen hatten die Projektverwalter, Architekten und Künstler aus Peking. Sie trieben den Bau voran. Am 12. Februar 2007 war dann die feierliche Einweihung – mit politischer Prominenz aus beiden Ländern, aber natürlich ohne den Dalai Lama. Der hätte als Flüchtling aus dem chinesisch besetzten Tibet und »Asylant« in Indien die harmonische Feier zu sehr gestört.

Die Gedenkstätte sieht aus, als sei sie erst gestern fertiggestellt worden; sorgfältig sind die Wege geharkt, die Dächer gepflegt, die Figuren sorgfältig gereinigt und auf Hochglanz gebracht. Ein großes Tor, das wie so vieles hier an den Pekinger Himmelstempel erinnert, gibt den Blick frei auf die großzügige Anlage, vor der neben einem großen Gong eine ganz in Schwarz gehaltene, mannshohe Statue auf einem Sockel steht: Xuanzang, in voller Reisemontur.

Über seinem Kopf thront ein riesiger Schirm, der ihn vor Sonneneinwirkung und Regen schützen soll und vor dem ein kleines Kästchen mit Weihrauch baumelt; auf dem Rücken trägt er einen riesigen Rucksack, der mit Bambusstangen verstärkt ist und alles Überlebensnotwendige enthalten haben dürfte; ein um den Hals gelegtes Band aus Tierhäuten ist wohl als Glücksbringer gedacht und das einzige Schmuckstück in dem sonst auf höchste Funktionalität angelegten Äußeren; ein weites, bis über die Knie reichendes Wams schützt ebenso wie die hochgezogenen Kniestrümpfe und die festen Schuhe vor der Witterung. Der Rest des Aufzugs ist spirituell begründet: Ein vor den Bauch gebundenes Behältnis enthält die Sutras, die es unterwegs zu zitieren gilt, und eine Fliegenklatsche, die er in der Hand hält, dient wohl weniger dem Kampf gegen Ungeziefer als dem Verjagen böser Geister.

Die Erinnerungshalle führt durch das Leben des Mönchs, zeigt auf Schautafeln die wichtigsten Stationen seiner Reise. Ergänzt werden die Informationen durch Kopien chinesischer Wandmalereien: Sie zeigen Xuanzang mal zu Fuß unterwegs auf der Seidenstraße, mal auf Elefanten in Indien. Auf der Rückseite der Gedenkstätte ist eine überdimensionale Landkarte auf eine Mauer gezeichnet: Sie beschreibt detailliert den langen Weg der Pilgerreise. Zwischen den Ritzen in den weiß getünchten Mauern spielen Salamander, einige Geckos hangeln sich die Wand entlang. Menschen gibt es hier keine. Erst als ich das Tempelgelände wieder verlasse, stoße ich auf eine Gruppe von vier Besuchern. Sie kommen aus Schanghai.

Das mangelnde Interesse an der eindrucksvollen Gedächtnishalle lässt sich kaum damit erklären, dass sie etwas ab vom Weg liegt. Die indischen Schulklassen, so zahlreich in Nalanda vertreten, werden ja schließlich auch mit Bussen aus der Gegend zu den Ruinenfeldern und dem Museum gekarrt und könnten die drei Kilometer auf der Landstraße hierher ohne Probleme bewältigen. Dass man die Gedenkstätte links liegen lässt, liegt wohl eher daran, weil sie in den Lehrplänen und Reiseführern kaum Erwähnung findet.

Das lässt nur einen Schluss zu: Für die meisten Inder hat dieser Xuanzang einen geringeren Stellenwert als für die Chinesen, übt er weniger Faszination aus, lädt weniger zur Identifikation ein. Warum aber ist das so, da doch beispielsweise Professor Prakash

Agrawal, der führende Historiker aus Delhi, den Reisenden in den höchsten Tönen preist? »Von allen Chinesen, ob in der Vergangenheit oder in der Gegenwart, hat keiner Indiens Geist, seinen Körper, seine Seele so verstanden wie er«, schreibt der Wissenschaftler, lange Zeit oberster Direktor aller Museen seines Landes. »Man könnte fast sagen, er ist einer von uns. Aber in Wahrheit ist er mehr als das – er brachte mit sich eine andere Welt, welche die unsere wesentlich bereichert hat.«

Mir geht nicht aus dem Kopf, was zuvor die älteren Besucher im Café von Kuschinagar, dem Sterbeort des Erleuchteten, über den Niedergang des Buddhismus in ihrem Land erzählt haben – und über ein mögliches Comeback der Religion. Ich muss wissen, warum Nalanda so lange im Dunkel der Geschichte verschwunden war und ob es die von meinen Gesprächspartnern so nebenbei erwähnte Massenbekehrung tatsächlich gegeben hat. Nichts liegt näher, als bei der Suche nach Antworten die neu gegründete »Internationale Universität« anzulaufen, die den alten Mythos wiederbeleben soll und nun, noch sehr vorläufig, in Rajgir untergebracht ist. Da gibt es laut der Unibroschüre einen Fachbereich für »Historische Studien« und einen für »Buddhismus, Philosophie und vergleichende Religionswissenschaften«.

Doch die entsprechenden Professoren sind zurzeit nicht vor Ort oder jedenfalls nicht zu sprechen; vieles scheint hier noch ein Provisorium zu sein, das Studium beschränkt sich weitgehend auf vereinzelte Vorträge, Exkursionen und die Abnahme von Prüfungen am Semesterende. Aber ich habe Glück. Über Umwege werde ich an einen Doktoranden namens Devdan vermittelt, der sich mit der buddhistischen Geschichte Indiens ausgiebig beschäftigt hat. Am Telefon erzähle ich von meinen Wünschen, er willigt sofort in ein Treffen ein.

Ich sehe Devdan zum Abendessen im Hotel »Hokke« etwas außerhalb von Rajgir, das dortige japanische Restaurant, hat er mir am Telefon erzählt, sei das beste weit und breit. Er ist Ende zwanzig, lässig in Jeans und T-Shirt gekleidet, trägt eine Brille mit Goldrand, das Haar ganz kurz geschnitten. Das iPhone legt er auf den Tisch und lässt es nie aus den Augen: eher Typ Silicon Valley denn Altertumsgelehrter. Er sei Buddhist, sagt Devdan, aber davon könne er später erzählen. Zunächst einmal will er mich über die Geschichte Nalandas, die Glanzzeiten und dann den »Untergang« des Glaubens in Indien aufklären, wie er es nennt.

Xuanzang ist nach Meinung des jungen Historikers »gerade noch rechtzeitig« nach Indien gereist. »Er hat die letzte Blütezeit des Buddhismus hier in Nalanda erlebt und auf seinen Reisen quer durchs Land auch schon den Anfang vom Ende gesehen«, sagt Devdan. Der Niedergang sei auf ein ganzes Bündel von Faktoren zurückzuführen: Zum einen hätten sich die Buddhisten zu sehr auf die Förderung einzelner Könige verlassen und sich zu wenig um Laienanhänger gekümmert – »es gab zur Hochzeit des Glaubens mehr als 250 000 Mönche und über 4500 Abteien hierzulande, Bihar leitet sich vom Sanskrit-Wort *Vihara* ab und bedeutet nichts anderes als ›Land der Klöster‹«. Dabei seien immer mehr konkurrierende Denkschulen entstanden, die elitären Interpretationen der Lehre hätten fast nur noch Eingeweihte begriffen, für Normalsterbliche aber wären die Grenzen zum Hinduismus fließend geworden.

Jahrhundertelang war es ein Niedergang in Zeitlupe. Doch als muslimische Truppen um 1200 Nordindien eroberten, beschleunigte sich der Verfall. »Die schöpferische Kraft, die den Glauben einst prägte, war verbraucht«, meint Devdan. »Da die weitgehend friedliebenden Buddhisten nicht ausreichend Soldaten fanden, blieb zudem eine wirksame militärische Gegenwehr aus.« Die Invasoren brannten die Bibliothek von Nalanda und die meisten der anderen Gebäude nieder. Shakyashribhadra, der aus Kaschmir stammende letzte Abt und Universitätsdekan, floh nach Tibet und gründete dort ein Kloster, aus dem später ein Lehrzentrum namens

Nalanda wurde – »die erste Reinkarnation der Musteruni, wir in Rajgir sind jetzt die zweite«, sagt der Historiker.

In Indien folgte nach der Eroberung der Klöster durch zentralasiatische Muslime ein jahrhundertelanges buddhistisches Nichts. Die Religion verschwand sozusagen von der Bildfläche, aufgegangen in andere Glaubensrichtungen, während die Lehre Siddhartas in Südostasien, in Japan und auch in China zwischenzeitlich Triumphe feierte. Die berühmten buddhistischen Stätten Indiens wurden vernachlässigt, von Unkraut überwuchert, viele auch von muslimischen Kriegsherren zerstört.

Devdan ist der Überzeugung, dass ausgerechnet die verhassten britischen Kolonialisten dem Buddhismus wieder Leben einhauchten, indem sie eben nicht nur Ausbeuter Richtung Osten schickten, sondern auch Gelehrte und Hobbyhistoriker. »Die machten sich auch mit Hilfe von Xuanzangs genauen Beschreibungen – im wahrsten Sinn des Wortes – an die Ausgrabung des Glaubens«, sagt Devdan. »Und dann rückte tragischerweise der Unabhängigkeitskampf die Rivalität der Religionen wieder in den Vordergrund.« Die Differenzen zwischen Hindus und Muslimen führten bei der Teilung des Subkontinents in zwei Staaten zu furchtbaren Massakern, Schuld daran trugen auch die Kolonialherren, die der Katastrophe ihren Lauf ließen.

Die indischen Freiheitskämpfer waren sich in vielem einig, aber in Nuancen gab es durchaus auch Streit über den richtigen Weg. Im Zentrum standen laut Devdan zwei brillante Köpfe: Mohandas Gandhi, als Sohn eines wohlhabenden Kaufmanns in die Vaishya-Kaste geboren, in London ausgebildeter, in Südafrika praktizierender Rechtsanwalt, genannt Mahatma (»Große Seele«), und Bhimrao Ambedkar, eines von vierzehn Kindern aus einer Dorffamilie der Kastenlosen, das nur durch die Gunst eines Gönners in Bombay Jura studieren konnte. Beide predigten den gewaltfreien Widerstand gegen die Briten, beide befürworteten den zivilen Ungehorsam und waren bereit, für ihre Ideale ins Gefängnis zu gehen. Während Gandhi Menschenrechte und Bildungschancen für die Unterprivilegierten forderte, aber das Kastensystem nicht ganz abschaffen wollte, plädierte Ambedkar für die Aufhebung aller Schranken. Sie fanden Kompromisse, konnten die Staatsgründung gemeinsam feiern.

Wenige Monate später, am 30. Januar 1948, wurde Gandhi von einem hinduistischen Fanatiker ermordet. »Ambedkar war der erste Justizminister des neuen Indien und arbeitete wesentlich an der neuen Verfassung mit«, meint der junge Historiker Devdan in unserem Gespräch. »Doch das Amt machte ihn nicht glücklich. Weil so viele Reformen für die Ärmsten verschleppt wurden, trat er 1951 zurück – und widmete den Rest seines Lebens der Wiederbelebung des Buddhismus in seiner Heimat.«

Wie kam er gerade auf den Buddhismus?

»Ambedkar suchte nach einer Religion, die niemanden diskriminiert, die auf Freiwilligkeit setzt und menschliche Potenziale freisetzt. Nach einem Vorbild, das diese Gedanken mit Leben erfüllte und gegen die Diskriminierung der unteren Kasten kämpfte. Er fand dieses Vorbild in der Geschichte seines Heimatlandes. In Siddharta Gautama. Er sagte: Ich bin als unterprivilegierter Hindu geboren worden, aber ich werde nicht als Hindu sterben.«

Am 14. Oktober 1956 hat Ambedkar in der zentralindischen Stadt Nagpur bei einer Veranstaltung, zu der über vierhunderttausend Menschen kamen, einen Massenübertritt von niedrigkastigen Hindus zum Buddhismus organisiert – er selbst ging vorneweg. Es war ein symbolträchtiges Datum: Angeblich genau 2200 Jahre zuvor hatte sich König Ashoka an diesem Ort zum neuen Glauben bekannt, war aus dem zuvor so blutrünstigen Herrscher ein Vorbild an Toleranz und guter Regierungsführung geworden. »Und mit dieser Veranstaltung 1956 beginnt auch meine persönliche Glaubensgeschichte«, erzählt Devdan. »Mein Großvater, der als Teeverkäufer gearbeitet hat, war einer dieser Konvertiten.«

Wenige Wochen nach der spektakulären Kundgebung ist Ambedkar in Delhi gestorben. Mit ihm verlor die buddhistische Bewegung an Schwung, aber sie ist nach Ansicht des jungen Historikers nie ganz gestoppt worden. Eine von Ambedkar gegründete »Gesellschaft für Volkserziehung« kümmert sich bis heute um die Verbreitung des Glaubens, vor allem aber kämpft sie gegen soziale Benachteiligung und Analphabetismus – ganz im Sinne ihres Gründers, der die Lehre vor allem als soziale Verantwortung im Hier und Jetzt interpretiert hat. Die Neo-Buddhisten, die fast alle aus den untersten Schichten stammen, haben inzwischen ein höheres Bildungsniveau erreicht als die Durchschnittsinder, fast drei Viertel verfügen über einen erfolgreichen Schulabschluss. »Dennoch sehen sie sich häufig von Hindu-Hardlinern diskriminiert«, sagt Devdan. »Einige indische Bundesstaaten haben Antikonvertierungsgesetze erlassen, sie verbieten Massenübertritte zum Buddhismus, obwohl Indiens Verfassung doch die Religionsfreiheit garantiert.«

Und was passierte wirklich im Mai 2007, von dem meine Gesprächspartner in Kuschinagar mir so stockend, so geheimnisvoll erzählt haben?

Trotz der staatlichen Schikanen sei es weiter zu groß angelegten Konversionen gekommen, weiß der Historiker. In Mumbai hätten an dem Tag, von dem mir die Neo-Buddhisten berichteten, zum fünfzigsten Gedenktag von Ambedkars Feier tatsächlich mehr als dreißigtausend *Dalits* den neuen Glauben angenommen. »Und es wird immer wieder passieren«, sagt Devdan. »Obwohl man sich keinen Illusionen hingeben darf. Der Buddhismus mag heute in Indien doppelt so stark sein, wie die offiziellen Stellen ihn angeben – aber wir sprechen da von anderthalb Prozent der Bevölkerung, etwa zwanzig Millionen Menschen unter 1,4 Milliarden.«

Entweder aus Angst vor Hindu-Übergriffen oder auch wegen der Zersplitterung seien sie im öffentlichen Leben wenig präsent. Nur gelegentlich komme es zum Gedankenaustausch indischer

256

Neo-Buddhisten mit tibetischen Lamas, bespitzelt von indischen wie chinesischen Behörden. Dabei gehe es gar nicht um irgendwelche revolutionären Umtriebe, sondern um religiöse, soziale und erziehungstechnische Fragen. »Und was Doktor Ambedkar anbetrifft: Er bleibt unser Vorbild und einer der großen Söhne unseres Landes«, sagt Devdan. »Erst kürzlich haben ihn die Historiker Indiens zur zweitwichtigsten Persönlichkeit der neueren indischen Geschichte gewählt, knapp hinter dem Mahatma.«

Über Devdans Erläuterungen haben wir fast das Essen vergessen, eine sehr eigenwillige Kombinationen von Samosas zur Vorspeise und Sukiyaki-Beef mit Reis als Hauptgericht. Aber alles sehr wohlschmeckend, das japanisch-indische Restaurant wird seinem guten Ruf gerecht. Dazu kein Bier, sondern Darjeeling-Tee – ich bin wieder im »trockenen« Bundesstaat Bihar, anders als etwa in Uttar Pradesh gilt hier striktes Alkoholverbot. Der Doktorand der Geschichte sagt zum Abschied, er wolle mir am nächsten Tag unbedingt seine Freundin vorstellen.

Also treffen wir uns morgen wieder, diesmal in einem Café. Devdans Verlobte Jaya ist lässig gekleidet, trägt wie er Jeans und Sneakers. Auch sie studiert an der neuen Nalanda-Universität, allerdings im Fachbereich Ökologie. Oft seien die Professoren abwesend, richtig aufschlussreich seien nur die zahlreichen Feldversuche, die die Assistenten veranstalteten. »Immerhin genießt die Uni Nalanda landesweit hohes Ansehen«, sagt sie und fügt lachend hinzu: »Wenngleich das Studium längst nicht so prestigereich ist wie in den mittelalterlichen Glanzzeiten.« Nach ihrer Promotion würde sie gern einen Forschungsauftrag an einer Universität annehmen oder in leitender Position bei einer der großen Firmen für alternative Energien einsteigen. »Wir hinken zwar noch in vielen Bereichen hinter dem Westen und vor allem hinter China her«, meint Jaya, Tochter einer Brahmanenfamilie. »Aber in Sachen Windkraft gehören wir doch schon zur Weltspitze.«

Die selbstbewusste junge Dame gehört zu denen, die weniger gebildeten indischen Männern Angst machen – und sie oft zu Aggressionen verleiten. Jaya weiß das. Sie fährt am liebsten nur mit ihrem Verlobten in öffentlichen Verkehrsmitteln und nachts überhaupt nicht. »Die vielen Übergriffe, Vergewaltigungen und Morde an Frauen sind Beleg dafür, wie krank unsere Gesellschaft ist, wie wenig Toleranz und Achtung für den anderen die verschiedenen Glaubensrichtungen in der Praxis verbreiten«, sagt sie. Andererseits zeigt die junge Frau sich zuversichtlich, allein schon wegen der Alterspyramide – die Jugend sei dabei, das Land zu übernehmen. Das Durchschnittsalter in Indien sei sechsundzwanzig, das von China fünfunddreißig, »und das bei Ihnen in Westeuropa schon an die vierzig«. Ihre Generation, zumindest die Gebildeten unter ihnen, würden Diskrimierungen nicht mehr dulden. Jaya hat sehr gefallen, was der damalige US-Präsident Barack Obama bei seinem Besuch 2015 an der Universität von Delhi gesagt hat, und sie kann es wörtlich zitieren: »Junge Inder wie ihr werdet die Zukunft der Nation bestimmen, und nicht nur das, ihr werdet auch die Zukunft der Welt gestalten.«

Für die beiden Studenten bleibt ihre Heimat ein Staat der Widersprüche, des Sowohl-als-auch und des Aber-dennoch. »Wir sind stolz auf Indien – und schämen uns gleichzeitig für unser Land«, sagt Devdan. Welche Rolle spielt die Religion überhaupt im Leben der Hinduistin Jaya und des Buddhisten Devdan? Beide winken ab. So gut wie keine. Aber sie wissen, wenn sie heiraten und Kinder bekommen sollten, würden ihre Familien die Frage dringender, fordernder stellen.

Jaya und Devdan sind, wie fast alle Inder, begeisterte Filmfans. Sie erzählen mir vom letzten Bollywood-Streifen, den sie sich gerade vor einigen Tagen angesehen haben, dem Überraschungshit der Saison 2017 – *Toilet: A Love Story*. Klingt nicht gerade einladend, sage ich. »Doch, doch«, sagen beide wie aus einem Munde, das sei ein toller, lustiger, aber auch ernster Film, und er behandele ein wichtiges Problem des indischen Alltags. Das Fehlen von Toilettenhäuschen zwinge immer noch Millionen von Indern (und prekärer noch, von Inderinnen), ihre Notdurft im Freien zu verrichten. »Die Regierung hat in den Städten mehr sanitäre Einrichtungen geschaffen und in öffentlichen Kampagnen auch solche Initiativen in den Dörfern angeregt, aber da ist nicht viel passiert«, sagt der Student. In diese Lücke stoße jetzt der Film. »Eine junge Frau auf dem Land zwingt ihren Mann durch angedrohten Liebesentzug, ihr eine Toilette zu bauen.«

Meine ausführlichen Erzählungen über die Abenteuer des Mönchs Xuanzang und seinen langen Aufenthalt in Nalanda haben die beiden neugierig gemacht, und obwohl beide ja so enthusiastische Kinogänger sind, haben sie nie etwas von der Verfilmung seines Lebens gehört. Und so verabreden wir uns noch einmal und sehen uns gemeinsam auf Devdans Laptop die DVD an, die ich in Bischkek auf dem Markt gekauft und immer mit mir herumgetragen habe – die chinesisch-indische Co-Produktion *Xuanzang* aus dem Jahr 2016. Auch für mich ist das eine Premiere.

Die Landschaftsaufnahmen sind beeindruckend, die schauspielerischen Leistungen respektabel, mit dem chinesischen Star Huang Xiaoming in der Hauptrolle und der indischen Bollywood-Schönheit Neha Sharma in einer Nebenrolle ist der Streifen erstklassig besetzt, Produzent Wong Kar-Wai gilt im Regiefach als einer der Großen der Branche. Und doch hebt der Film, zwischen Folklore und Action schwankend, nie richtig ab. Wir bleiben mit einem schalen Geschmack zurück. »Kein Wunder, dass das in Indien erfolglos geblieben ist«, meint Jaya. In der Volksrepublik lief *Xuanzang* wohl etwas besser, China hat ihn für den Oscar als besten ausländischen Film ins Rennen geschickt (wo er freilich keine Chance hatte).

Die besten Szenen sind vielleicht die kurzen über seine Heimfahrt. Sie habe ich besonders aufmerksam verfolgt – denn das, was da erzählt oder auch nur angedeutet wird, steht mir bei meiner Nach-Reise jetzt noch bevor. Und am nächsten Morgen blättere ich beim Hotelfrühstück noch einmal in meinen Originalbüchern. Die beiden netten Jungakademiker überraschen mich noch einmal: Sie holen mich ab und bestehen darauf, mich zum Flughafen zu bringen.

Xuanzang ist im Herbst 642 fest entschlossen, nach China zurückzukehren. Er ist jetzt über dreizehn Jahre unterwegs, hat sich über ein Jahrzehnt in Indien aufgehalten. Er bereiste fast das ganze Land, studierte lange und ausgiebig in Nalanda. Er hat an heiligen Schriften gesehen, was er wollte; er hat an der Seite eines weisen Lehrers seine Kenntnisse vertieft. Es gibt für ihn jetzt nichts mehr Wichtiges auf dem Subkontinent zu tun oder zu erfahren. Aber so leicht lassen die Mönche ihn nicht gehen. Sie bitten ihn, für immer zu bleiben, argumentieren damit, die wesentlichen Orte im Leben des Siddharta lägen nun mal in Indien, China sei doch spirituell ein uninteressantes, »oberflächliches« Land, bewohnt von groben und engstirnigen Menschen. Xuanzang muss das innerlich belächelt haben: Fast mit den gleichen Worten war er ja einst in Zentralasien vor Indien gewarnt worden.

Aber er kann das nicht auf seiner Heimat sitzen lassen, ganz glühender Patriot, verteidigt er China, »ein sehr zivilisiertes Land, dessen Kaiser klug und scharfsinnig ist«. Und er wendet sich fast schon verzweifelt an seinen Gönner, den Abt Silabhadra, umschmeichelt ihn, die anderen Klosterbrüder, die zweite Heimat Indien. »Es ist mir unmöglich, Buddhas Geburtsort und die Stätte seiner Erleuchtung und Wanderschaft nicht mit Zuneigung zu betrachten. Seit meiner Ankunft hast du, Herr, alles getan, um unklare Passagen in den Büchern zu klären. Ich habe die heiligen Stätten unserer Religion besucht und die tiefschürfende Auslegung der unterschiedlichen Schulen vernommen. Mein Geist war voller Freude darüber, und mein Besuch hier war von größtem Nutzen. Nun aber möchte ich die Schriften übersetzen und anderen vermitteln, was ich verstanden habe.« Und dann ein klares, unmissverständliches, kämpferisches Statement des sonst so Sanftmütigen:»Ich bin aus diesem Grund nicht gewillt, meine Heimkehr aufzuschieben.«

Er muss dann aber doch noch bleiben – König Harsha verpflichtet ihn, im Dezember 642 beim religiösen Wettstreit gegen Brahmanen und Jains das Banner des Buddhismus hochzuhalten. Diesem Ruf kann er sich nicht entziehen und bewältigt die Aufgabe ja dann auch glänzend. Der Monarch nimmt ihn anschließend zu diversen Zeremonien mit, auch da muss der zunehmend Ungeduldige noch stillhalten. Aber immer wieder bringt er sein Anliegen der Rückreise vor. Im April 643 willigt Harsha endlich in die Abreise ein, auch seine Gönner in Nalanda haben sich damit abgefunden: Zeit, Auf Wiedersehen zu sagen. Reich beschenkt mit Goldstücken und Silbermünzen, ausgestattet mit einem Reitelefanten und einer Militäreskorte, tritt der Mönch die Heimreise an. In seinem Gepäck, das auf dem Rücken Dutzender Pferde verstaut ist, finden sich alle Schätze, die er gesammelt hat: kostbare Schriftrollen, goldene Buddha-Statuen, historische Bilder und geografische Aufzeichnungen.

Drei Tage ist die Karawane schon unterwegs, da wird er von König Harsha und dessen Gefolge eingeholt,»wie glückliche Schuljungen« (so die Historikerin Sally Hovey Wriggins) überreichen sie ihm noch Briefe mit beeindruckenden roten Siegeln, die er unterwegs zeigen soll, wenn er in Schwierigkeiten gerät.

Zunächst schlägt Xuanzang mit seiner eindrucksvollen Entourage fast den gleichen Weg ein, auf dem er hergekommen ist: Über Nordindien geht es ins – heute pakistanische – Taxila und dann weiter die Pässe hinauf. Und wieder erlebt der chinesische Mönch, dass sich eine solche Großreise zwar planen lässt, dass es aber nie so reibungslos geht, wie man es sich vorgestellt hat. Und dass sich,

Militäreskorte und rote Siegel hin oder her, Katastrophen ereignen können.

Es ist jetzt höchste Zeit auch für mich, Indien zu verlassen und mich auf die Xuanzang-Route zurück Richtung China zu begeben.

Ungeplante, verblüffende, erleuchtende Ereignisse eingeschlossen.

Kapitel XII

Kaschgar, China: Auf dem Markt aller Märkte

Es ist ein langer Weg vom Subkontinent bis in die chinesische Heimat, und der unerschrockene Pilger Xuanzang gibt uns gemeinsam mit seinem Biografen alle seine Stationen an – aber viel mehr denn auch nicht. In Seitenzahlen gemessen, bleibt es ein erstaunlich kurz gehaltener Trip. Die Rückkehr, der zweite Teil des großen Abenteuers, ist eine Schilderung weitgehend im Stakkato.

Vielleicht fasst sich der Mönch bei der Beschreibung der Rückreise so knapp, weil er im heutigen Nordindien und dann auch in Pakistan fast die gleiche Route wählt wie auf dem Hinweg. Möglicherweise mag er auch die verhältnismäßig luxuriösen Umstände der Reise nicht allzu sehr hervorheben, seine prominenten Freunde haben ihn ja mit Lasttieren, Kleidung und Preziosen geradezu verwöhnt. So beschränkt sich Xuanzang im Wesentlichen darauf, zu erzählen, was schiefgeht: die Überquerung des Indus, bei dem eines seiner Boote kippt und kostbare Manuskripte im Strudel des Stroms verschwinden; die Ersteigung des Hindukusch, dessen Pässe sich als steiler und schwieriger erweisen als gedacht: »Nur indem er Stufen aus dem Eis herausschlägt, kommt der Reisende voran. Am höchsten Punkt bläst ein eisiger Wind, und die einschneidende Kälte ist erbarmungslos. Sogar die Vögel, die sonst in wirbelnden Kreisen fliegen, können an diesem Punkt nicht mehr in die Lüfte steigen, sondern überqueren den Gipfel zu Fuß und fliegen dann erst abwärts ...«

So begierig er darauf ist, endlich das legendäre Kaschgar zu erreichen, die Erschöpfung nach der Kletterpartie zwingt ihn zu einer Erholungspause in einem kleinen, wenig interessanten Ort namens Taschkurgan – einem Ort, in dem auch ich Station gemacht habe.

Vor einiger Zeit bin ich von der pakistanischen Hauptstadt Islamabad aus den Karakorum-Highway die ganze Strecke Richtung Norden gefahren, eine abenteuerliche, dreizehnhundert Kilometer lange Strecke. Die Straße schlängelt sich immer weiter die Berge hinauf, mit dramatischen Ausblicken auf Achttausender wie den Nanga Parbat und in die schwindelerregend tiefen Schluchten des Indus-Tals. Der Khundscherab-Pass markiert den Grenzübergang von Pakistan in die Volksrepublik China, er liegt auf fast viertausendsiebenhundert Metern, kein anderer weltweit ist so hoch. Aber den Rekord zu feiern und fotografisch festzuhalten fiel mir schwer: Die Minibusse von Hunza fahren nur bis zur Zollstation, das Gepäck muss jeder Reisende selbst schleppen – eine Tortur in der extrem dünnen Luft, die jeden Atemzug zur Qual macht, jede Bewegung, selbst den Griff zur Kamera.

Es ist von hier aus nur noch ein kurzer Trip bis zur ersten Station in der Provinz Xinjiang, und die lautete für mich, wie einst für Xuanzang: Taschkurgan. Forscher sagen, der Pilger habe damals einen anderen, nahe gelegenen und heute nicht mehr zugänglichen Gebirgssattel überquert, den noch höheren Wakhir-Pass, aber sicher ist das nicht. Jedenfalls treffen sich in Taschkurgan alle Wege. In nur noch knapp über dreitausendfünfhundert Metern Höhe glaubt man, auf Wattebäuschen zu schweben, alles fällt leicht. So beschloss ich, ein wenig durchzuatmen. Wie mein großer Vor-Reisender machte ich Rast an diesem wenig einladenden Ort – »steinerne Wand« lautet sein Name übersetzt –, fand allerdings nur eine ziemlich heruntergekommene Pension, die frei war.

In den Zimmern des »Pamir« neben mir ging es hoch her, der Schnaps floss in Strömen, gefeiert wurden gute Geschäfte oder die

Aussicht darauf. Im ersten Stock hatten es sich Pakistaner aus der Grenzstadt Sust bequem gemacht, stämmige, vierschrötige Haudegen, die mir schon an der Zollstation aufgefallen waren, weil sie in der dünnen Bergluft scheinbar mühelos Schränke stemmten und Stühle auf ihrem Rücken schleppten. Den zweiten Stock beherrschten Chinesen, eher verschlossen wirkende, grimmig dreinblickende Kettenraucher. Sie stapelten Kisten voller Turnschuhe im Flur und unterhielten sich fachmännisch über Jadeschmuck, den sie – trotz steigender Promillezahlen – nicht aus den Augen ließen und offensichtlich auf der anderen Seite mit großem Gewinn zu verkaufen hofften. Und alle sehnten sich, wie sie meinem Dolmetscher sagten, inbrünstig eine Zeit herbei, in der ihre Handelsroute mal bequemer, leichter zugänglich sein würde.

Aber wird die Karakorum-Autobahn wirklich bis zum Jahr 2020 zu einer mehrspurigen Strecke ausgebaut sein, ein wirklicher Highway von Pakistan bis weit hinein in Chinas Wilden Westen?

Die Pläne dafür sind zwischen den Behörden beider Staaten abgesprochen, auf manchen Streckenabschnitten haben die Arbeiten begonnen. Es ist eines der Mammutprojekte in Pakistan, die von Peking mit Milliarden-Dollar-Aufwand finanziert werden, Teil der »Neuen Seidenstraße«. So sinnvoll die massive Investition in die Infrastruktur auch ist, so gefährlich könnte sie für das Empfängerland werden: Wissenschaftler des amerikanischen Zentrums für globale Entwicklung glauben, dass Pakistan durch die Zinslast in Rückzahlungsschwierigkeiten kommen wird, sie sprechen von Abhängigkeiten, denen sich Islamabad langfristig nie mehr entziehen könnte. Sie unterstellen der Führung der Volksrepublik China eine »geplante Schuldenfalle«.

Mir wäre aus ganz kurzfristigen Interessen eine bessere Straße sehr recht gewesen. Meine Tagebucheintragungen erinnern mich an einen sehr unbequemen, harten Trip: »Von Taschkurgan an muss ich noch einmal acht Stunden Fahrt durchstehen, in einem klapprigen Bus mit durchgesessenem Gestühl geht es durch eine zerklüftete Hochgebirgslandschaft (aber keine Klagen, Xuanzang brauchte für die gleiche Strecke fast eine ganze Woche und war nach dem Verlust seines Reitelefanten und vieler seiner Lasttiere auf Kamelritte angewiesen). Yaks am glitzernden Karakul-See, roter Sandstein am Canyon des Flusses Ghez. Immer wenn der Fahrer keine Lust mehr hat, bremst er abrupt, so dass wir alle nach vorne fallen, und zündet sich eine Zigarette an. Auch beim Auftanken. Endlich ein erstes zartes Grün, dann immer fruchtbareres Land, schließlich eine Oase in einem weiten Tal: die berühmte Seidenstraßenstadt, der Sehnsuchtsort so vieler Abenteurer, Ankunft in Kaschgar.«

Was für ein Glück, dass es heute bessere Verkehrsverbindungen gibt. Ich muss nach Kaschgar nicht noch einmal über Land, kann den ermüdenden Karakorum-Highway und den Khundscherab-Pass vermeiden. Ich nehme für die Fahrt in Chinas Wilden Westen 2017 das Flugzeug, und das nur mit einem Hauch von schlechtem Gewissen. Die großen Reisenden des Mittelalters – der buddhistische Mönch und Weltbürger Xuanzang, der muslimische Pilger und Forscher Ibn Battuta, der christliche Kaufmann und Abenteurer Marco Polo – haben sich immer an eine Maxime gehalten: So bequem wie möglich unterwegs sein, die Schwierigkeiten und Hindernisse auf Reisen muss man nicht provozieren. Die kommen von allein.

»Posch, posch«, brüllen die Männer auf ihren Pferdekarren und treiben ihre Gäule unter immer neuen Platz-da-Rufen von der Hauptstraße hinab zum riesigen, eingezäunten Verkaufsareal auf der Wiese. Da warten schon Treiber, die Kamele anbieten, Schafzüchter, die sich hitzig im Anpreisen ihrer lebenden Ware zu überbieten versuchen. Interessenten greifen fachmännisch ins Gebiss der Tiere, um deren Gesundheitszustand zu überprüfen.

Bis zum Horizont wirbelt der Staub auf, und es ist ein nervöses Wiehern und Blöken, als wüssten die Rinder und Esel, Dromedare und Ziegen, dass sie nicht lange mehr angepflockt bleiben werden, dass die Männer in ihren Pelzmützen und Poschtien, den langen Mänteln Zentralasiens, hier über ihr Schicksal feilschen. Schlanke Frauen, nur einige wenige verschleiert und in Schwarz, die anderen in knallbunten Pluderhosen und weiten Röcken, spielen eine Nebenrolle. Aber eine wichtige. Sie balancieren Kupfergeschirr, in dem Suppen schwappen, und schaukeln Säcke mit Datteln, Aprikosen und Rosinen durch das Chaos. Kein Deal ohne anschließendes Festmahl, eingenommen auf Holzbänken inmitten eines atemberaubenden Gemischs von Düften: Hammelkebab, Rosenwasser, Kameldung.

Es sind Szenen wie aus biblischer Zeit, wie aus jenen Tagen, als die Seidenstraße hier im ersten vorchristlichen Jahrhundert Gestalt annahm und bald in vielen Vernetzungen von Ostchina über Zentralasien bis an die Mittelmeerküste reichte. Szenen, wie sie auch der Mönch Xuanzang im Jahr 644 hier sah, der in seinem Reisebericht den Basar und die Händler als außergewöhnlich anpries. Neben den Waren (»feinste Teppiche, Filz und Tuch von außergewöhnlicher Qualität«) fiel dem aufmerksamen Beobachter auch das unterschiedliche Aussehen der Händler und Kunden auf, er registrierte unter anderem »Menschen mit grünen Augen« – ein Hinweis darauf, dass dieses Kaschgar neben Angehörigen der Turkvölker und Han-Chinesen auch viele soghdischen Perser und andere Stämme aus dem Mittelmeerraum prägten.

Der Sonntagsmarkt gilt heute als einer der größten der Welt. Mehrere Tausend Viehbesitzer, Bauern und Händler strömen am Wochenende in die Stadt am Rande der Taklamakan-Wüste, eingeklemmt zwischen den Bergen des Pamir und des Hindukusch. Im äußersten Westen der Volksrepublik China gelegen näher zu Teheran und sogar zu Damaskus als zu Peking.

Es ist ein einmaliges Völkergemisch, das sich da tummelt. In der Mehrheit sind die Uiguren, drahtige Männer mit schwarzen Bärten, den Krummdolch im Gürtel; nomadische Kirgisen tragen stolz ihre Filzhüte zur Schau, sie gelten als besonders geschickte Verhandler; kräftige Usbekinnen werben lautstark mit ihren kulinarischen Köstlichkeiten; und ab und zu sieht man tatsächlich auch hellhäutige, wuschelköpfige Jünglinge mit grüner Augenfarbe, die aussehen wie Nachfahren Alexanders des Großen oder des Perserkönigs Darius. Überwacht wird das geschäftige Treiben von den eigentlichen Herrschern dieses Wilden Westens, alle Polizisten sind Han-Chinesen. Zumindest an diesem Sonntag halten sie sich friedlich im Hintergrund, provozieren nicht mit gezogenen Waffen, sondern decken sich wie alle anderen an den Ständen mit klebrigen Süßigkeiten ein. Aber ihre Präsenz mit Schusswaffen und Militärjeeps bleibt auch im Hintergrund eine unübersehbare Drohung.

Der Mythos der Seidenstraße, die Faszination der ältesten und wohl berühmtesten Handelsroute der Welt – auf diesem Sonntagsviehmarkt einige Kilometer außerhalb von Kaschgar lässt sich das alles noch erahnen, erspüren, erschmecken.

Und auf dem Basar der Innenstadt wird auf einem riesigen, weitgehend überdachten Gelände alles andere gehandelt, alles, was nicht mit lebendem Vieh zu tun hat: Teppiche und Seidentücher sowie Berge von Obst, Gemüsen und Gewürzen sind im Angebot, Musiker und Maler zeigen ihre Künste.

An der Nordecke des Markts entlockt ein Greis seiner *Rubab*, einem tiefbauchigen Saiteninstrument, kunstvoll weiche, sehnsuchtsvoll schmachtende Töne; an der Südecke bannt ein anderer Künstler, auch schon betagt und weißbärtig, die Vergangenheit auf kostbares, altes Seidenpapier, in der Hoffnung auf einen Käufer unter den wenigen Touristen, die sich hierherverirrt haben, oder vielleicht malt er auch nur für sich selbst. Sein feiner Pinsel lässt die Karawanen wieder lebendig werden, die sich jenseits des Jadetors durch die Wüsten und über die hohen Berge quälten, bevor sie dann über den Knotenpunkt Kaschgar legendäre Städte wie Samarkand oder Buchara erreichten, teilweise weiterzogen über Teheran oder in einer Art Staffellauf die kostbaren Güter weitergaben an die nächsten Karawanen, bis nach Antakya ans Mittelmeer und weiter Richtung Venedig.

Es war ein ganzes Geflecht von Handelsrouten, das da in der frühen Globalisierung von Ost nach West und West nach Ost funktionierte: Seide und Jade, Keramik und Felle, Zimt und Tee eroberten so das Abendland, die himmlischen Pferde aus dem Fergana-Tal, Bergkristalle und Hirschgeweihe, Knoblauch und Rizinus gelangten über den Orient in den Fernen Osten. Die Pfade dienten als Überbringer von revolutionären Ideen: Papierdrucke, magnetische Kompasse und Spinnräder veränderten das tägliche Leben auf beiden Seiten.

Aber die Seidenstraßen waren auch eine Tauschbörse der Weltkulturen, eine Missionsroute der großen Religionen, erst für den Buddhismus und dann für den bis heute in Xinjiang von einer Mehrheit praktizierten Islam. Abenteurer ebenso wie große Gelehrte zogen hier ihre Bahn. Unter ihnen »mein« chinesischer Mönch, der in seinem Reisebuch einige der Oasen auf den Handelsrouten kennenlernte. Die längste Zeit verbrachte er – auf dem Weg Richtung Indien – in Turfan, dessen König ihn vor lauter Bewunderung gar nicht ziehen lassen wollte, dann aber zu seinem großen Gönner wurde. Aus den Erzählungen Xuanzangs wird klar, dass er neben diesem Turfan auch Kaschgar, die Station auf dem Heimweg, besonders in sein Herz geschlossen hat.

Unter den Seidenmalern auf dem Sonntagsmarkt fällt mir einer besonders auf: ein kaum dreißig Jahre alter Mann mit einer Beinverletzung, die ihn zu einer gekrümmten Haltung auf seinem Plastikstuhl zwingt. Millimeterfein zeichnet er die Pferde und Kamele, tupft Goldfarben auf die Miniturbane der Karawanenführer. Einen der Reiter hebt er besonders hervor, er fungiert offensichtlich als Chef der Truppe, der allen anderen den Weg durch die unwirtliche Wüste weist.

»Soll das Xuanzang sein?«

Die Frage ist mir nur so herausgerutscht. Der Maler sieht mich einige Momente rätselnd an. Dann sagt er, als sei ihm gerade in diesem Moment ein Licht aufgegangen: »Xuanzang«. Und wiederholt den Namen mehrmals, immer begeisterter nickend: »Xuanzang, Xuanzang«. Ein besseres Verkaufsargument hätte ich ihm nicht liefern können, offensichtlich ist er gewohnt, jeden Kunden in seinen Wünschen und Wahrnehmungen zu bestärken. Aber als der Mann dann seinen Preis für das fertige Seidengemälde in der Größe von zwanzig auf fünfzig Zentimeter nennt − umgerechnet nicht einmal vierzig Euro −, mag ich nur noch pro forma, und der Ehre wegen, ein wenig handeln. An diesem Kunstwerk hat er bestimmt eine Woche gearbeitet.

Der Markt ist auch heutzutage lebhaft, interessant, abwechslungsreich − und doch habe ich ihn von meinen früheren Besuchen in Kaschgar anders in Erinnerung. Die Gaukler fehlen. Früher wirbelten Akrobaten mitten auf dem Basar Teller und Kegel durch die Luft, fingen sie nach blitzschnellen, eleganten Drehungen um sich selbst mit geschlossenen Augen wieder auf. Ganze Artistenfamilien schraubten sich zur Menschenpyramide in die Luft, Feuerschlucker verschlangen furchterregende Flammen. Und war nicht der gesamte Markt, der mir jetzt so durchstrukturiert, so überwacht, so »gezähmt« erscheint, früher doch noch faszinierender, ein umfassender, gemeinsamer Aufgalopp aller Händler, ob sie nun Tiere oder Teppiche, Seide oder Silberwaren, Lammkeulen oder Lauten feilboten?

»Sie erinnern sich richtig«, sagt Abdurehim, ein junger Uigure, der mich auf Englisch angesprochen hat. »Früher gab es einen einzigen großen Markt unweit der Stadtmitte, alles war schmutzig und chaotisch. Aus Hygiene- und Sicherheitsgründen haben sich die politisch Verantwortlichen neu entschieden.«

Abdurehim, immer das Samsung-Handy im Blick, die Ray-Ban-Sonnenbrille lässig auf die Stirn gerückt, findet das in Ordnung. Er hat es nicht so mit der Tradition, und über die Religiosität der »Alten« spricht er mit Verachtung; für ihn zählt Modernität, und das bedeutet saubere Märkte, neue Apartmentblocks, Internetcafés. Und natürlich einen guten Job. Abdurehim arbeitet für die Stadtverwaltung. Die höheren Posten dort seien zwar Han-Chinesen vorbehalten, aber er verdiene gut und sei zufrieden. »Wir sind nun einmal Bestandteil der Volksrepublik«, sagt er und klingt dabei ganz wie ein Sprachrohr der Partei. Oder wie einer, der Fremde in der Stadt indoktrinieren, über sie Meldung machen soll. Ich verabschiede mich höflich.

Wer viel reist, kennt das: Man kommt nach langen Jahren Unterbrechung an einen Ort zurück, der sich tief und positiv in die Erinnerung eingebrannt hat – und dann ist alles ganz anders, als man es erwartet. Die Erfahrung machte ich in vielen Städten und Ländern der Welt, aber vor allem in der Volksrepublik China mit ihrer schwer erklärlichen (und dem Stolz auf die eigene Geschichte widersprechenden) Verachtung für alles architektonisch Althergebrachte. In Peking zertrümmerten die staatlichen Abrissbirnen ganze Viertel mit den traditionellen Hutongs, in denen sich die Wohnungen von Großfamilien um einen Innenhof gruppierten. Häufig ersetzten die Verantwortlichen sie durch extrem dicht aneinandergepresste, gesichtslose Hochhäuser. Dadurch wurden sich Chinas Städte immer ähnlicher, austauschbarer – ein landesweites Phänomen. Doch nirgendwo habe ich den Modernisierunswahn, den Sinisierungswahn, gepaart mit Zerstörungswut, so schmerzhaft empfunden wie in Kaschgar.

Ich wandere 2017 durch das, was einmal die Altstadt war, und sehe nur Trümmer, Bauschutt und Staub. Im Namen des Fortschritts ist hier eine Macht wie ein Sandsturm über die Mauern von Kaschgar hinweggefegt und hat so gut wie alles an traditioneller Architektur eingerissen oder unter sich begraben. Die alten Teehäuser und die Lehmhäuser, die sich beiderseits der engen Gassen mit ihren Balkonen zu berühren schienen wie einander zugeneigte Freunde, sie sind verschwunden. Stattdessen breite neue Durchgangsstraßen, die Kaschgar wie scharfe Rasierklingen durchkreuzen und allgegenwärtige Kaufhäuser, in deren Aufzügen süßlicher Kanton-Pop Kunden animiert.

An der zentralen »Straße des Volkes« dominieren die Stahl- und Glasbüros der Industrial & Commercial Bank of China, der China Construction Bank und der Agricultural Bank of China – gemessen an ihrer Bilanzsumme die drei größten Geldhäuser nicht nur der Volksrepublik, sondern der gesamten Welt. Es hat sich etwas verschoben zwischen den ökonomischen Großmächten: Der Börsenwert des chinesischen Digitalkonzerns Tencent hat den von Facebook überholt, der Onlinehändler Alibaba steht nicht mehr weit hinter seinem Rivalen Google zurück. Und der Internetboom nimmt selbst in solchen »Randstädten« wie Kaschgar rasant an Fahrt auf: Chinesische Kunden haben im vergangenen Jahr Waren und Dienstleistungen im Wert von fünftausendfünfhundert Milliarden Dollar über Handy und Computer gekauft, weit mehr Digitalbestellungen als von Amerikanern und Europäern zusammengenommen.

Auf einem Hügel gegenüber der verschwundenen früheren Altstadt ist eine neu gebaute »Altstadt« entstanden, eine architektonische Reminiszenz an die traditionelle Architektur. Ein markierter Spazierweg führt an Puppenstuben-properen Häusern vorbei, die gerade noch mit frischem Putz und bunt gestrichenen Türen angehübscht werden; angeblich bekommen hier bevorzugt die chinesischen Neusiedler solche Wohnungen zugewiesen. Entstanden ist ein Seidenstraßen-Disneyland ohne jedes Flair, in dem es Coca-

Cola-Stände, Souvernirshops und »authentisch orientalische« Restaurants gibt. Die Partei überlegt angeblich, den Zugang zu dem Viertel für Touristen bald gebührenpflichtig zu machen.

Bei meinen letzten Besuchen konnte ich noch zwischen zwei ganz besonderen Übernachtungsmöglichkeiten wählen. Das ehemalige russische Konsulat, entstanden 1882, und das frühere britische Konsulat, erbaut 1892, waren mit Anbauten zu einfachen, aber sauberen Gästehäusern geworden. Die beiden ausländischen Vertretungen legten Zeugnis ab von der abwechslungsreichen Geschichte der Stadt: Fast ein Jahrhundert lang belauerten sich hier Briten und Russen in ihrem Bestreben um Vorherrschaft in Zentralasien, Kaschgar war einer ihrer wichtigsten und umkämpftesten Brennpunkte im »Great Game«. Beide Seiten schickten ihre besten Spione zu diesem Lauschposten, die Briten tarnten ihre Agenten oft als buddhistische Mönche. Heute prägen neue Bettenburgen die Hotellage, das Tianyuan und das Radisson, Viersterneluxus im Niemandsland weit außerhalb der Innenstadt.

Am Volkspark grüßt Mao seine Untertanen, die eher bedrohlich wirkende Führerhand erhoben; mit vierundzwanzig Metern ist es eine der fünf höchsten Statuen des Großen Vorsitzenden im ganzen Land. Sie wurde 1968 laut einer offiziellen Broschüre »auf dringenden Wunsch der Bevölkerung« errichtet, jeder Einwohner habe – so behauptet die Parteipublikation – »voller Begeisterung« für das Bauwerk gespendet.

Das Herz von Kaschgar aber schlägt woanders: am Großen Platz mit der Id-Kah-Moschee. Dieser Ort ist selbst für fortschrittsbesessene Parteistrategen unzerstörbar: Das pittoreske, ganz in Gelb gehaltene Gotteshaus bietet mit seinem Vorhof und den von Pappeln gesäumten Gärten mehr als zehntausend Gläubigen Platz. Aber Betende bestimmen nur freitags das Bild. An allen anderen Tagen wird hier flaniert und geflirtet, fotografiert und Fast Food gefuttert. So wie heute.

Dass hier nur wenige Polizisten patrouillieren, täuscht Schläfrigkeit und staatliches Desinteresse vor. Aber das scheint nur auf den ersten Blick so. Auf den Mauern sind an strategischen Stellen überall kleine Kameras angebracht: Die Autoritäten haben den gesamten, hell erleuchteten Platz fest im Blick, vierundzwanzig Stunden, sieben Tage die Woche. In China gebe es derzeit hundertsechsundsiebzig Millionen Überwachungskameras, vermeldet die *Volkszeitung* stolz, bis zum Jahr 2020 sollten es mehr als sechshundert Millionen sein – fast eine auf jeden zweiten Staatsbürger.

Kleine Kinder lassen Luftballons steigen oder klettern auf die Steinkamele am Rand des Großen Platzes, die offensichtlich eine Seidenstraßen-Karawane symbolisieren sollen. Zwei junge Schönheiten in engen langen Kleidern zeigen, wie en vogue sie sind: das Handy in der einen Hand, das Tablet in der anderen. Sie kommunizieren, ohne aufzuschauen, die Cola neben sich auf der Bank. Und doch ist das Gesamtbild nicht ganz so entspannt, wenn man näher hinschaut. Von einer riesigen Leinwand, genau gegenüber der Moschee, flimmern Pekinger Fernsehbilder, eine Endlosschlaufe von Werbung, Popsongs und Massenaufmärschen: Indoktrination durch Konsum und Nationalismus. Kaum einer der Spaziergänger von Kaschgar nimmt sie allerdings zur Kenntnis.

Die Id-Kah-Moschee ist chinesischen Machthabern schon seit langer Zeit suspekt, sie gilt ihnen als Hort von Separatismus und Widerstand gegen die Han-chinesische Staatsgewalt.

Hier hat der muslimische Abenteurer und Freiheitskämpfer Yakub Beg sein Hauptquartier aufgeschlagen und 1867 bis 1877 sein unabhängiges »Kashgaria« regiert und fügte den chinesischen Armeen schwere Verluste zu, bevor sie ihn schließlich vertreiben konnten. 1933 entstand dann kurzzeitig eine islamische »Republik Turkestan«. Auch nachdem die Stadt und ganz Xinjiang 1949 Teil der neu gegründeten Volksrepublik wurden, erlosch das Misstrauen gegenüber den Uiguren in Peking nie. Immerhin konnte ich Ende der Achtzigerjahre noch ein unzensiertes Interview mit dem Imam der Id-Kah-Moschee führen, einem Mann, den die Gemeinde bestimmt hatte. Wenige Jahre später zog die KP die Zügel wieder an, es war zu Unruhen gekommen. Die Partei prüft seither verstärkt die »richtige Gesinnung« der Imame und behält sich das alleinige Recht auf ihre Ernennung vor, brandmarkt im Untergrund wirkende Separatisten als »Volksfeinde«, die zu »zerschmettern« seien. Das gelingt nicht immer. Am 30. Juli 2014 etwa wurde der KP-genehme Kaschgarer Imam Juma Tayir von drei islamistischen Terroristen nach dem Morgengebet niedergestochen, er erlag seinen Verletzungen.

Die derzeitige Pekinger Politik in der sogenannten »Autonomen Region« Xinjiang ist eine Mischung aus Zuckerbrot und Peitsche – und behandelt die Religionen höchst unterschiedlich.

Die konfuzianischen, daoistischen und buddhistischen Gläubigen können den Gebeten in den (wenigen) Tempeln weitgehend ungestört nachgehen, die muslimische Mehrheit wird kontrolliert und schikaniert. Männer dürfen keine »unnormal langen Bärte« tragen, Frauen ist die Verschleierung gerichtlich untersagt, Kinder werden im Fastenmonat Ramadan zur Schulspeisung gezwungen. Lassen sich diese Vorschriften wenigstens noch im Ansatz nachvollziehen, wirken andere Verordnungen nur noch absurd. Neuerdings greift der Staat auch bei der Namensgebung von Babys ein, und nicht nur »Dschihad« steht auf der Liste der »religiös aufheizenden Namen«, Neugeborene dürfen auch nicht mehr Muhammad und Medina heißen.

Verbrüderung zwischen Han-Chinesen und Einheimischen gilt als suspekt, Distanz soll gewahrt bleiben. Ein Parteifunktionär wurde – ganz im Ernst – getadelt, weil er im Beisein von Religiösen *nicht* geraucht hatte. Der Mann habe durch den Verzicht auf die Zigarette »versagt im Angesicht der Bedrohung durch extreme Kräfte«. Und neuerdings gilt es als »Pflicht«, sich regelmäßig über staatliche Medien zu informieren – wie immer das durchgesetzt werden soll.

Parallel dazu hat die Regierung in Peking schon vor Jahren damit begonnen, die großen Städte Xinjiangs zu »sinisieren«, ähnlich wie die Bevölkerungszentren von Tibet, der anderen »Autonomen Region« mit separatistischen Tendenzen. Wer als Han-Chinese bereit ist, in die Randregionen der Volksrepublik zu ziehen, erhält viele Starthilfen, Wohnungen werden bezuschusst, beim Aufbau eines eigenen Geschäfts oder einer Firma wird weitgehende Steuerfreiheit gewährt. Hunderttausende haben solche Chancen schon genutzt und so den Bevölkerungsanteil verschoben. In Urumtschi, der Hauptstadt Xinjiangs, sind die ursprünglichen uigurischen Einwohner längst in der Minderheit; in Kaschgar mit seinen gut dreihunderttausend Einwohnern dürfte der Anteil der Han-Chinesen doppelt so hoch sein wie die in Statistiken angegebenen fünfzehn Prozent. Viele Uiguren fühlen sich von den fremden Herren gedemütigt, von »Überfremdung« sprechen sie hinter vorgehaltener Hand bei Teigtaschen und Tee im Eden Café an der Seman-Straße, ihrem traditionellen Treffpunkt.

Trotz – oder vielleicht gerade wegen – der immer strengeren Kontrollen im Alltag scheint die islamistische »Turkistan Islamic Movement« mit ihren Verbindungen zur al-Qaida stärker geworden zu sein. Anschläge häufen sich in letzter Zeit, was wiederum mehr Repressionen nach sich zieht. Ein Teufelskreis, den die KP »Volkskrieg gegen Terrorismus« getauft hat. Aber fairerweise muss man sagen, dass die Parteichefs in Peking gegenüber den Einheimischen auch mit Zuckerbrot arbeiten: Sie tun viel, um den Lebensstandard der wirtschaftlich lange abgehängten Region zu heben. Jahr für Jahr landet Xinjiang jetzt unter den Spitzenreitern der volkschinesischen Provinzen, was das Wirtschaftswachstum angeht. Und ein besonderes Augenmerk gilt dabei »Kashi«, wie die politisch Verantwortlichen ihre westlichste Großstadt inzwischen nur noch nennen. Weil es ja »ihre Stadt« in »ihrem Land« ist, benutzen sie die Mandarin-Bezeichnung von Kaschgar.

Das große Banner an der Mao-Statue verrät das Ziel, zeigt das Vorbild: »Lasst uns von Shenzhen lernen, lasst uns das neue Shenzhen werden!«, steht da in Riesenlettern. Auf Anhieb wirkt das wie ein ziemlich absurdes Unterfangen: Shenzhen ist die reichste Stadt der Volksrepublik, gegenüber Hongkong gelegen, mit der wirtschaftlichen Kraft des Perlfluss-Deltas im Rücken. Aber bei näherem Zusehen erschließt sich der Plan wenigstens im Ansatz, erkennt man die Gemeinsamkeit: Shenzhen war die erste Sonderwirtschaftszone, in der die Volksrepublik den Kapitalismus übte (und ausländischen Unternehmen extrem günstige Produktionsbedingungen zusicherte). Seit 2010 ist nun auch der Großraum Kaschgar eine »Special Economic Zone«, erst die fünfte solche Zone in ganz China.

Für seine SEZ macht die Zentrale riesige Subventionen in Infrastrukturprojekte locker. Neue Hochhausprojekte entstehen, eines heißt rätselhafterweise »European View Gardens Apartment Komplex«. Und im Rahmen der gigantischen Initiative Neue Seidenstraße lassen Pekings Planer mit Milliarden-Dollar-Aufwand die Straßen-Verbindungen nach Pakistan und Kirgisistan ausbauen, den Flughafen vergrößern. Die bereits existierende Zugstrecke in die Hauptstadt soll um eine Schnelltrasse erweitert werden; chinesische Fachleute, die schon die Tibet-Eisenbahn in über fünftausend Metern Höhe gebaut haben, arbeiten an Studien für mögliche Schienenstränge über die Pässe nach Zentralasien.

Ich muss noch das Abakh-Khoja-Mausoleum besuchen, die heiligste der historischen muslimischen Stätten in Xinjiang, fünf Kilometer nordöstlich vom Stadtzentrum Kaschgars gelegen – und, wenn mich die Erinnerung von meinen vergangenen Besuchen nicht trügt, auch eine der schönsten.

Diesmal erlebe ich keine Enttäuschung: Das Grabmal aus dem

siebzehnten Jahrhundert mit seinen vier Minaretten, den Blumen-
arabesken und den blau glasierten Fliesen erstrahlt in unveränder-
tem Glanz. Hier sind zweiundsiebzig Mitglieder der Abakhi-Fami-
lie bestattet, darunter Abakh Hoja, ein populärer lokaler Herrscher,
und auch seine Tochter Iparhan. Um die Frau mit dem Beinamen
»Duftende Konkubine« ranken sich viele Legenden. Die chinesische Variante macht sie zur glücklichen und allseits akzeptierten
Lieblingsgespielin und Trösterin des Kaisers Qianlong. Die uigurische Variante zeichnet ein weitaus düstereres Bild: Danach wurde
sie von chinesischen Truppen aus Kaschgar entführt, weigerte sich
am Hof, dem Himmelsherrscher zu Diensten zu sein, und wurde
gezwungen, Selbstmord zu begehen.

»Das führt viele Einheimische dazu zu sagen: So waren die Chinesen immer zu uns, an ihrer Geringschätzung wird sich nie etwas
ändern«, sagt mir der junge Mann von der Agentur UighurTours,
den ich für zwei Tage als Begleiter angeheuert habe. Und setzt hastig hinzu, als sei er schon mit dieser Formulierung zu weit gegangen, als müsse er einen möglichen Mithörer beruhigen: »Aber das
ist natürlich stark vereinfacht gedacht. Peking versucht, uns wirtschaftlich zu helfen.«

Mir fällt auf, dass ich in ganz Kaschgar keine Mönche gesehen
haben, keine Tempel, keine Spuren des blühenden buddhistischen
Lebens, das Xuanzang bei seinem Besuch im Jahr 644 in glühenden
Tönen (»so viele Rechtgläubige, Hunderte Klöster, Tausende Mönche«) beschrieben hat. Über die Art der Regierung berichtete er in
seinem Buch nichts Genaues, aber die Oase stand in der Tang-Zeit
unter chinesischer Verwaltung. Die Westtürken hatten sich zurückgezogen, als Militärgouverneur fungierte ein kaiserlicher Beamter,
der Konfuzianismus, Daoismus und Buddhismus pflegte. Im zehnten Jahrhundert geriet Kaschgar dann fest in die Hände muslimischer Herrscher, der Islam begann zu dominieren.

»Doch, doch, es gibt noch Spuren aus der Zeit von Xuanzang«,

sagt Nuremet, mein kundiger Begleiter, der hauptberuflich als Geschichtslehrer an einer höheren Schule der Stadt arbeitet. »Ich führe
Sie dorthin, wo auch Ihr Mönch schon meditiert hat.«
Wir fahren vierzig Kilometer nach Norden. Ich sehe die unscheinbare »Grotte der drei Unsterblichen« über dem Ufer des Flusses Qiakmakh, die Felszeichnungen aus buddhistischen Zeiten sind
kaum mehr auszumachen. Ich stapfe durch eine Wüstenlandschaft
nahe des Dorfes Ha Noi, an dessen Ende sich zwischen undefinier-
baren Ruinen ein brüchiger Stupa erhebt, den die Einheimischen
Mor getauft haben, was auf Uigurisch »Schornstein« bedeutet –
viele wissen nicht um die religiöse Konnotation des Bauwerks und
halten die Pagodenruine aus Tang-Zeiten für eine frühe Fabrikkon-
struktion. Nuremet muss meine Enttäuschung bemerkt haben. Fast
beiläufig sagt er auf der Rückfahrt, die wir im Jeep auf der holprigen Straße fast schweigend verbracht haben: »Wenn Sie sich so für
Xuanzang interessieren, habe ich noch einen Tipp für Sie. Im Theater an der Seman-Straße spielt die staatliche Schauspieltruppe aus
Peking gerade das *Xiyouji*.«
Wirklich, *Die Reise in den Westen*, den Klassiker von Wu Cheng-
en, der auf dem Leben des chinesischen Mönchs beruht? Ist er da
ganz sicher, das ist doch ein Roman und kein Bühnenstück?
Ich zeige meinem lokalen Führer im Hotel das Buch in der Übersetzung von Arthur Waley, das ich wie die beiden Biografien Xuanzangs auf meiner Nach-Reise immer im Gepäck dabeihabe. »Ja,
das ist es«, sagt Nuremet. »Das gibt es als Buch, als Oper, als The-
aterstück. Und die Geschichte kennen wir alle in China.« Er verspricht, mir eine Karte zu besorgen.
Am nächsten Morgen weckt mich ohrenbetäubendes Sirengenge-
heul. Auf den Straßen scheint Panik ausgebrochen zu sein, aus den
Geschäften stürmen die Inhaber und Angestellten und schwingen
hölzerne Prügel. Terroralarm. Gepanzerte Militärfahrzeuge und
Polizeiwagen patrouillieren. Mit einer gezogenen Waffe zwingt

279

ein Beamter einen messerschwingenden Angreifer zu Boden. Und dann ist plötzlich alles zu Ende. Der »Terrorist« steht auf und schüttelt sich. Die Händler kehren wieder in ihre Geschäfte zurück. Diesmal ist es nur eine Übung.

»Solche Drills finden jetzt alle paar Tage statt«, erzählt mir Nuremet später beim Frühstück. Die Behörden seien nervös, angeblich habe es Drohbriefe von radikalen Gruppen gegeben, Anschlagspläne. Alle Kaufleute seien verpflichtet, bei den martialischen Übungen mitzumachen; außerdem seien neue Sicherheitsschlösser mit elektronischen Codes obligatorisch, deren Details zu übermitteln. Die Taxifahrer müssten ihre Wagen auf eigene Kosten mit staatlich kontrollierten GPS-Systemen ausrüsten, damit ihre Routen jederzeit überprüft werden könnten.

Die meisten der technisch hochwertigen Kameras an den Straßenkreuzungen sollen inzwischen mit Gesichtserkennungsfunktion ausgestattet sein, die Züge der Beobachteten werden mit Fahndungsfotos abgeglichen. Und Chinas Ingenieure sind sogar schon weiter: Sie haben, berichtet die Parteipresse stolz, bereits erfolgreich Kameras mit »Gangerkennung« erprobt. Selbst aus fünfzig Metern Entfernung soll der Bewegungsidentifikator funktionieren, da hilft dann auch keine Vermummung mehr. Die Partei ist sogar schon dabei, eine neue »Superüberwachungsbehörde« mit weitreichenden Vollmachten einzurichten: Sie ist nur Staatschef Xi verpflichtet und soll »gegen Korruption und eine allzu lockere Umsetzung politischer Vorgaben« vorgehen.

Schöne neue Welt: Ganz China ist auf dem Weg in einen Polizeistaat, und die Provinz Xinjiang schreitet dabei besonders schnell voran.

Und seit Mitte 2017 greift die Partei sogar auf ein altes, längst überwunden geglaubtes Instrumentarium aus der Kulturrevolution zurück: auf Umerziehungslager. »Bildungs- und Trainingszentren« nennt sie Peking. Aber aufgrund von Ausschreibungen für Personal wie für Wachtürme und Stacheldraht glauben westliche Experten den wahren Charakter von dreiundsiebzig dokumentierten neuen Einrichtungen in Xinjiang aufgedeckt zu haben – und vermuten, dass weitere zehntausend religiös und politisch Verdächtiger zwangsweise auf ideologische Linie gebracht werden.

Abends im Theater von Kaschgar. Die Veranstaltung beginnt früh, um neunzehn Uhr, und obwohl mein Begleiter und ich eine halbe Stunde vorher gekommen sind, drängen sich schon alle auf ihre Plätze. Die meisten Zuschauer scheinen Han-Chinesen zu sein, aber auch alte uigurische Männer und ihre Frauen in ihren Festtagskleidern sind zu sehen – und erstaunlich viele junge Leute.»Die sind mit ihren Lehrern da, Abschlussklassen der höheren Schule«, flüstert mir Nuremet zu. In Indien würden die meisten Gäste erst nach dem angesetzten Veranstaltungstermin langsam eintrudeln, hier ist es umgekehrt. Das Leben spiegelt sich wider im Theater – ein permanenter Kampf um die besten Plätze. Die Chinesen, die doch so gern in ihrer vieltausendjährigen Geschichte ruhen, geben sich im Alltag immer ungeduldig, als müssten sie minütlich die Gegenwart gestalten, die Zukunft erzwingen.

Die Aufführung beginnt mit einem Paukenschlag. Der Affenkönig springt auf die Bühne, stellt die Mannschaft vor, um die es geht: den Mönch, den er auf der Pilgerfahrt zu den Quellen des Buddhismus betreuen muss, seine schwierigen Gefährten, allen voran das Schwein, den Wassergeist und das weiße Drachenpferd. Alle tragen bunte Kostüme und Masken. Und dann geht es los, im Zeitraffer durch die Kapitel des Buches, verkürzt auf ein halbes Dutzend Episoden und doch über zwei Stunden lang. Ein höchst abwechslungsreicher, grotesker, brutaler und manchmal auch rührender Karneval der Tiere, ein Fantasyabenteuer – und noch viel mehr als das. Eine Reise in die chinesische Philosophie und Religion, zu den Grenzen und Herausforderungen der Macht.

Ausgangspunkt des Buchs wie der Aufführung ist Xuanzangs

Wunsch, zu den Quellen des Buddhismus vorzustoßen. Doch anders als in der tatsächlichen Geschichte wird er dabei vom Kaiser unterstützt. Der hat sich Buddhas Worte zu Herzen genommen, dass die Chinesen »gierig, lüstern und schadenfroh« seien und es überall »Mord, Hader und Schlachten übler Nachrede« gebe: Die Nation braucht dringend moralische Erbauung. Doch der etwas weltfremde Mönch zeigt sich den Herausforderungen der »Reise in den Westen« kaum gewachsen, er braucht tatkräftige Unterstützung gegen die überall lauernden Dämonen. Und die findet er im mutigen, witzigen und stets respektlosen Affenkönig, einer wegen Übermut degradierten Gottheit, die sich in allen Schlachten mit dem Schlechten dieser Welt bestens auskennt. Auf der Bühne kann sich der Held mit seiner »Fähigkeit zu Sprüngen von hundertachttausend Meilen« so richtig austoben, er darf bei Verfolgungsjagden die Dämonen mit seinem Zauberschwert außer Gefecht setzen.

Die Zuschauer, vor allem die jüngeren, jauchzen vor Vergnügen. In der Pause geht mein Reiseführer noch einmal die gesehenen Szenen mit mir durch, erläutert, was ich nicht ganz verstanden habe, ergänzt anhand eines Programmzettels, was jetzt noch folgen wird – das allermeiste kommt mir sehr bekannt vor.

Interessant ist, dass der Affenkönig zwar ein Held ist, aber immer auch eine ambivalente Figur bleibt, übermütig, aufsässig gegenüber Autoritäten jeder Art. Erst Buddha selbst gelingt es, den Impulsiven, Witzig-Aberwitzigen zu zähmen und auf die gemeinsame religiöse Mission einzuschwören. Bevor die Pilger am Ziel ankommen, müssen sie die Windstillpille, den Unsterblichkeitspilz und den jadeklaren Trunk der Wiedergeburt anwenden, Letzterer verschafft jedermann – und jedem Tier – einen veritablen Dreitagerausch. Im Land der Frauen trinken der Meister und sein Betreuer vom falschen Wasser und verursachen eine Schwangerschaft, da hilft nur die Abtreibungsquelle. Dann werden sie noch mit Tod und

Auferstehung konfrontiert sowie dem Anblick einer Wasserleiche –
zu ihrem Entsetzen ist das der eigene Körper.

Und so turbulent und kunterbunt geht es weiter, bis dann alle
bei den Hütern der heiligen Schriften ankommen. Dort erhalten
sie, weil sie an Gastgeschenke nicht gedacht haben, zunächst nur
Hunderte Papierrollen, ohne einen Satz, ohne auch nur ein einziges Zeichen darauf – die buddhistische Leere, sozusagen. Als sie
sich bei Buddha beschweren, weist der sie auf den besonderen Wert
der »wahren Schriften ohne Worte« hin. »Doch euch Menschen im
Osten, die ihr so unwissend und verblendet seid, kann man nur die
anderen geben!« Und so können die Pilger am Schluss dem Kaiser doch noch die versprochenen Dokumente überreichen, wie gewünscht mit den überlieferten Texten.

Das Publikum ist begeistert, der Beifall groß und lang anhaltend.
Mein Begleiter weist mich auf die Jugendlichen hin, die besonders
lange klatschen, sowie auf die Herren in der ersten Reihe. »Darunter sind einige von Kaschgars führenden Parteifunktionären«, flüstert er mir zu. Und ich frage mich: Hat denn keiner von ihnen den
subversiven Charakter dieses Klassikers erkannt, diese Aufforderung des Affenkönigs zu Individualität und Kampfesmut gegenüber
den Autoritäten? Und wie weit ist ihnen bewusst, dass richtig ver-
standene Religion – ob nun der Buddhismus oder eben auch der Islam – immer etwas mit Freiheit zu tun hat?

Für mich gibt es nun in Kaschgar nichts mehr zu tun. Ich breche
auf zur vorletzten Station von Xuanzangs tatsächlicher, nicht fikti-
ver Reise, zu dem Ort, wo ihn noch einmal das große Zittern packte,
die Unsicherheit, ob seine Mission nicht noch so kurz vor dem Ziel
im wahrsten Sinn des Wortes im Sand stecken blieb. Wo er der Reaktion des Kaisers auf seine Rückkehrwünsche entgegenfieberte.

Kapitel XIII

Dunhuang, China: Das Versteck der buddhistischen Schätze

Neue Fernstraßen führen von Peking und Urumtschi hierher, gleißende schwarze Pfeile aus Teer in der gelbgrauen Einöde, vibrierend von den großen, über den Asphalt dröhnenden Lastwagen. Die Eisenbahnverbindungen wurden ausgebaut. Und auch der Flughafen ist vergrößert worden, nun schon zum dritten Mal innerhalb des vergangenen Jahrzehnts, er kann nach seiner Wiedereröffnung im Mai 2017 mit den neuen Landebahnen bis zu einer Million Passagiere im Jahr abfertigen.

Nicht schlecht für eine Oase im Niemandsland der Wüste, die mit ihren knapp zweihunderttausend Einwohnern für chinesische Verhältnisse kaum mehr als eine Kleinstadt ist, angesiedelt in der chinesischen Provinz Gansu, keine dreihundert Kilometer entfernt von der mongolischen Grenze. Aber dieses Dunhuang kann sich rühmen, von der UNESCO zum Weltkulturerbe ernannt worden zu sein, es bietet geheimnisvolle, poetisch klingende Attraktionen: *Mingshan Shan,* die »Singenden Sanddünen«, *Yueya Quan,* den »Mondsichelsee«, *Mogao,* die »Höhlen der Tausend Buddhas«, in denen sich wahre Wunderwerke der Bildhauerkunst und Malerei verstecken.

Dieses Dunhuang ist ein Schatzhaus, weit entfernt von vertrauten Touristenrouten, am Rande der uns im Westen bekannten Welt. Noch werden diese Sehenswürdigkeiten von Europäern und

285

Amerikanern wenig besucht. Für Chinesen, die so gern alles qualifizieren und in Tabellen und Hitlisten einordnen, gehören sie inzwischen zu den »Sechs Sterne«-Traumzielen, offiziell bestätigt und beglaubigt vom Tourismusministerium.

Wann der Ort genau gegründet wurde, darüber streiten die Historiker, das Datum verliert sich im Nebel der Geschichte. Schon im vierten Jahrtausend vor Christus habe es hier eine Siedlung gegeben, sagen die einen. Andere setzen den Stadtursprung auf das Jahr III vor unserer Zeitrechnung an, Kaiser Wudi, Vertreter der westlichen Han-Dynastie, soll hier eine Festung aus dem Wüstensand gestampft haben. Auch die Bedeutung ihres Namens bleibt ungeklärt: Dunhuang wird mal im übertragenen Sinn als die »Erfolgsverwöhnte« übersetzt, mal wörtlich als »Blitzender Strahl«, weil sich die Bewohner durch ein System besonderer Leuchtzeichen gegenseitig vor marodierenden Banden gewarnt haben sollen.

Unbestritten ist, dass dieses Dunhuang im ersten Jahrtausend nach Christus eine blühende Oasenstadt war, ein wichtiger Handelsplatz, ein Schnittpunkt der Karawanenrouten, ein letztes Refugium vor dem gefährlichen Trip durch die Wüsten – oder der erste Ort der Erholung nach den überstandenen Strapazen. Die Reisenden kauften hier neue Kamele, sie deckten sich mit Proviant und Wasser ein, sie zahlten Gebühren für die Herbergen wie Steuerabgaben an die Stadtverwaltung. Und sie beteten in den zahlreichen Klöstern. Viele spendeten großzügig, voller Dankbarkeit für die erfolgreiche Reise oder in der Hoffnung auf ein gutes Gelingen. Sie gaben bei den besten Künstlern Skulpturen und Wandmalereien in Auftrag, die den Buddha und die Bodhisattvas möglichst prächtig und eindrucksvoll preisen sollten. Und sie versuchten sich dabei gegenseitig zu übertreffen.

»Wenn Sie nur eine Station auf der Seidenstraße besuchen können, entscheiden Sie sich für Dunhuang«, empfiehlt die amerikanische Yale-Professorin Valerie Hansen, die derzeit wohl beste Kennerin der legendären Handelsroute (sie geht in ihrem Buch *The Silk Road – A New History* ungewöhnliche Wege, indem sie beispielsweise den versteinerten Müll und die Essensreste aus alten Zeiten analysiert). Ähnlich euphorisch über Dunhuang äußert sich der Brite Colin Thubron, der vielleicht berühmteste lebende Reiseschriftsteller. So viel Überschwang von Politikern aus Peking, so viel Begeisterung aus Wissenschaft und Literatur der angelsächsischen Welt haben mich erst einmal misstrauisch gemacht. Wird da wieder einmal aufgebauscht und ein Chinahype aufgebaut, der dann bei der Inspektion vor Ort nicht ganz halten kann, was er verspricht?

Um es gleich vorweg zu sagen: Dunhuang ist wirklich großartig – es wurde auch mein Favorit unter den chinesischen Städten der Seidenstraße.

Schon bei der Fahrt vom supermodernen Flughafengebäude, das wie eine große, aus einem versandeten Meer übrig gebliebene Muschel in die Landschaft aus Dünen eingepasst ist, lässt sich erkennen, warum die Oase Bewohnern wie Gästen schon zu Urzeiten als Leuchtturm und Leitstern erschien: Die Wüste mit ihrem grellen und glitzernden Licht geht fast nahtlos über in alle Schattierungen von Grün. Pappeln, Ulmen und Weidenbäume säumen das Ufer des Dang-Flusses, der träge durch das Tal mäandert. Und wo sonst in chinesischen Städten so oft die modernen Gebäude wie unpassende Eindringlinge wirken, sind sie hier weitgehend harmonisch eingebettet in die Natur. An Straßenkreuzungen stehen keine Denkmäler von militärischen Heldenfiguren, sondern Abbildungen aus der Welt der Kunst. Beispielsweise eine Apsara-Ballerina, die elegant auf einem Bein tänzelt und ihre Pipa so schwingt, als wolle sie mit dem langen Hals des Zupfinstruments den Verkehr regeln.

Die Innenstadt von Dunhuang beeindruckt nicht durch irgendwelche Wolkenkratzer oder Glas-und-Stahl-Paläste, sondern mit ihrer Beschaulichkeit. Natürlich gibt es auch hier Shoppingzentren, aber alles im Drei-Stockwerke-Miniaturformat. Und die beste Möglichkeit einzukaufen, zu bummeln und lokale Spezialitäten auszuprobieren ist ohnehin keine Mall, sondern der Nachtmarkt. Eine Straße im Zentrum wird jeden Abend zu einer von Buden und Verkaufsständen gesäumten Fußgängerzone umfunktioniert. Zwischen allerlei buddhistischem Devotionalienkitsch lassen sich auf dem Markt noch schöne alte Holzdrucke finden, Lammcurrys duften in Garküchen, und die getrockneten Aprikosen konkurrieren mit den in dutzendfacher Variation angebotenen Trauben und Rosinen. Einheimische wie Touristen besuchen das Shazhou-Viertel offensichtlich gleichermaßen gern. Auffallend sind die vielen jungen Leute, Studenten aus allen chinesischen Regionen, erläutert mir meine lokale Übersetzerin, die Wüstenstadt werde gerade mit mehreren Universitäten zum Hightech-Zentrum ausgebaut.

Überall in Dunhuang sind Hotels entstanden, einfache Herbergen für Rucksacktouristen, die auch Trips in die Wüste anbieten, mit Übernachtung in Zelten, direkt an den Dünen; Mittelklasse-Etablissements, die in der Nebensaison mit Preisnachlässen konkurrieren; und einige brandneue Hotels mit Luxuszimmern und exklusiven Suiten. Ich habe mir auf den Rat von Freunden das »Silk Road« ausgesucht, das etwas außerhalb des Zentrums liegt. Ein Traditionshaus, das von außen wie eine Mischung aus Karawanserei und Wüstenfestung wirkt – man muss die Architektur nicht lieben. Aber wer über die steile Treppe auf die Dachterrasse tritt, wird mit einer umwerfenden Sicht belohnt.

Schwer zu sagen, wann der Ausblick am eindrucksvollsten ist: morgens beim Frühstück, wenn die ersten Sonnenstrahlen die Landschaft in ein milchiges Licht tauchen und die Dünen mit den geschwungenen Dächern der alten Häuser und den grünen Pappeln am Horizont verschmelzen. Spätnachmittags, wenn die Konturen messerscharf werden und es aussieht, als wollten die Sandberge immer näher rücken und die von roten Säulen gestützten

Ziegelkonstrukte zerteilen und dann verschlingen. Oder vielleicht doch spätabends, wenn das Mondlicht und der sternenklare Himmel Landschaft und Gebäude zu einer friedlichen Einheit zusammenschweißen. Ob im Dunst oder bei grellem Sonnenschein, von Schäfchenwolken betupft oder mit Gewitterwolken verhangen – Dunhuang wirkt, von der Dachterrasse des »Silk Road«-Hotels besehen, immer wie eine perfekte Filmkulisse.

Dass Dunhuang der Stoff ist, aus dem Kinoträume sind, haben längst auch schon andere erkannt. Aber natürlich kann man nicht ungestört Actionszenen in Hotelnähe drehen. Deshalb haben Produzenten im Niemandsland der Wüstendünen zwanzig Kilometer südwestlich des Zentrums einen perfekten Drehort für historische Abenteuerfilme geschaffen, die Nachbildung einer berühmten Stadt aus der Song-Dynastie (960 bis 1279).

Das muss ich sehen. Und da ich gern ungestört zwischen den Kulissen wandern möchte, breche ich frühmorgens auf. Um acht, hat mein Taxifahrer mir versichert, werde das große Tor geöffnet, der Movieset sei, wenn nicht gerade Dreharbeiten stattfänden, für Besucher offen. Es ist kein Mensch zu sehen, als ich ankomme. Dachbalken knarren im frischen Wind, rote Laternen baumeln über leeren Straßen, die Filmstadt gleicht einer Geisterstadt. Ein wenig unheimlich, Wildwest in Fernost. Aber dann kommt wie aus dem Nichts eine junge Dame aus einem der Häuser, die offensichtlich mehr sind als nur potemkinsche Fassaden. Sie heiße Xiansanqian, sagt sie mit einem selbstbewussten Lächeln. Aber ich könne »Jenny« zu ihr sagen. Und ich hätte Glück. Sie sei nicht nur Filmexpertin, sondern auch Anglistikstudentin; die anderen Fremdenführerinnen könnten nicht annähernd so gut Englisch.

Jenny zeigt mir ihr Reich, ein verblüffend echt aussehendes »mittelalterliches« China. Wir spazieren vorbei an prachtvollen Herrscherhäusern und Quartieren von Bettlern, an Klöstern und Militärbaracken, an Tavernen und Pfandleihgeschäften. Entstanden ist die Filmstadt schon im Jahr 1987 mit japanischer Unterstützung, gedreht wurde damals ein Historiendrama mit dem Titel *Dunhuang*. Das Gelände erstrecke sich über zwölftausend Quadratmeter, weiß meine Betreuerin,»und hier wurden Szenen fast aller wichtigen chinesischen Streifen der letzten Jahre abgedreht«. Dann nennt sie einige Titel, die mir zu ihrer großen Enttäuschung nichts sagen.»Ihr im Westen habt so wenig Ahnung von uns«, sagt sie seufzend.»Ich wette, Sie kennen noch nicht einmal den erfolgreichsten chinesischen Film aller Zeiten!« Nein, sorry, keine Ahnung.

Jenny bietet mir einen der nachgemachten Regiestühle an, zaubert von irgendwoher zwei Flaschen Coca-Cola hervor, die Classic-Variante, und fängt an zu erzählen.»Der *Wolfskrieger* ist im Juni 2017 herausgekommen und hat seitdem alle Rekorde gebrochen.« Und fast so stolz, als hätte sie selbst Regie geführt, setzt sie hinzu:»Eine einheimische Produktion, gegen die selbst die Blockbuster aus Hollywood keine Chance haben.« Das habe an den spektakulären Actionszenen gelegen, vermutet Jenny. Aber wohl auch an den starken patriotischen Untertönen des Films. Der Held Leng Feng sei eine Art chinesischer Rambo, der mit Hilfe der Volksbefreiungsarmee chinesische Landsleute aus den Klauen afrikanischer Warlords rette.»Am Schluss tötet er seinen Gegenspieler, einen amerikanischen Bösewicht, im Kampf Mann gegen Mann.«

Ein anderer großer Erfolg an den Kassen sei derzeit *Dangal*, der erste Streifen aus Indien, der es in China an die Spitze der Kinocharts geschafft habe. Jenny sagt, sosehr sie die Kampfszenen des *Wolfskriegers* möge, das Bombay-Drama sei ihr Lieblingsfilm der Saison. Da kann ich mitreden. Ich habe viel über den Film aus Bollywood gelesen, und in mancher Hinsicht kommt mir *Dangal* wie ein Gegenentwurf zum chinesischen Blockbuster vor, ohne Kriegsinferno, Faustkämpfe, schnelle Sportwagen. Es geht um die wahre Geschichte eines indischen Vaters, der alles dafür tut, seinen beiden Töchtern gegen alle Widerstände eine Sportkarriere zu ermöglichen – als Olympionikinnen im Freistilringen. Es geht um die Geschichte einer individuellen Glückssuche, jenseits aller Partei- und Politikrichtlinien. Vielleicht ist es ja gerade das, was die Chinesen so fasziniert, und übrigens auch die Zuschauer im Westen. Denn anders als der in der Volksrepublik produzierte Actionfilm *Wolfskrieger*, der nur dort Rekorde brach, wurde *Dangal* ein internationaler Hit.

Chinas KP zeigt sich immer beunruhigt, wenn ein indischer Film zu großen Erfolg hat, sieht sie sich doch in Sachen kultureller Einflussnahme im permanenten Wettbewerb mit dem asiatischen Rivalen. Die Partei lässt in diesem Fall sogar so etwas wie Selbstkritik zu. »Zwar ist unsere Entwicklung politisch, wirtschaftlich und militärisch weit fortgeschritten. Aber was die Soft Power betrifft, können wir uns vom ansonsten zurückgebliebenen Indien eine Scheibe abschneiden«, durfte Jiang Jingkui, einflussreicher Direktor des Pekinger Instituts für Südostasiatische Studien, schreiben. »Die Inder legen großen Wert darauf, ihre Kultur zu verbreiten, beispielsweise buddhistische Traditionen und Yoga. Und sie sind damit international erfolgreich.«

Ich erzähle meiner Fremdenführerin am Kinoset, dass meine indischen Gesprächspartner einige Monate zuvor das genau andersherum empfunden haben – sie sahen die kulturelle Dominanz bei China und waren ihrerseits beeindruckt davon, wie Peking mit der Promotion des Buddhismus international Punkte mache. Jenny schüttelt den Kopf. So viel Verunsicherung, so viele Selbstzweifel auf beiden Seiten, das macht sie ratlos.

Und was ist mit der großen chinesisch-indischen Co-Produktion? Wie steht es um den Film über das Leben des Xuanzang, den ich mir im Buddha-Land mit den Studenten der Nalanda-Universität angesehen habe? Kennt Jenny die Geschichte des Mönchs, der nach Indien gepilgert ist, hat der Produzent Wong Kar-Wai etwa auch hier in Dunhuang drehen lassen?

Da ist die Kultur- und Anglistikstudentin fast beleidigt. Natürlich kenne sie den Film, allerdings sei ihr nicht bewusst gewesen, dass ihn die Inder mitproduziert hätten. »*Xuanzang* wurde doch Ende 2016 von der Filmakademie in Peking als offizieller chinesischer Beitrag für die Oscars eingereicht.« Jenny war beeindruckt von den Landschaftsaufnahmen, auch von den schauspielerischen Leistungen. Am bewegendsten aber fand sie die Lebensgeschichte des Mönchs. »Natürlich hatte ich den Klassiker von der *Reise nach Westen* gelesen, aber das war wie ein schönes Märchen. Ich wusste nicht, dass Xuanzang tatsächlich so viele Abenteuer auf seinem Weg bestehen musste, wie besessen er für seine Idee und seine Ideale kämpfte«, sagt Jenny.

Ist sie Buddhistin?

»Ich wurde von meinen Eltern in der konfuzianischen Tradition erzogen«, erzählt meine Filmsetbetreuerin. »Ich habe daoistische Tempel besucht und habe Räucherstäbchen in Klöstern angezündet, ohne mich mit all den Lehren in der Tiefe zu befassen. Tatsächlich hat der Film mich dem Buddhismus nähergebracht, und auch viele meiner Kommilitoninnen neigen jetzt eher dieser Religion zu.« Sicher helfe dabei auch, dass es inzwischen in ihrer Generation als »cool« gelte, Buddhist zu sein. Und besonders attraktiv wirke, dass sich so viele Reiche und Erfolgreiche in China als spirituell Suchende zu erkennen gäben und Klöster aufsuchten.

Und der Islam, empfindet sie ihn als Bedrohung?

Nein, sagt Jenny, warum sollte sie. Sie weiß, dass noch vor einem Jahrhundert die Muslime in der Region in der Mehrheit waren. Aber heute stellten sie wohl nicht einmal mehr zehn Prozent der Bevölkerung in Dunhuang. »Anders als in der Nachbarprovinz Xinjiang gibt es bei uns in Gansu praktisch keine Militanten, keine Separatisten.« Eine interessanter Unterscheidung in »gute« und »schlechte« Anhänger des Islam, wie ich sei bei meiner Reise schon mehrfach hörte – das hätte ich gerne noch vertieft. Aber leider ist

meine Reiseleiterin jetzt anderweitig gefordert. Der erste Kleinbus mit Touristen biegt jetzt, kurz nach neun, zur Filmstadt ein.
Fräulein Xiansanqian alias Jenny winkt noch zum Abschied. Dann
widmet sie sich mit all ihren Broschüren und Tabellen und dem
Engagement einer von ihrem Job Überzeugten den nächsten ausländischen Gästen. Amerikaner, Holländer, Italiener – die Besucher
kann man an zwei Händen abzählen.

Ich frage mich, wo die Menschenmassen sind, wo der große An-
sturm auf Dunhuang bleibt. Haben die Verantwortlichen, wie so oft
in der Volksrepublik, in die sehr weite Zukunft gerechnet, haben sie
Flughafen- wie Hotelkapazitäten überoptimistisch geplant?

Beim Spaziergang von meinem Hotel zu den zwei Kilometer
entfernten »Singenden Sanddünen« ahne ich dann am Spätnachmittag, dass die chinesischen Experten mit ihrem Optimismus doch
richtigliegen könnten. Hunderte zieht es in meine Richtung: Es ist
eine kleine Völkerwanderung, die sich da in Bewegung gesetzt hat.
Als die Allee dann, an Verkaufsständen für Getränke und Souvenirs vorbei, zu den Kassenhäuschen am Parkeingang führt, bildet
sich eine lange Schlange.

Einheimische Touristen sind hier deutlich in der Überzahl, sie
warten geduldig und entrichten den für chinesische Verhältnisse
stolzen Eintrittspreis von hundertzwanzig Yuan (vierzehn Euro).
Für einige Yuan mehr kann man auch Plastiküberzüge für die
Schuhe erwerben, unförmige kleine Säcke, alle in Rosa gehalten –
überflüssig, denke ich und verzichte. Und werde das in den nächsten Stunden noch bitter bereuen.

Aus der Entfernung haben die Dünen wie unwirkliche, unwirtliche Bergformationen ausgesehen, Formationen von goldenen Drachen, die sich den Horizont entlangziehen. Aber beim Näherkommen ist zu erkennen, dass die Gegend weder eindimensional noch
einfarbig ist. Flache Ebenen und gewellte Hügel wechseln sich mit
steil aufsteigenden Bergen ab, neben dem prägenden Gelb scheinen

auch rötliche, braune und weißliche Farben auf, gemischt mit dem Grün in der Nähe des Sees und der kleinen Oase.

An diesem Nachmittag ist der Wind nicht allzu kräftig, und solange es einigermaßen ruhig bleibt, kommt von den Dünen ein sanfter Klang, nicht viel mehr als ein Wispern; aber wenn der Passat aufdreht, dröhnt es von den Gipfeln der Hügel her unheimlich, nun nicht mehr säuselnd, sondern röhrend. Und plötzlich versteht man die Legende viel besser, die sich um den Mingsha Shan gebildet hat: In alten Zeiten soll sich hier eine Schlacht zugetragen haben, während der plötzlich ein schlimmer Sturm über die Kämpfer hereinbrach und sie alle unter Sandmassen begrub. Es sollen die Klagelaute der Verschütteten sein, die bei entsprechender Wetterlage auf ewig an ihr tragisches Schicksal erinnern.

Am Eingang zu den »Singenden Sanddünen« warten schon kleine Elektroautos, die Gäste zu der knapp zwei Kilometer entfernten Pagode mit dem Mondsichelsee bringen. Auch hier lange Schlangen. Gleich daneben wirbt ein Kamelunternehmer für einen Ritt quer durch die Wüste, mehrere Dutzend Tiere sind schnell ausgebucht. Dabei kann ich beobachten, was mir schon überall vorher in der Volksrepublik aufgefallen ist: Die chinesischen Touristen zahlen ausnahmslos mit Kreditkarten den Eintritt und die Gebühren für den Ausflug, sogar am Getränkeautomaten genügt das Einschieben der Plastikausweise, der aktuelle Bankauszug wird in Sekundenschnelle aufs Handy übermittelt – die Volksrepublik China ist in Sachen Digitalisierung längst viel weiter als beispielsweise Deutschland oder die USA und funktioniert über weite Strecken bargeldlos, und zwar in allen Schichten der Gesellschaft.

Ich quäle mich durch den Sand. Mitten in der Wüste steht ein riesiger Hinkelstein, wie von Göttern hierhergerollt oder von Naturgewalten als Meteorit hierhergeschleudert. Auf dem übermannshohen Felsbrocken ist in roten chinesischen Schriftzeichen ein Willkommensgruß eingraviert. Ich mache für eine nette

Gruppe aufgeregter älterer Damen aus Schanghai ein Erinnerungs-foto. Dann schlage ich die freundliche Aufforderung zum Mitfahren aus (»Is in ticket included, why not, Mister?«) und stapfe die kurze Strecke zum Tempel hinüber. Ein Fehler, wie sich bald zeigt. Der Sand dringt schon beim ersten Schritt in die Schuhe ein, und weil er an vielen Stellen so tief ist, knirscht und kratzt er auch bald in den Socken.

An der kleinen Pagode mit dem umliegenden Grün und dem dunkelgrauen kleinen See scharen sich Trauben von Menschen, man muss sich anstellen, um einen Blick auf die flüssige Mondsichel zu werfen. So ungewöhnlich das Naturspektakel ist, so unwahrscheinlich, dass sich hier Sand und Süßwasser treffen – die Massen machen es unmöglich, das Wunder zu genießen. Über dem Tempel kreisen Hubschrauber mit Touristen, von den Gipfeln der nahen Sandberge schweben motorisierte Paraglider ein, die sich ebenso mieten lassen wie Motorräder. Andere Veranstalter locken mit Schnellkursen im Bogenschießen. Bis auf Tauchkurse, die in die Tiefe der Quelle führen, ist so ziemlich jede erdenkliche Freizeitaktivität angeboten. Und die Rummelplatzatmosphäre wird noch verstärkt durch Dutzende wagemutiger junger Leute, die mit lautem Hallo auf wannenartigen Schlitten die Berghänge hinunterbrettern. Willkommen im Dünendisneyland.

Ich höre mir an der Pagode einen Vortrag über den Mondsichelsee an und weiß danach auch, warum das mit dem Tauchen auf keinen Fall klappen würde: Das Wasser, über Jahrhunderte, vielleicht sogar schon Jahrtausende fünf bis sechs Meter tief, ist in letzter Zeit dramatisch zurückgegangen, die Tiefe betrug plötzlich kaum mehr als siebzig Zentimeter. Um der wahrscheinlich durch die Erderwärmung und andere Umwelteinflüsse entstandenen Versandung entgegenzuwirken, mussten chinesische Wissenschaftler den Trend stoppen, Bohrungen durchführen und Wasser »nachschießen«. Jetzt hat die flüssige Mondsichel wieder ein fragiles Gleichgewicht erreicht, Tiefe angeblich um die zwei Meter, aber die Experten sind sich nicht sicher, ob das Naturwunder in einigen Jahrzehnten noch existieren wird.

Langsam geht die Sonne unter, und ich zögere, bevor ich mich dann doch noch zu dem Dünenaufstieg entschließe, der nahe der Pagode beginnt. Es geht sehr steil hinauf, und auch wenn ein ausgetretener Pfad den Weg weist, macht das die ganze Unternehmung nicht weniger anstrengend und schweißtreibend. Waren es vor einigen Stunden noch Hunderte, die den Berg hinaufkeuchten, sind es jetzt nur noch eine Handvoll. Die organisierten Gruppen treten den Rückzug Richtung Hotel an: Für Chinesen ist jetzt um sechs schon Abendessenszeit. Auch die Paraglider haben eingepackt, und in der Abenddämmerung sollen keine Helikopter mehr fliegen.

Fünfhundert Meter sind es bis zum Gipfel der Düne, aber der Anblick entschädigt für alles: Auf der einen Seite die unendlichen Weiten der Wüste Gobi, Sanddüne über Sanddüne, wie die Wellen eines nie endenden Ozeans. Auf der anderen Seite der Rückblick auf das Tal mit Pagode und Mondsichelsee, die von hier oben aussehen wie eine Fata Morgana, wie der unwirkliche Traum eines Verdurstenden von einer Oase. Ein chinesischer Tourist, der mein Staunen teilt, bietet mir seine mitgebrachte »Badewanne« an, das gewölbte Plastikgefährt, mit dem sich einige vom Gipfel, auf dem Rücken liegend, den Hang hinunterstürzen. Ich lehne dankbar ab. Der Sand ist an vielen Stellen knochenhart, das Tempo der Fahrt schwer kalkulierbar – nichts für Leute »mit Rücken« oder solche, die fürchten, sich die nächsten Reisestationen mit Prellungen herumzuplagen.

Um halb neun Uhr abends schließt der Park mit den Singenden Sanddünen und dem Mondsichelsee. Aber das heißt nur, dass niemand mehr das Gelände bewacht und der Raum um die Pagode herum verlassen werden muss. Die Dünen erstrecken sich auch jenseits des Eingangs, und ich kann ungestört weiterwandern. Das

Tageslicht verschwindet schnell, der schwarze Himmel wird von einem Meer von Sternen erleuchtet.

Es gehört wenig Fantasie dazu, sich vorzustellen, dass hier vor knapp tausendvierhundert Jahren auch Xuanzang während seiner Ausruhe- und Wartezeit von Dunhuang seine nächtlichen Rundgänge gemacht hat. Dass er nach oben schaute zu den Sternbildern, den Kleinen Bär und den Großen Wagen erspähte und nach Zeichen suchte, wie es denn mit seiner Reise weitergehen würde. Noch konnte ja alles schiefgehen. Noch hatte er die entscheidende Etappe in die chinesische Hauptstadt Chang'an vor sich. Noch besaß er, trotz positiver Signale, keinen endgültigen Bescheid vom Kaiser. Mehr als sechzehn Jahre Reise, all die Abenteuer, die Entbehrungen – und womöglich alles umsonst? Abergläubisch, wie Xuanzang trotz seiner festen buddhistischen Ansichten war, dürfte der Pilger nach Himmelszeichen gesucht haben, die ihm einen krönenden Abschluss seiner Unternehmung versprachen. Und er musste warten, Tag für Tag, ohne jetzt noch die Dinge beeinflussen zu können – eine schwere Prüfung für den nun schon so geübten Reisenden, der so wunderbar zu organisieren und, wenn nötig, zu improvisieren vermochte.

Nach allem, was wir wissen, hat der Mönch auch die nahen Grotten von Mogao besucht, deren erste berühmte Wandmalereien schon aus dem vierten Jahrhundert stammen. Er erwähnt Mogao aber in seinem Reisebericht später mit keinem Wort, und dafür gibt es nur eine logische Erklärung: Xuanzang wollte über die weitgehend unbekannten Wunder seiner »Reise nach Westen« berichten, nicht über die Wunder, die er im chinesischen Kernland sah und deren Kenntnis er beim Kaiser und den gebildeten Leserschichten voraussetzen konnte. Und Dunhuang lag ja, bei aller Seidenstraßen-»Exotik«, schon diesseits des Jadetors, innerhalb des kaiserlichen Himmelsmandats.

Ich habe mir die Besichtigung der größten Sehenswürdigkeit für den letzten Tag aufgehoben. Die Terminierung war nicht ganz freiwillig, ich musste warten. Um die Tausend-Buddha-Grotten von Dunhuang besuchen zu können, muss man sich nämlich anmelden – die Besucherzahl wird begrenzt. Die Höhlen sollen vor zu viel schädlichem Sauerstoff und zu intensivem künstlichem Licht bewahrt werden – so ähnlich wie bei anderen weltberühmten Attraktionen, etwa der Alhambra von Granada oder den Königsgräbern von Theben.

Auch in Mogao, zwanzig Kilometer außerhalb des Stadtkerns von Dunhuang gelegen, fällt auf, wie perfekt die chinesische Organisation ist. Hinter den Eingangstoren führen uniformierte junge Damen den Besucher in einen modernen Konzertsaal, in dem auf jedem Sitz ein englischsprachiges Übersetzerset ausliegt. Dann werden zwei sehr eindrucksvolle Filme über die Geschichte von Mogao gezeigt, nebst einem virtuellen Spaziergang durch die wichtigsten Höhlen, auch durch solche, die gerade nicht für den Besucherverkehr freigegeben sind. Nach einem rotierenden System bekommen Gäste dann bei einem Rundgang über das Gelände zwischen zehn und zwanzig der wichtigsten Grotten direkt und »live« zu sehen.

Wie die meisten Schauplätze der Kulturgeschichte umgibt auch Mogao eine besondere Gründungslegende.

Demnach hatte ein buddhistischer Mönch namens Yuezun im Jahr 366 bei einem Besuch der Gegend eine Erscheinung: Er sah an einem Berghang im Abendlicht tausend goldglänzende Buddhas. Um das Wunder zu würdigen, beschloss er, sich in dem porösen Gestein eine Höhle zu bauen und fortan dort zu wohnen und zu meditieren. Bald schlossen sich ihm andere heilige Männer an, bauten ihre eigenen Grotten aus und begannen, sie mit Gemälden und Skulpturen zu schmücken. Aus den Eremitenklausen wurden nach und nach öffentliche Meditationsstätten und Schreine, deren Stifter sich gegenseitig mit Kunstwerken zu überbieten suchten. Wer auf sich hielt, musste als Sponsor dabei sein: kaiserliche Gesandte ebenso wie lokale Herrscher, reiche Kaufleute wie Offiziere.

Die ausgeschmückten Höhlen sollten visuelle Hilfsmittel auf dem Weg zur Erleuchtung sein, aber es ging neben Glaubensinbrunst und Kunstsinn immer auch um Macht. Bedeutende Herrscher ließen sich gemeinsam mit Buddha und den Bothisattvas verewigen, im diesseitigen wie im jenseitigen Leben. Manche Darstellungen sollen offensichtlich auch als eine Art Lehrmittel für Analphabeten wirken und für die Überlegenheit des Buddhismus werben. So sind die ausgemalten Grotten von Mogao, entstanden zwischen dem vierten und dreizehnten Jahrhundert und bestückt auch mit Schriftrollen und anderen Dokumenten, nicht nur eine fantastische Kunstgalerie in der Wüste. Sondern auch eine Reise durch die Geschichte der Seidenstraße, festgehalten wie in einer Zeitkapsel.

Nach den Filmvorführungen werden die Besucher in Busse geleitet, die an einen kleinen Wald von Pappeln und weiter zu der bogenförmigen Felswand an den von Stürmen gepeitschten Dünen führen. Die letzten Meter geht man zu Fuß – und sieht hinter einem großen Tor dann die steil aufsteigenden, von einer pagodenartigen Struktur gesicherten Höhlenformationen, die aus dem porösen Stein herausgehauen sind. Über dreißig Meter steigen fünf Etagen hoch, sich nach oben verjüngend. Die Wandmalereien, die sich auf über vierhundert Grotten in über anderthalb Kilometer Länge erstrecken, bedecken eine Fläche von mehr als fünfundvierzigtausend Quadratmetern. Die Fresken der Sixtinischen Kapelle nähmen hier nicht einmal drei Prozent des Raumes ein.

Aber all das sind nur Zahlen, Maße, Statistiken. Was Mogao so besonders macht, ist die Art der Kunst und ihre Qualität: Hier haben die Besten ihrer Zeit gearbeitet, ihre Werke geschaffen, und viele Höhlen wirken so, als hätten die Maler da gerade erst vor Minuten ihren Pinsel, die Bildhauer ihren Meißel aus der Hand gelegt. Mit Hilfe einer kompetenten jungen Historikerin beginnen wir, ausgestattet mit starken Taschenlampen, die Zeitreise, von den frühen Epochen über die Glanzzeiten des siebten und achten Jahrhunderts bis zum allmählichen Niedergang der großen Handelsrouten, die hier in Dunhuang kulminierten.

Anstelle von Leinwand verwendeten die Mönche als Malgrund den Schlamm des nahen Flussbetts, vermischt mit Stroh, sie benutzten Materialien aus Malachit, Lapislazuli und Ocker, die eine besondere Leuchtkraft ausstrahlten. Eine Farbsymphonie von Grün über Blau bis zu allen Schattierungen von Rot. Und die chinesischen Künstler wählten ihre Motive aus dem Alltag wie aus ihren religiösen Träumen, nahmen Einflüsse indischer und persischer Händler und Karawanenführer auf, adaptierten sie, interpretierten sie.

Die Wandgemälde sollten den Pilgern die Schönheit alles Irdischen wie alles Himmlischen zeigen und oft auch einen Einblick gewähren in das sogenannte »reine Land«, eine Art Zwischenparadies. Dabei bedienten sich die Künstler aller Stilmittel, schienen vorauszuahnen, was ihnen im Westen erst viel später folgen sollte: Es finden sich Anklänge an das Schönheitsideal eines Raffael, den magischen Realismus eines Manet. Und manche der engelsgleichen Gestalten, die da an den Höhlendecken glänzen und zu schweben scheinen, wirken wie expressionistische Vorboten Marc Chagalls. Eine Prozession tibetischer Kaufleute hat eine so neuzeitliche Anmutung von Pop Art, dass man unwillkürlich denkt: Das könnte jetzt auch eine Leihgabe des New Yorker MoMA sein.

Die Zeiten und die Regionen gehen nahtlos ineinander über. Eben habe ich noch einen Bodhisattva mit entblößtem Oberkörper gesehen, dessen transparentes Schalengewand erkennbar indischen Ursprungs ist, da findet sich einige Höhlen weiter eine andere heilige Gestalt, die vom Typus wie der Kleidung her bereits eindeutig sinisiert ist. Dämonen mit verkohlten Bäuchen führen bedrohliche Tänze auf, während fast daneben ein Heiliger uns mit einer Ge-

bärde des Erbarmens tröstet. Traumlandschaften wechseln mit All-
tagsszenen, Frauen, die sich schminken, Männer, die ihre Pferde in
den Stall treiben, Hähne, die sich auf dem Dach eines Bauernhauses
in einen Kampf verwickeln. Und dann wieder Buddhas, eine ganze
Wand voll kleiner Gestalten in Gold. Oder ganz monumental, fünfunddreißig und sechsundzwanzig Meter hohe Buddhas, von denen
ich, als ich ihre Räumlichkeiten betrete, erst nur die Zehen sehe und
dann, ganz oben, die Nasenlöcher.

In den eher frühen Werken lassen sich die Stifter nicht abbilden
oder halten sich mit ihren Porträts dezent und demütig im Hintergrund. In den späteren Ausmalungen, den prächtigsten Grotten aus
der Tang-Zeit, geben sie sich oft selbstbewusster, da sieht man sie
in Seidengewändern und juwelengeschmückt, mit ihren Dienern
im Gefolge. Das Paradies, das sie umgibt, hat viele Gesichter: liebliche Pavillons und Tempel, geflügelte Geister und Pferde, Vögel
mit Menschenköpfen und von Lotosblumen übersäte Apsara-Tän-
zerinnen. Und immer wieder Musiker, mit persischen Harfen und
indischen Flöten, die westlich anmutende Showgirls zu lasziven Be-
wegungen animieren. Kein Zweifel, diesen kosmopolitischen, toleranten und weltofteneren Buddhismus mussten alle Betrachter attraktiv finden.

Der hingerissene Autor Colin Thubron beschreibt seine Mo-
gao-Erfahrung so: »Jede Szene, wie im Traum aufgenommen, ist
von Strichen und Wirbeln umgeben, gleichsam eine Art himmli-
scher Morsecode. Das Jenseits war also ganz und gar nicht stabil,
sondern ein kosmischer Wirbelwind, in dem Tier und Mensch, Ir-
disches und Göttliches vermischt und die Grenzen zwischen den
Religionen hinweggefegt waren. Sollte der Palast in Grotte 249 die
Hindu-Festung Indra oder das Schloss des Gelben Kaisers sein?
Niemand konnte das sicher sagen.«

In den Tausend-Buddha-Höhlen von Dunhuang wurden aber
auch wichtige politische Ereignisse gewürdigt; einige sind bildlich

festgehalten, als eine Art historischer Beleg. Der Mönch Xuanzang wird sich davon ein eigenes Bild gemacht haben, schließlich waren zu Zeiten seines Besuchs manche der Grotten schon »antik«, weit mehr als zweihundert Jahre alt. Und Xuanzang hat wahrscheinlich auch die Ausschmückung einiger Höhlen selbst beobachten können, den Malern und Bildhauern bei ihrem Werk zugesehen – die Tang-Zeit gilt ja als der künstlerische Höhepunkt von Dunhuang. Der Pilger dürfte wohl kaum gehofft oder gar geahnt haben, selbst in Mogao verewigt zu werden. Und doch kam es so, ein Beweis für die Bedeutung seiner Reise und seiner Person. In der Grotte Nummer 103 wird in einem höchst plastischen Wandgemälde die Rückkehr des Reisenden aus Indien dargestellt. Xuanzang führt eine Karawane an, auch der weiße Elefant, den ihm der indische König Harsha mit auf den Heimweg gab, lässt sich deutlich erkennen. Die »Momentaufnahme« bildet offensichtlich eine glückliche Szene aus dem Jahr 643 nach – kurz darauf ertrank das Tier mitsamt einem Teil der buddhistischen Schriften ja tragischerweise im reißenden Indus-Fluss.

Neben den Wandgemälden und Skulpturen sind auch viele Inschriften erhalten geblieben, die an die frommen Wünsche und besorgten Klagen mancher der Kunststifter erinnerten. Eine davon, die eines chinesischen Generals, stammt vom August 947, er erfleht den Beistand der buddhistischen Schutzgöttin Guanyin: »Auf dass diese Region weiter blühe, dass die Wege nach Osten und nach Westen offen und frei bleiben und die Tataren im Norden und die Tibeter im Süden von ihren Überfällen und Aufständen ablassen mögen!«

Im späten zehnten Jahrhundert ging die Blütezeit der Seidenstraße langsam zu Ende. Mit der Öffnung neuer Seewege und dem Bau größerer und schnellerer Schiffe verloren die Karawanenwege an Bedeutung. China büßte die Kontrolle über große Teile der Seidenstraße ein, eine mächtige neue Religion wanderte von Zentralasien über die hohen Berge, zwangsverordnet von mächtigen Feldherren: der Islam. Anfang des elften Jahrhunderts war schon der Großteil des heutigen Xinjiang muslimisch geprägt. Für die buddhistischen Mönche von Dunhuang, ihre Klöster, ihre Grotten, ihre kulturellen Schätze bedeutete das eine schwierige, fast hoffnungslose Herausforderung.

Am ehesten konnten sie noch für die kostbaren Schriften und Zeichnungen sorgen. Sie suchten ein Versteck – und entschieden sich für eine der weniger auffälligen, kleinen Höhlenkammern. Sie zogen eine Wand aus Gips ein und versiegelten so die Schatzkammer. Sie bemalten von außen den neuen Putz noch hastig mit einem Gemälde, alles in der Hoffnung, dass sich eines Tages wieder Buddhisten der Region bemächtigen und die Kostbarkeiten ausgraben würden. Sie konnten hoffen, dass das trockene Klima die Rollen für eine sehr, sehr lange Zeit in unversehrtem Zustand belassen würde. Bis zur Wiederentdeckung.

Es sollte neunhundert Jahre dauern, bis es so weit war. Und es kam ganz anders, als sich die tapferen Mönche von Dunhuang damals erträumten.

Die Archäologin, die mich durch Mogao führt, will sich verabschieden. Ich habe ein gutes Dutzend der Grotten gesehen, darunter alle der berühmtesten. Ich kann mich glücklich schätzen, denn durch Restaurierungsarbeiten sind manchmal nicht alle der Glanzpunkte für die Öffentlichkeit zugänglich. Und trotzdem habe ich noch eine große Bitte an die chinesische Führerin: Ich möchte unbedingt das berühmte Versteck von damals sehen, die Höhle Nummer siebzehn.

»Ach, ich ahnte es, die Bibliothekshöhle«, sagt die Dame und greift seufzend in die Tasche mit den Schlüsseln. Dann gehen wir ein paar Schritte, einen schmalen Außengang entlang, mittlere Höhe. Nach etwa hundert Metern hält sie an einer unscheinbaren Tür, schließt auf. Ihre Lampe gibt den Blick frei auf einen stickigen, unscheinbaren Raum. »Ich bin nicht gerne hier«, sagt Frau Yuan. »Für mich ist das die Stätte einer nationalen Demütigung. Hier wurde der größte Kunstraub der Geschichte begangen, hier haben sie zugeschlagen. *Foreign Devils on the Silk Road.*« Mit den »fremden Teufeln« meint sie die Archäologen und Abenteurer aus dem Westen, die China Anfang des zwanzigsten Jahrhunderts auf der Suche nach Kunstschätzen durchkämmten (und zitiert den Titel eines Buchklassikers von Peter Hopkirk, der sich am genauesten mit deren Abenteuern befasste). Im Zentrum der Geschichte von Dunhuang steht ein deutschsprachiger Forscher namens Stein – und erstaunlicherweise spielt bei seiner »Eroberung« der Schätze von Mogao auch mein Mönch Xuanzang eine zentrale Rolle.

Marc Aurel Stein, geboren 1862 als Sohn jüdischer Eltern, wird von diesen aber lutherisch getauft. Sie leben in Budapest und vermuten wohl nicht zu Unrecht, dass das Kind im grassierenden Antisemitismus des Habsburgerreichs so bessere Aufstiegschancen besitzen würde. Zu Hause spricht man meist Deutsch, der hochbegabte Junge lernt in der Schule mühelos Griechisch, Lateinisch, Englisch und Französisch. Er promoviert in Sanskrit und Persisch an der Universität Tübingen, später kommt noch etwas Chinesisch dazu; aber die Sprache in dem Land, das ihn schließlich weltberühmt macht, kann er zu seinem großen Bedauern nie wirklich meistern.

Sein großes Interesse gehört bald schon der Archäologie. 1884 geht er nach London und arbeitet für das Britische Museum; begeistert vom Empire, nimmt er auch die britische Staatsangehörigkeit an. Er weiß: Nur so kann er an Forschungsgelder kommen und im Auftrag der Krone in die Fremde reisen. Stein erkennt die Bedeutung Zentralasiens im Kampf der Großmächte Großbritannien und Russland, der junge Abenteurer sieht eine Chance, in diesem »Great Game« der Weltgeschichte mitzumischen. Und tatsächlich gelingt es ihm im Jahr 1900, eine Expedition nach Chinesisch-Turkestan zusammenzustellen.

Zeitzeugen schildern ihn als einen kauzigen Typ mit eigenwilligen Vorlieben. Er scheute Hotels und verbrachte jede erdenkliche Zeit in seinem Zelt, immer begleitet von einem Hund namens Dash (wenn ein »Spritzer« verstarb, wurde er vom nächsten »Spritzer« ersetzt – Stein brachte es insgesamt auf sieben gleichnamige Gefährten). Als überzeugter Junggeselle war ihm jede Art von Ablenkung zuwider, der Forscher lebte nur für seine Arbeit. Aber er war Realist genug, um zu wissen, dass seine Geldgeber aus der Regierung »Ergebnisse« seiner Reisen sehen wollten, und damit waren nicht nur politikwissenschaftliche Aufzeichnungen gemeint. Das Empire wollte auch Schätze sehen, prestigereiche Ausgrabungsobjekte, abgesägte Gemälde, eindrucksvolle Statuen, kostbare Schriften. Und man wusste in London, hinter denen waren auch andere her. Es gab einen regelrechten Wettlauf um die Altertümer aus der chinesischen Wüste, Russen und Deutsche, Franzosen und Japaner schickten fast gleichzeitig ihre besten Forscher los.

Bei seiner zweiten Expedition hat Stein von Anfang an großes Glück. In der Lop-Nor-Wüste entdeckt er bei Loulan einige bemerkenswerte Tafeln mit Fresken, die er aus dem Stein herausmeißelt und, in Kisten verpackt, auf Umwegen in die Heimat schickt. Außerdem findet er durch Zufall ein Maßband aus Metall, das sein Idol Sven Hedin, der schwedische Forscherkollege, offensichtlich hier vor Jahren verloren hat – eine gute Möglichkeit, sich später mit ihm anzufreunden und es feierlich zu übergeben. Steins Essensvorräte sind allerdings schon fast aufgebraucht, die Winterstürme haben eingesetzt.

Trotz der bitteren Kälte entschließt sich der Unermüdliche, noch einen weiteren Trip in der Region zu wagen. Am 21. Februar 1907 bricht er von Loulan zu einem Marsch durch die gefrorene Wüste auf, ins sechshundert Kilometer entfernte Dunhuang. Er hat von einem ungarischen Kollegen gehört, es gäbe dort einige bemerkenswerte Wandmalereien in Höhlen. Stein plant, nur einen kurzen Blick auf die Grotten zu werfen, sein eigentliches Forschungsinteresse gehört den nahen Wachtürmen der Chinesischen Mauer; sie will er, nach der Auffrischung seiner Vorräte, in Ruhe vermessen.

Sechs Wochen lang quält sich Stein durch die unwirtliche Wüste, bis er erschöpft Dunhuang erreicht. Die Oasenstadt hat längst allen Glanz der Seidenstraßen-Zeit verloren, sie ist zu einem armseligen Kaff verkommen, in dem kaum noch in größerem Ausmaß Handel betrieben wird. Immerhin stößt Stein beim Abendessen auf einen interessanten Kaufmann aus Urumtschi, und der erzählt ihm eine seltsame Geschichte: Ein daoistischer Priester habe in einer der Mogao-Grotten einen riesigen Schatz von Handschriften gefunden, eine regelrechte Bibliothek. Der Archäologe ist sofort elektrisiert und ruft seinen chinesischen Assistenten Jiang zu sich. Der Geschichte muss er nachgehen. Trotz aller körperlicher Müdigkeit bricht Stein gleich am nächsten Morgen zu den zwanzig Kilometer entfernten Höhlen auf.

Die Kunstwerke, die er dort sieht, begeistern ihn. (Dabei sieht Stein deutlich weniger, als wir heute zu Gesicht bekommen; einige der eingestürzten Grotten wurden erst später freigelegt.) Aber sein Forscherinteresse gehört natürlich der geheimnisvollen Bibliothekshöhle. Da kommt er allerdings nicht ran. Der lokale Entdecker hat sie zugemauert, und er ist derzeit auch nicht vor Ort: Dieser Wang Yuanlu, so erzählt ihm der einzig andere Mönch, der sich in Mogao auszukennen scheint, sei zu einer mehrwöchigen Betteltour in die Umgebung aufgebrochen, um seine geplanten Restaurationsarbeiten finanzieren zu können. Vorher habe er auch pflichtgemäß die Behörden über seinen Fund informiert. Der Mönch zeigt Stein immerhin ein Schriftstück, das ihm der Finder anvertraut hat. Es ist eine bestens erhaltene Papierrolle, offensichtlich von hohem Alter. Für den Forscher aus dem Westen ist klar, dass er an dieser

Geschichte dranbleiben muss. Und dass das nur zum Erfolg führen kann, wenn er sich mit allen Tricks die Gunst dieses Herrn Wang sichert – bevor die chinesischen Behörden oder gar die westlichen Forscherkonkurrenten ihn ausstechen können.

Stein ist gezwungen, sich zu gedulden. Aber er nutzt die erstmögliche Gelegenheit, sich mit Wang Yuanlu zu treffen. Am 21. Mai 1907 bricht er wieder zu den Grotten auf. Der Mönch, der von dem seltsamen Interesse des Fremden gehört hat, aber nicht einordnen kann, ob es sich da um einen Freund oder einen Feind handelt, erwartet ihn schon. »So begann, was in Europa als Steins größter Triumph gefeiert, von den Chinesen jedoch als ein Akt schamlosen Betrugs, um nicht zu sagen, Diebstahls, bezeichnet werden sollte«, schreibt der (selbst-)kritische britische Autor Hopkirk in seinem Buch.

Stein weiß nach dem ersten Treffen nicht so recht, wie er den kleinwüchsigen Chinesen einschätzen soll. Seinem Tagebuch vertraut er an: »Wang schien ein recht sonderbarer Mensch zu sein, äußerst misstrauisch und nervös, und manchmal spürte man eine gewisse Verschlagenheit, die alles andere als ermutigend war. Es war von Anfang an klar, dass es schwierig sein würde, mit ihm umzugehen.« Aber wenn Wang sich bedeckt hält, so gibt sich der Forscher mindestens ebenso vorsichtig, ja verschlagen. Stein erwähnt das Objekt seiner Begierde mit keinem Wort. Er macht Small Talk über die anderen Höhlen und gibt vor, sein einziges Interesse sei es, einige der Wandmalereien für die Kollegen in der Heimat abzufotografieren.

Einigermaßen ratlos, wie es weitergehen soll, vertraut sich Stein seinem Assistenten an. Der meint, man müsse die Schriftrollen doch direkt ansprechen und könne im Fall einer Kooperation eine »größere Spende« in Aussicht stellen. Wang zögert. Als er vom Übersetzer dann konkret hört, Stein sei interessiert, einige Manuskripte käuflich zu erwerben, versteinert sich seine Miene. Der

Chinese lehnt ab, aus einer Mischung religiöser Skrupel und Angst vor den Behörden, wie Stein vermutet. Abends schreibt der Mann aus dem Westen ziemlich frustriert in sein Tagebuch: »Allein auf die Verlockung des Geldes zu setzen ist offensichtlich nutzlos.« Er weiß, er braucht ein anderes Mittel, das Vertrauen und die Zuneigung dieses seltsamen Türwärters zu gewinnen.

Stein sucht nach Gemeinsamkeiten mit Wang – und findet sie eher zufällig während eines Gesprächs über historische Vorbilder. Der Wissenschaftler, der bei aller Begeisterung für Zentralasien und buddhistische Kunst nie ganz seine Arroganz ablegen kann, blickt auf den schlichten chinesischen Mönch herunter. Er fühlt sich aber immerhin, was den »frommen Eifer« und die »hartnäckige Zielstrebigkeit« seines Gegenübers angeht, an die frühen chinesischen Pilger erinnert, die über die Seidenstraße nach Westen zogen. Er erwähnt den Mönch Xuanzang. Sofort geht ein Strahlen über das Gesicht des Chinesen. Er verehre Xuanzang geradezu, sagt Wang, keine geschichtliche Gestalt stehe ihm näher.

Stein nutzt die Gunst der Stunde. Er muss nicht einmal lügen, wenn er von seiner eigenen Begeisterung über den »Herrn des Gesetzes« aus dem siebten Jahrhundert spricht. Er reist immer mit den Aufzeichnungen des Xuanzang im Gepäck und ist von dessen historischer Genauigkeit bei Ortsangaben zutiefst beeindruckt. Und dann beginnt Stein doch noch ein wenig zu flunkern, erfindet Storys von den »zehntausend Li, denen er auf der Spur Xuanzangs in Indien gefolgt« sei. Und Stein behauptet, einige der alten Schriften von Dunhuang nach Indien zurückbringen zu wollen. Xuanzang als Sesam-öffne-dich.

Innerhalb weniger Minuten wird aus dem misstrauischen Wang der handzahme Wang, der für Stein alles tun will. Es ist eine einseitige Freundschaft. Denn als der Chinese dem Briten eine geheime Sammlung von Bildern und Skulpturen zeigt, die er zum Lobpreis Xuanzangs in Auftrag gegeben hat, heuchelt Stein nur Verständnis.

Gegenüber seinem Assistenten bekennt er, nur Verachtung über den »Niedergang der hiesigen Kunst« zu empfinden. In seinem Tagebuch formuliert er mit einer uns heute ebenso schmerzlich wie befremdlich anmutenden Selbstgefälligkeit: »Ich hoffe, der fromme Hüter der Bibliothek wird wirklich gewillt sein, sich religiöse Verdienste zu erwerben, indem er mir erlaubt, einige der ihm durch Zufall anvertrauten Handschriften in die alte Heimat des Buddhismus zurückzubringen.«

Wang bringt ihm noch in der Nacht erste Handschriften – darunter die chinesische Übersetzung einer Sutra, die Xuanzang aus Indien mitgebracht hat und die er in diesem Original selbst mit seinem Namen zeichnet. Stein ist begeistert. Am nächsten Tag darf er an der Seite Wangs einen ersten Blick in die Schatzkammer werfen. »Was ich in dem kleinen Raum zu Gesicht bekam, ließ mich die Augen aufreißen«, schreibt er in seinen Aufzeichnungen. »Übereinandergeschichtet erblickte ich im trüben Licht der kleinen Lampe des Mönchs einen etwa drei Meter hohen Berg aus gebündelten Handschriften, der, wie spätere Messungen ergaben, ein Volumen von fast fünfhundert Kubikfuß hatte.« Nicht nur den britischen Autor Hopkirk erinnert diese Szene an eine, die sich, ebenfalls Anfang des zwanzigsten Jahrhunderts, in Ägypten abspielte – als Howard Carter beim flackernden Licht einer Kerze erstmals die Grabkammer Tutanchamuns erblickte.

Stein überzeugt seinen neuen Freund davon, dass er einen Großteil der Schriften »zu Übersetzungszwecken« in sein Quartier schaffen muss. Er hält Wang immer wieder mit Geschenken bei Laune, spendet großzügig für die von ihm doch so gehassten neumodischen Kunstwerke, die das gemeinsame Idol Xuanzang zeigen sollen. Dass die Rollen von unschätzbarem Wert sind, noch bedeutender, noch aufregender als beim ersten Anblick vermutet, ist dem Archäologen schnell bewusst geworden. Sie geben Zeugnis von einer toleranten, multikulturellen Welt, von einem Nebeneinander und Miteinander, wie es sich Historiker nicht vorstellen konnten und wie es sich nur in den Blütezeiten der Seidenstraße zu entwickeln vermochte: Fromme buddhistische Texte auf Chinesisch bildeten den Grundstock, da waren aber auch hinduistische, nestorianische und manichäische Schriften, verfasst in so verschiedenen Sprachen wie Sanskrit, Tibetisch, Uigurisch, Sogdisch, Turkisch, sogar Judaisch.

Neben den religiösen Schriften fanden sich auch Balladen und Gedichte, eine Art Benimmhandbuch, eine Anleitung, wie sich Menstruationsschmerzen lindern ließen. Eine Nonne, die sich nebenher dem Tauschhandel verschrieben hatte, bot eine schwarze Kuh an; ein besonders eigenwilliger Poet ersann einen skurrilen Dialog zwischen Weintrauben und Teeblättern. Und neben den Texten fanden sich in dieser ganz besonderen Höhle auch Textilien: seidene Tempelfahnen und Votiv-Volants, gestickte Blumenmuster und Schals, die mit dem nach oben zuspitzenden V-Look modernen Krawatten ähneln.

Stein verpackt die Schätze, die ihm am wertvollsten erscheinen, in großen Truhen. Wang hat er inzwischen so eingewickelt, dass er kaum noch mit Widerspruch rechnen muss. Bevor er sich in aller Freundschaft von dem Chinesen trennt, ringt er ihm noch das Versprechen ab, über den Handel Stillschweigen zu bewahren. Die neunundzwanzig Kisten kommen wohlbehalten in London an, die wichtigsten Fundstücke erhalten bald einen Ehrenplatz im Britischen Museum. Mit sichtlicher Befriedigung bemerkt Stein in einem Brief an einen Freund, die gesamten Schätze von Dunhuang hätten den Steuerzahler »nicht mehr als hundertdreißig Pfund an Spendengeldern gekostet« – nach heutiger Rechnung etwa tausend Euro.

Franzosen, Russen, Japaner und Amerikaner bedienen sich in den nächsten Jahren in Mogao. Und auch der Brite kehrt noch einmal nach Dunhuang zurück, bringt noch einmal fünf Kisten mit

Manuskripten »in die Sicherheit des Westens«, wie er es formuliert. Marc Aurel Stein wird 1912 vom britischen Monarchen zum Ritter geschlagen, einige Jahren später verleihen ihm die Universitäten von Oxford wie von Cambridge die Ehrendoktorwürde. Er genießt die Ehrungen, aber die britische High Society ist nicht seine Welt. Bis ins hohe Alter zieht es ihn nach Zentralasien. Der Archäologe stirbt achtzigjährig am 26. Oktober 1943 in Kabul, er ist auf dem dortigen Ausländerfriedhof begraben.

Ein gutes Jahrzehnt zuvor ist Wang Yuanlu gestorben, er wurde sogar einundachtzig Jahre alt, blieb aber zeitlebens verarmt und ist nie über die Provinz Gansu hinausgekommen; seine letzte Ruhestätte befindet sich am Eingang zu seinen geliebten Grotten. Aber als ich bei meinem Mogao-Besuch nach dem genauen Ort frage, weiß niemand Bescheid.

Bis heute lässt sich nur in London der kostbarste Fund aus der Bibliotheksgrotte bewundern: Es ist das älteste gedruckte Buch der Menschheitsgeschichte, im Holztafeldruck hergestellt, datiert vom 11. Mai 868, sechshundert Jahre vor der Gutenberg-Bibel. Die Diamant-Sutra, ein Pergament von fünf Metern Länge, besteht aus sechstausend Wörtern. Ihre vielleicht schönste Passage geht so: »Man kann hier die Vergänglichkeit der Erde sehen – einen Stern im Morgengrauen, eine Blase im Fluss, einen Blitz in der Sommerwolke, eine flackernde Lampe, einen Geist, einen Traum.«

Ich verabschiede mich von meiner freundlichen Betreuerin in Mogao mit einem angemessenen Trinkgeld für die Sondervorführung. Mir ist nicht entgangen, dass sie in der geplünderten Bibliotheksgrotte ziemlich traurig war. Ein leerer Raum bei all den noch vorhandenen Wundern – für uns mag das zu verschmerzen sein. Für die Historiker von Dunhuang bleibt er aber eine klaffende Wunde.

Und was hätte Xuanzang gesagt – einmal zur Würdigung durch das Deckengemälde mit seiner Person, den Vertrauten, dem

Elefanten, auf dem Weg aus Indien zurück in die Heimat? Wie hätte er wohl auf den trickreichen Missbrauch seines Namens durch den britischen Archäologen reagiert, auf die Verschleppung der Kulturgüter Richtung Westen, ganz weit nach Westen? Wir wissen nur um Xuanzangs Erleichterung, als im Frühjahr 645, gut sechzehn Jahre nach dem Antritt seiner großen Reise, in Dunhuang der Brief des Kaisers eintrifft. Mit der finalen Bestätigung der Einladung, mit dem Vorschlag eines möglichst baldigen persönlichen Treffens. Es wird nun auch für mich Zeit, die letzte Etappe der Nach-Reise anzutreten. Fast hätte ich diesen finalen Trip ohne meinen Talisman, den kleinen goldenen Buddha aus Turfan, ohne die »Silk Road«-CD, ohne meine drei jetzt schon sehr zerschlissenen, mit Anmerkungen vollgekritzelten, unersetzlichen Xuanzang-Bücher angetreten. Ich hatte meine kleine Tasche mit den wichtigsten Reiseutensilien im Hotelzimmer vergessen. Ein aufmerksames Zimmermädchen brachte sie mir nach, als ich schon im Taxi zum Flughafen saß. Drei Stoßgebete gen Himmel!

KAPITEL XIV

Xian, China: Die Wildganspagode und ein Vermächtnis

Wenn die Abenddämmerung einsetzt, gemächlich erst, dann immer schneller, wie getrieben von einer im Zeitraffer arbeitenden göttlichen Kraft, wenn sich die Sonne über der Großen Wildganspagode von Xian endgültig in einem dunstigen Karmesinrot verabschiedet, wenn die hektische Stadt ein wenig ausatmet, dann kommen die Tänzer. Sie besetzen den riesigen Platz am »Kloster der Glückseligkeit«, als folgten sie einer lange eingeübten, festen Choreografie. Rechts bauen sich die Traditionellen auf, sie haben Trommeln mitgebracht, Trompeten und große Klangschalen. Ihre Kostüme sind extravagant, und die Frauen, die klar in der Überzahl sind, wedeln mit grünen Fähnchen und rosaroten überdimensionalen Wattebäuschen aus Kunststoff, die an die Pompons amerikanischer Cheerleader erinnern – nur dass die »klassischen« Tänzerinnen von Xian im Altersdurchschnitt deutlich über sechzig liegen. Aber die Senioren haben erkennbar großen Spaß, sie tanzen in Reih und Glied und schwenken ihre Accessoires im Rhythmus der Musiker, die sie mit ohrenbetäubendem Krach zu immer neuen Runden antreiben. Sehr geordnet sieht das aus, wie eine Mischung aus Fitnessprogramm und festgezurrtem Pekingoperreigen. Aber wer unter den Zuschauern und Vorbeigehenden mag, der kann mitmachen, sich einordnen und bekommt von einem der Musiker sogar ein grasgrünes Puschel zum Winken.

»Want to join?«, erkundigt sich eine ältere Dame und möchte mich in die Richtung der Polonaise ziehen.

Daneben richten sich die chinesischen Fans lateinamerikanischer Tänze ein, sie halten, so gut es geht und die Größe des Platzes es zulässt, Abstand zu den Trommlern von nebenan und haben ihre Musik in Form von Kassetten und Lautsprecheranlagen mitgebracht. Die Tango- und Sambaklänge können sich nicht ganz gegen die Trommler behaupten, aber die Tänzer sind geübt und wissen auch, wie man sich weiterdreht, wenn das Tschingderassabum von nebenan mal alles übertönt. Ihr Altersdurchschnitt liegt so um die vierzig, aber das ist schwer zu schätzen, denn Jugendliche sind genauso vertreten wie Pensionäre, und wenn es mal an Partnern fehlt, schwingen zwei Damen gemeinsam die Beine und fassen sich an die Hüften. Fast alle haben sich zum Feierabendschwof fein gemacht, es dominieren Jacketts und weite Kleider. »You can dance with us«, sagt eine Dame mittleren Alters und streckt die Hand aus.

Etwas weiter hinten sind die Rapper unter sich, China-Klassik und Lateinamerikanisches liegen so weit entfernt, dass sie aus einer anderen Welt zu kommen scheinen. Die jungen Leute, Altersdurchschnitt unter zwanzig, lehnen sich betont lässig an die Klostermauern, haben ihre Jeansjacken achtlos zu Boden geworfen. Die aktuellen Hits von Kendrick Lamar und Jay Z dröhnen aus dem Gettoblaster, aber auch die Evergreens des Hip-Hop-Königs Eminem, »Guilty Conscience«, »Stan«, immer wieder »Lose Yourself«. Und sie verlieren sich wirklich in der Musik, wie der Song es vorschreibt, tanzen, recken die Fäuste, drehen sich, vergessen alles um sich herum. Hier gibt es nur einen Dresscode, und der heißt: irgendwie cool. Die Mädchen tragen sehr kurz oder Schlabberkleid, alles untermalt von hochgeschnürten Stiefelchen, die Jungs machen auf Zorro, schwarz die Hosen, schwarz die Seidenhemden, schwarz die umgekehrt getragenen Baseball-Caps.

»Come on, man, come going with us«, radebrecht eine jugendliche Rapperin – und ist, wie die anderen beiden, die mich eingeladen haben, ziemlich enttäuscht von mir, dem Tanzmuffel aus dem Westen. Es ist eine sehr entspannte Atmosphäre, hier am frühen Abend auf dem Platz vor der Wildganspagode, umrahmt von den Mauern des Klosters zur Glückseligkeit. Zwischen den einzelnen Tanzgruppen patrouillieren nur einige Polizisten, sichtbar gelangweilt. Überwacht wird das bunte Treiben, so scheint es jedenfalls, von einer ganz anderen Figur, einer Bronzestatue auf der Mitte der Parkanlage. Sie zeigt einen Mann, der, vornübergebeugt und mit einem langen Stock nebst Bündel in der Hand, so wirkt, als breche er auf zu einer langen Wanderschaft oder kehre gerade von ihr zurück – und der Eindruck ist nicht falsch: Der Mann, der da abgebildet ist und der die Szenerie mit einem milden Lächeln zu betrachten scheint, gilt als großer Sohn der Stadt, als bedeutender Vordenker des Buddhismus, als Held Chinas. Es ist kein anderer als der Mönch Xuanzang.

Wie still und demütig hat der heilige Mann seinen Triumph genossen, als er im Frühjahr 645, über sechzehn Jahre nach seinem geheim gehaltenen Reisebeginn und all den gefährlichen Abenteuern, mit seinen kaiserlichen Begleitern, mit zwanzig Pferden und den in fünfhundertzwanzig Kisten verpackten Kostbarkeiten die Mauern Xians, des damaligen Chang'an, erblickte! Wie verblüfft war er nach den Worten seines Biografen angesichts des überwältigenden Empfangs, der Jubelstürme entlang der Straße des »Roten Vogels«, der blumenübersäten Wege, der religiöse Hymnen anstimmenden Mönche und Nonnen, die zur Feier des Tages edles Parfum aufgetragen hatten und deren mit Perlen und Jade verzierte Gürtel beim Gehen einen »so hellen Klang erzeugten, dass die ganze Luft davon erfüllt war«!

Xuanzang hat damals – es war das Jahr der Holzschlange, fünfundfünfzigster Zyklus des chinesischen Kalenders – im »Kloster der Glückseligkeit« übernachtet, an dessen Mauern auf dem Platz im Stadtpark jetzt die Rapper, die Standard- und die Klassiktänzer das Kommando übernommen haben. Die Abtei hinter dem hohen und dicken Festungswall existiert noch, fast wie in alten Zeiten, aber die Tore sind nach sieben Uhr abends für den Besucherverkehr geschlossen. So werden die Mönche bei ihren Exerzitien nicht durch die sehr weltlichen Klänge gestört, sieht man davon ab, dass auch weiter hinten in dem großflächigen Klosterareal das Vibrieren der Bässe zu spüren sein dürfte. Der nachts mit Scheinwerfern angestrahlte Xuanzang inmitten des Platzes aber hat die meisten der begeisterten Tänzer vor sich, in seinem Rücken steht das Kloster – und die berühmte Pagode, deren Bau er selbst geplant hat.

Auf der Cien-Straße, die zu Xians Fußgängerzone gehört und an den Klosterpark grenzt, bildet sich am nächsten Morgen ein großer Menschenauflauf, und den hat nicht eine der zahlreichen »Sonderschlussverkauf«-Aktionen der Juwelierläden oder ein besonderes Billigangebot beim Make Your Day Western Restaurant beziehungsweise dem stolz und gleichfalls auf Englisch benannten Stinking Tofu Restaurant ausgelöst. Alle stehen an, um Tickets für eine ganz besondere Messe zu ergattern, die gerade ihre Tore in einem der Ausstellungsräume der Ladenpassage eröffnet. Es geht um Drohnen, gezeigt werden die neuesten unbemannten Miniflugkörper, manche sind als Spielzeuge gedacht, manche zu ganz anderen, weit weniger harmlosen Zwecken.

Die Minidrohnen sind gerade der letzte Schrei, das ist mir schon am Abend zuvor aufgefallen, als nach dem städtisch organisierten Spektakel mit tanzenden und in allen Farben zuckenden Wasserfontänen am Rande des Parks viele mit den kleinen Fliegern hantierten, deren Summen in der Fußgängerzone an die Attacke eines Bienenschwarms erinnerte. Auch hier im Showroom sind Spielzeugdrohnen der Firma DJI im Angebot. Das Unternehmen aus

Shenzhen verkündet in seiner Werbebroschüre stolz, man sei nicht nur Marktführer in der Volksrepublik, sondern »demnächst in der ganzen Welt«. Die jungen Technikbegeisterten interessieren sich besonders für die Profi-Kopter, mit denen in der Filmindustrie und in der Landwirtschaft gearbeitet wird.

Und noch mehr bestaunen die Besucher ein für Kriegseinsätze konzipiertes Fluggerät, das freilich nur als Modell ausgestellt ist, mit seiner Flügelweite von über zweiundzwanzig Metern würde das Original die Halle hier sprengen. Die *Caihong-5*, benannt nach dem Mandarin-Wort für »Regenbogen« und entwickelt von der staatlichen Akademie für Luftfahrt und Aerodynamik, verfüge über eine extreme Reichweite und könne enorme Waffenlasten tragen. Sie sei 2016 bereits erfolgreich getestet worden und nun reif für die Massenproduktion, heißt es in der ausliegenden Broschüre. Stolzes Fazit der Hersteller: »Die mächtigste Drohne der Erde kommt jetzt aus China.«

Stört es die jugendlichen Hightech-Fans nicht, dass die massive chinesische Aufrüstung doch auch Kriegsgefahren mit sich bringt und einen wesentlichen Teil des Staatshaushalts verschlingt?

Einige zucken die Schultern, weil ihnen das Thema nicht interessant genug vorkommt, vielleicht auch, weil es in China immer noch ungewöhnlich ist, einigermaßen »heikle« Fragen in der Öffentlichkeit zu beantworten. Schließlich sagt einer: »Aber wir sind doch Patrioten und stolz darauf, dass unser Land Weltmarktführer ist, und das gilt für alle Bereiche!«

Vor allem für die Zukunftsindustrien. Chinas politische Führung fördert die Digitalwirtschaft mit Milliardenzuschüssen. Online-Shopping, virtuelle Realität, Big Data und Forschungen in Sachen Künstlicher Intelligenz stehen obenan in Pekings mit großer Verve vorangetriebenen Plänen. Es dreht sich dabei nicht nur um Kommerz: Es geht um eine ganz neue Art des Regierens und der »Erziehung« und »Steuerung« eines ganzen Volkes. Die Partei will das Verhalten ihrer Mitbürger messen und in einer riesigen Datenbank sammeln – um Wohlverhalten zu belohnen und Regelabweichungen zu bestrafen. Wer immer pünktlich seine Steuern entrichtet, wer freiwillig soziale Dienste leistet oder Blut spendet, bekommt Bonuspunkte und soll von staatlichen Stellen bevorzugt behandelt werden. Wer allerdings als säumiger Zahler auffällt, Verkehrsregeln missachtet oder gar die Polizei beleidigt, kommt auf eine schwarze Liste: Er darf zur Strafe keine Flugtickets kaufen, seine Kinder nicht mehr in staatliche Kindergärten oder zur Uni schicken und bekommt im Extremfall sogar sein Handy gesperrt. Er wird sozial ausgegrenzt.

Besonders ehrgeizige KP-Funktionäre sprechen schon von einer landesweiten Datenerfassung bis zum Jahr 2020, was technisch kaum realisierbar erscheint. Aber in einigen Großstädten hat der Modellversuch, mal »smarte rote Cloud«, mal »Himmelsnetz« genannt, schon begonnen. Algorithmen sollen künftig laut Parteipresse die Auswahl der Kader modernisieren. Sämtliche Schritte, auch im Privatleben, könnten verfolgt werden, »um ihr zukünftiges Verhalten vorherzusagen«. Von besonderem Interesse ist beispielsweise, ob sie religiös sind. Wie oft sie zum Tempel oder zur Kirche oder zur Moschee gehen, ob sie schon mal »Dalai Lama« im Internet angeklickt oder gar Sympathien für den »Wolf im Mönchspelz« gezeigt haben.

Xian gehört nicht zu den Modellstädten, in denen diese Vorstellungen von einer schönen, neuen Welt getestet werden, und das ist eher überraschend. Denn es gibt hier gleich zwei Sonderzonen für Unternehmen in Zukunftsbranchen; im »Xian-Park für Hochtechnologie« sind Firmen wie Datang Telecom und Huawei ansässig, im anderen, dem »Xian-Entwicklungspark«, arbeiten viele staatlich geförderte Start-ups an futuristischen Digitalisierungsprojekten. Die Xian Aeorospace ist ein Gemeinschaftsunternehmen, das auch am Bau von militärischem Fluggerät mitwirkt. Einschließlich mancher

Drohnen, die jetzt in der Ladenpassage nahe der Wildganspagode ausgestellt sind.

Meine Gesprächspartner in der Ausstellungshalle mögen nicht alle stramme chinesische »Patrioten« sein, als der Mann im Anzug vorher den Begriff *aiguo zhe* verwendete, schien mir, als zögen einige die Augenbrauen hoch. Aber Lokalpatrioten sind sie allemal. Sie überschlagen sich fast dabei, ihre Heimatstadt anzupreisen. »Mao hat Nixon zuerst hierhergeführt!« – »Xian ist die Wiege Chinas!« – »Xian ist die heimliche Hauptstadt des Landes, ach was, es ist die *wahre* Hauptstadt des Landes, der glorreiche Endpunkt der Seidenstraße!« – »Xian number one!«

Xian schafft es mit seinen fünfeinhalb Millionen Einwohnern (Außenbezirke eingeschlossen, sind es achteinhalb Millionen) gerade mal so unter die Top Fifteen der bevölkerungsreichsten Städte des Landes. Auch politisch steht es nicht gerade im Zentrum: Von hier aus wird nur Shaanxi regiert, eine Provinz, die flächenmäßig kaum mehr als zwei Prozent der Volksrepublik umfasst. Und doch hat dieses Xian innerhalb Chinas und weit über die Landesgrenzen hinaus einen besonderen Ruf, der den Stolz der Bürger verständlich macht: Xian war nicht nur die erste Hauptstadt des vereinigten Reiches, sondern während der Glanzzeiten von Mitte des siebten bis Anfang des zehnten Jahrhunderts auch die größte und kosmopolitischste Stadt der Welt. Ein Magnet für Geschäftstüchtige und Genusssüchtige in der Tang-Dynastie, ein allseits beliebter Platz, an dem man Karriere machen und das Leben genießen konnte. Ein Vorbild für alle Zeiten, alle Kontinente.

Ihren damaligen Namen Chang'an, »Stadt des ewigen Friedens«, hat sie allerdings nicht verdient, es wurden zahlreiche Kriege um die Metropole des mittelalterlichen China geführt, und von inneren Unruhen zerrissen war sie auch des Öfteren. Kaum einer kann das besser bezeugen als der Mönch. Xuanzang erlebte diese Stadt in einer ihrer dunkelsten Stunden, als während seiner Jugendzeit um das Jahr 620 herum Mörderbanden durch die Straßen zogen, jede Ordnung zusammenbrach. Er erlitt sie. Und er genoss sie in ihren Blütejahren, bei der Rückkehr von seiner großen Pilgerreise gen Westen, im Jahr 645.

Bevor ich mich der Suche nach Xuanzangs hiesigen Spuren widme, will ich ein Gefühl für dieses Xian bekommen, das mir so enthusiastisch angepriesen wurde, und ich will mich dazu nicht auf den Touristenpfad der wichtigsten und gängigsten Sehenswürdigkeiten begeben, sondern erst einmal durch die Straßen treiben lassen. Zu Fuß. Das ist schwieriger als gedacht. Zum einen, weil sich in dieser quirligen Metropole schon das Überqueren einer der großen Schnellstraßen als Herausforderung erweist, zum anderen, weil die Stadt flächenmäßig an die Ausmaße von Los Angeles erinnert, endlose Highways, weite Häusermeere. Kaum zu glauben: Das frühmittelalterliche Chang'an hatte mit dreiundachtzig Quadratkilometern eine siebenfach größere Ausdehnung als das heutige Stadtgebiet.

Ich beschränke mich bei meinen Spaziergängen auf das Zentrum, schlendere zwischen den ständig im Verkehrsstau hupenden Fahrern die zentrale Shuyuan-Xiang-Straße hinunter immer östlich – und lande im Wald. Im Stelenwald eines Konfuzius-Tempels.

Das Beilin-Museum innerhalb der Tempelmauern beherbergt dreitausend uralte Steintafeln, die meisten aus der Tang- und der darauf folgenden Song-Dynastie, auf denen klassische Texte eingraviert sind. Einige dieser Zeitzeugnisse konnte schon Xuanzang gesehen haben, etwa die Kalligrafien, die von Wenchang erzählen, dem gnädigen Gott der Literatur, und seinem Begleiter Kuixing, dem furchterregenden Gott des Examens. Eine nestorianische Stele aus der Tang-Ära zeigt, dass damals auch Christen in Chang'an ihrem Glauben nachgehen konnten. Fast tausend Steine sind in sieben Hallen, sechs Galerien und einem Pavillon ausgestellt, eine wahre Schatzkammer. Hierher verirren sich nur wenige Besucher, und so kann ich in Ruhe den Künstlern zuschauen, die unendlich sorgfältig auf Seidenpapier Abreibungen der Stelen herstellen. Wenige Meter daneben ragt die Stadtmauer hoch, fünfzehn Meter, an der Krone ist sie über zwölf Meter breit – die größte und am besten erhaltene in ganz China. Sie umschließt in der jetzigen Form seit dem vierzehnten Jahrhundert den Altstadtkern von Xian. Nach den Renovierungsarbeiten von 1980 lässt sie sich auf ganzer Strecke begehen. Das ist nicht weniger als eine Tagestour, denn die Strecke vom Yongnin-Tor im Süden über das Anding-Tor im Westen bis zum Anyuan-Tor im Norden und dann zum Changle-Tor im Osten zieht sich hin: über vierzehn Kilometer. Und an jeder Etappe sind riesige Fotos zu bestaunen, Belege dafür, wer hier schon alles zu Besuch war. So ziemlich die gesamte Politikprominenz der Welt, vom früheren US-Präsidenten Barack Obama bis zum indischen Premier Narendra Modi und der Bundeskanzlerin, ist vertreten.

Auf dem Spazierweg über der City flanieren Einheimische offensichtlich genauso gern wie Touristen und genießen die spektakulären Ausblicke. An einer Ecke wirbt Kentucky Fried Chicken für eine neu eröffnete Zweigstelle der Restaurantkette, an einer anderen haben sich Hochzeitspaare zu einem Erinnerungsbild aufgebaut. Und dann ist da noch ein Filmteam, das offensichtlich einen Klassiker nachdreht, eine Kaiserin im prunkvollen Ornat nimmt Huldigungen entgegen, während Hofdamen sich vor ihr verbeugen. »Cut«, ruft der Regisseur. Und dann noch einmal »cut, cut, cut«, unzufrieden mit seinen Schauspielerinnen oder gestört durch die neugierig und laut diskutierenden Passantinnen.

Ich habe Mühe, mich in Xian anhand meiner Erinnerungen zu orientieren. Sicher, der Glockenturm und der Trommelturm stehen noch wie trutzige Wärter der mittelalterlichen Vergangenheit, von hier aus ließen die Regierenden im Mittelalter die Zugbrücken nahe der vier Tore hinunter, zogen sie morgens wieder hoch (außer ein Feind drohte anzugreifen). Aber in den letzten Jahren wurden von allen Seiten Schnellstraßen wie Schneisen in die Stadt geschlagen, pompöse Bürogebäude und Shopping Malls errichtet; Wolkenkratzer ragen zum Himmel, arrogante Demonstrationen von Macht und Reichtum. Entstanden ist so das Bild einer modernen Allerweltsstadt, nur noch gelegentlich aufgelockert durch die geschwungenen Dächer und Giebel einer vergangenen Epoche. Und als ob die Stadtväter beweisen wollten, dass wir uns doch in China befinden, haben sie überall entlang der Stadtmauern die für die Vergangenheit so charakteristischen knallroten Lampions aufgestellt.

Es hat sich seit meinem ersten Besuch vor vierzig Jahren – und auch nach meinem nächsten vor zwei Jahrzehnten – enorm viel verändert. Xian ist sauberer, reicher geworden. Alles ist besser organisiert, es gibt mehr öffentliche Dienstleistungen, und die wirken durchdachter, bürgerfreundlicher als früher. So werden jetzt beispielsweise an jedem der vier Tore Fahrräder angeboten; für vierzig Yuan (etwas mehr als fünf Euro) kann man sie ausleihen und auf einer extra vorgesehenen Spur einmal die ganze Stadtmauer entlangradeln. Neunzig Minuten sind dafür vorgegeben, eine knappe Zeit, und man fragt sich, warum das so reguliert sein muss. Aber als ich mein Velo leicht verspätet abgebe, verzichtet der Kontrolleur großzügig auf eine Strafgebühr.

»Es freut mich, wenn Sie sich unsere schöne Stadt so gründlich anschauen«, sagt er in perfektem Englisch – noch einer dieser überzeugten Lokalpatrioten.

Nach der Weite der Mauern jetzt die Enge der Gässchen: Nördlich des Trommelturms drängen sich Dutzende kleine Garküchen, Andenkenläden, Handwerksbetriebe zur Herstellung von Sesamöl aneinander, Metzgereien und Bäckereien werben um Kunden. Besonders am Abend herrscht hier Hochbetrieb, chinesische Paare im westlichen Designerlook mischen sich mit Männern in weißen Scheitelkäppchen und Frauen in bunten Kopftüchern. Letztere sind Muslime, und sie eilen zum Gebet in die nahe Große Moschee.

Das Gotteshaus ist architektonisch eine merkwürdige, aber durchaus geglückte Mischung aus islamischen und chinesischen Stilelementen.

Die Atmosphäre im Altstadtviertel von Xian wirkt weit weniger angespannt als in Kaschgar oder Turfan, den islamisch geprägten Städten im chinesischen Wilden Westen, was daran liegen dürfte, dass die Gläubigen hier zahlenmäßig doch deutlich in der Minderheit sind und von den Behörden nicht als unmittelbare Gefahr gesehen werden: Die Muslime von Xian sind für die Staatsmacht die »Guten«, die »Unpolitischen« unter den Religionsangehörigen. Anders als in Xinjiang – und genauso wie in Dunhuang, meiner vorherigen Station – handelt es sich bei ihnen ethnisch nicht um Uiguren, sondern um Hui, eine Minderheit, die im Aussehen und in der politischen Ausrichtung den Han-Chinesen nahesteht. Von separatistischen Bestrebungen wie bei den Turkstämmigen in der Grenzprovinz ist bei den gut integrierten Hui, die fast alle im Zentrum des Riesenreichs leben, kaum einmal die Rede.

Die Altstadt bietet kulinarische Höhepunkte an jeder Ecke. Die muslimischen Köche hinter ihren heißen Kesseln preisen an ihren Essständen nicht nur lautstark Fleischspieße an, sondern auch lokale Spezialitäten wie *fenzhengrou*, Lamm in einer scharfen Soße, und *roujiamo*, gebratenes Hühnchen mit grünem Pfeffer, zum Nachtisch *huashenggao*, süße Erdnussbutterkuchen. Dagegen können nur einige chinesische Wok-Künstler erfolgreich antreten, beispielsweise die vom populären Restaurant First Noodle under the Sun mit ihren schmackhaften Teigwaren. Die Rostbratwürstchen, die ich am Abend zuvor im Biergarten des unter deutscher Leitung stehenden Westin-Hotels gegessen habe, fallen da doch deutlich ab.

Geschäfte in den kleinen Gassen offerieren neben nachgemachten Marken-T-Shirts und Sportschuhen auch jede Menge Souvenirs. Ansichtskarten und Poster zeigen den Mönch Xuanzang. Aber klare Nummer eins unter den Xian-Mitbringseln sind die Terrakotta-

Krieger. Es gibt sie in allen Farben und Größen, aus Kupfer, Porzellan, Stein, gebranntem Lehm – eine künstliche, eindrucksvolle Armee, die eine noch viel eindrucksvollere reale Terrakotta-Armee nachahmt, die achttausend dem Erdreich entrissenen Keramiksoldaten aus dem Grab des chinesischen Kaisers Qin Shihuangdi. Ohne Zweifel die größte Attraktion von Xian, mehr noch: Die riesige Totengruft gehört zu den berühmtesten archäologischen Fundstätten der Welt.

Als ich die Straße sechsunddreißig Kilometer Richtung Nordost hinaus zum Grab 1980 erstmals gefahren bin, war sie nicht mehr als ein lehmiger Feldweg. Heute führt eine vierspurige Autobahn zum unterirdischen Mausoleum, und anders als früher stauen sich auf dem weit außerhalb gelegenen Parkplatz die großen Touristenzubringer und Taxis. Elektrisch betriebene Kleinwagen schleusen die Besucher zum Eingang der riesigen Anlage. Es ist eine perfekte Art, mit dem Besucherstrom fertigzuwerden, aber natürlich sorgt diese Massenabfertigung auch dafür, dass dem Ort ein Teil seines früheren Charmes verloren gegangen ist.

Die mannsgroßen Terrakotta-Krieger – in Reih und Glied, als müssten sie gleich zum Kampf antreten, kein Soldat wie der andere, und allesamt unterstützt von bronzenen Prachtgespannen – sind aber immer noch ein überwältigender Anblick. Längst ist hier in der Umgebung nicht alles erforscht, das eigentliche Kaisergrab beispielsweise ruht noch unter einem Hügel, keiner weiß genau, was sich da verbirgt. Archäologisch gesehen, befinden sich die Ausgrabungen von Xian in den Babyschuhen: Es ist ja gerade erst vierundvierzig Jahre her, dass Bauern beim Bohren eines Brunnens zufällig auf die unterirdische Armee gestoßen sind.

Der Kaiser, der sich hier so glorios bestatten ließ, war der erste, der das große Land geeint und eine Dynastie begründet hat. Er begann schon im Jahr 221 vor Christus, unmittelbar nach der Thronbesteigung, mit dem Bau der Anlage. Historiker haben rekonstruiert, dass mehr als siebenhunderttausend Männer aus dem ganzen Reich, Sklaven und Kriegsgefangene an dem Grabmal und einem neuen Palast für den Herrscher geschuftet haben, geschätzte zwei Millionen Menschen verloren während seiner Regierungszeit ihr Leben durch Hunger, Kriege oder Hinrichtungen. Aber Qin Shihuangdi war überzeugt davon, dass seine Seele nach dem Tod in einer anderen Welt weiterleben könnte, und strebte danach, alles, was er zu Lebzeiten besaß und beherrschte, auch später um sich zu haben. Sein Terror kannte keine Grenzen, machte vor nichts und niemandem halt. 210 vor Christus wurde der Größenwahnsinnige dann beigesetzt – einer der umstrittensten und feudalsten Herrscher der chinesischen Geschichte.

Es gibt viele Gradmesser für die Prioritäten einer bestimmten politischen Epoche, ich finde, ein besonders interessanter Maßstab ist, was den Kleinen in Kindergärten beigebracht wird. In maoistischer Zeit wurde nur dem Großen Vorsitzenden gehuldigt und alles Traditionelle geschmäht; in der Ära Deng Xiaoping schien dann die Politik weitgehend in den Hintergrund getreten, aber auch die chinesischen Dichter und Denker sowie die Religionen des Landes spielten nur eine untergeordnete Rolle, gepriesen wurde der wirtschaftliche Fortschritt.»Reich werden ist herrlich!«, hieß einer der Slogans.

Das ist heutzutage ganz anders. Die Kleinen in Xians Vorzeigevorschulen begrüßen ihre Gäste mit buddhistischen Liedern und einem klassischen Text von Konfuzius, der die Tugend der Sittsamkeit und des Studierens preist. Sie lernen Kalligrafie, Taichi und das Spielen auf der Erhu, einem alten Musikinstrument. Die Kommunistische Partei fühlt sich heute als rechtmäßiger Erbe und Verwalter des chinesischen Kulturguts. Auf Tafeln steht ein kühner Spruch des KP-Chefs und Staatspräsidenten Xi Jinping, den die Kleinen »Onkel Xi« nennen durfen (aber nicht »Winnie the Pooh«, der oft benutzte Spitzname für den ersten Mann im Staat steht auf dem

Index):»Unsere Zivilisation führt geradlinig und ohne Brüche von antiken Zeiten bis zu den heutigen. Wir müssen die Seele der Nation immer weiter pflegen.«

Es ist allerdings eine stark gesäuberte Version der Vergangenheit, die da gelehrt wird. Ausgeblendet bleiben möglicherweise verstörende Texte: Die Autoritäten reduzieren Konfuzius auf seine »korrekten« Aussagen, betonen das, was er über Gehorsam gegenüber Eltern, Lehrer und Vorgesetzte gesagt hat. Unerwähnt bleiben die Mahnungen des Weisen an die Machthaber und das von ihm propagierte Recht, jene Herrscher, die schlecht und menschenverachtend regierten, davonzujagen. In Xians Kindergärten werden Filme gezeigt, die beweisen sollen, wie wichtig die traditionelle chinesische Medizin ist, wenn man krank wird, welche Vorteile es hat, überlieferte chinesische Sportarten zu pflegen. Ein Musterbeispiel dafür ist die »Kung-Fu-Granny«, eine Dame in ihren Neunzigern, die angeblich nur den alten Kampftechniken ihr langes Leben verdankt.

Die Leitlinien der Vergangenheit sollen die Autorität der Partei stärken, in einer Zeit, in der offensichtlich ein moralischer Nihilismus droht. Das scheint zumindest bei den Kleinen zu funktionieren. Begeistert zeichnen die Jungs und Mädchen von Xian Plakate, auf denen sie versprechen,»mit den Gedanken des Konfuzius und des Buddha« gute Chinesen zu werden. Und auch Xuanzang spielt dabei eine Rolle. Es gibt Bilderbücher für die Kleinen von Xian, in denen die wichtigsten Stationen seiner Reise aufgezeichnet sind. Zum Ausmalen. Und vorne auf dem Cover: die Große Wildganspagode.

Nach meinen Streifzügen durch Xian zieht es mich nun endgültig dorthin zurück, zum Platz, über den die Bronzestatue des Mönchs wacht. Zum »Kloster der Glückseligkeit«.

Morgens ist der Park noch frei von Tänzern. Zwei steinerne Löwen thronen vor dem Eingangstor zum Kloster, der Eintritt kostet umgerechnet sechs Euro, als ginge es nicht in eine »aktive« Abtei,

sondern in eine Ausstellung. Und tatsächlich sind in dem weitläu-
figen Gelände die Besucher gegenüber den Mönchen weit in der
Überzahl. Man kann sich Getränke kaufen und Snacks, es riecht
nach Wochenendausflug: Großfamilien machen es sich auf Bänken unter Bäumen bequem, packen ihre mitgebrachten Nudelge-
richte aus, kaufen vor dem Nachtisch mit Obst und Sesambällchen
noch schnell einige Andenken für die Zuhausegebliebenen. Kloster
und Kommerz, das geht hier nahtlos ineinander über, und keinen
scheint es zu stören. Ich entscheide mich für eine Münze mit dem
Konterfei des Mönchs, die man in einem Automaten selbst prägen
kann. Es gibt sie in Gold- und Silberlegierung.

Ein Spaziergang durch die großzügig angelegte, parkähnliche
Anlage fühlt sich ein wenig so an wie das Schlendern durch Pekings Verbotene Stadt. Überall geschwungene Dächer und rote Säulen. Imperial, museal. Aber es gibt auch Momente der Andacht inmitten all der kulturbeflissenen Besucher, inmitten der Ausflügler,
die einfach nur picknicken wollen. Einige alte Frauen zünden Räucherstäbchen an, fallen auf die Knie, murmeln Gebetsformeln. Ein
junges Paar versenkt sich vor der Buddha-Halle in tiefe Meditation, offensichtlich unbeeindruckt von der Lautstärke zweier strei-
tender Kinder.

Bevor ich die Treppen der Großen Wildganspagode hinaufsteige,
setze ich mich auf eine der Steinbänke im Schatten und hole Huilis Biografie über den Meister sowie dessen eigenes Werk über
die Reise nach Westen aus meinem Rucksack. Versuche, mich ins
7. Jahrhundert zurückzuversetzen. Nachzuspüren den Tagen der triumphalen Heimkehr Xuanzangs.

Xuanzang richtet sich im Frühjahr 645 nach dem begeisterten Empfang auf den Straßen der Hauptstadt auf eine längere Wartezeit
ein, der Kaiser ist beschäftigt im Osten des Landes, sein Eintreffen wird für die nächsten Wochen nicht erwartet. Dass Taizong ihn

überhaupt in der Abtei »Große Glückseligkeit« einquartiert hat, ist schon eine bedeutende Ehre; das Kloster hat der Herrscher zum Gedenken an seine verstorbene Mutter errichtet, und es gilt als einer seiner Lieblingsplätze. Aber schon am Tag darauf lässt ihn der Kaiser zu sich rufen, nach Luoyang, dorthin, wo Xuanzang aufgewachsen ist. Eine Reitereskorte bringt den Mönch in den Phönixpalast.

Er weiß, dass der Kaiser neugierig ist; die beiden Depeschen, die Taizong ihm in den Oasenstädten Khotan und Dunhuang zukommen ließ, klangen ja sehr positiv. Der Mönch kann sich aber nicht ganz sicher sein, was bei der Unterredung genau auf ihn zukommt – und er braucht die Gunst des Herrschers und eine Menge Finanzmittel, um sein Lebenswerk der Sutren-Übersetzung zu vollenden. Xuanzang muss auf der Hut sein, selbstbewusst auftreten, aber nicht zu forsch. Er stellt sich offensichtlich auf eine Art verbales Schattenboxen ein, gefragt ist jetzt nicht Auftrumpfen, nicht Abenteuerlust, sondern geschickte, umsichtige Diplomatie: Xuanzang, der Einschmeichler, der Vertrauenerwecker, der am Hofe umsichtig Hofierende.

Auch der Kaiser scheint zunächst einmal auf vorsichtiges Abtasten zu setzen. Er empfängt seinen Gast höflich, aber konfrontiert ihn gleich mit der Frage, warum er es damals, beim Beginn seiner Reise, für nötig hielt, »unsere Gesetze zu brechen«. Xuanzang ist auf diesen heiklen Punkt gut vorbereitet, leugnet erst gar nicht den Verstoß, sondern bittet um Vergebung, er könne das nur mit der »Aufrichtigkeit« und »Bedeutung« seiner spirituellen Suche erklären. Der Kaiser akzeptiert das, verknüpft aber seine Gnade indirekt mit einer Bedingung – China und auch er als sein Herrscher müssten von der Reise profitieren, und so sei sie doch sicher auch gedacht gewesen: »Ich bin froh, dass Ihr Euch unter Einsatz Eures Lebens zu Frommen und Nutzen der ganzen Bevölkerung auf die Suche nach dem Gesetz begeben habt!« Xuanzang muss in diesem Moment geahnt haben, dass der Herrscher eine Gegenleistung von ihm verlangte, wenn er denn überhaupt zur Unterstützung der aufwändigen Übersetzungsarbeiten bereit war.

Der Mönch erkennt, dass Taizong nicht primär an den spirituellen Erkenntnissen, an den religiösen Schriften des Buddhismus interessiert ist – die wichtigsten Berater am Hof sind konfuzianische und daoistische Minister. Den Kaiser treibt etwas ganz anderes um: Er will wissen, welche Sorgen die Herrscher und Untertanen anderer Völker haben, wie anderswo regiert wird, um vielleicht etwas für sein System zu ändern; vor allem aber brennt er darauf, die Stärken und Schwächen der Staaten außerhalb seines direkten Machtbereichs kennenzulernen. Taizong hat selbst eine äußerst effiziente Verwaltung geschaffen, Chang'an ist eine blühende, kosmopolitische Metropole – eine der wenigen wirklichen Weltstädte im siebten Jahrhundert und definitiv die einzige, die zu dieser Zeit schon über eine Million Einwohner hat. Aber der Herrscher möchte sein Reich durch Vasallenverträge absichern und, wenn es nicht anders geht, auch mit Feldzügen.

»Eure Tugend und Mildtätigkeit ist überall im Westen bekannt, der Wind Eurer Sittlichkeit bläst bis in die heißen Länder des Südens, Euer politischer Einfluss reicht bis weit jenseits des Premiers«, hebt Xuanzang an. Doch der Kaiser ist nicht an Nettigkeiten interessiert, sondern an harten Fakten. Und so ändert der »Meister des Gesetzes« gegenüber dem Mann auf dem Himmelsthron die Tonlage, berichtet in nüchternen Worten von Palästen und Militäranlagen, politischen Intrigen, Justiz und Beamtentum, klimatischen Besonderheiten und landwirtschaftlichen Erträgen aus allen bereisten Regionen Zentralasiens und Indiens. Taizong ist beeindruckt, will noch mehr wissen. Bittet seinen Gast eindringlich, doch sein ganzes Wissen schriftlich festzuhalten: »Ihr habt die neuesten und besten Informationen.«

Xuanzang zögert. Aber der Kaiser hat da schon ein neues Anliegen: Xuanzang soll doch die Mönchskutte ablegen, sein außenpo-

litischer Chefberater werden. Der Abt lehnt ab, so höflich es geht.
Dann möge er doch bitte bei der anstehenden Inspektionsreise,
verbunden mit einem militärischen Feldzug, an vorderster Stelle
teilnehmen. Das verbiete ihm die Religion, sagt der »Meister des
Gesetzes« entsetzt: »Es wäre für mich ein Glücksfall, wenn Eure
Majestät Erbarmen mit mir hätte.« Dann schon lieber einen Reisebericht schreiben, auch wenn Xuanzang weiß, dass ihn das viele
wichtige Monate kosten wird, in denen die mitgebrachten Schriften liegen bleiben müssen.

»Der Meister des Gesetzes« macht sich umgehend an die Arbeit.
Zu seinem großen Glück kann er auf seine Tagebuchnotizen, Zeich-
nungen und Skizzen zurückgreifen. Doch obwohl Xuanzang wie
fieberhaft schreibt, braucht er für seinen *Bericht über die Westlichen
Gegenden* doch ein ganzes Jahr. Dann präsentiert er sein Werk dem
Herrscher, merkt stolz und selbstbewusst an, es enthalte »Material
aus siebzig Königreichen, aufgezeichnet sind offizielle Annalen und
Staatspapiere, gute wie schlechte, im Detail bekannt gemacht wer-
den Vorkommnisse öffentlicher Kalamität sowie Glücksfälle aller
Art«. Tatsächlich schildert der Mönch die Verhältnisse kühl wie ein
Kartograf, präzise wie ein Historiker und weitgehend vorurteilsfrei
auch gegenüber »Fehlgläubigen«.

Taizong ist begeistert. Er wird das Buch als Gebrauchsanleitung
für weitere Eroberungen nutzen, aber auch dazu, diplomatische Beziehungen mit dem indischen König Harsha aufzunehmen und das
Beste von dessen Regierungssystem in seine Verwaltung zu inte-
grieren. Und er hält Wort. Xuanzang bekommt eine Apanage, darf
Dutzende Übersetzer anstellen und sich in Ruhe seiner Arbeit widmen.

Aber dann passiert etwas Merkwürdiges zwischen den beiden
Männern, das Verhältnis zwischen Herrscher und Untertan ver-
schiebt sich – in Richtung Gleichberechtigung, ja, man kann sogar
den Eindruck gewinnen, Xuanzang werde für den Kaiser wichtiger

als umgekehrt. Taizong schreibt persönliche Vorworte zu den Sutren aus Indien, die der Mönch ins Chinesische veröffentlicht, wertet seinen Freund und dessen spirituelle Arbeit so immer weiter auf. Was auch an Xuanzangs geschicktem Taktieren liegt. Der Mönch geht bei der Abfolge seiner Übersetzungsarbeiten äußerst umsichtig vor. Er hat erfahren, dass die *Abhandlung über die Stufen der Yogapraxis* das Lieblingsbuch des Kaisers ist, und kümmert sich besonders früh und liebevoll um diesen Text. Und er zeigt den Daoisten am Hof, wie sehr er auch ihre Religion schätzt oder doch zumindest respektiert: Er überträgt ihr wichtigstes Buch, das *Daodeking* des Laotse, aus dem Mandarin ins Sanskrit. So viel Souveränität imponiert dem ersten Mann im Staat, er beschäftigt sich nun immer intensiver mit den unterschiedlichen Glaubensrichtungen und Philosophien, wägt Konfuzianismus und Daoismus ab – und erklärt dann öffentlich, den Buddhismus für die überlegene Religion zu halten. Ein Triumph für Xuanzang.

Je mehr der Kaiser seine Kräfte schwinden sieht, desto öfter lässt er nach dem Mönch rufen. Xuanzang geht damals jede Woche für mehrere Stunden in den Palast und dient dort als spiritueller Berater. Was genau die beiden besprechen, ist nicht überliefert. Ob Taizong der Gedanke quält, seine früheren Verbrechen, der Brudermord könnten seine späteren guten Taten überlagern, eine erfreuliche Wiedergeburt unmöglich machen? »Ach, hätte ich Euch doch früher kennengelernt«, soll der Kaiser jedenfalls laut einer zuverlässigen historischen Quelle mehrfach gegenüber seinem Vertrauten geseufzt haben. Und ob Xuanzang im Gegenzug von seinen Zweifeln erzählt hat, die ihn angesichts des alles Religiöse in den Schatten stellenden Hedonismus und der unbuddhistischen Egomanie, des allgegenwärtigen Neids in der Hauptstadt doch überfallen haben müssten?

Der Mönch kann den Herrscher jedenfalls in dessen letzten Tagen mit seinen Worten beruhigen und ihm Trost spenden, noch auf dem Sterbebett am 10. Juli 649 leistet er ihm Beistand. Er führt dann die Trauerfeierlichkeiten an, die wochenlang das Leben in der Hauptstadt bestimmen. Und Xuanzang verliert auch anschließend nichts an kaiserlicher Protektion: Gaozong, der Sohn und Nachfolger des großen Taizong, hält ihn in ebenso hohen Ehren.

Der Mönch hat in den ersten vier Jahren nach seiner Rückkehr erst einen Bruchteil der mitgebrachten Schriftrollen übersetzt, vor ihm liegt noch ein Berg von Arbeit. Er ist nun auch schon fast fünfzig. Gelegentlich plagen ihn Rückenprobleme, Spätfolgen seiner anstrengenden Reisen. Und er hat am Beispiel seines gleichaltrigen Freundes auf dem Kaiserthron gesehen, wie schnell es mit den Kräften abwärtsgehen kann. Xuanzang erweitert sein Team, arbeitet noch härter, noch fieberhafter. Und sorgt sich zunehmend um sein Vermächtnis, den Verbleib der heiligen Schriften. Er möchte sie für die Ewigkeit bewahrt wissen, fürchtet, ein Feuer, wie es in den Holzbauten der Hauptstadt so häufig vorkommt, könnte sein Lebenswerk zerstören.

Im Jahr 650 schlägt Xuanzang dem neuen Herrscher vor, die kostbaren Sutren doch in einem neuen Steinbau zu bewahren, in einer Pagode mit vielen Stockwerken, wie er sie so häufig in Indien gesehen hat. Als Gaozong zustimmt, schafft der »Meister des Gesetzes« voller Begeisterung selbst einige der Ziegel heran, die verwendet werden sollen – eine willkommene körperliche Betätigung, eine kurze Abwechslung in seinem von geistiger Arbeit bestimmtem Tag.

Nach knapp zwei Jahren ist das Werk vollendet, die Wildganspagode krönt nun das Gelände des Klosters »Große Glückseligkeit«. Ganz im Sinne ihres weit gereisten Schöpfers wird sie nach einer buddhistischen Legende aus dem Land des Siddharta Gautama benannt. Dort hatten Mönche einmal unter einer so schlimmen Not zu leiden, dass sie begannen, auch Tiere zu essen. Bald war allerdings nirgendwo mehr Fleisch aufzutreiben, es drohte der Hungertod. Da kreiste eine Schar Vögel über ihnen, und eine Wildgans fiel vom Himmel, praktisch direkt in die leeren Kochtöpfe. Die heiligen Männer waren überzeugt davon, ein Wunder erlebt zu haben – und sie konnten es sich nur so erklären: Buddha selbst hatte sich in das Tier verwandelt und sich für sie geopfert.

Für Xuanzang folgen nun noch viele fruchtbare Jahre, in denen er seine fünfgeschossige Pagode mit immer neuen Schriften füllt. Er findet einen guten Freund in Huili, der all das biografisch niederschreibt, was Xuanzang selbst dem Kaiser nicht offenbaren wollte. Er schafft praktisch sein ganzes Übersetzungsprogramm, fünfhundertundsiebzig Werke, die über tausenddreihundert Bände umfassen. Er kann miterleben, welche Achtung, ja Ehrfurcht ihm und seiner Lebensleistung entgegengebracht wird. Einmal erreichen ihn sogar Grüße aus seiner zweiten Heimat, aus Nalanda, und er kann von seinem Turm auf eine Stadt hinunterblicken, die weiter erblüht, auf ein chinesisches Reich, das seine Glanzzeiten erlebt. Man muss sich den Mönch Xuanzang als glücklichen Menschen vorstellen, als einen, der auch in seinen letzten Tagen des Jahres 664 im Rückblick nichts bereut und der mit vierundsechzig Jahren in der Gewissheit stirbt, seiner Bestimmung gefolgt zu sein.

Der »Meister des Gesetzes«, der die Bande zwischen den beiden großen asiatischen Zivilisationen so entscheidend gepflegt hat, der mit seinem Freund Taizong eine kongeniale Partnerschaft zum Wohl seiner Heimat eingegangen war, muss auf seinem Totenbett geglaubt haben, dem Buddhismus in China ein langes, ein glückliches Leben verschafft zu haben.

Doch es kam anders, weit weniger harmonisch, weit weniger erfreulich.

Schon 665, ein Jahr nach Xuanzangs Tod, rebellieren die Westtürken gegen den Kaiser, 682 beginnen die Osttürken die Gebiete um die Große Mauer »wie Wölfe mit Raubzügen heimzusuchen« (so der Sinologe Kai Vogelsang). Ein geschwächter Gaozong überlässt in Chang'an immer mehr seiner Konkubine Wu Zetian die Geschäfte. Die machtsüchtige Intrigantin definiert die Religion ganz neu und in ihrem eigennützigen Sinn, sie inszeniert sich als »lebender Buddha« und führt ein prunksüchtiges und grausames Regime, das China nicht bekommt. Um 750 beginnt das fragile Reich zu zerfallen. Äbte spielen dabei eine verhängnisvolle Rolle, weil sie sich mit den Mächtigen arrangieren und auf Kosten der Bevölkerung bereichern. Die Religion büßt so einen Teil ihrer moralischen Autorität ein, ihre Repräsentanten ziehen sich Neid und Hass zu. Wenige Jahrzehnte später beginnt die bis dahin größte Buddhistenverfolgung der Geschichte, in der es bald nicht mehr nur um korrupte Äbte geht. Viertausend Klöster werden niedergebrannt, mehr als zweihunderttausend Mönche und Nonnen ermordet.

Es sollte nicht das letzte Pogrom in Chinas Geschichte sein, dem Gläubige zum Opfer fielen.

Für mich ist es nun im Kloster von Xian an der Zeit, die Bücher zuzuklappen. Und das Wunder von Xian selbst in genauen Augenschein zu nehmen, das Bauwerk Xuanzangs zu bestaunen, das gegen alle Widerstände und Wahrscheinlichkeiten überlebt hat – die Große Wildganspagode, die keine zwanzig Meter jenseits des Baumes aufragt, in dessen Schatten ich die alten Geschichten gelesen habe.

Feuer haben dieser Pagode nie etwas anhaben können, aber Erdbeben haben sie über die Jahrhunderte immer mal wieder erschüttert. Das Gebäude ist nie ganz zusammengestürzt, es wurde stets nach den alten Plänen hergerichtet und ergänzt. Aus den damals fünf Stockwerken sind jetzt sieben geworden, der Tempelturm ist mit derzeit vierundsechzig Metern vermutlich um etwa zehn Meter höher als zur Zeit Xuanzangs.

Es ist ein merkwürdiges und anrührendes Gefühl, den Ort zu inspizieren, an dem der »Meister des Gesetzes« so lange Zeit gelebt und gearbeitet hat, als ob die räumliche Nähe auch zu einer spirituellen Präsenz führen könnte: Xuanzangs Gegenwart lässt sich in dem Gewölbe fast erspüren.

Von seinen Wohnräumen ist nichts mehr zu sehen, aber ein Führer verweist auf Einbuchtungen an der Wand, in den Schubladen dahinter waren angeblich die Manuskripte verschlossen. Die Originale von damals sind längst in Museen untergebracht. Und auch anderes verschwindet im Nebel der Geschichte. Angeblich hat Xuanzang bei der Grundsteinlegung einst ein Original seines Reiseberichts eingemauert – das lässt sich weder beweisen noch widerlegen. Aber begehbar bis zur Spitze war die Pagode auch damals schon. Heute führt eine Holztreppe nach oben. Sie gewährt vom höchsten Stockwerk einen Panoramablick hinunter auf das Gelände der Tempelanlage und weiter über einen Teil der Stadt, die allerdings an diesem Tag wie so oft in dichtem Smog versinkt.

Hinter der Pagode hat eine Gruppe von Novizen in einem der schweren schwarzen Klosterkessel rote Kerzen angezündet. Ich warte den Moment ihrer Andacht ab. Der dauert nicht allzu lange, bald sind sie wieder in eine lebhafte Unterhaltung vertieft, kichern auch mal leise hinter vorgehaltener Hand. Ich gehe mit meiner Übersetzerin auf die Gruppe zu. Ich will etwas über ihr Leben hier in Xian, über ihre Einschätzung der Bedeutung des Klosterschutzpatrons Xuanzang erfahren. Aber die Novizen wollen nicht oder dürfen nicht mit Ausländern sprechen. Sie wenden sich ab. *Meiyou*, sagt einer. Das ist eine gängige chinesische Floskel, sie steht für »haben wir nicht« im Hotel oder Kaufhaus, wo sie allerdings, bei dem Überfluss an Waren und Dienstleistungen, weit weniger angewandt wird als früher. Oder eben im Alltag auch für alles andere, *mei-you* bedeutet generell »geht nicht«.

Dann klappt es doch. Ein älterer, ziemlich gebrechlich wirkender Mönch in einer grauen Robe, kahler Kopf, canyontiefe Falten unter den Augen, die Füße in von weißen Socken gehaltenen

Stoffsandalen, stößt zu uns. Er fragt, wie er helfen kann. Ich bitte ihn, mir die Stupas zweier Mönche zu zeigen. Die von Pu Ci und Lang Zhao. Er zieht die Augenbrauen hoch, sagt nichts, aber bedeutet, ihm zu folgen. Wir gehen bis ans Ende des Klosters, dorthin, wo keine Touristen mehr hinkommen. Der alte Mann zeigt auf zwei unscheinbare Gedenksteine, kaum zu identifizieren unter einem Dutzend anderer. »Sie kennen die Erlebnisse dieser beiden Mönche?«, fragt er. Ich nicke. »Das ist gut, das ist wichtig. Darf ich fragen, woher?« Nein, die Quelle möchte ich lieber nicht verraten. *Mei-you.* Er nickt, verständnisvoll lächelnd. Und dann verschwindet der greise Ordensbruder, ohne ein weiteres Wort zu sagen. So, als wolle er nicht stören. Oder sich und andere nicht gefährden.

Die unscheinbaren Stupas beleuchten die neuere Geschichte der Wildganspagode und des Buddhismus vielleicht besser als alles andere. Sie erinnern an das Leben zweier ganz besonderer Männer und ihr tragisches Schicksal.

Nach der Gründung der Volksrepublik China im Jahr 1949 ging Mao Zedong mit großer Brutalität gegen alle bisherigen Machtstrukturen vor, die er für »feudal« erklärte: Er ließ alle Fabrikeigentümer und Großgrundbesitzer enteignen und ins Gefängnis werfen, viele auch hinrichten. Der Große Vorsitzende beschlagnahmte auch sämtlichen Besitz der buddhistischen Klöster, im Namen des Kommunismus wurden alle Äbte als »Volksschädlinge« diffamiert, die neue Staatsreligion hieß Atheismus. Viele Buddhisten achteten in den ersten Jahrzehnten der Volksrepublik darauf, ihre Rituale und Gebete nur noch im familiären Umfeld und sehr vorsichtig auszuüben; einige wenige gingen, wie die aktiven Christen und Muslime, in den Untergrund. Aber es gab auch andere, die an die neue Zeit mit ihren Versprechungen einer gerechteren Gesellschaft glaubten und die Maos revolutionäre Umwälzungen zumindest im Grundsatz guthießen.

Zu denen gehörten die Mönche Pu Ci und Lang Zhao, an deren Gräbern in der Wildganspagode ich jetzt stehe. Lang Zhao tat alles für die Partei, ein kommunistischer Musterbuddhist. Schon in jungen Jahren in eines der Klöster von Xian eingetreten, engagierte er sich im Koreakrieg sogar fürs Militär, fuhr freiwillig an die Front und sorgte mit seinem Spendenaufruf dafür, dass 1950 unter seinen Mitgläubigen landesweit Gelder für den »patriotischen Kampf« gegen die Amerikaner gesammelt wurden. Der Kampfbomber, zu dessen Finanzierung sie beitrugen, bekam den Namen »Chinesischer Buddhist«. Und bald stieg der Regimetreue in wichtige Funktionen auf, wurde als Chef der staatlichen »Buddhistischen Vereinigung« zu einem hochrangigen Funktionär in Xian. Über fünfzehn Jahre lang schaffte Lang Zhao den Spagat zwischen Partei und Glauben, und niemand weiß, ob er eher überzeugt oder opportunistisch handelte. Jedenfalls konnte er die Mönche und Nonnen in seinem Wolong-Kloster von Xian erfolgreich schützen, auch weil sie mit ihrem Anbau von Gemüse und Reis ohne jede staatliche Unterstützung auskamen.

Das änderte sich 1966 dramatisch. Mao geriet parteiintern wegen seiner katastrophalen Wirtschaftspolitik unter Druck und beschloss, seine auf Reformen drängenden parteiinternen Gegner durch eine landesweite politische Kampagne auszuschalten: Die »Große Proletarische Kulturrevolution« sollte den revolutionären Eifer neu entfachen und Maos Stellung wieder stärken. Dazu ließ er alle Schulen und Universitäten schließen, die jugendlichen »Roten Garden« bekamen als neue Schutzmacht des Vorsitzenden freie Hand, alle verbliebenen oder neu entstandenen »stinkenden Übel« auszurotten. So inbrünstig die Schüler und Studenten Mao verehrten, so fieberhaft glaubten sie, alle seine Feinde hassen zu müssen. Und die jungen Leute, so lange eingeschüchtert durch ständige Überwachung und Repression, nutzten ihre neuen Möglichkeiten und steigerten sich in einen wahren Blutrausch.

Der Terror richtete sich gegen alles Alte, alles Traditionelle, alles Intellektuelle. In Xian war das Kloster des Lang Zhao eines der ersten Ziele ihrer Zerstörungswut, die Rotgardisten zerschlugen die Buddha-Statuen, verbrannten die religiösen Bilder, zündeten das ganze Gebäude an. Lang Zhao versuchte verzweifelt, mit ihnen zu argumentieren: Hatte er nicht das neue kommunistische China mit aufgebaut, den Vorsitzenden an prominenter Stelle unterstützt? Aber für solche Feinheiten war nun kein Platz mehr: Die Jugendlichen, viele noch im Kindesalter, drohten, ihn am nächsten Tag in einer Narrenkappe durch die Stadt zu schleifen. Da tat Lang Zhao etwas, was Siddharta Gautama ausdrücklich untersagt hatte, was der Buddhismus verbietet: Er nahm sich im Hinterhof seiner Abtei mit einem Strick sein Leben.

Im Sommer 1966 erreichten die Gräuel die Wildganspagode. Die Roten Garden plünderten auch das angeschlossene Kloster der großen Glückseligkeit, vertrieben die Mönche, nötigten sie, ihre Kutten abzulegen, arrangierten Zwangsheiraten. Die Partei hatte verfügt, dass alle Abteien, in denen keine Mönche, Nonnen oder Novizen mehr lebten, als staatliche Institutionen genutzt werden könnten. Die Rotgardisten waren damals der Staat, sie planten offensichtlich, die heilige Stätte zu ihrem Spielplatz zu machen. Doch der Mönch Pu Ci wollte nicht weichen. Sie ließen ihn ganze Nächte auf dem kalten Steinboden knien, sie schlugen ihn, sie zwangen ihn zu Sitzungen der Selbstkritik, in denen er allerdings nur heilige Sutren murmelte. Sie sperrten ihn in eine der Mönchskammern, Isolationshaft über Tage und Nächte, ohne Licht, ohne Essen. In ähnlichen Fällen endete das mit dem Tod des Delinquenten. Aber irgendetwas Menschliches, irgendeine Form des Mitleids muss den Rotgardisten von Xian damals geblieben sein. Sie ließen Pu Ci in Ruhe.

Als das Fieber der Kulturrevolution abebbte, war er immer noch da. Und blieb im Kloster, bis andere Mönche sich ihm wieder anschlossen, bis die ganz schlimmen Zeiten vorbei waren – womöglich hat dieser Pu Ci ganz allein durch seine Tapferkeit die Wildgans-pagode und die Existenz des gesamten Klosters gerettet.

Viele Geistliche, viele Intellektuelle wurden in den Jahren nach der Kulturrevolution rehabilitiert. Während der Achtziger- und der Neunzigerjahre und auch noch zu Beginn dieses Jahrhunderts konnte man dann die schrecklichen Ereignisse einigermaßen offen diskutieren, mit ihren Werken der »Narbenliteratur« *(shanghen wenxue)* haben mutige Historiker und Schriftsteller die Kulturrevolution sogar ausdrücklich verurteilt. Viele hofften damals, das Massaker an den Studenten auf Pekings Platz des Himmlischen Friedens 1989 sei ein einmaliger Ausrutscher gewesen, die chinesische Gesellschaft würde sich nach der wirtschaftlichen Entfesselung mehr oder weniger zwangsläufig auch politisch liberalisieren.

Aber die Tauwetterperiode ist längst vorbei. Im Mai 2016 jährte sich der Beginn der Kulturrevolution zum fünfzigsten Mal. Es gab keine einzige öffentliche Veranstaltung zum Gedenken der Opfer, geplante Filmprojekte zu dem Thema werden auf Befehl von ganz oben abgesagt. Und auch Xi Jinping schwieg – erstaunlich, wenn man bedenkt, dass nicht nur sein Vater von den Rotgardisten gedemütigt, sondern auch seine Mutter öffentlich denunziert wurde und er selbst auf den »Straßen der Schande« paradieren musste.

Das Kloster des Xuanzang in Xian ist wie alle in der Volksrepublik China eingebunden in die staatliche Buddhistische Union, und es hat wie die meisten anderen ein »Schwesterkloster«, mit dem ein besonderer Austausch gepflegt wird. Ich habe den alten Mönch im Hof nach dieser befreundeten Abtei gefragt. »Wir treffen uns häufig mit den Brüdern in Zhengding«, hat er gesagt. »Ich habe schon mehrmals den dortigen Linji-Tempel besucht und Gäste von Zhengding hier empfangen.«

Zhengding, der Ort sagt mir etwas, und doch komme ich eine Weile nicht darauf, woher ich ihn kenne und was ich mit ihm verbinden sollte. Doch dann erinnere ich mich: Ich habe in der *New*

York Times über Zhengding gelesen und mir den Artikel vom März 2017 in meinen Unterlagen aufgehoben, weil ich ihn so erstaunlich fand. In der Story wird nämlich angedeutet, wie sehr sich Xi Jinping für den Buddhismus interessiert und welche Sympathien er der Religion angeblich noch heute entgegenbringt. Der knallharte Nationalist – ein heimlicher, ein unheimlicher Anhänger der sanften Religion?

Es ist eine erstaunliche Geschichte, die ich da gelesen und später mit eigenen Quellen nachrecherchiert habe. Sie beginnt schon mit dem Vater des heutigen Staatschefs, mit Xi Zhoungxun.

Xi senior hat sich in seinen frühen Jahren als hoher Parteifunktionär offen für buddhistische Schriften interessiert und Ende der Fünfzigerjahre in seiner Eigenschaft als stellvertretender Ministerpräsident auch den Dalai Lama getroffen. Die beiden fanden sich offenbar sympathisch, tauschten in einer spontanen Geste ihre Armbanduhren aus (und behielten sie jahrzehntelang stolz am Arm). Während der Kulturrevolution als »Rechtsabweichler« in Ungnade gefallen, kehrte der rehabilitierte Xi Zhoungxun nach Maos Tod 1976 an seine früheren Schaltstellen der Macht zurück – und begann, sich als Mitglied in den höchsten Parteigremien besonders um religiöse Fragen zu kümmern. 1982 zeichnete er als Mitherausgeber des KP-Dokuments Neunzehn, das den künftigen Umgang mit Buddhismus und Daoismus, Islam und Christentum regeln sollte. Es war ein erstaunlich liberaler Ansatz. Zwar ermutigte die Partei nicht gerade zu religiösen Aktivitäten, aber sie rief zu Toleranz auf. Tempel, Moscheen und Kirchen sollten restauriert, Gottesdienste erlaubt werden.

Im selben Jahr erhielt Xi junior seinen ersten Posten in der Kleinstadt Zhengding. Es war alles andere als ein Traumjob: In der unfruchtbaren, armen und ziemlich isolierten Inlandprovinz Hebei war der schnelle wirtschaftliche Aufstieg anders als in den Küstenregionen nicht vorgezeichnet.

Der junge Kader begann sich für die lokale Kultur zu interessieren, die Wurzeln der Stadt mit ihren berühmten, allerdings weitgehend verfallenen Tempeln. Ob aus spiritueller Neugier oder weil er erkannt hatte, dass der Tourismus zum ökonomischen Aufschwung entscheidend beitragen konnte: Xi Jinping ließ die bekannteste Pagode restaurieren und schaffte es sogar, Filmleute für den Platz zu begeistern; Zhengding wurde zum Drehort für den Klassiker »Der Traum von der Roten Kammer«. Außerdem freundete er sich mit Youming an, dem bekanntesten lokalen Mönch, entwickelte Respekt für den Buddhismus. Die beiden unterhielten sich lange Abende – alles spricht dafür, dass dabei auch die Rede auf den Mönch Xuanzang und sein Vermächtnis gekommen ist.

Und so blieb es auch in den nächsten Stationen des Mannes, der so schnell in der Hierarchie der Partei aufstieg. Ob in Fujian, Schanghai oder Peking: Xi Jinping zeigte Sympathien für die Lehren des Siddharta Gautama. In einem der Enthüllungsplattform Wikileaks zugespielten, von der Partei geheim gehaltenen Zitat äußerte sich ein guter Freund über dessen »Faszination für den Buddhismus« und fügte hinzu, er könne nicht sagen, ob Xi »wirklich religiös« sei, aber der Parteichef wisse »überraschend viel« über dieses Thema: »Er scheint an Überirdisches zu glauben.« Möglicherweise wurde Xi darin auch von seiner Frau bestärkt, der im ganzen Land berühmten Sopranistin und Hochschullehrerin Peng Liyuan. Die First Lady, heute Mitte fünfzig, hat ihre Mutter nachweislich mit buddhistischen Ritualen begraben.

Immer wieder ist Xi Jinping auch nach seiner Ernennung zum Partei- und Staatschef ins Kloster von Zhengding zurückgekehrt, hat dafür gesorgt, dass neben dem Linji-Tempel auch andere religiöse Bauwerke der Stadt restauriert wurden. Er half mit, das Buddhistische Weltforum im Jahr 2006 ins chinesische Wuxi zu holen, wo die Tagung inzwischen schon zum vierten Mal abgehalten wurde. Er hob bei einer Versammlung der UNESCO in Paris im Jahr

2014 ausdrücklich die positive Rolle des Buddhismus in der Kultur seines Landes hervor. Inzwischen hat der KP-Chef seine Machtposition ausgebaut, das »Xi Jinping-Denken« wurde zur offiziellen Parteidoktrin, im März 2018 stimmte der Volkskongress einer Verfassungsänderung zu, die es dem Vierundsechzigjährigen ermöglicht, auch nach zwei vollendeten fünfjährigen Amtszeiten weiterzumachen; praktisch wird Xi Jinping so, ähnlich wie einst Mao, wie die großen Kaiser der Geschichte, zum Herrscher auf Lebenszeit.

Seit einiger Zeit setzt der Parteichef auf ein ganz neues, ausgeprägtes Selbstbewusstsein: Er propagiert die Rückkehr der Weltmacht China auf ihren »angestammten« Platz an der Spitze der internationalen Politik. Er hat erkannt, dass in seinem Reich nach der Diskreditierung des Kommunismus, nach der ersten Sättigung durch Konsum ein spirituelles Vakuum existiert. Er preist auch in seinen jüngsten Reden den Buddhismus als bedeutenden Teil der chinesischen Kultur und verspricht ihn zu pflegen. Doch seine Taten zeigen in eine ganz andere Richtung – er möchte die Religion instrumentalisieren. Sie soll, ganz »sinisiert« und auf Linie gebracht, der Partei dienen und ihre Macht absichern.

Den tibetischen Buddhismus mit dem charismatischen Dalai Lama als spirituelles Oberhaupt sieht Xi als eine ideologische Konkurrenz, über ihn, so glaubt er offensichtlich, könnte sich politischer Widerstand formieren. Folglich lässt der Parteichef alle, die er als »Abweichler« und »Separatisten« verdächtigt, rücksichtslos verfolgen. In Xi Jinpings Namen fordern die Parteibehörden in Lhasa gerade die Bevölkerung auf, »voller Enthusiasmus« Personen zu denunzieren, die mit der »Clique« des exilierten Dalai Lama und seinem Sympathisantenumfeld verbunden sind. »Solche Verbrecher wollen die Religion nutzen, um die Massen zu verwirren, sie aufzustacheln oder zu zwingen, sich der Regierung zu widersetzen«, heißt es in dem Aufruf. Die Klosteruniversität Larung Gar, in einer tibetisch dominierten Region der Provinz Sichuan gelegen, macht die Partei als »Brutstätte antichinesischer Umtriebe« aus und reißt große Teile der Abtei ab, in der noch vor Kurzem mehr als zehntausend Mönche und Nonnen gelebt und gelehrt haben.

Und dann ist da noch die Tragödie um den Panchen Lama, die Geschichte vom jüngsten politischen Gefangenen der Welt. Der heutige Staatschef hat sie nicht initiiert, aber er trägt eine Mitverantwortung, weil er bis heute nichts unternommen hat, um diesen Fall zu einem gütlichen Ende zu bringen. Auch diese Geschichte hat einen direkten Bezug zu Xian.

Im Mai 1995 hatte der Dalai Lama den damals sechsjährigen Gedhun Choekyi als Wiedergeburt des Panchen Lama anerkannt; damit war für den Jungen – nach einer entsprechenden Ausbildung – eine Position als zweithöchste religiöse Autorität des tibetischen Buddhismus vorgezeichnet. Einige Tage später verschwand der Knabe mitsamt seinen Eltern – die chinesischen Behörden verkündeten, die Familie sei »in Schutzhaft« genommen und wünsche von niemand kontaktiert zu werden. Im November 1995 bestimmte die KP einen anderen Panchen Lama, den Sohn eines kommunistischen Kaderehepaares, den sie angeblich – tibetisch vorschriftsmäßig – mit Hilfe der von ihr beschlagnahmten tibetischen »Goldenen Urne« gefunden hatte.

Das bizarre Manöver zahlte sich allerdings kaum aus: In den Klöstern ist fast überall das Foto der ersten Wahl zu sehen, die meisten Tibeter weigern sich bis heute, den parteigenehmen Panchen Lama als geistliche oder politische Autorität anzuerkennen, und boykottieren seine Auftritte. Trotz zahlreicher internationaler Anfragen, unter anderem durch Vertreter des Europaparlaments, bleibt der Aufenthaltsort des heute neunundzwanzigjährigen Gedhun Chockyi unbekannt. »Es geht ihm gut, er genießt sein Privatleben«, lautet die Standardantwort der Regierungssprecher. Lange Zeit vermutete man den Verfemten irgendwo in der Nähe von Peking. Die neuesten Gerüchte besagen etwas anderes – der Mann, der sich nicht als Lama verwirklichen durfte, hält sich demnach mit seiner Familie in der Nähe von Xian auf.

Xi Jinping hat sich zu dem Fall nie geäußert. Wie sehr ein neuer Personenkult um ihn entsteht, wie unterwürfig sich manche Kader dem starken Mann annähern, zeigt ein Vorfall, den die Staatsmedien im Frühjahr 2018 verbreiten: Demnach hat der Parteichef der Provinz Qinghai, wo eine starke tibetische Minderheit lebt und der vierzehnte Dalai Lama geboren wurde, Xi zu einer »lebenden buddhistischen Gottheit« ernannt. Das überall ausgehängte Porträt des Präsidenten, behauptete er gegenüber Medienvertretern wenig glaubhaft, werde »von vielen Tibetern« angebetet.

Das erinnert mich an eines meiner letzten Interviews mit dem Dalai Lama in seinem indischen Exil. Der sonst so fröhliche, immer zu einem glucksenden Lachen aufgelegte »Ozean der Weisheit« wirkte nachdenklicher, besorgter als früher. Und sagte dann für einen geistlichen Führer etwas sehr Erstaunliches: »Ich denke an manchen Tagen, dass es besser wäre, wenn wir gar keine Religionen mehr hätten. Alle Religionen und alle Heiligen bergen ein Gewaltpotenzial in sich. Deshalb brauchen wir jenseits aller Glaubensvorschriften zuallererst geltende Moralvorstellungen, eine Ethik. Gerne auch eine säkulare Ethik.«

Ich dachte damals, die schrecklichen Übergriffe von buddhistischen Mönchen in Myanmar gegen Muslime, die Ausschreitungen seiner sri-lankischen Glaubensbrüder gegen Flüchtlinge hätten ihn zu dieser Aussage bewogen. Aber vielleicht war es auch seine schmerzliche Erkenntnis, dass in seiner Heimat der Buddhismus für politische Zwecke missbraucht wird – und dass er letztlich ohnmächtig gegenüber einer solchen Entwicklung ist.

Wenn es denn etwas gibt, das den Dalai Lama, den chinesischen Staatschef und den indischen Ministerpräsidenten verbindet, dann ist es wohl ihre Hochachtung für die historische Figur des Xuanzang. Der Dalai Lama hat diese Bewunderung mehrfach geäußert, hat ja Reliquien des Mönchs selbst in den Händen gehalten, bevor er sie vor über sechs Jahrzehnten dann in Delhi als Goodwill-Geste übergab. Xi Jinping hat mehrfach die Wildganspagode in Xian besucht und den indischen Ministerpräsidenten Narendra Modi bei dessen erstem Staatsbesuch vor drei Jahren ausdrücklich nicht zuerst in Peking empfangen, sondern nach Xian gebeten. Gemeinsam gingen sie zum »Tempel der Glückseligkeit« und machten halt an der Statue des Xuanzang. Beide priesen die Leistung des Mönchs, seine Glaubensinbrunst, seine Toleranz und den Willen, die Völker im Buddhismus zusammenzuführen.

Modi sagte: »Jedermann weiß heute, dass das einundzwanzigste Jahrhundert das Jahrhundert Asiens ist, und Asien ist das Land des barmherzigen Buddha. Wir haben auch deshalb die Pflicht sicherzustellen, dass in unserer Zeit jeder Krieg vermieden wird.« Ein Minimalziel, das nicht darüber hinwegtäuschen kann, dass beide Staatslenker gänzlich unterschiedliche politische Wege gehen – und dabei fast nur eines gemeinsam haben: dass sie die Religion zu ihrem eigenen Vorteil nutzen.

Für mich heißt es nun, von Xian Abschied zu nehmen. Aufzubrechen zur letzten Etappe meiner Xuanzang-Nachforschung. Dorthin, wo seine sterblichen Überreste aufbewahrt sind. Ich packe meine drei Bücher ein, den Reisebericht, die Biografie, den Roman, die Seidenstraßen-CD und den kleinen vergoldeten Buddha, den ich mir in Turfan gekauft habe. Dazu sind jetzt noch die Gold- und Silbermünze aus dem hiesigen Kloster gekommen – eine ganze Menge Souvenirs. Noch bin ich unentschlossen, was ich mit ihnen machen soll, wenn meine Reise auf den Spuren des Mönchs vollendet ist.

Siddhartas letztes Geheimnis

Es ist zu ärgerlich: Nur etwas mehr als zwanzig Kilometer soll der Xingjiao-Tempel von Xian entfernt sein, am Fuß des Shaoling-Plateaus gelegen,»immer südlich fahren«, hatte der Mann an der Hotelrezeption dem sehr gut Englisch sprechenden Taxifahrer gesagt. Und jetzt sind wir schon mehr als drei Stunden unterwegs. Weit und breit nichts von einem Kloster zu sehen. Stattdessen sind wir an immer neuen Apartmentblocks vorbeigesteuert, an zahllosen Baugruben, in denen Bagger wühlten. Manchmal sah man noch Reste von Dörfern und Bauernhöfen, doch meist hatten die Bulldozer schon alles plattgemacht, was hier einmal stand und Orientierung schaffte.

Fast kommt es mir wie eine Ironie der Geschichte vor, wie die Vollendung eines Kreislaufs: Schon bei der Suche nach dem Geburtshaus Xuanzangs bin ich am Anfang meiner Nach-Reise fast gescheitert, nun scheint seine letzte Ruhestätte unauffindbar. Ein Glück, dass»dazwischen« die Dinge weitgehend geklappt haben, die Trips zu all den anderen Stationen, die damals über siebzig Königreiche aufgeteilt waren, heute auf sieben unabhängige Staaten. Es hat keinen Sinn, den ahnungslosen Chauffeur zu beschimpfen, er ist ohnehin schon schweißgebadet und schämt sich ob seines Gesichtsverlusts vor dem Fremden. Wir fahren im Kreis.

Plötzlich hören wir helle Kinderstimmen, die ein Volkslied anstimmen. Der Taxifahrer fährt in die Richtung des Gesanges. Vor uns taucht ein geschwungener Torbogen auf, dahinter ein kleiner, schattiger Hof, in dem ein Lehrer mit schwungvollen Gesten seine Zöglinge dirigiert. Alle Altersstufen von sieben bis siebzehn sind vertreten, wir sind offensichtlich in einer Dorfschule gelandet.

Zunächst bemerkt uns der Pädagoge nicht, oder er tut nur so; aber die Kinder haben uns natürlich gleich wahrgenommen, so viele ausländische Besucher kommen nicht hierher, und die Kleinen werfen mir und dem Taxifahrer neugierige Blicke zu. Aber sie getrauen sich nicht, das Lied zu unterbrechen. Erst als sie damit durch sind, räuspert sich der Lehrer und kommt auf uns zu. Wir erklären ihm unsere Notlage, bitten um Auskunft. Xuanzangs finaler Rastplatz? Kein Problem, natürlich kenne er den. Und dann weist er uns ein, erst geradeaus, dann links und nochmals links, den Berg hinauf. Der alte Mann begleitet uns zum Auto, gefolgt von einer jubelnden Kinderschar, die mit so viel Abwechslung vom Unterricht offensichtlich nicht gerechnet hat.»Verneigen Sie sich auch in unserem Namen vor Xuanzang, er ist und bleibt das große Vorbild«, sagt der Lehrer zum Abschied.

Die Beschreibung erweist sich als präzise. Ein kurviges Bergsträßchen mündet in eine parkähnliche Einfahrt. Das große steinerne Tor mit seinen geschwungenen Dachgiebeln führt direkt zum Xingjiao-Tempel, wo die sterblichen Überreste des berühmten Pilgerreisenden aufbewahrt sind.

Xuanzang hat nie Wünsche zu seinem Grab geäußert, er hat in seinen letzten Tagen ganz im Gegenteil immer wieder betont, man solle um seinen»kläglichen« Körper, den er nun verlasse, kein Aufhebens machen. Aber gegen diese letzte Ruhestätte hier in dieser weiten, undramatischen Hügellandschaft fernab jeder Hektik und jeden Prunks hätte er wohl kaum Einwände gehabt.

Es ist eine schlichte, von Mauern umgebene Tempelanlage mit viel Grün. Eine fünfstöckige Pagode, die ein wenig an die Wildganspagode von Xian erinnert, aber mit einundzwanzig Metern nicht einmal halb so hoch ist, steht im Zentrum des Klosterparks, daneben haben die Bauherren zwei kleine Stupas für Xuanzangs Lieblingsschüler errichtet. Die Asche des Meisters soll im Inneren des Schreins verwahrt sein, hinter zugemauerten Fenstern. Eine Tafel erinnert an die Lebensleistung Xuanzangs und erklärt den Namen der Anlage: *Xingjiao* bedeutet »Erblühen der Lehre«: Erst durch die Reisen, die Forschung und die Übersetzung der Originalschriften sei das Erblühen des Buddhismus im Reich der Mitte möglich geworden.

Warum die sterblichen Überreste Xuanzangs nicht in der Wildganspagode von Xian verblieben sind, lässt sich nicht endgültig klären. Nach der gängigen Theorie war es Kaiser Gaozong, der auf eine neue Ruhestätte für den allseits Verehrten drängte – um ihn besonders zu würdigen, sagen die einen; weil er den Schmerz nicht ertragen konnte, sich jeden Tag mit dem Verlust konfrontiert zu sehen, sagen die andern; und manche vermuten auch, der Kult um den vom Volk so Angebeteten sei dem Herrscher dann doch unheimlich geworden. Jedenfalls gab der Kaiser fünf Jahre nach dem Tod des Meisters den Bau des stadtfernen Xingjiao-Tempels in Auftrag.

Touristen sind hier selten anzutreffen, dafür liegt der Ort zu weit ab von den gängigen Routen, heute ist niemand außer mir zu Besuch.

Ich setze mich in den Schatten eines großen Baumes und genieße die Stille. Lasse die Gedanken schweifen, zurück zu den Stationen der großen Reise. Zentralasien, Indien, China. Und lande dann doch immer wieder bei einem Ausflug zu einem Kloster, in dem ich vor einiger Zeit mehrere Nächte verbringen durfte. Es liegt auf einem der zehn heiligen Berge Chinas, am Song Shan in der Provinz Henan, ganz in der Nähe des Gelben Flusses im Herzen des Landes – und keine hundert Kilometer entfernt vom Geburtsort meines Helden Xuanzang, keine dreihundert Kilometer von der Grabstätte, wo ich mich jetzt befinde.

Sehr früh am Morgen wurden wir in unseren spartanischen Zellen geweckt, dann folgte ein buddhistisches Gebet. Ich habe es noch im Ohr, weil mich die rezitierten, melodisch gesungenen Zeilen durch den gesamten Tag verfolgten. *More bore boluomiduo xinijing* – das berühmte Herz-Sutra, der Text, den Xuanzang aus dem Sanskrit übersetzt und den sein Schutzherr so besonders geliebt hat. Der Text steht am Ende fast jeder Meditationsübung und gilt als Zeugnis der höchsten Weisheit. Auf Deutsch lautet er so:

Oh Shariputra!
Alle Dinge sind leer.
Sie entstehen nicht, und sie vergehen nicht.
Sie sind weder rein noch unrein.
Sie nehmen weder zu noch ab.

Daher gibt es in der Leere keine Form,
Kein Fühlen, kein Wahrnehmen,
Kein Wollen, kein Bewusstsein.
Es gibt nicht Auge, noch Ohr, Nase, Zunge, Körper, Denken.
Es gibt weder Farben, noch Töne, noch Gerüche,
Keinen Geschmack, keine Berührung,
Keine Welt der Vorstellung.
Es gibt keine Unwissenheit und kein Ende der Unwissenheit.
Es gibt nicht Alter und Tod, noch Aufhebung von Alter und Tod.
Kein Leiden, keinen Anfang und kein Ende, keinen Weg.
Kein Erkennen und kein Erreichen.
Weil es nichts zu erreichen gibt.

Weil der Bodhisattva nichts begehrt und er sich versenkt
In Prajna Paramita, ist er ohne Furcht.
Frei von allen Verblendungen und illusorischen Vorstellungen,
Weilt er im Nirvana.

Gate, Gate, Paragate, Parasamgate Bodhi Svaha –
Gegangen, gegangen, hinübergegangen, erreicht, erwacht.

Es ist ein schwieriger, ein verstörender Text. »Das Herz-Sutra ist im besten Sinne verrückt«, sagt der deutsche Buddhismuskenner Khenpo Karl Brunnhölzl: »Es *ver-rückt* unsere Wirklichkeit. Die Botschaft lautet: Die Welt, wie wir sie kennen, existiert nicht, und das schließt uns selber ein. Es ist die Abschaffung all dessen, was uns lieb und teuer ist, radikal auch deshalb, weil es uns alles hinterfragen lässt – einschließlich unserer spirituellen Identität.« Seinen erklärenden Essay dazu nennt der Wissenschaftler »Herzinfarktsutra«.

Der tibetische Experte Trungpa Rinpoche setzt den Schwerpunkt bei seiner Exegese etwas anders: »Es gibt eine gute und eine schlechte Nachricht (in dem Text): Die schlechte lautet, dass wir in der Situation eines Menschen sind, der aus dem Flugzeug abspringt und merkt, dass er keinen Fallschirm hat. Die gute ist, es gibt keinen Boden, auf dem wir aufschlagen könnten. Wenn wir immer weiter fallen, können wir irgendwann unsere Einstellung dazu verändern.«

Xuanzangs Biograf und seine Mitbrüder glaubten, der Mönch habe mit dem Herz-Sutra Siddhartas letztes Geheimnis entschlüsselt, das Auffinden des Originaltexts und seine Übersetzung seien der wahre Triumph der großen Reise in den Westen gewesen. Aber es könnte auch ganz anders gewesen sein: Vielleicht hat der Suchende am Ende seines Lebens erkannt, dass die Suche überflüssig war oder zumindest nicht von zentraler Bedeutung für seine Erlösung, für die Erlösung anderer Gläubiger: Es existiert kein besonderes Geheimnis im Buddhismus, dem es nachzuforschen lohnt, das es aufzulösen bedarf. In den Worten des Herz-Sutra: *Kein Erkennen und kein Erreichen, weil es nichts zu erreichen gibt. Frei von allen Verblendungen und illusorischen Vorstellungen, weilt er im Nirvana.*

Die Lehre selbst ist die »wahre« Botschaft für die Ewigkeit – so hat es Buddha in seinen letzten Stunden verkündet. So hat es Xuanzang im Herz-Sutra übersetzt. Die Lehre von der Leere. Ich hatte damals, im Kloster am heiligen Berg Song, nicht den Eindruck, dass hintergründige philosophische Gedanken beim Rezitieren eine besonders große Rolle spielen. Es war eher ein gewohntes, beruhigendes Ritual, das Friede und Geborgenheit ausstrahlte, Ausdruck der Glaubensinbrunst einfacher Leute auf dem Land. Die Mönche in ihren schlichten grauen Kutten verband offensichtlich auch wenig mit dem Modetrend mancher chinesischer Großstädter, die sich zu teuren Wochenendseminaren in Klostern treffen und viel Geld spenden, um »gutes Karma« anzuhäufen und auf einer Art buddhistischer Autobahn in ihrer Karriere noch schneller nach vorne zu kommen. Seltsam kamen mir auch die sorgfältig restaurierten Tempelhallen vor, die ich auf meinem Weg gesehen hatte und wo die Eintrittsgelder verlangenden »heiligen« Männer manchmal wirkten wie von der KP angestellte Kostümmönche.

Ein besonders schamloser Versuch, die buddhistische Religion zu kommerzialisieren, ist übrigens gerade erst gescheitert. Am Putuoshan, dem heiligen Berg an der Ostküste des Landes, hatte eine Firma versucht, das gesamte Gelände an die Börse zu bringen, umgerechnet achzig Millionen Euro sollte die wirtschaftliche Erschließung von Klöstern, heißen Quellen und Wäldern bringen – eine spirituelle Stätte, umgewandelt zum Wellness-Tempel. Erst im letzten Moment konnte die Buddhistische Vereinigung in Peking das Projekt stoppen. Selbst die sonst so parteinahe und religionskritische Zeitung »Global Times« befand im Mai 2018, es sei »moralisch inakzeptabel, wenn sich Pilger vor börsennotierten Unternehmen auf die Knie werfen müssen«.

Vielleicht ist es gerade die Spiritualität auf dem weiten Land, die eine wirkliche Renaissance des Buddhismus in China einläutet. Eine Spiritualität, die mit ihrer Sehnsucht nach Moral und Gerechtigkeit ein Gegengewicht bilden könnte zu einengenden kommunistischen Zwangsverordnungen, grassierender Korruption und krudem Konsumkapitalismus.

Ohne von mir Kenntnis zu nehmen, hatten die Dorfmönche vom Heiligen Berg ihre Andacht fortgesetzt. Sie zogen sich nach dem Rezitieren des Herz-Sutra auf ihre Kissen zurück, beendeten ihre Meditation in aller Stille. Erst als ein Novize, kaum sechzehn, auf Zunicken eines greisen Mannes aufsprang und die große Trommel im Hof schlug, kam Bewegung in die Gruppe. Sie verneigten sich in Richtung der grob gearbeiteten, steinernen Buddha-Figur und schüttelten ihre Roben aus. Dann widmeten sie sich den nächsten Ritualen, den Gebeten, dem konzentrierten Einundausatmen zur Beruhigung des Geistes, dem ewigen Kreislauf des Klosterlebens.

Zurück aus meinen Erinnerungen, klappe ich an der letzten Ruhestätte Xuanzangs die mitgebrachten Bücher zu und lege mein Klostertagebuch von damals zur Seite. Es gibt nun nichts mehr zu tun, außer Abschied zu nehmen. Ich packe meinen kleinen vergoldeten Buddha von der Seidenstraßen-Oase Turfan aus, die selbst geprägten Münzen aus dem Xuanzang-Automaten von Xian und betrachte sie ein letztes Mal mit einem Anflug von Wehmut.

Ich platziere sie in den kleinen Mauervorsprüngen der Pagode, ganz in der Nähe seiner Asche. Da, denke ich, sind sie gut aufgehoben.

Eine kleine Geschichte einer großen Weltreligion

Frühzeit

etwa 563 bis 483 v. Chr.: Die – umstrittenen – Lebensdaten des Prinzen Siddharta Gautama, der nach seiner Erleuchtung zum Religionsstifter wird. Die neuere Forschung geht davon aus, dass er ein knappes Jahrhundert später gelebt hat. Er war jedenfalls ein Zeitgenosse von Zarathustra, Konfuzius, Sokrates und Kyros dem Großen.

483 v. Chr.: Nach Buddhas Tod versammeln sich seine Anhänger im indischen Rajagaha und tragen die Lehren des Meisters aus der Einengung zusammen – Grundlage für die mündliche Tradition des Glaubenskanons. Aber auf Wunsch des Religionsstifters gibt es kein spirituelles Oberhaupt und keinen bindenden Text.

386 v. Chr.: Zweites buddhistisches Konzil in Vaishsali, nahe des Ganges. Es kommt zum ersten Schisma, Reformer und Traditionalisten streiten sich um die richtige Auslegung des Glaubens. (Ein späteres drittes und viertes Konzil gelten historisch nicht als sicher verbürgt.) Als bis heute noch existierende Strömung bildet sich das Theravada heraus, »Kleines Fahrzeug« oder auch »Schule der Ältesten« genannt. Im Theravada genießen Mönche eine herausragende Stellung, Laien haben kaum Chancen zur Erleuchtung.

272 bis 231 v. Chr.: König Ashoka regiert das Maurya-Imperium, das erste indische Großreich. Er bereut seine blutigen Feldzüge und widmet sich geläutert dem Studium des Buddhismus. Ashoka lässt die Morallehre als Edikte in Felsen hauen und entsendet Botschafter, die religiöse Toleranz und die Achtung vor allen Lebewesen verkünden, bis an die Grenzen des Reichs. Nach dem Tod des großen Förderers des Buddhismus trägt sein Sohn Mahinda die Lehre nach Sri Lanka.

165 bis 130 v. Chr.: Menandros I., Sohn griechischer Vorfahren, regiert das blühende Reich Baktrien, das sich von Persien bis Nordindien erstreckt. Von einem Mönch zum Buddhismus bekehrt, fördert er die Religion und druckt erstmals Münzen, auf denen das »Rad des Gesetzes« abgebildet ist.

29 v. Chr.: Mönche auf Sri Lanka, die sich einer Invasion vom hinduistischen Festland gegenübersehen, fürchten um den Bestand ihrer Religion. Sie fassen Buddhas Lehrreden deshalb erstmals schriftlich zusammen. Der Pali-Kanon ist in drei Teile aufgeschlüsselt, deshalb spricht man auch vom »Tipitaka« (den »drei Körben«).

65 n. Chr.: Zwei buddhistische Mönche schaffen es als erste Reisende aus Indien, den chinesischen Regierungssitz des Kaisers Ming zu erreichen. Sie werden in Ehren aufgenommen. Drei Jahre später wird in Luoyang das erste Kloster auf chinesischem Boden gegründet (»Tempel des Weißen Pferdes«).

ab 100: Das Mahayana (»Großes Fahrzeug«) beginnt sich neben dem strengeren Theravada als zweite große Glaubenstradition zu formieren und prägt fortan einen großen Teil der buddhistischen Welt. In der Vorstellung des Mahayana können alle Menschen erlöst werden, Laien genauso wie Mönche; dabei sind die Bodhisattvas hilfreich, »Erleuchtungswesen«, die freiwillig auf ihren vollständigen Eintritt ins Nirvana verzichten, bis alle Menschen erweckt sind.

um 150: Der Buddhismus erobert auch das Gebiet des heutigen Vietnam.

Ende des ersten Jahrhunderts: Beginn des Austauschs zwischen Ost und West auf der legendären Seidenstraße. Zwei Hauptrouten prägen sie, daneben existiert ein ganzes Geflecht von Handelswegen. Ausgetauscht werden nicht nur Güter, sondern auch Ideen – der Buddhismus verbreitet sich durch Mönche wie durch Diplomaten und Geschäftsleute über Zentralasien und die Oasenstädte der Wüste ins Herz des Reichs der Mitte.

Mittelalter

372: Der Buddhismus hält nach der Bekehrung des Königs durch einen chinesischen Mönch auch in Korea Einzug. Eine Generation später erreicht mit Faxian ein chinesischer Mönch auch erstmals Indien.

etwa 450: In Nalanda, nahe dem Ufer des Ganges und der »klassischen« buddhistischen Stätten, gründen Mönche die erste Universität der Welt. Es ist gleichzeitig das erste globalisierte Lehrinstitut mit Studenten aus vielen Ländern und bleibt fast sechs Jahrhunderte lang das intellektuelle Zentrum der Religion.

510: Gläubige beginnen im Hindukusch-Hochtal von Bamiyan (im heutigen Afghanistan) mit dem Bau zweier riesiger Buddha-Statuen, die lange Zeit die größten der Welt bleiben.

538: Der Buddhismus dringt nach Japan vor und wird Ende des sechsten Jahrhunderts Staatsreligion.

600 bis 664: Die Lebensdaten des chinesischen Mönchs Xuanzang, des großen Reisenden und Helden dieses Buchs. (Manche indische Wissenschaftler setzen das Geburtsjahr auf 602 an, ich habe mich nach der neuesten chinesischen Forschung gerichtet.)

617: Später als in vielen asiatischen Staaten fasst der Buddhismus nun auch im damals unabhängigen Tibet Fuß. Doch er existiert lange nur als zweitrangiger Glaube neben der Naturreligion Bön und braucht bis ins späte achte Jahrhundert, um sich unter Anleitung des Mönchs Padmasambhava endgültig durchzusetzen. Der legendäre »Lotosgeborene« prophezeit der Religion weltweite Erfolge: »Wenn Eisenvögel durch die Luft fliegen, wird der Buddhismus Richtung Westen wandern.«

700: In Jerusalem schreibt der Theologe Johannes Damascenus die seit Jahrhunderten kursierende Legende von Barlaam und Josaphat auf, eine christliche Fassung der Lebensgeschichte Buddhas.

762: Mit dem Tod des Kaisers Xuanzong endet in China die Blütezeit der weitgehend liberalen und weltoffenen Tang-Dynastie. Auch der Buddhismus wandelt sich. Die Klöster werden in der Folgezeit immer mehr zu weltlichen Machtzentren, Äbte bereichern sich an Wucherzinsen und halten sich Leibeigene. Wuzong, der Nachfolger des Kaisers und ein glühender Verehrer des Daoismus, will die Macht der Mönche brechen und beginnt 842 mit einer brutalen, allumfassenden Buddhistenverfolgung. Mehr als fünfundneunzig Prozent der landesweit viertauendsiebenhundert Klöster werden zerstört, Zehntausende Gläubige massakriert. Von diesem Schlag hat sich der Buddhismus bis in die Neuzeit nie ganz erholt.

etwa 850: Der chinesische Mönch Linji (japanisch: Rinzai) verbrennt alle buddhistischen Schriften in seinem Besitz, um außerhalb formaler Belehrungen einen Weg zur Erleuchtung zu finden. Sein Meditationsweg fasst vor allem in Japan Fuß und prägt die Schule des sogenannten Zen. »Wenn du Buddha triffst, töte ihn«, lautet der bekannteste – und verstörendste – seiner Sprüche; mit der im übertragenen Sinn gemeinten Aussage wird gefordert, sich nicht sklavisch an den Religionsstifter zu binden, sondern die Lehre immer und überall kritisch zu überprüfen.

1181 bis 1220: Regierungszeit des Khmer-Königs Jayavarman VII. Der Feldherr, effiziente Verwalter und tiefgläubige Buddhist baut Angkor Thom als Hauptstadt aus und lässt mit dem Haupttempel Bayon eines der eindrucksvollsten Bauwerke der Welt errichten.

1409: Der Mönch Tsongkhapa prangert Verweltlichung und Korruption unter seinen Glaubensbrüdern an und erbaut in Tibet das Kloster Ganden. Sein Gelugpa-Orden (»Gelbmützen«) begründet die Tradition des Dalai Lama, der als wiedergeborener »Buddha des Mitgefühls« gilt.

1642: Ngawang Lobsang Gyatso, der fünfte Dalai Lama, erobert durch ein Bündnis mit den Mongolen ein großtibetisches Reich. Drei Jahre später beginnt er mit dem Bau des Potala-Klosters in Lhasa, der erst nach seinem Tod vollendet wird.

Neuzeit

1819: Der Philosoph Arthur Schopenhauer veröffentlicht sein stark von buddhistischem Gedankengut beeinflusstes Hauptwerk *Die Welt als Wille und Vorstellung*. Er sieht die fernöstliche Religion als

Gegenentwurf zur abendländischen Metaphysik und bringt viele, vor allem junge Deutsche dazu, sich mit dem Buddhismus zu befassen.

1871: König Mindon beruft das erste buddhistische Konzil der Neuzeit ein, seine im heutigen Myanmar gelegene Hauptstadt Mandalay wird – vor allem für die Theravada-Richtung des Glaubens – zum angebeteten Zentrum.

1903: Der Indologe Karl Seidenstücker, Sohn eines evangelischen Pfarrers, gründet in Leipzig mit dem »Buddhistischen Missionsverein« die erste deutsche Organisation der fernöstlichen Lehre. Er sieht Fehlentwicklungen in allen Glaubensrichtungen, hält den Buddhismus aber für am reformfähigsten und als »Religion der Zukunft«.

1907: Bei seiner Expedition durch das heutige Westchina stößt der Forscher Aurel Stein in den Höhlen von Dunhuang nahe der Gobi-Wüste auf die Tausend-Buddha-Höhle. Der skrupellose Brite schwatzt dem örtlichen Hüter der Stätten einen Großteil der Schätze ab und bringt sie nach London.

1922: Der in Calw geborene Schriftsteller Hermann Hesse veröffentlicht seinen Roman *Siddhartha*. Die fiktive Lebensgeschichte des Buddha wird zum Welterfolg und trägt wesentlich dazu bei, dass Hesse 1946 den Literaturnobelpreis erhält.

1941: Der einflussreiche japanische Zen-Buddhist Daisetz Teitaro Suzuki veröffentlicht gemeinsam mit Armeeoffizieren das Werk *Essenz des Bushido*, das den militanten Nationalisten in Tokio als Rechtfertigung für den Krieg dient.

1950/51: Chinesische Truppen marschieren in das damals de facto unabhängige Tibet ein. Tausende Mönche werden verhaftet, gefoltert und umgebracht, der vierzehnte Dalai Lama gerät entmachtet in Hausarrest.

1955: Gründung der Deutschen Buddhistischen Union mit Sitz in München. Die DBU versteht sich als traditionsübergreifender Dachverband aller buddhistischen Strömungen und hat zunächst dreiundvierzig Mitgliedsgemeinschaften.

1956: Mehrere Hunderttausend Inder konvertieren in Bombay unter Anleitung des Ex-Justizministers Bhimrao Ambedkar, der das hinduistische Kastensytem verdammt, zum Buddhismus.

1959: Der vierzehnte Dalai Lama flieht aus Tibet nach Indien, wo er Schutz erhält und in Dharamsala (»Little Lhasa«) gemeinsam mit seinen Anhängern eine Exilregierung gründet.

1966 bis 1976: Während der von Mao inszenierten Großen Kulturrevolution werden alle »alten Übel« bekämpft, unter anderen auch der Buddhismus, Daoismus und Konfuzianismus. Hunderttausende sterben, die meisten Klöster (und praktisch alle in Tibet) werden systematisch zerstört. Im Untergrund leben die buddhistischen Traditionen aber weiter.

1975 bis 1979: Die Steinzeitkommunisten der Roten Khmer töten in Kambodscha fast ein Viertel der Bevölkerung. Sie verfolgen in ihrem blinden Fanatismus besonders Intellektuelle und alle Gläubige – Hunderttausende Buddhisten sterben, fast alle Tempel werden zerstört.

1982: Chinas KP veröffentlicht ein Grundsatzpapier (»Standpunkt und Politik zu religiösen Fragen«). Darin wird das Problem »linker Irrtümer« während der Mao-Jahre benannt und »Respekt sowie Schutz für die Freiheiten der Religionsausübung« versprochen – allerdings nur streng kontrolliert und im Rahmen der staatlichen Organisationen.

1989: Der Dalai Lama erhält für seinen Gewaltverzicht in der Tibet-Frage und sein Engagement für Versöhnung den Friedensnobelpreis. Peking protestiert vehement, warnt alle Politiker im Westen und droht ihnen mit wirtschaftlichen Folgen.

1995: Am 14. Mai erkennt der Dalai Lama den sechsjährigen Jungen Gedhun Choekyi als neuen Panchen Lama an und damit als seinen De-facto-Stellvertreter. Drei Tage später nimmt die KP Gedhun angeblich auf Wunsch seiner Eltern in »Schutzhaft«, er wurde seither nicht mehr in der Öffentlichkeit gesehen. Statt des Entführten bestimmt die Parteiführung im Dezember 1995 einen anderen Knaben, Sohn einer Funktionärsfamilie, als Panchen Lama. Eine große Mehrheit der Tibeter spricht der KP das Recht auf Entscheidungen über religiöse Wiedergeburten ab und straft den »Neuen« bei Auftritten mit Missbilligung.

Aktuelle Entwicklungen

2001: Die radikalislamischen Taliban zerstören im afghanischen Bamiyan zwei der weltweit berühmtesten Buddha-Statuen.

2004: In Sri Lanka schließen sich buddhistische Mönche in Sri Lanka zur »Partei des Nationalen Erbes« zusammen. Sie erringt sechs Prozent der Stimmen, stellt im Parlament neun Abgeordnete und tritt später auch in eine Koalitionsregierung ein. Eine fundamentalistisch-nationalistische Abspaltung namens »Buddhistische Streitmacht« beginnt gegen Andersgläubige zu hetzen. Im März 2018 flammen die Konflikte durch Übergriffe von Mönchen gegen Muslime wieder auf, die Regierung verhängt Ausnahmezustand.

2006: Die Regierung der Volksrepublik China tritt beim ersten Buddhistischen Weltforum am Berg Putuo als Sponsor auf; der Dalai Lama ist nicht eingeladen.

2007: Bei einer Tagung an der Universität Hamburg spricht sich der Dalai Lama dezidiert dafür aus, dass im tibetischen Buddhismus auch Frauen ordiniert werden können. Konkrete Folgen hat das vorläufig nicht, weil eine starke Fraktion dieser Glaubensrichtung in Südindien sich gegen eine solche Regelung entschieden hat. Erst sechs Jahre später werden dann die ersten Frauen zu den »Geshe«-Prüfungen fürs Ordinariat zugelassen.

2013: In Myanmar, dem früheren Burma, rufen radikale Mönche unter dem Vorwand, der Buddhismus sei bedroht, zum Kampf gegen muslimische Minderheiten auf. Sie brennen in den nächsten Jahren an der Seite der mächtigen Militärs viele Dörfer nieder; die Angriffe richten sich vor allem gegen die Volksgruppe der Rohingya, über Sechshunderttausend fliehen schließlich ins benachbarte Bangladesch, Tausende werden getötet.

2014: Nach jahrelangen Bauarbeiten und Querelen zwischen den Geldgebern wird die berühmte Nalanda-Universität in Rajgir, Indien, als internationales Lehrinstitut neu eröffnet.

2017: Papst Franziskus besucht im November Myanmar und trifft sich mit gemäßigten buddhistischen Vertretern. Er mahnt religiöse

Toleranz an, nennt aber aus Rücksicht auf die Machthaber die verfolgten muslimischen Rohingya nicht beim Namen.

In Europa sorgt ein Missbrauchsfall für große Empörung unter Buddhisten: Rinpoche Sogyal Lakar, Autor des Weltbestsellers *Das tibetische Buch vom Leben und Sterben* und Abt eines Klosters in Frankreich, wird von acht Schülern in einem gemeinsamen Schreiben beschuldigt, sie geschlagen zu haben; die langjährigen Zöglinge schildern auch den ausschweifenden Lebensstil des Meisters und vermuten eine »Umleitung« von Spendengeldern. Der Rinpoche zieht sich daraufhin aus der Öffentlichkeit zurück, Anklage wird (vorläufig) nicht erhoben. Der Dalai Lama bezeichnet Sogyal Lakar als einen »guten Freund«, der nun aber diskreditiert sei, weil er »die buddhistischen Lehren beschmutzt« habe. Später präzisiert er: »Aus unseren alten Texten wird deutlich, dass es nicht darum gehen darf, einem Lehrer blind zu folgen. Im Gegenteil: Wenn er sich nicht nach ethischen Regeln verhält, muss man das zurückweisen. Und es publik machen.«

2018: Der einflussreiche burmesische Abt Ashin Wirathu, langjähriger Chef der »Vereinigung für den Schutz von Rasse und Religion«, gibt dem Autor in seinem Kloster in Mandalay ein Exklusiv-Interview. Darin rechtfertigt er die auch von Mönchen ausgeübte Gewalt gegen Muslime, diese versuchten Myanmar zu »zerstören« und sollten deshalb vertrieben werden. Obwohl in dem Land mehr als neunzig Prozent Buddhisten leben, betrachte er die Gefahr als real. Was die UN »ethnische Säuberung« nennen – die sogar Anzeichen für einen »Völkermord« an den Rohingya erkennen –, ist für den militanten Mönch legitime Selbstverteidigung: »Wenn es fanatisch ist, sein Volk, seine Glaubensbrüder mit allen Mitteln zu schützen, dann kann man mich gern einen Fanatiker nennen.« (Veröffentlicht in der ZEIT 9/2018 unter der Überschrift: Dieser Mann ist ein Hetzer.)

Gunnar Gantzhorn, Erster Vorsitzender der Deutschen Buddhistischen Union (DBU), verurteilt in einem Gespräch mit dem Autor jeglichen Missbrauch seines Glaubens scharf. Immerhin werden Skandale in dieser Religion – anders als es lange im Christentum und im Islam der Fall war – nicht unter den Teppich gekehrt. Es gibt im Frühjahr unter Mitwirkung von DBU-Vertretern öffentliche Diskussionen zu den Verfehlungen innerhalb der Religionsgemeinschaft. Die Veranstaltung an der Universität Heidelberg trägt den Titel:»Gewalt in Buddhas Namen?«

Mehr Transparenz soll es auch bei Statistiken geben. Die Anzahl der in Deutschland aktiven Buddhisten schätzt er auf Zweihundertfünfzigtausend (darunter knapp die Hälfte hier lebende Asiaten), die der nicht erfassten »Sympathisanten« weit höher. Weltweit gibt es derzeit etwa vierhundertneunzig Millionen Buddhisten, sieben Prozent der Menschheit bekennt sich damit zu dieser Religion. Als größte Strömung innerhalb des Glaubens gilt das Mahayana (dreiundfünfzig Prozent), besonders verbreitet in den ostasiatischen Staaten Korea, Japan, Vietnam, China und der Mongolei. Die zweite Hauptströmung, das Theravada (sechsunddreißig Prozent), wird vorwiegend in Sri Lanka, Thailand, Myanmar und Kambodscha praktiziert.

etwa 2050: Nach Erkenntnissen eines renommierten amerikanischen Forschungsinstituts wird sich bis zu diesem Zeitpunkt das Zahlenverhältnis der Religionen weltweit entscheidend verschoben haben. Derzeit ist fast jeder dritte Gläubige weltweit ein Christ, jeder vierte ein Muslim. Das PEW Research Center in Washington prognostiziert für die nächsten Jahrzehnte ein starkes Anwachsen des Islam, der bis 2050 – ausgelöst vor allem durch die höheren Geburtenraten in muslimischen Ländern, aber auch durch erfolgreiche Bekehrungen – das schwächer zunehmende Christentum fast eingeholt haben dürfte (dreißig zu einunddreißig Prozent). Auch der

Hinduismus wird nach Erkenntnissen der Zukunftsforscher stark wachsen.

etwa 2060: Der Islam ist jetzt die Weltreligion Nummer eins. Der von vielen als elitär angesehene, kaum an Missionierung interessierte Buddhismus dagegen hat zwar intellektuell und wissenschaftlich immer mehr an Bedeutung gewonnen, rein zahlenmäßig aber stagniert er. Der Buddhismus stellt nach Schätzungen der Experten jetzt nur mehr knapp über fünf Prozent der weltweit Gläubigen. Einer anderen Gruppe geht es, was die »Verbreitung« angeht, laut der PEW-Prognose ähnlich schlecht: den Nicht-Religiösen. Sie fallen auf dreizehn Prozent der Weltbevölkerung zurück – Religionen sind offensichtlich nicht auf dem Rückzug, sondern stehen im Gegenteil vor neuen Blütezeiten.

LITERATUR

Zur Person Xuanzang und zur Frühgeschichte des Buddhismus

Karen Armstrong: Buddha. Claassen Verlag, Berlin 2004.

Samuel Beal (Übers.): Si-yu-ki – Buddhist Records of the Western World. Oriental Books, Delhi 1884.

Samuel Beal (Übers.): Hui Li – The Life of Hiuen Tsiang. Mumshiram Manoharlal, Delhi 1973.

Richard Bernstein: Ultimate Journey. Alfred A. Knopf, New York 2001.

Michael von Brück: Einführung in den Buddhismus. Verlag der Weltreligionen im Insel Verlag, Frankfurt 2007.

Das Devahuti: The Unknown Hsüang-tsang. University Press, New Delhi 2001.

Heinz Greter: Die Heimkehr des Xuanzang. Roman. Elster Verlag, Zürich 2013.

Rene Grousset: Die Reise nach Westen. Eugen Diederichs Verlag, München 1994 (Original: 1929).

Hans-Joachim Kimmkeit: Der Buddha. Verlag W. Kohlhammer, Stuttgart, Berlin, Köln 1990.

Eva Lüdi Kong (Neuübers.): Die Reise in den Westen. Reclam Verlag, Leipzig 2016.

Alexander Leonhard Mayer: Xuanzangs Leben und Werk. Societas Uralo-Altaica, Wiesbaden 1992.

Pankaj Mishra: Unterwegs zum Buddha. Karl Blessing Verlag, München 2005.

Mishi Saran: Chasing the Monk's Shadow. Viking by Penguin Books India, New Delhi 2005.

Hans Wolfgang Schumann: Der historische Buddha. Eugen Diederichs Verlag, München 1990.

Hans Wolfgang Schumann: Auf den Spuren des Buddha Gotama. Walter-Verlag, Olten und Freiburg im Breisgau 1992.

Sun Shuyun: Ten Thousand Miles without a Cloud. HarperCollinsPublishers, London 2003.

John Snelling: Buddhismus. Eugen Diederichs Verlag, München 1991 (Orginal: 1987).

Arthur Waley: The Real Tripitaka. Allen & Unwin, London 1952.
Sally Hovey Wriggins: Reisende auf der Seidenstraße, Rotbuch Verlag, Hamburg 1999 (Original: 1996).
Erik Zürcher: The Buddhist Conquest of China. Verlag Sinica Leidensia, Leiden 1959.

Zur Volksrepublik China – Von der Alten bis zur Neuen Seidenstraße

Stefan Baron: Die Chinesen: Psychogramm einer Weltmacht. Econ Verlag, München 2018.
Chris Devonshire Ellis: China's New Economic Silk Road. Asia Briefing Publishing House, Hongkong 2015.
Erich Follath: Das Vermächtnis des Dalai Lama. Collection Rolf Heyne, München 2007.
Peter Frankopan: Licht aus dem Osten. Rowohlt Taschenbuch Verlag, Berlin 2017 (Original: 2016).
Sven Hansen (Hrsg.): Chinas Aufstieg. Edition Le Monde diplomatique. Verlag TAZ, Berlin 2018.
Valerie Hansen: The Silk Road. Oxford University Press, New York 2012.
Wolfgang Hartmann/Wolfgang Maennig/Run Wang: Chinas Neue Seidenstraße. Frankfurter Allgemeine Buch, Frankfurt 2018.
Wolfgang Hirn: Chinas Bosse. Campus Verlag, Frankfurt 2018.
Peter Hopkins: Die Seidenstraße. Rowohlt Taschenbuch Verlag, Reinbek 1990 (Original: 1986).
Ian Johnson: The Souls of China. Pantheon Books, New York 2017.
Mark Edward Lewis: China's Cosmopolitan Empire: The Tang Dynasty. Harvard University Press, Cambridge 2009.
Tom Miller: China's Asian Dream. Zed Books, London 2017.
Pankaj Mishra: Aus den Ruinen des Empires. S. Fischer Verlag, Frankfurt am Main 2013.
Pankaj Mishra: Begegnungen mit China und seinen Nachbarn. S. Fischer Verlag, Frankfurt am Main 2015.
Wilhelm Schmeisser u. a.: Die neue Seidenstraße. Digitalisierung und strategische Herausforderungen. UVK Verlagsgesellschaft, Konstanz 2018.
Aurel Stein: Ruins of Desert Cathay (Vol. I and II). Dover, London 1987 (Original 1912).
Thomas Thilo: Chang'an: Metropole Ostasiens und Weltstadt des Mittelalters, 2 Bände. Harrassowitz Verlag, Wiesbaden 1997/2006.
Colin Thubron: Im Schatten der Seidenstraße, DuMont Reiseverlag, Ostfildern 2013 (Original: 2006).
Kai Vogelsang: Geschichte Chinas. Reclam Verlag, Stuttgart 2014.
Susan Whitfield: Life along the Silk Road. John Murray, London 1999.

Frances Wood: The Silk Road. University of California Press, Berkeley and Los Angeles 2002.

Zu Zentralasien und Indien

Christoph Baumer: The History of Central Asia. Verlag I.B. Tauris, London und New York 2018.
Alexander Cooley: Dictators without Borders. Power and Money in Central Asia. Yale University Press, Yale 2017.
Siddhartha Deb: The Beautiful and the Damned. Penguin Books India, New Delhi 2011.
Diana L. Eck: India. Harmony Books, New York 2012.
Erika Fatland: Sowjetistan. Suhrkamp Verlag, Berlin 2017.
Erich Follath: Die neuen Großmächte. Deutsche Verlags-Anstalt, München 2013.
Erich Follath: Jenseits aller Grenzen. Deutsche Verlags-Anstalt, München 2016.
Dilip Hiro: Inside Central Asia. Duckworth Publishers, London 2011.
Olaf Ihlau: Weltmacht Indien. Siedler Verlag, München 2006.
Bernhard Imhasly: Indien. Ein Länderporträt. Ch. Links Verlag, Berlin 2016.
Sudhir Kakar: Die Inder. Porträt einer Gesellschaft. Verlag C.H.Beck, München 2018.
Tarun Khanna: Billions of Entrepreneurs. Harvard Business Review Press, Boston 2011.
Sunil Khilnani: The Idea of India. Farrar, Straus and Giroux. New York 1997.
Susanne Koelbl/Olaf Ihlau: Geliebtes, dunkles Land. Siedler Verlag, München 2007.
V. S. Naipaul: India. Minerva, London 1990.
Jim O'Neill: Die Märkte von morgen. FinanzBuch Verlag, München 2012.
Avinash Paliwal: My Enemy's Enemy. C. Hurst & Co. Publishers Ltd., London 2017.
Misha G. Schoeneberg: Siddhartha Highway. Schwarzkopf & Schwarzkopf, Berlin 2017.
Tansen Sen: India, China and the World. Rowman/Littlefield, Lanham 2017.
Somini Sengupta: The End of Karma. W. W. Norton & Co., New York 2017.
Shashi Tharoor: Indien. Insel Verlag, Frankfurt am Main 2000.
Elke Windisch: Zentralasien. J & D Dagyeli Verlag, Berlin 2010.

Personenregister

Abraham (Stammvater) 15
Agrawal, Prakash 251 f.
Aitmatow, Tschingis 130, 139
Akajew, Askar 134
Akbar 171
Alexander der Große 145, 150, 169,
171, 268
Ambedkar, Bhimrao 254–257, 361
Ambhani, Mukesh 202
Ananda 196 f., 227, 234 f.
Asanga 52, 170
Ashoka 56, 61, 169, 186, 207, 225,
227, 236, 240, 255, 356
Atambajew, Almasbek 134

Babur 171
Bahadur, Ram 183 f.
Bakijew, Kurmanbek 134
Battuta, Ibn 15, 266
Beal, Samuel 72
Beg, Yakub 274
Benedikt XVI. 19
Bereke, Said 152
Bernstein, Richard 226
Bhatkar, Vijay 249
Bibi, Asia 177
bin Laden, Osama 167, 175
Bonhoeffer, Dietrich 21, 189
Brück, Michael von 189
Brunnhölzl, Khenpo Karl 351
Buddha s. Siddharta Gautama

Carter, Howard 309
Chagall, Marc 300
Chü Wentai 42 ff.

Cicero, Roger 21
Claxton Peppe, William 182
Cunningham, Alexander 226 f.,
237

Dalai Lama (Tenzin Gyatso) 19–
26, 84, 99, 101, 137, 204, 210 f.,
250, 340, 342 ff., 359, 361–364
Dalrymple, William 127
Darius I. 169, 268
Deng Xiaoping 325
Depardieu, Gérard 155
Desalegn, Hailemariam 121
Devadatta 197, 243
Drewermann, Eugen 21
Dscheenbekow, Sooronbaj 134
Dschingis Khan 47, 130, 151
Duerte, Rodrigo 121
Dutugamunu 19

Elisabeth II. 171
Eminem 314
Emmerling, Erwin 164
Erdoğan, Recep Tayyip 120 f.
Erhard, Ludwig 134, 195

Faxian 357
Fellini, Federico 215
Flecker, James Elroy 141 f.
Franziskus (Papst) 363

Gandhi, Mahatma (Mohan-
das) 24, 254 f., 257
Gantzhorn, Gunnar 365
Gaozong 71 f., 332 f., 349

Ortsregister

376

Sachregister

Achtfacher Pfad 34, 223
Achtsamkeit 21, 35, 188
Ahmadis 177
Alibaba 272
Al-Qaida 167, 175, 276
Apsara 287, 301
Asian Development Bank 185
Asiatische Infrastruktur-Investiti-
onsbank (AIIB) 123
Askese 193 f., 243
Atheismus 24, 83, 336
Ayurveda 201

Bahubali 242
Bibel 16 f., 84, 169
Bodhi-Baum 56 ff., 65, 200, 208–
211, 225
Bodhisattvas 18, 36, 59, 79, 286,
299 f., 350, 356 f.
Bollywood 258 f., 290
Bön 358
Brahma 16, 168
Brahmanen 54, 220, 223, 261
Brautraub 144
Buddhismus 7, 17–25, 27, 31, 33–
36, 38–43, 45, 47–54, 56–62, 64,
70 f., 76, 79 f., 83 f., 86 ff., 90,
98 f., 101, 125, 132, 137 ff., 142,
146, 158–161, 164, 167, 169 f.,
177 f., 180, 183–190, 200, 204 f.,
208 f., 211 ff., 216, 219–222, 224–
227, 229, 236, 239 f., 243 ff., 252–
258, 261, 269, 275, 278 f., 281,
283, 291 f., 298 f., 301 ff., 309 f.,

315, 325, 329, 331–334, 336–345,
349–352, 355–366
Buddhistischer Missionsverein 360
Buddhistisches Weltforum 341,
363

Chan-Tradition 79
Christentum 9, 14 ff., 70, 138, 158,
169, 177, 187, 219 f., 226, 240,
320, 336, 340, 358, 365
Chunche 109

Daoismus 37 f., 70, 84, 87, 275,
292, 306, 329, 331, 340, 358
Datang Telecom 318
Deutsche Buddhistische Union
(DBU) 361, 365
Dharma 70
Diamant-Sutra 311
Drohnen 316 f., 319
Dschihad 17, 175
Durga 54

Energieerzeugung 102 f.

Falun-Gong-Sekte 84
Fundamentalismus 16, 140, 147,
173, 218, 220, 362 f.

Gandhara-Kultur 51 f., 167–170
Ganga 13, 216
Gelugpa(-Orden) 19, 359
Gewaltlosigkeit 17, 33
Globalisierung 16, 122, 124 f., 269

379

Bildnachweis

Alle Abbildungen im Tafelteil entstammen dem Bildarchiv des Autors.

Eine faszinierende Reise durch die Geschichte und
Gegenwart der islamischen Welt

ISBN
978-3-328-10207-6
Penguin Verlag
528 Seiten

Ibn Battuta gilt als der »Marco Polo des Orients«: Der große Abenteurer bereiste im 14. Jahrhundert weite Teile der damals bekannten Welt,
seine 30-jährige Odyssee führte ihn von Marokko über Mekka, Kons-
tantinopel und die Krim bis nach Samarkand, Indien, Indonesien und
China. Das einigende Band der von ihm bereisten Länder war der Islam,
den Ibn Battuta in seinen Schriften als Religion des Fortschritts und der
Toleranz schildert.

700 Jahre nach Ibn Battuta hat sich Erich Follath auf die Spuren des »Königs aller Reisenden« begeben und begegnet einer fundamental veränderten islamischen Welt: An zwölf Orten, die Ibn Battuta wichtig waren
und die immer noch einen besonderen Klang haben, zeigt Follath eindrucksvoll, wo die islamische Welt heute steht, mit welchen Problemen
sie kämpft und welche Herausforderungen sie zu bewältigen hat. Sein
Buch ist eine Spurensuche nach einer der geheimnisvollsten Persönlichkeiten des Mittelalters, eine Nachforschung, die alte Stätten und aktuelle
Brandherde der Politik erklärt und dem Leser faszinierende Einblicke in
Geschichte und Gegenwart der islamischen Welt eröffnet.

Die Reisen des Mönchs Xuanzang in den Jahren 629 bis 645

- - - Hinreise
······ Rückreise

Westli...

Aralsee

Chiwa

Amu Darja

Syr Darja

SOGDIEN

Merw

Buchara

Taschkent

Samarkand

Balkh

Herat

TRANSOXANIEN

Hindukusch

Kabul

Peschawar

Kandahar

Quetta

Indus

Lahore

Alor

Karatschi

Jaipur

Ujjain

Nashik

Ajanta

INDIEN

Arabisches Meer

Dhanakataka

Kanchipuram

Indischer Ozean

Balchaschsee

Ili

DSUNGAREI

KARLUK

Talas

Bischkek

Almalik

Aksu

Kucha

Kaschgar

Yarkand

Tarim

WESTLANDE

Khotan

Irtysch

TURKISTAN

Beschbalik

Hami

Turfan

Loulan

Dunhua

HIMALAYA

Himalaya

TIBET

Lhasa

Lumbini

NEPAL

Kathmandu

Kuschinagar

Benares

Nalanda

Ganges

Bodhgaya

Brahmaputra

Kalkutta

Pagan

PY

Prome

Golf von Bengalen